José Antonio Marina
Javier Rambaud

人类传
BIOGRAFÍA DE LA HUMANIDAD
Historia de la evolución de las culturas
追寻客观幸福的历程

[西]何塞·安东尼奥·马里纳
[西]哈维尔·兰博德 著

阿 瑶 译

民主与建设出版社
·北京·

献给协助我完成此书的,
我的外孙,何塞·基罗加

——马里纳

献给我的父母

——兰博德

纳粹分子大概也会想烧了这本书，正像他们烧毁了弗朗兹·博厄斯（Franz Boas）所著的《原始人的心智》(The Mind of Primitive Man)一样，因为这本书同样论证了"文化演变比基因影响发挥着更为决定性的作用"这一观点。

——罗伯特·赖特（Robert Wright），《非零年代》(Nadie pierde)

很大程度上，所有文化都能归于一宗：我们这些当代人，从曾经存在过的每种文化里，都借鉴了一些东西。

——罗伯特·N. 贝拉（Robert N. Bellah），
《人类进化中的宗教》(Religion in Human Evolution)

人类的头脑与世上任何其他物种的都不同。这不是因为它的生物学特征，这些特征并非独一无二，而是因为它创造和同化文化的能力。

——默林·唐纳德（Merlin Donald），《稀有的头脑》(A Mind So Rare)

各个文化总向着合流演变，然而途径和速度各不相同。

——朱利安·H. 史徒华（Julian H. Steward），
《文化变迁的理论》(Theory of Cultural Change)

人类是承载历史、承载全部历史的动物……我们之中的任何一个人，如果被魔法般地抽走了其所承载的全部人类历史，就会自动退化回半猿人阶段。

——何塞·奥尔特加·伊·加塞特（José Ortega y Gasset），
《世界史诠释》(Una interpretación de la historia universal)

我们不该预设那些体制的创造者一定比我们更加睿智。要知道，几代人的试验结果凝结而成的经验，必然广于任何个体所能掌握的——这正是进化论观点的根基所在。

——弗里德里希·奥古斯特·冯·哈耶克（Friedrich August von Hayek），
《自由宪章》（*Los fundamentos de la libertad*）

过往隐匿于当下，并构成当下的一部分。只有精于此道的人才能即刻发现它。

——R. G. 柯林武德（R. G. Collingwood），
《柯林武德自传》（*Autobiografia*）

目 录

前 言 　　　　　　　　　　　　　　　　　　　　　　i

第一章　方法问题　　　　　　　　　　　　　　　　001
　　一、方法　　　　　　　　　　　　　　　　　　001
　　二、进化算法　　　　　　　　　　　　　　　　003
　　三、由问题开创的空间　　　　　　　　　　　　007
　　四、进化算法的两种结局：平行与合流　　　　　009
　　五、客观幸福简述　　　　　　　　　　　　　　011

第二章　"灵性动物"的诞生　　　　　　　　　　　015
　　一、遥远的过去　　　　　　　　　　　　　　　015
　　二、缓慢的分离　　　　　　　　　　　　　　　017
　　三、抽象思维掠影　　　　　　　　　　　　　　018
　　四、变革性演化　　　　　　　　　　　　　　　019
　　五、被驯化的动物　　　　　　　　　　　　　　021
　　六、思想生成器　　　　　　　　　　　　　　　022
　　七、徽章般的传说　　　　　　　　　　　　　　024
　　八、工具拓展了人类的可能性　　　　　　　　　027
　　九、魔法工具　　　　　　　　　　　　　　　　027

第三章　我们都是非洲人　　　　　　　　　　　　　031
　　一、首次"殖民"　　　　　　　　　　　　　　031

二、现代人类的"殖民" 033
　　三、象征主义的进步："显灵"的出现 035
　　四、技术进步 036
　　五、创造力爆炸 038
　　六、大家族的非洲分支 040
　　七、大家族的动人历史：阿切人 041
　　八、大家族的美洲分支 041
　　九、大家族的澳大利亚分支 042

第四章　一部分人开始定居 045
　　一、持续不断的大变革 045
　　二、一项平行发明 046
　　三、不可避免的问题：财产 048
　　四、历史仍在继续 052
　　五、思维方式的转变 053
　　六、宏伟而离奇的史前巨石 055
　　七、另一种生活方式 056
　　八、战争与零和博弈 058

第五章　城市的世界 061
　　一、大型城市 061
　　二、最初的城市 063
　　三、重要发明：掌控水火 065
　　四、两种极为强大的工具：文字与学校 066
　　五、文字与正和博弈 068
　　六、文学之河 068
　　七、不竭动力：对公平正义的追求 069

八、长期广泛存在的奴隶制　　072

　　九、一项了不起的发明：金融　　073

　　十、侵略与变革　　075

　　十一、南方的埃及　　076

　　十二、社会形势　　080

第六章　先驱性事件　　083

　　一、理论插曲　　083

　　二、翻阅类似脚本　　086

　　三、大家族里的其他人　　088

　　四、一位常驻主人公　　089

　　五、另一位常驻主人公：希伯来人　　092

第七章　精神领域的华丽转身（公元前1千纪）　　095

　　一、起决定性作用的千年　　095

　　二、首个新生事物：精神领域的大变革　　097

　　三、以色列的变革　　098

　　四、中国的变革　　100

　　五、印度的变革　　103

　　六、古希腊与理性宗教　　104

　　七、需保存在人类文化基因组中的进化脚本　　106

　　八、伟人　　109

第八章　政治与经济的轴心时代　　111

　　一、轴心时代的延伸　　111

　　二、政治变革　　112

　　三、解决方案：帝国　　113

　　四、帝国人物　　115

五、古代中华帝国　　118
　　六、罗马帝国　　120
　　七、需保存在人类文化基因组中的进化脚本　　122
　　八、世界在变小　　124
　　九、发明货币　　126
　　十、远方亲人的消息　　128

第九章　宗教传播与帝国迁移　　131
　　一、公元753年　　131
　　二、权力更迭　　132
　　三、宗教的传播　　134
　　四、社会心理的一个案例　　136
　　五、佛教的传播　　139
　　六、草原上的诸民族　　140
　　七、暴风雨　　141
　　八、"蛮族"真的野蛮吗？　　144
　　九、中心向东方转移　　148
　　十、在非洲与南方诸海之间　　150

第十章　新主人公登场　　153
　　一、穆罕默德　　153
　　二、开疆拓土　　157
　　三、欧洲登上舞台　　159
　　四、对紧急事件的聪明解法：封建制度　　162
　　五、中国的辉煌　　163
　　六、中世纪印度的变迁　　165
　　七、权力之争　　165
　　八、伊斯兰教与欧洲的重逢　　167

第十一章　危机与复兴（1200—1400 年）　　171
　　一、风暴再临　　171
　　二、日本加入网络　　173
　　三、印度和东南亚　　174
　　四、伊斯兰世界的马穆鲁克苏丹国　　176
　　五、欧洲觉醒　　176
　　六、合流　　178
　　七、理性与政治　　181
　　八、进一步对权力施压　　184
　　九、争取权利的拉锯战　　186
　　十、在瘟疫、饥饿与战争之中，恳求上帝拯救我们　　187
　　十一、非洲诸王国　　187
　　十二、将全球视野收回佛罗伦萨　　189

第十二章　第二个漫长轴心时代的开端　　193
　　一、第二次大转折　　193
　　二、奥斯曼帝国的崛起　　194
　　三、中国之谜　　196
　　四、好战的欧洲　　198
　　五、竞争与掌控的文化　　201
　　六、资本主义，个人主义，世俗化，创业　　203
　　七、变革的杠杆：知识　　204

第十三章　相互连接的世界（16 世纪）　　207
　　一、外乡人的到来　　207
　　二、中美洲的伟大文化　　210
　　三、印加帝国　　213

四、普遍现象：祭祀　　214

　　五、巨大变革　　215

　　六、真正的印度　　217

　　七、审视良心　　220

　　八、革命性思想的出现　　222

　　九、经济困难与权利之间的对抗　　224

第十四章　为宗教宽容而战　　227

　　一、宗教统一的打破　　227

　　二、宗教和语言　　228

　　三、新教与权力　　230

　　四、欧洲与宗教暴力的基因　　231

　　五、为宗教宽容而战　　235

　　六、君主制与权力　　236

　　七、作为政治工具的国家　　238

　　八、一个令人不安的概念：主权　　239

第十五章　灾难与成就（17世纪）　　243

　　一、不幸的世纪　　243

　　二、欧洲的秘密　　244

　　三、科学理性　　247

　　四、政治理性　　249

　　五、客观幸福的三大政治条件　　251

　　六、宣扬理性的中坚力量：教育　　252

　　七、英国革命　　254

　　八、统一于莫卧儿帝国治下的印度　　255

　　九、伊朗萨法维王朝　　256

十、欧洲扩张的至暗面：奴隶贸易	256
十一、探望人类大家族的日本分支	257

第十六章　革命的世纪 　　　　　　　　　　　　　259

一、震中	259
二、"公众福祉"	261
三、商业共和国	262
四、权利共和国	264
五、理性与效率	266
六、常伴左右的进化脚本：生产力	268
七、那后来呢？	270
八、反启蒙运动	273
九、权力商业化与英国对印度的统治	274
十、中国的辉煌世纪	275

第十七章　狂暴的对外扩张 　　　　　　　　　　　277

一、对权力的痴迷	277
二、权力的合理化：组织架构	281
三、政治意识形态	283
四、重整欧洲	285
五、英国和工业革命	286
六、建设民族国家	289
七、民族主义的几个例子	293
八、平衡与失衡	296
九、对扩张的狂热蔓延	297
十、学习型社会：日本	301
十一、是什么引发了帝国主义扩张？	302

十二、人类团结统一的乌托邦　　304

第十八章　这就是人类　　307

　　一、疯狂的进程　　307

　　二、爱国群众　　309

　　三、第二次世界性疯狂　　311

　　四、我们应该学到什么？　　314

　　五、创造力和意志的扭曲　　317

　　六、不稳定的解决方案的时代　　319

　　七、中国特色　　321

　　八、全球化与文化变迁　　323

　　九、为得到承认而斗争　　325

　　十、消费主义　　328

　　十一、新乐观主义　　329

　　十二、客观幸福　　332

　　十三、一个虚构的救赎　　333

后　　记　　339

注　　释　　343

译后记　　386

出版后记　　387

前　言

　　也许目前正是我们了解自身进化的最后机会——这并非由于能力不足，而只因兴趣不高。当今世界瞬息万变，很容易让我们把历史研究视作航程中的沉重负担。然而这种对历史的蔑视，导致我们在不理解文化的情况下使用文化，这就限制了我们的自由。我们首先必须认识，然后才能理解；理解，然后才能决策、行动。我们所认知的历史，是我们理解的关键。这是一种最为广博的诠释学。历史一向重要，但在当下，研究人类系谱又有了一个新的动因：如果真的像那些影响广泛的观察家所言，我们即将进入"后人类主义时代"，那么就必须在那"遗忘的文化"蔓延开来之前，在追求创新的激情阻碍我们去思考本该保留的东西之前，去铭记什么是人性。窥视未来已不需要翻查技术类书籍，因为这一议题已经进入大众的视野。"后人类将具备前所未见的体能、智力和心理能力。他们自我编程，自我定义，而且很可能长生不老。"佩珀雷尔（Pepperell）这样写道。[1]《经济学人》（*The Economist*）杂志曾刊登过题为《脑机界面或将改变人类定义》（La interfaz cerebro-ordenador puede cambiar lo que significa ser humano）的文章。[2]法国学界重量级人物吕克·费希（Luc Ferry）著有《超人类革命》（*La révolution transhumaniste*）一书。[3]世界超人协会（World Transhumanist Association）创始人尼克·博斯特罗姆（Nick Bostrom）在著作中预见了超级智能的出现，而该书备受比尔·盖茨（Bill Gates）推崇。[4]有人说，20年内将出现"奇点"（singularidad），并产生新物种。[5]在与人性告别之前，我们应该试着去理解究竟什么是人性，以免陷入强大却无知的狂热亚当主义。爱德华·威尔逊（E. O. Wilson）在《人类存在的意义》（*El sentido de la existencia humana*）一书中，激烈地强调了这一必要性。他写道："我们的长期生存，在于明智地理解自身。"[6]

本书讲述的是人类这种"灵性动物"诞生和演变的过程。生物的进化将我们带到了历史的沙滩上，随之出现的是一种奇怪的杂交，一种生理与文化的混合。这种混合体躁动不安，不断变化。我们的本性促使我们创造文化，同时也对我们自身进行再创造。曾经口不能言的物种创造了语言，而如今离了语言我们根本无法思考。准备在小团体中共同生活的生物创造了广阔的社会。因此，我们有两套基因组：生物基因组和文化基因组。前者既已被破译，破译后者的时机可能也已经成熟。所以，本书也许本可以叫作"文化基因"。

笔者希望研究人类文化的演变。它是一个庞大的自我构建的动态过程，在不断的试错、假设与论证、提议与落实中前行。我们体内都回荡着过去的声音，而其来源不为人知。已然被遗忘的行为举措留下了世俗的沉淀物——制度、风俗、法规、语言和技术，而我们沉浸其中。我们也必须记住错误和教训。远古时期不知何人所做的决策，在今天影响着我们。我们今天使用西班牙语，是因为罗马帝国的扩张。伊斯兰国家内部什叶派和逊尼派的对立源于公元7世纪的一个决定。阿西莫格鲁（Acemoglu）和罗宾逊（Robinson）在《国家为什么会失败》（*Por qué fracasan los países*）一书中对比了埃及和英国。一言以蔽之，英国更为富庶，是因为其在1688年所做的一项政治决策。人民奋起抗争，获得更多权利，并用这些权利获取更多经济上的机会。[7]第一批移民曾把美国看作"新天堂"，把自己看作"天选之民"。正如夏多布里昂（Chateaubriand）所写："上帝向其心爱的子民展示了他对美国的安排：在这里，将产生一次对人类存在方式的创新。人类将会在永不熄灭的、日益明亮的光芒的照射下，恢复其在原罪中失去的至高无上的荣光。"[8]只有明白这些观念，我们才能够理解，为何许多美国人总抱有一种"以人类福祉为己任"的想法。上述例子都并非个案，所有人的现在，都被过去的事情影响着。

文化是我们思考的出发点，文化的造物存在于我们日常生活的方方面面，就连我们吃的玉米和小麦，也是自然与文化杂交的产物。在这一漫长的过程中，人类的智力被塑造成形。人类花费了上千年，才创造了语言、抽象思维、情绪控制和自愿行为，学会了如何在广阔的社会中与他人共生。

而如今，年幼的孩子只要短短几年就能学会这些。因此，我们的生活基于文化赋予我们的生理和精神上的可能性。"可能性"是这段历史的关键词之一。每一个历史时刻都有其地平线，而我们必须据此来确定前进的方向。

人们常把文化看作人类的造物和作品之总和。文化在他们脑中是一座博物馆：先是史前展厅，之后是埃及展厅、美索不达米亚展厅，等等。而对笔者而言，文化是人生活的方式。我们希望了解人类造物的源头，了解创造这些作品的能量，了解"人类造物对人类进行再创造"这一伟大螺旋的奇妙回路。我们想从文化的内部对其进行讲述，为文化作一本传记。我们不在意已然固化的岩浆，而只在乎正在喷发的火山。如果笔者足够睿智，又有足够的说服力，那么这本书将在一定程度上成为我们每一个人自传的一部分，我们将会感到自己是其中的一分子，并为人类无常的命运感动。毫不夸张地说，人类正在找寻自身的定义。在皮科·德拉·米兰多拉（Pico della Mirandola）所著的一部文艺复兴代表作中，上帝对人类说："我并没有为你创造处所，所以你可以占据任何地方。"[9] 几个世纪后，尼采（Nietzsche）重申了这一观点："人是尚未定型的动物。"[10] 人类的进化从一部动物史，发展为一场形而上的历险，其过程可被概括为我们在宇宙中追寻归属的需求。[11] 直面这一需求，我们将见证非凡。索福克勒斯（Sófocles）曾感受过这种震撼，并在《安提戈涅》（Antígona）中加以描述。他将人类形容为"可怕的"（deinós）：他们强大可畏、精明能干，同时奇怪、可怕，又可敬；他们博学（polimathos）、广见（politropos），有能力做到许许多多的事，可以建造，亦能摧毁城池。艺术品和刑具同样客观地定义着我们。要讲述人类这一物种的历史，就不得不进行一场穿越：从困苦到伟大，从恐怖到美德，从深渊到峰顶，从惊惧到崇敬。存在主义思想家们认识到，人类突然被"抛入"了存在之中，并不得不想方设法，避免陷入其所源自的动物决定论。这是一场挣脱黑暗的斗争，是为了看到太阳而从柏拉图洞穴中开始进行的攀升。它不可避免地充斥着极好和极坏的各类事件。困难、规划和疑问推动我们走向未来。

文化的演变把心理学和历史结合起来，这是研究者们长期以来的理想。[12] 心理学必须解释历史，而与之对应，历史向我们揭示了人类的奥秘。"灵性动物"的秘密就在其中。睿智的威廉·狄尔泰（Wilhelm Dilthey）曾指出，人类认识自身不能通过内省，而要通过研究那些让人类坚忍不拔、上下求索的东西。那么，文化便是人类隐秘面的显形。

将各种文化的历史编纂为人类大家庭的"传记"，使我们将文化的一切表现形式理解为一场大合唱，一种为了解决问题、创造和自我创造，而以不同方式、不同速度共同进行的努力。博尔赫斯（Borges）曾赞许地写道："1844年，有位康科德镇的抄写员记道：'也许有人说，世上许许多多的书都是一人所著；事实上，不可否认的是，一切作品皆属于那位全能的先生。'——爱默生（Emerson），《散文集》（*Essays*）。而在20年前，雪莱（Shelley）便说，世上所有的诗人共同谱写了一首无尽的长诗，而过去、现在和将来的所有诗歌，都只是其中的片段。"[13] 本书将会把所有文化的演变看作同一场历险：不同的主人公创造条件，以达成同样的目标。

这项工程的目标超越了历史。上文已经说过，从动物史中产生了形而上的历险。笔者认为，研究文化的演变，能够创建一种"新人文主义"。[14] 我们目前必须培育这种"新人文主义"，因为它也许能帮助我们获得心灵的安宁，而又不失去勇气。笔者认为，重要的是记住人类人性化的史诗，这是我们共同的历史。要记录下那些辉煌而又稍纵即逝的成就。在研究伟大创举的同时，也追寻受害者的历史，追寻历史的"黑皮书"。笔者认为，这应该是各等级教育的必修课，如此才能赋予其他学科意义，因为这有利于提高我们的理解能力。

因此，这是一部纲领性著作。笔者坚信，我们需要一个能够延续生物进化学的"人类文化演变学"。本书完成后，笔者又通过一系列结论，重申了自己的观点。我们将这些结论提前列于此处，以让读者相信本书议题的重要性：

第一，文化演变学揭示人类智力的进化，让我们理解其各项创造，并将心理学和历史相结合。由此，我们能发现人类的本质，并铭记我们属于同一个独一无二的物种。

第二，文化演变学有助于让"对地方的忠诚"和"对全人类的忠诚"相容。

第三，文化演变学能让我们从历史中吸取经验教训，待技术条件允许时，也许还能够协助我们就引导人类进化进行决策。玛莎·努斯鲍姆（Martha Nussbaum）正确地指出，必须"教导人们从人类共同困难的角度出发去思考，从世界各地所有人都必须进行抉择的生活领域的角度去思考。对这些共同困难进行跨文化比较，能让我们认识到人性系共有，同时也意识到，不同文化与个体处理这些共同困难的方式有显著的不同"。[15]

第四，文化演变学能够证实，历史的终点并无定论，但人类行为总是受目标驱动，因此，人类的进化并非完全出于偶然，我们能够找到一些宏大的进化脚本：虽有战争和瘟疫，人口依旧增长；社会结构日益复杂；能源消耗持续增多；武器杀伤性更大；通信交流日益广泛、密切；预期寿命延长；对自然、社会和隐私的掌控增加；魔法让位于科学；暴力程度下降。

第五，文化演变学能够阐释一种"人类伦理进步定律"（尽管历史上曾经发生过许多可怕的事，让这一"定律"看起来不甚正确）：当社会摆脱了赤贫，摆脱了无知和教条，摆脱了对邻人和异己者的恐惧与仇恨，那么各个社会将向着同一伦理模式合流；这一模式尊重个人权利，反对不公正的歧视，坚信应该以理性解决问题，人民能够参政，享有司法安全和援助救济政策。但这些成果的取得并非一劳永逸。如果前提条件缺失，它们也会随之崩塌。我们并无把握一定会迎来幸福结局。

第一章

方法问题

一、方法

　　深入研究人类文化的演变，而不流于笼统，这看上去是一项过于庞大且必然失败的任务。无须是历史学家，常人也能明白，我们所掌握的信息实在难以驾驭。有位著名的神经科学家曾说，世上只有一样东西比人的大脑更加复杂，那就是同时运转的70亿人的大脑。实际上，还有另一样比这更加难以研究的东西，那就是贯穿人类历史的、不断运转的几十亿人的大脑。目前，我们能够运用大数据等新兴技术来研究历史。[1] 也就是说，我们也许能够获取数以百万计的数据信息：关于地球上的每一个人，关于每一个群体、公司、机构，关于资金流和移民潮，关于新闻、传媒和广告的影响，等等。问题在于怎样处理这些浩如烟海的信息。试想以事无巨细、全盘罗列的方式去撰写一部"一天世界史"，甚至是"一小时历史"，那就好比绘制一张与所绘地区等大的地图。

　　不幸的是，只有一个办法能让人脑处理这数量庞大的信息，那就是以某种方式对其进行简化。难点在于，如何在既不伪造事实，也不遗失重要信息的前提下进行简化。伍迪·艾伦（Woody Allen）曾声称，自己借助速读法，几个小时就读完了《战争与和平》（*Guerra y paz*）。他总结道："说的是俄国。"笔者认为，我们在本书中所用的方法能让我们成功地克服简化的难题；让我们既着眼大局，又始终紧扣人类的脉搏；让我们在巨量数据中穿行，而不迷失于细枝末节。若非如此，那么整本书就是将地基打在了流沙之上，一切都将徒劳无功。因此，笔者首先要证明本书所用方法的可靠性，然后再吸引人们来阅读。

　　笔者认为，最合适的方法是以行为结构为基础。行为结构是一切的根本，是历史最初的源泉。伟大的人类学家阿尔诺德·盖伦（Arnold Gehlen）曾写道："人类是能动的。因此，应该将行动置于一切困难和疑问的中心，并将人类定义为能动者，以及文化的推动人、创造者。"[2] 我们的行为受到需求、期望和情绪的驱动，在我们所能运用的思想工具的协助下成形。情绪是个人的，工具则是社会的。"人类的本质是欲望"，斯宾诺莎（Spinoza）此言不虚。社会现象纷繁复杂，但其本源永远是个人的需求和欲望。因此，想要理解历史，就必须如伟大的历史学家乔治·杜比（Georges Duby）所想，撰写一部充满激情的人性史。[3]

人类面临的问题是一致的，而不同的文化各有各的解决方式——这个前提假设已经得到了充分的证明。[4] 由此推断，各种文化虽然差异显著，但最终仍能相互理解。因此，笔者决定展现一部"疑难的历史"，一部人类面对困难的编年史，以描述人类这一智慧生物，如何既为希望所激励，又为恐惧所禁锢，在挑战环伺的环境中逐步前进。但我们马上就陷入了一个悖论：我们一方面要解决生死攸关的问题，一方面又要制造新问题，这使我们处于一种永无止境的自我竞争之中。人类迫切地追求和平，只为在获得和平之后开启一场新的战争。紧张的氛围让我们焦虑，而一旦消散又让我们无聊。20世纪60年代，一些思想家认为，人类面临的最严峻的困难有三：人口过度膨胀、核战争，以及无聊。甚至有人危言耸听，说唯一一项任何人都不能从中幸存的威胁，就是倦怠无聊的情绪和状态。[5]

有些重大的顽瘴痼疾，根植于普遍的需求或愿望，与人类的存在相互交织，贯穿整个历史，不断出现、消失又重现，而人们一次又一次试图发明新办法或重拾老办法来战胜它们。历史提供了许多答案，但这些答案又时常提出新的问题。所有人类社会都对家庭与繁衍加以规范，一共也只找到四种解决办法：一夫多妻；一妻多夫；一夫一妻且从一而终；或是一夫一妻，但可以更换伴侣。近期，生物科技为人们提供了更多选择。一直以来，主权国家都必须为战争筹集资金。它们总是通过赋税、结盟（包括联姻）、巧取豪夺或借贷来达到目的。在当代社会，避税的欲望把资本引向所谓"避税天堂"。而早在1509年，布雷萨诺内的主教在罗马去世时的情景就曾令马丁·路德（Martin Lutero）大为光火：人们在他家里找不到金、找不到银，却在他袖子的绲边里找到了一张纸——一张打给德国富格尔（Fugger）金融家族代表的金额高达 30 万弗罗林的期票。[6]

历史长于记忆，尽管有时看似十分健忘。阿姆斯特朗（Armstrong）曾写道："当前，伊斯兰世界总是把西方帝国主义同十字军东征联系在一起，这没有错。当艾伦比（Allenby）将军于 1917 年进入耶路撒冷时，他宣称'十字军东征终于圆满'。当法国人攻入大马士革，法军统领大步行至萨拉丁（Saladino）墓前，高喊：'我们又来啦，萨拉丁！'"[7]

二、进化算法

达尔文发现了一种"进化算法"，即诸物种形态演变的过程。自然环境随时间而变化，现实逐步淘汰那些不适应既定条件的性状。这个理论最初并不完整，直到人们发现了导致不同性状产生的机制——基因突变。从此，这一模型就变得更易于理解。文化演变的机制与之相似：要有提供动力、指引方向的推力，例如人的需求、欲望、期待和激情；要有能为面前的问题提供解决方案的机制；还要有一个剔除干扰项、获得最优解的选择系统。

这一动态过程从人类诞生伊始就推动人类前行，甚至可以说，是它催生了人类本身。它对本书内容的布局至关重要，因此笔者将对其进行简短的分析。

（一）**这种推动力有其生物学根源**。有机体要维持正常的生命体征，就必须同周边保持互动。正如托马斯·索维尔（Thomas Sowell）指出："满足人类欲望是文化的目的所在。"[8] 这些欲望，或是出于对某种需求的认知，或是出于对某种奖励的期待。所有人的基本需求都是一致的：生存、避免痛苦、追寻欢愉、共同生活、繁衍后代。但它们在历史的长河中逐步演变，逐步杂交，（实际或臆想出来的）目标发生了变化，范围不断扩大。有人宁死也不愿背叛朋友，也有人执着于发明创造，或是贪婪敛财。有些群体希望定居，另一些则喜欢迁徙。这是一种最为广泛而深刻的冲动，而上述都是其具体表现。人类的特征之一就是，我们同时生活在现实与非现实、必要与非必要之中，而这同时向好和坏两个方向拓宽了我们的可能性。也许正是这种双重性定义了人类这一物种。

冒着过度简化的风险，笔者共找到了五大动机：生存、提高福祉、进行社会交往、理解自身体验，以及拓宽生活发展的可能性。换句话说，这是一种试图掌控自然、自我或他人的权力意志。当然，这些欲望相互交织，因此笔者在使用这一分类方法时也已多加小心。

这样宏大的欲望并不保证能够实现。要达成雄心勃勃的目标，这件事本身就已经变成了问题，而且有时还是难以解决的长期问题，并伴随着人类的历史。我们将这样的问题称作"结构性问题"。它们源于我们的本性，又反映我们的本性，并让我们不得不去面对。简单来说，我们可以把它们总结成一个"向难以确切描述的目标提出的难以定义的问题"，我们称之为"幸福"（felicidad）。"幸福"是一种抽象而盲目的冲动，其化身多种多样：欢愉、自由、公正、权力、爱情、财富、美貌、救赎、复仇，等等。要说文化演变讲述的就是追求幸福的历史，那实在是流于表面，但又无比正确。[9] 18世纪末爆发的几场革命的特性之一就是将幸福引入了政治话语体系。在此之前，幸福一直在幕后发挥作用。后来，我们开始梦想实现乌托邦，梦想找到一个幸福的世界，或是怀念逝去的美好。有些大胆的历史学家，例如爱德华·吉本（Edward Gibbon），甚至敢于断言："如果让人在整部全球史中挑选出人类最为幸福繁荣的阶段，那么他一定会选择图密善（Domiciano）去世后、康茂德（Cómodo）登基前的那段时间（98—180年）。"[10] 吉本可能较为武断，但也提出了一个有趣的调研题目。上亿人共同致力于追求幸福，摆脱饥饿、痛苦、奴役、无知与恐惧，才打造出了我们目前所知的世界。我们是否可以认为，人类的努力是成功的呢？

（二）寻找解决方案。历史的疑难本质源于人类生活的问题性。智慧负责寻找出路。由此便开启了"历史创造性空间"，而文化则成为解决方案的宝库。这是本书研究的核心。我们要探索定义了人类这一物种的创造史。[11] 同样的激情、同样的困难反复出现，智人则一次又一次地以更有效的方式将其解决。文化的历史记录了积淀下来的解决方案。伏尔泰（Voltaire）直率地指出："历史从不重演，人类却不断重复自身。"

例子不胜枚举。所有动物都趋利避害，而人类作为"灵性动物"，不只追求肉体的欢愉，更追求精神的享受——音乐、舞蹈、绘画、文章、与来世的交流，以及权力。[12] 每个人都有对安全的渴望（即上文所说的推动力），于是就产生了关于如何实现安全的问题。伟大的历史学家吕西安·费弗尔（Lucien Febvre）曾研究过这种渴望在人类社会的历史中发挥的重要作用。[13] 从古至今，人们提出过许多解决方案：合作防御、彻底摧毁敌人、建立政治组织、设立规范体系、撤退至荒漠、在精神上予以漠视，或是求助于宗教。

文化的演变将向我们展示欲望得到满足的过程。因此，它是创造的历史，充满了尝试、失败、再尝试，也充满了满足与失望。动物欲望的满足尚有一定之规，但人类的欲望不断增加，无法满足。文化满足欲望，同时又刺激欲望的产生。我们是奢侈的动物，需求不断膨胀。我们很快就会发现这种无节制行为的秘密。在距今3万年的桑吉尔（Sungir）墓穴中有三具尸身：一名60岁左右的男子，饰以3 936颗珠子、多个手环和一条项链；一名年轻男子，佩戴4 903颗珠子；以及一名年轻女性，戴有5 274颗珠子。动物有一套千年不变的程式。鸟类仍以同一种方式筑巢，而人类已经从穴居发展到茅棚、房子、湖上木屋、城堡、哥特式神殿、摩天大楼、房车和露营帐篷。我们发明了1.6万种语言。巴比伦的学者们早在2 000年前就罗列过神祇的名讳，清单上总计2 000位。日本神道教有80万位神灵。这听起来数目实在庞大，可是跟印度教一比简直不足挂齿——印度教崇尚的神明有3.3亿位。[14] 根据普瓦里耶（Poirier）的研究，世界上共有1.2万种法律体系。[15] 这是一场变化带来的沉醉，一场创造力的爆炸。圣奥古斯丁（San Agustín）说，人类是"贪图新事物的野兽"。[16] 我们对新奇事物总有一种贪念。仅仅满足自身的需求对我们来说是不够的，我们总要不断扩展需求，以期满足它们，毕竟需求得到满足总是令人愉悦的。正如托马斯·阿奎那（Tomás de Aquino）所指出："经由智慧而非哲学而生的欲望是无限的。"[17] 人人都需要消费商品，但"消费主义"始终是一个不断增长的趋势。[18]

（三）选择标准。除了推动力和对解决方案的创造，进化的过程还必须要有一套选择标准。自然界的选择标准非常简单——生存。而在学界，卡尔·波普尔（Karl Popper）用同样的标准来衡量各种理论：在各种理论的竞争之中留存下来的，就是最好的理论。[19] 也就是说，较好的解决方案总是能够战胜那些较差的。然而，这一标准过于基础。既然更加复杂的需求已经出现，那么与之对应，标准也要变得更加复杂。对生产工具优劣的评判标准曾经只有实用性，但在某个历史时刻，人们对工具进行装饰的欲望扩展了这一标准。装饰——也许是作为身份地位的象征——想必给人们带来了特殊的愉悦感。

我们来举例说明。为了生存而进行的斗争催生了对同一问题的不同解决方式，以适应周边环境。费利佩·费尔南德斯-阿尔梅斯特（Felipe Fernández-Armesto）曾描述过在荒漠、冻土、冰原等各种最为恶劣的环境中求生的努力，以及人类对征服大海与狂风的渴望。[20] 不同的生活方式层出不穷。定居和城市化的长期趋势看似已经取得胜利，但千百年来，不肯接受这一发展的另一种生活方式仍然顽强地存在着。与定居文明相对应，游牧文明依旧强大。他们搏动的心音传至边界之外，并周期性地对以定居为主流的世界发起进攻。这是两套相互对立的选择生活方式的标准。再举一个影响深远的例子：西方文明注重个体权利，而东方文明、非洲文明和伊斯兰文明则更注重集体权利。这时，选取一个选择标准便成了重量级议题。

我们可以根据其是否满足需求或提供快感，立刻对某些解决方案加以评判。但是，这些解决方案也有可能是不充分的、临时性的，或者将在日后引发问题。因此，我们采用的标准必须更为合适。博弈论为我们提供了一种基础而强大的标准。一些冲突中有人获利而其他人受损，我们称之为"零和博弈"。在战争中，夺取战利品并将自身规则强加于人的，便是赢家。这是"赢家-输家"的局面。另一些情况下，竞争双方都能获益——贸易就能达到这种效果。这是"赢家-赢家"的局面。这两种胜利的逻辑是不同的，但相互交杂，相互影响。例如，法国大革命捍卫人权和公民权，追求普遍利益，但拿破仑却回到了征服者与被征服者的辩证法上。其结果就是上百万人在拿破仑战争中丧生。

罗伯特·赖特表示，文化的演变偏好双赢的解决方案，即正和博弈。[21]这揭示了一种碎片化的目的论互动，一种对亚当·斯密（Adam Smith）提出的"看不见的手"的概念的修正。贸易、国际法、谈判政策、民主、国际法庭等，都是人们为实现正和博弈而进行的尝试。平克（Pinker）指出，社会性情感——包括同情、信任、感激、愧疚、愤怒等——之所以被选中，是因为它们能让人们在正和博弈中获益。[22]"甜蜜的贸易"（doux commerce）就是一种正和博弈。法学家塞缪尔·里卡德（Samuel Ricard）曾于1704年总结道："贸易以其相互效用，将人与人联系在一起。通过贸易，人类学会权衡利弊，学会诚恳正直，学会礼节礼貌，也学会小心谨慎。"[23]特里弗斯（Trivers）开启了对互惠利他主义的研究，并进一步巩固了这一论点。[24]如果自己出于善意而向他人提供的帮助能够获得同样善意的回报，那么人们就很容易相互协作。正如爱斯基摩人的谚语所说："贮藏余粮最好的地方就是邻居的肚里。"赠礼这一精心慎重又普遍存在的仪式，便展现了这个议题的重要性。

不幸的是，文化的演变并非总是遵循双赢的逻辑。我们持续不断地回到零和博弈的老路上。一场军事政变可能改变民主进程。一场瘟疫也许会导致大规模死亡。德国本是文明富庶的国家，希特勒却将它带到了悬崖边缘。甚至还有许多时候，我们陷入负和博弈，各方都遭受损失，这是历史给人类上的悲伤的一课。历史学家卡洛·奇波拉（Carlo Cipolla）把人分为四类：英雄（利他而不计个人得失的人）、智者（追求自身利益，同时也为他人谋利的人）、恶人（只在乎自己获利的人），和傻瓜（损人不利己的人）。[25]历史上许多人的行为都愚蠢得令人发指。我们都希望能够变得更加聪明。在这样一个乌托邦里合作，是我们的动因之一。

三、由问题开创的空间

我们庞大的欲望总是引发一些普遍的、巨大的，同时又难以解决的结构性问题。这些问题是历史的引擎。专家们告诉我们,每一个问题都会开创相应的解决空间,其中包括从欲望的诞生到满足、从起点到终点所需的全部要素与资源。我们将其称为"创造性空间"。正是在这个空间中,逐渐出现了美学、科学、宗教、爱情等体验领域,出现了重要的习俗与制度,以及自我重复的演化进程。对幸福的追寻所打开的空间是最为宽阔的。所有那些成功也好、失败也罢的尝试,都留在这个巨大的"进化库"里,而本书将会研究其中的一部分。让我们来看一看永恒而神秘的艺术领域吧:一位艺术家总是在某种传统中诞生,既希望归属于这一传统,又希望与之分离。我们必须把毕加索的画作放入绘画的系谱,放入亨利·福西永(Henri Focillon)曾希望描绘的,那些由形式的演变构成的主题流派(corriente temática)之中,否则就不可能理解这些作品。[26] 毕加索和所有其他画家一样,希望融入造型文化的脉络。根据本书所采取的方法,我们可以将艺术创作看作艺术家为自身提出的问题给出的永恒解答——短缩、透视、色彩与油墨、立体主义、印象主义,以及抽象。同时,艺术创作也是艺术家生存和成名的方式。E. H. 贡布里希(E. H. Gombrich)在其堪称经典的艺术史著作中提出了同样的观点:艺术家总是找寻那些"其解决方案能够显示艺术家高超技巧"的问题,"包括原创性的问题"。[27]

在文化的演变中,我们会看到不同体验组成的线索相互交织,相互影响,相互适应,并由此产生了大量创造。对权力的体验、对解决冲突的需求、爱与恨的各种形式、宗教与诗歌的各类体验,共同汇成了人类历史的洪流。它们的差别也被框定在这道激流之中,同时,它们在其中找到灵感和意义。想想密契主义吧。这是一种广泛存在于所有宗教中的普遍体验。以不同语言表达的不同信仰却产生了这样的相似性,这是十分惊人的。[28]

传统上,所有这些演变的线索和创造性空间都已经被记录为各自的历史,于是就出现了政治史、经济史、绘画史、音乐史、哲学史、法律史,等等。它们催生了一种具有欺骗性的连贯感。历史本是更为混乱无序的。然而,我们却自认为从中看出了某种机制,它不断筛选出大多数人认为最优的解决方案。有时这种"大多数人的共识"只是昙花一现,但正如对待科学理论一样,我们总是满怀希望,认为更强有力的理论将会取代较弱的理论。

我们还会遇到一项附加的困难。跨越式进化并不总能实现。诚然，一个技术落后的社会，也许可以在没有用过固定电话的情况下，就直接跨入移动电话时代，但在政治和社会等其他领域，此类跨越则更加困难。弗朗西斯·福山（Francis Fukuyama）曾讲述他就如何推动在美拉尼西亚建设现代化国家的问题，向世界银行和澳大利亚国际发展署提供建议时的情况。问题在于，当地以部落为社会组织形式，以人类学家所说的"分支宗族"（linajes segmentarios，即可以追溯至同一位祖先的团体）为单位，而且各有各的语言，这导致社会严重碎片化。巴布亚新几内亚境内有着超过900种互不相通的语言，几乎占世界现存语言的1/6。各个部落散落在各自的山谷之中，和相邻的部落对立。[29] 即使输出的是有益的制度，如果不能让受众理解，就也可能失败。那些为了在阿富汗这样的部族社会建立民主体制而进行的尝试，就是很好的例子。

四、进化算法的两种结局：平行与合流

既然本书要为人类作传，那么它必然是一部拥有多个中心的历史，还要兼顾各个社会以各自的节奏塑造出的各式人物。因此，本书便重拾了康德（Kant）在《世界公民观点之下的普遍历史观念》（*Historia universal desde un punto de vista cosmopolita*）中所说的光明而伟大的任务。

推动所有文化进步的普遍动力让我们能够解释两个让历史学家们着迷的事实。第一个事实是，历史上曾有过许多"平行发明"，包括文字、农业、陶器、冶金、政治组织形式、宗教、货币、社会阶层、祭祀的宗教作用、艺术，等等。所有这些发明都在不同的地点自发产生。[30]

平行发明也体现在个体层面。1922年，两位社会学家，威廉·奥格本（William Ogburn）和多萝西·托马斯（Dorothy Thomas），找到了多达148个"不同的人在十分相近的时间内各自做出相同的科学发现"的案例：1774年，约瑟夫·普里斯特利（Joseph Priestley）在伦敦，卡尔·威尔海

姆·舍勒（Carl Wilhelm Scheele）在瑞典，分别发现了氧气；1610 年至 1611 年，包括伽利略（Galileo）在内的四位天文学家，各自发现了太阳黑子；约翰·奈皮尔（John Napier）与亨利·布里格斯（Henry Briggs）在英国，约斯特·比尔吉（Joost Bürgi）在瑞士，几乎同时发展出了对数理论；1847 年，四个人分别声称发现了能量守恒定律；1900 年前后，马可尼（Marconi）与特斯拉（Tesla）同时发明了收音机。奥格本和托马斯认为，上述事实证明了环境的影响。那些想法、概念早已经飘散在空中，并不可避免地被人们发现。[31]

如果我们的心理构造相同，又生活在同样的现实中，那么我们拥有相似的体验，便也很容易解释。米尔恰·伊利亚德（Mircea Eliade）研究了相距甚远的文化中"飞天"（vuelos mágicos）的象征意义："飞升和飞天是所有早期人类的共同体验之一。我们可以回想一下'魂鸟'（alma-pájaro）、'灵魂翅膀'（alas del alma）等象征符号，以及那些将精神生活描绘为飞升的图画，它们曾经都是十分重要的。也许'鸟类－灵魂－飞升'（ave-alma-vuelo extático）这一仪式性的神秘议题，在旧石器时代便已成形。"[32]

第二个事实是"合流"（dinamismo convergente）。[33] 当解决方案相互竞争，较强的就会替代较弱的。科学取代神话，更有效的技术取代那些成本高昂的技术，某种形式的立法取代单纯的武力强制。然而这种合流有时突然爆发，有时又会倒退，有时还会被强大的阻力封堵。例如，曾经出现的向民主的合流，被 20 世纪上半叶兴起的极权主义打断。[34] 在生物学中，我们将其称为"回复"（reversión）。某个业已获得的器官，例如眼睛，如果在所处的环境中得不到使用，那么就可能萎缩退化。长期处在黑暗环境中的眼睛是如此，在历史上经历黑暗时期的人类也是如此。

合流作为人类的一种趋势，产生于无数个体决策的积累。这样看来，它实际上是一场巨型公投。从较为基础的层面来看，这种合流并不必然指向道德的进步。伊恩·莫里斯（Ian Morris）为衡量人类的发展选取了四项指标：能源消费增加，武器杀伤性增强，组织趋向复杂，以及通信手段更加强大。他同时指出，我们并不能以"好"或"坏"去评价这些现象。[35] 不过，还有一些更为准确的人类发展指标，例如联合国所用的"人类发展指数"，其中包括长寿、教育和公平。诺贝尔经济学奖得主阿马蒂亚·森（Amartya Sen）曾指出"能力"的重要性。我们认为，有些东西对"体面生活"而言是不可或缺的，而森所说的"能力"，就是指我们获得这些东西的实际机会。[36] 上述指标已经具备了道德含义，我们能否将其应用于对历史的评判呢？

笔者认为这是可行的。只要摆脱了赤贫、无知、教条、恐惧与仇恨这五种障碍，在历史这场持续不断的"公投"中，人类的智慧就足以选出最优解，获得最好的结果。但每当这五种障碍中的任何一种重新出现时，崩溃或倒退便随之而来。合流的目标，便是所谓"客观幸福"（felicidad objetiva）。我们有必要对这一重要概念进行阐述，因为本书实际上就是一部追求客观幸福的历史。

五、客观幸福简述

"幸福"一词虽然意思模糊，却仍在心理学和社会学领域流行起来。[37] 它代表一种满盈的状态，在此状态下，我们认为所有期望都已经获得了满足。人们曾为衡量社会幸福度做过问卷调查，得出的结果时常自相矛盾，因为幸福感与生活水平之间并没有明确的关系。在经济欠发达的国家，人民所感受到的幸福度也许更高。其原因便在于"幸福"含义的模糊性。笔者认为，必须区分"主观幸福"（felicidad subjetiva）和"客观幸福"：前者是我们希望拥有的感受，而后者是我们希望生活在其中的环境。[38] 伟大的法学家汉斯·凯尔森（Hans Kelsen）曾说，客观幸福就是公正，而我们确实都希望生活在公正的国家。[39] 为了教学之便，一些作者用"丹麦"指代这个理想之地，因为人们公认，丹麦拥有较好的政治经济体制，又兼稳定、民主、和平、繁荣、包容，且政治腐败程度极低。世界银行社会科学领域的专家兰特·普里切特（Lant Pritchett）和迈克尔·伍考克（Michael Woolcock）提出了"如何成为丹麦"这一表述，用以指代如何改造索马里、海地、尼日利亚、伊拉克、阿富汗等地的问题。[40] 显然，客观幸福并不一定保证主观幸福。即使是在传说中的"丹麦",也一样有人会痛失所爱,会失恋,会生病,会抑郁。

也许我们很难在"什么能让我们感到幸福"这件事上达成一致,但就客观幸福应该有何特征倒有可能所见略同。《人权宣言》的起草工作开始时,法国哲学家雅克·马里旦(Jacques Maritain)惊奇地发现,聚集到一起的文件制定者们很快在普遍权利的内容方面达成了一致,但前提是决不能去讨论其原因,否则各种不可调和的意识形态分歧就会引发争论。因此,马里旦承认了人类"道德体验"的存在。于是,历史成了道德解决方案的试验台,让人们能够进行"伦理道德学习",也能对价值和解决方案进行更为精细的选择。[41] 这些观念与本书的任务息息相关。我们都希望有安全感,受权利的保护,并且生活富足,享受自由。我们都希望能接受教育,能获取文化产品。我们都珍惜医疗保障的益处。寿命延长,婴幼儿死亡率和分娩死亡率下降,能用麻醉剂缓解疼痛——这些无疑都提高了人们的生活质量。除此之外,我们还关心下一代的权利,因此我们也常对自身生活模式的可持续性进行反思。亚里士多德说,政治和伦理道德都指向幸福。前者指向社会幸福,后者指向个人幸福。他认为政治的级别更高。因此,客观幸福的历史应该是政治进步的历史,是政治进步影响并依赖于伦理道德进步的历史。启蒙运动时期的革命者们所说的"良法育良民,但与之对应,也只有公民美德才能制定良法",指的就是这个。

我们不该把精力集中在对主观幸福的测算上,因为它可能并不反映实际情况。这首先是因为,我们很容易对美好的事物习以为常,进而对其视而不见。其次是因为,幸福感本身在于"区别"——它显示的是"期待"与"实际所得"之间的差异。因此,东西方古典思想家才不约而同地认为,消除欲望就是通往幸福的最佳路径。文化决定了人们对生活中各类不便和困扰的容忍程度。许多精神病学家认为,西方文化将容忍程度的门槛降得很低,而这也许会增强人们的不幸福感。2013年,心理学家罗宾·罗森堡(Robin Rosenberg)在一篇题为《非常态就是新常态》(Abnormal Is the New Normal)的文章中说,如果按照精神病诊断"圣经"《精神障碍诊断与统计手册》(DSM)最新版的标准,那么半数美国人都会被诊断出这样或那样的精神疾病。[42]

幸福感"区别"的另一层含义在于,它也基于我们对他人幸福程度的感知。俗话说得好:"别人过不好,傻瓜开心了。"伟大的哲学家约翰·罗尔斯(John Rawls)曾围绕"正义"这一议题提出过广受称赞的理论。他指出,被道德家定义为"见别人好而感到悲伤"的嫉妒心,会阻碍人们做出公正的决定。[43] 最后,一些生理或个人因素也会影响人们对自身经历的理解和领悟。鉴于上述原因,我们应该主要考察客观幸福指数,而只在少数特殊情况下考虑主观幸福。

研究文化演变的学者,自然要注重核实在各文化的各发展阶段衡量其客观幸福水平的可行性。根据本书提出的伦理道德进步定律,衡量客观幸福的指标应该包括贫困、无知、教条、恐惧与仇恨的程度。而我们所要证明的结论是:在消除了上述障碍之后,人类社会将向着尊重个人权利、反对不公正歧视、人民参政议政、拥有司法保障、理性解决问题、具备援助政策的方向,进行合流。

第二章

"灵性动物"的诞生

一、遥远的过去

在第二章，我们将见证人类的诞生。如果从始于宇宙大爆炸的"大历史"角度来看，这件事微不足道；但如果从人类的角度来看，它却是人类"小爆炸"的开端。而正是这场"小爆炸"，最终孕育出了宇宙大爆炸理论。[1] 为了描述这一重大的新生事物，笔者不得不用上一些对历史专著来说或许过于狂妄专断的词句。自从人类出现，"现实"就变成了"世界"。无论人类是否存在，客观现实总是存在。即使没有人类，广阔的宇宙、细小的基本粒子，也还是按照各自的规则运行。我们无疑是物质现实的一部分，但与此同时，我们赋予其意义，对其进行理解和诠释，提出理论来认识它，带着自身情感去体会它，把它转化为"世界"，转化为属于我们的东西。我们同时生活在物质的和思维的世界里，并常常把事实掺入故事和传说。西方人把我们所在的银河系称为"乳路"（Vía Láctea），这源于一个古老的故事：传说神后赫拉（Hera）为婴儿赫拉克勒斯（Heracles）哺乳时，不慎洒落的点滴乳汁化成了繁星。我们生活在同样的客观现实里，却又生活在不同的世界中。本书所要进入的便是这"第二现实"，这个由意涵组成的森林，由挪用和创造构成的文化。[2]

我们的祖先和我们的动物近亲一样，受感情冲动、疼痛和愉悦的驱动。笔者同意莱达·科斯米德斯（Leda Cosmides）、约翰·图比（John Tooby）等进化心理学家的理论。他们认为，人类智慧产生于更新世，人类在此期间获得了基本生理构造，从而不仅能够创造文化，还能够依照自身的造物不断对自己进行修正。[3] 于是，我们回归人性的本源，回溯至"灵性动物""创造性动物"的诞生。当我们提到"灵性动物"一词，我们只是在进行单纯的描述。人类这一物质存在，创造了伟大的象征性世界。思想所遵循的规律与物质并不相同。我们脑中发生的神经物质变化处于一个层面，而思维创造则处于另一层面。例如，"乘法"是大脑实际活动的结果，但它遵循的却不是生理规律，而是算数法则，是思维世界的规律。物质创造思维，思维指导物质运动——这就是"奇妙的螺旋"。[4]

我们历史的开端平淡无奇。但只有牢记它，我们才能了解自身的局限，并明白是怎样非凡的活力，把我们与动物祖先区分了开来。600万年前，即将孕育出人类的一支灵长类动物在非洲出现。这看起来不过是一起普普通通的进化事件。一些类人猿和其所属物种中的其他成员产生了生殖隔离。这个新族群进化、分化，又产生其他族群，最终导致南方古猿属之下诞生了多个不同的二足类人物种，并在百万年间共存。随着时间的流逝，这些物种中的某一支变化极大，不能再被归入南方古猿属，于是只能为其创立一个新的属，即人类（Homo）。而我们这一物种——智人（Homo sapiens）——便归于其下。[5]

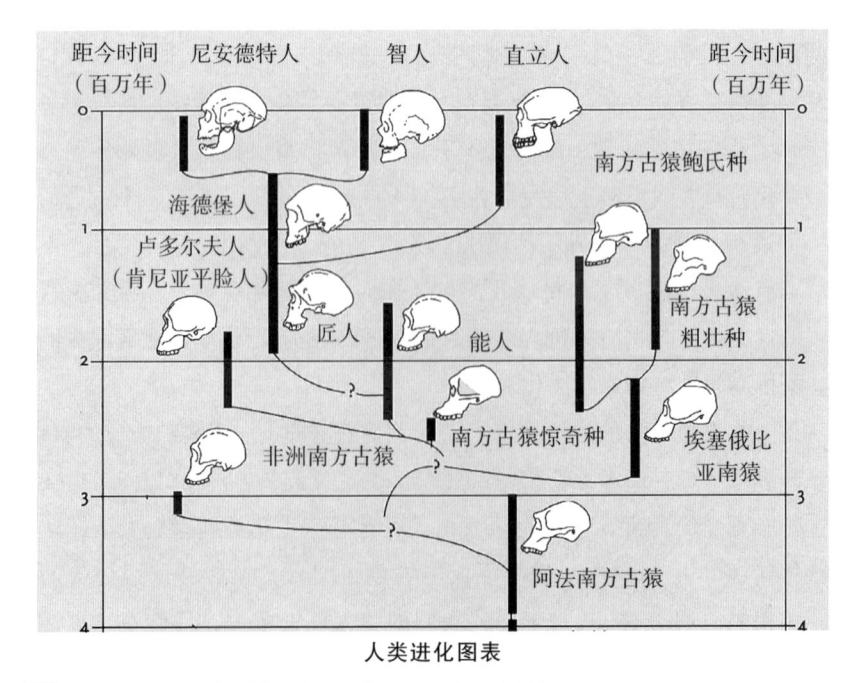

人类进化图表

来源：Chris Scarre (ed.): *The Human Past*, Londres, 2013。

二、缓慢的分离

人类并非突然出现。从动物到人类的演变过程十分缓慢，摇摆不定，在日积月累中完成。如今我们清晰分辨出的各种动因，在当时可能相互交融。这个道理其实很容易明白，想想那些被我们看作艺术之发端的史前图画吧：是什么促使那些人努力地创作出了奇妙的图画呢？我们应该将其看作艺术的开端，还是宗教的开端呢？这些图画并非为了让人观赏而创作，因为它们都位于较难接近的地方。它们也许是为了作用于一些"看不见的力量"。这些图画的一面是宗教，是魔法仪式，另一面是创作图像的激情。音乐的诞生同样是个谜。已知最早的乐器是在施瓦本（Suabia）的霍赫勒·菲尔斯（Hohle Fels）洞穴中发现的笛子，这种笛子以鸟类翅膀骨骼和猛犸象牙制成，据考距今已有3.5万年。这一史实向我们揭示了人脑的一个特性——它喜欢音乐。

人类与黑猩猩的基因相似度高达99%。我们通过发现的化石，对生理进化进行了深入细致的研究，但精神领域的进化则更加难以追踪。我们根据化石计算得出，早期人类的大脑重约850克，后逐步增加至1 300克，这表明大脑捕获、记忆和关联信息的能力增强了。既然相比其他智慧程度较低的动物，类人猿的大脑有所扩大，那么我们也可以据此推断，比起我们的动物祖先，我们的大脑功能也应该更强大。笔者将顺着这一模式阐述下去。我们源自那些能够理解关联、进行学习的智慧动物，它们受需求和欲望的驱动，相互合作，遵从等级和规则，并且可能会做出互惠利他的行为。从上述能力中衍生出了一种新能力，它将改变其他一切已有的能力。这种新能力的产生标志着人类的重大飞跃。精神领域的考古学家们将这种处理象征、图像、思想和符号的新能力命名为"抽象思维"。它看起来似乎微不足道，实际上却改变了一切。默林·唐纳德和安妮特·卡米洛夫-史密斯（Annette Karmiloff-Smith）认为，这意味着人类可以处理保存在记忆中的表征，用以创造新的象征、预测未来事件和想象，也用来选择目标、指导行为。[6]当我们认出某一事物时，我们的记忆便自动开始运行。而当我们在记忆中搜寻时，我们便能让记忆听令行事。这是因为，相比动物大脑，人脑的额叶体积更大、更为发达。唐纳德曾说过一句很有启发意义的话："人类智慧的飞跃是由于人类学会了管理和使用记忆。"这句话可以被用来定义本书。我们希望用关于往事的记忆，开启对未来的预期。[7]

三、抽象思维掠影

让我们对人类史上的这一闪光时刻做一次速览吧。我们与动物的不同之处在于，我们同时生活在现实世界和我们所感知的世界之中。我们受到事物的影响，也受到我们对事物的看法的影响。这种刺激的释放打开了新鲜事物的大门，同时也打开了放肆行为的大门。蚂蚁在基因的驱动下修建蚁穴，它们的日常生活一定是现实的。如果有一只蚂蚁能够想象另一种生活，那么整座蚁穴的稳定性都会随之崩溃。人类的栖居之处就具有这样的不稳定性，这是因为人类拥有智慧，而人类的智慧并不是仅仅用行动回应刺激，而是要将外界刺激内化成一种"含义"，再经由这个内化的"中间人"做出反应。人类与现实的关系是错位的。从这种错位关系出发，我们总会尝试着同时在两个层次中生活。

灵长类动物生性好奇，喜欢探索，而人类又能在想象中探索。如果我能让一块石头在我的脑海中独立存在，能随时在脑中唤起它、旋转它、使用它，那么我心中所想的这个图像便不再是一块石头（它事实上也许已经不在我面前），而是石头的符号，是石头的象征。我们所说的抽象思维，指的就是不必作用于现实而能够直接操作符号的能力。如果用更现代的话来说，就是像电脑一般的运算处理能力。[8]数学思维操纵数学符号，语言思维操纵词汇，而那些直接作用于图像的思维，我们称之为"想象"。想象力出现之前，我们的祖先看到野牛的踪迹时并不会想到野牛，而是像所有掠食性动物一样，直接去追赶。而在想象力出现之后，我们就摆脱了这种自发性，先将这一外界刺激转化为符号，再在脑中思考"野牛"这一符号，然后想出该怎么做。

四、变革性演化

抽象思维能力并非像陨石一样直接空降在已经成形的大脑上，而是改变了大脑原有的功能。这就是进化的过程。特伦斯·迪肯（Terrence Deacon）证实，在早期人类脑容量扩大的过程中，前额叶皮层的增大十分明显，同其他区域不成比例，导致了整个大脑的重组。[9]事实上，人脑中逐步建立了一个不知疲倦的"思想生成器"，它既能催生或喜或悲的情感，又能指导行动。人类智慧是生理和记忆的有效杂交，先天功能通过学习得到增强。盖伦精准地将其定义为本能与习惯的结合。[10]神经科学家时常谈到"种族记忆"，即保存在我们脑结构中的整个物种的记忆。我们可以打个比方：大脑学习的过程类似于我们在手机上安装应用程序，手机（我们的大脑）由此能够实现此前不具备的功能，这种功能是应用程序带来的，但如果没有大脑（手机），"应用程序"便只是一种休眠中的"可能性"而已。

这种新能力使动物行为演变为人类行为。介绍这一演变过程，便是描绘人类的婴幼儿阶段。我们与其他灵长类动物最为接近之处在于情感。达尔文在其1872年出版的重要著作《人类和动物的表情》（*La expresión de las emociones en los animales y en el hombre*）中，曾对此有所阐述。灵长类动物学家理查德·兰厄姆（Richard Wrangham）在《雄性暴力》（*Demonic Males*）一书中曾描写道，雄性黑猩猩成群结队地离开自己的领土，去攻击邻近族群的黑猩猩。[11]这些雄性黑猩猩相互合作，伏击、围攻邻近族群落单的个体，并不断试图杀死该族群所有雄性。而雌性则被掳走，并被纳入发动攻击的族群。上述做法与新几内亚高地的人类男性，以及拿破仑·夏侬（Napoleón Chagnon）笔下的亚诺玛米族印第安人所发起的攻击十分相似。不幸的是，这一进化脚本在许多文化中不断重演，而这些文化并不认为该行为是错误的。古罗马时期，传说最初的罗马人是通过掳走萨宾妇女才获得了女性，但提图斯·李维（Tito Livio）已然为这个故事感到不安。考古学家史蒂文·勒布朗（Steven LeBlanc）曾说："许多简单的人类社会之间的战争，都与黑猩猩间的相互攻击相似。"[12]

弗朗斯·德瓦尔（Frans de Waal）对我们的动物祖先的看法更为友好：

他认为我们从它们身上继承了慷慨、利他、同情等情感。他总结道："道德不是上帝发明的，而是猴子。"德瓦尔曾分析过的一些黑猩猩行为可以被视作人类行为的"草稿"或先例。延续前文关于"手机"和"应用程序"的比喻，这些行为就是它们大脑里安装的"应用程序"。比如，它们为了获得权力而进行结盟。在等级制度中获得一定地位之后，雄性和雌性黑猩猩就开始"行使职权"，也就是基于其在族群中的"社会地位"而获得的化解纠纷、施行规定的能力。[13]黑猩猩们似乎明白它们需要遵守一定的社会规则，并为破坏规则感到羞耻。[14]它们之间的沟通也有所进步。长尾黑颚猴的词汇量"高达"四个。休·萨维奇-鲁姆博夫（Sue Savage-Rumbaugh）和罗杰·卢因（Roger Lewin）这两位灵长类动物学家合著的《坎吉：人类思维边缘的大猩猩》（*Kanzi: The Ape at the Brink of the Human Mind*），描述了从小被人类教养的黑猩猩坎吉的语言能力——它已经能够听懂句子。[15]这似乎证实了埃米·波利克（Amy Pollick）和弗朗斯·德瓦尔所言：语言是从使用手势开始的。[16]

我们一向认为使用工具是人类特有的优势，但实际上，其他一些灵长类动物也有这种行为。直到不久前，人们还认为理解他人的意图是人类特有的能力。迈克尔·托马塞洛（Michael Tomasello）曾是该理论的捍卫者，但最终还是承认，黑猩猩也能够理解他人的心理状态。[17]这项能力在人类身上得到了极大的提高：孩子与生俱来的"心智理论"（teoría de la mente）让他们一出生就能够看懂他人的手势。我们还有用于模仿的镜像神经元，这一发现向我们展示了智人所拥有的又一项工具。上述所有资源催生了人类进化过程的重大推动力之一——教育。我们是唯一懂得教育后代的物种。通过教育后代，我们实现了知识的积累和传递，在大脑中安装了更多"应用程序"。

然而，在其他动物身上，这些能力却停滞不前。动物的能力有其局限性，因此，它们仍在不断重复着固定的行为。

五、被驯化的动物

社会影响智力的生成，这已经成为广泛共识。安德鲁·怀滕（Andrew Whiten）曾说，大脑的进化就是"聪慧的个体一次又一次在同伴身上寻找更高智慧的螺旋式压力"。[18] 尼古拉斯·汉弗莱（Nicholas Humphrey）认为，"在社会上取得成功"意味着在生理上占据有利条件，而当"更高的智慧"与"在社会上取得成功"呈现正相关时，任何能够带来竞争优势的特质都会在基因库中迅速扩散开来。"认知能力竞赛"和军备竞赛一样激烈。人类不仅能快速学习，而且愿意费心教育子女。因此，我们可以说人类"驯化"了自己。"驯"用在这里再恰当不过，因为它与"训"相似，即教育，但"驯"字仅用于动物。儿童受训，动物受驯。这就是我们的起源——通过也许十分可怖的过程来进行自我教育的动物物种。曾为法律编写过一本有趣的系谱图的伟大法学家鲁道夫·冯·耶林（Rudolf von Ihering），在其发表于19世纪的一篇文章中写道，人类学会了使用暴力来压制其自身的暴力。只有暴力才能解决当时提出的问题，即如何"打破不羁的个人意志，教导它融入共同生活"。[19]

对动物之驯化的研究向我们展现了这个奇异的事实：训练动物意味着用外界的规则束缚它们的行为。一颗较为发达的大脑在一颗欠发达的大脑里引起变化。婴儿与其养育者或教育者之间的关系也是如此。狗会有吃掉面前食物的冲动，但如果经过相关训练，就能够等待主人的命令，这是外部控制系统压倒内部冲动的表现。牧羊犬和水族馆里的海豚时常展现出令人惊讶的本领，这表明它们固有的能力通过学习而发生了转变。这些从动物身上得来的经验让我们窥见人类进化的线索。1959年，苏联基因学家德米特里·别利亚耶夫（Dmitry Belyaev）在西伯利亚开展了一个驯养野狐的项目。他遵循的标准非常简单：伸出手，然后选择向其靠近的幼狐，因为幼狐的这一行为既大胆，又不具有攻击性。几年后，经过筛选的狐狸身上出现了类似家犬的变化：它们像家犬一样，能够对人类的手势指令做出敏捷的反应。人类很有可能进行了自我筛选，选取一些具有竞争优势的特性，例如迅速学习的能力、自制力、利他性等等。弗朗兹·博厄斯便提出了这一理论，目前看来，其可信性正不断增强。[20] 理查德·兰厄姆也认为，人类曾经历"驯化"，修正了人类的生理性状，但这一"驯化"过程是由人类自己进行的。[21] 迈克尔·托马塞洛也持相同的观点。他认为，在人类进化史上的某一时刻，人类开始自我"驯化"，淘汰了过于暴力和奸猾的个体。也许正是这样，人类的进化在情感和动因等领域迈出了第一步。我们由此和类人猿渐行渐远，投身于能够发展出复杂能力的"新适应性空间"，而这些复杂能力有助于合作，也有利于追求共同目标。[22] 这或许加速了人类的进化。迈克尔·加扎尼加（Michael Gazzaniga）也认为，大脑产生思维，思维却约束大脑。思维令大脑遵从规则。[23]

福柯（Foucault）指出，文化演变中很重要的一部分与控制系统的创造、拓展、维护息息相关，诺贝特·埃利亚斯（Norbert Elias）则认为其与自控系统有关。[24] 多兹（Dodds）和杰恩斯（Jaynes）都曾探讨《荷马史诗》中的人物易于冲动的性格特征。[25] 芭芭拉·塔奇曼（Barbara Tuchman）则描述道："中世纪的人们行为明显幼稚，显然无法压抑任何冲动。"[26] 一些研究者认为，首次效果显著的"驯化"发生于新石器时代，且宗教信仰在其中发挥了重要作用。[27]

六、思想生成器

随着神经元运算能力和抽象思维能力的提高，以及通过学习实现的对社会造物的利用，人脑转化为一台可以产生思维、预期和情感的"机器"。但我们现在还不能说是个人有意识地、自愿地去产生它们——这要待以后才会发生。神经科学家提出"认知无意识"（inconsciente cognitivo），指其独立运转。[28] 我们可以想象儿童是怎样学习语言的：就像学会走路和灵活运动一样，他们很自然地消化一门语言。对儿童来说，学习用勺子和学习用字词，并无差别。他不会先去思考，然后再组织语言表达；他的大脑直接边说边想。维柯（Vico）在《新科学》（*Scienza Nuova*）中提出"人因不理解而成为一切"——人类做所有这些事情的时候并不理解它们。此话已经被当代科学所接受。直白地说,我们可以认为,大脑在直接替人类做事。丹尼尔·丹尼特(Daniel Dennett)在新书中详尽地解释道,人类智慧有能力在意识到自己在做某事之前便已经开始做。符号功能首先是一台永不倦怠的意义生成器。心理学各个学派都已经就此达成共识。[29]

我们的祖先逐步发展出新能力,在脑中安装新的"应用程序",学习新的指南。也许在 250 万年前,我们的某位先祖学会了通过敲击来在石头上做出刀刃,就像我们在埃塞俄比亚的戈纳(Gona)河边发现的遗迹所显示的那样。这一创举很快被其他人效仿,于是人们吃上了肉,生理构造也受此影响而发生了改变。工具是拓展行动可能性的一种方式,而拓展行动的可能性一直是人类最大的渴望之一。除却基因突变和自然选择,自动地或有意地迅速学习的能力,是人类进化的第三机制。

人类在 140 万年前学会了用火。我们能够想象早期人类的生活因此发生了怎样翻天覆地的变化。时至今日,对黑暗的恐惧仍然根植于我们的基因之中,而火提供光明、温暖和保护。已有证据表明,早期人类曾用火将大象驱赶至沼泽中,进而猎杀它们。[30] 人们还得以用火烧熟食物,这一行为的最大意义在于,原本无法消化的东西由此变成了食物来源。正如西班牙神经科学家阿尔韦托·费鲁斯(Alberto Ferrús)所说:"从能量需求的角度看,如果没有掌握烹饪技术,那么大脑绝不可能像今天一样,容量较最初翻了一番。(但是)烹饪的艺术并非原因,而仅仅是现代智人得以诞生的因素之一。从根源上说,进化是一种发生后又能经筛选而留下来的变化。在发现可以用火烧熟食物之前,人类必须先拥有上百万皮层神经元。"[31] 可以说,用火这一"发明创造",在人类的进化中起到了决定性作用。它已经被嵌入我们的文化基因。

古希腊神话将文化的起源归功于从诸神处盗取天火的普罗米修斯(Prometeo),这并不奇怪。印度洋上与世隔绝的安达曼群岛居民似乎也有类似的传说:"鸽人趁天神入睡,从库洛-唐-米卡(Kuro-t'on-mika)盗取了一块燃烧的木柴,并将它交给古莱什(antiguo Lech)。莱什随后在卡拉特-塔塔克-埃米(Karat-tatak-emi)生起了火。"神话传说也许是为了传承先祖的事迹。从新西兰到希腊,许多文化关于万物起源的神话传说中,都提到了光的出现，而这常与开天辟地紧密相连。地理研究表明，约 7 万年前，苏门答腊岛上的多巴火山曾发生过一场大喷发，导致地球上大片地区陷入黑暗或阴霾。[32]

迥异的文化中却有相似的传说，克洛德·列维-斯特劳斯（Claude Lévi-Strauss）对这种现象兴趣浓厚。经过系统研究，他认为，这源于"全人类共同的心理构造"，也就是说，人类智慧本身就是要讲述一些相同的传说。[33] 文化被部分自然化。朱利安·迪伊（Julien d'Huy）曾研究神话传说的演变，并将其降解为"神话素"（mitemas），即一种像基因一样的信息单位。[34] 哈佛大学梵语教授迈克尔·威策尔（Michael Witzel）在大量不同文化的神话传说之间重构了一座桥梁。这个关于起源的故事在全球范围内经过数十次加工，在几乎世上所有的神话和宗教传统中流传下来。[35] 它们是人类大家族的古老记忆，经由我们的大脑这个"思想生成器"，变为了故事，被讲述出来。

七、徽章般的传说

有一个传说对本书而言尤其值得注意。它讲述了人类开始使用不同语言、不再互相理解的故事。人类并不希望使用同一种语言。巴别塔的传说讲的就是这件奇妙的事，其解释被记入了《圣经·创世记》（Génesis）第 11 章：

> 那时，天下人的口音言语都是一样。他们往东边迁移的时候，在示拿地遇见一片平原，就住在那里。他们彼此商量说："来吧，我们要作砖，把砖烧透了。"他们就拿砖当石头，又拿石漆当灰泥。他们说："来吧，我们要建造一座城和一座塔，塔顶通天，为要传扬我们的名，免得我们分散在全地上。"耶和华降临，要看看世人所建造的城和塔。耶和华说："看哪，他们成为一样的人民，都是一样的言语，如今既作起这事来，以后他们所要作的事就没有不成就的了。我们下去，在那

里变乱他们的口音，使他们的言语彼此不通。"于是，耶和华使他们从那里分散在全地上，他们就停工不造那城了。因为耶和华在那里变乱天下人的言语，使众人分散在全地上，所以那城名叫巴别（就是"变乱"的意思）。①

对《创世记》的讲述者来说，语言的多样性不是赐福，而是惩罚，因为它是人们不睦的先兆。苏美尔地区也有过类似的传说。亚述学家塞缪尔·诺厄·克雷默（Samuel Noah Kramer）发现了一首作于公元前 21 世纪的史诗，题为《恩美卡与阿拉塔之王》（*Enmerkar y el señor de Aratta*），其中讲述了天神恩基（Enki）结束苏美尔万神殿的至高神恩利尔（Enlil）治下的黄金时代的故事。[36]

> 很久以前，世上无蛇，无蝎；
> 无鬣狗，无狮子；
> 无野狗，亦无狼；
> 无恐且无怖，
> 人类世无双。
> 很久以前，在舒布尔（和）哈马兹，
> 在多语种的苏美尔——那遵循天道的伟大国邦，
> 万事皆备的乌里国，
> 安居乐业的马尔图，
> 整个世界，各国同声，
> 同一语言将恩利尔赞颂歌唱。
> 但后来，那位父主、父君、父王，
> 恩基，那父主、父君、父王，
> 愤怒的父主、愤怒的父君、愤怒的父王，
> 恩基，富足之主，指令正直，

---

① 本书中援引的《圣经》语段，译文均出自中国基督教三自爱国运动委员会和中国基督教协会 2009 年版。（本书脚注除特别说明外均为编者注）

> 智慧之主，体察四方，
> 诸神统帅，
> 天赋智慧，埃利都之王，
> 变口中之言，而生嫌隙，
> 改人类之语，不再唯一。

人类语言不通，在《圣经》中是由于上帝与人之争，在苏美尔史诗中又成了两神相斗的结果。

波利尼西亚群岛豪环礁上的居民，讲述着一个与巴别塔十分相似的故事："一位神在盛怒之下迫害建城的人们，损毁了建筑，改变了人们的语言，所以大家都说不同的语言。"在中美洲，传说有名为科克斯科克斯（Coxcox）和索奇奎特萨尔（Xochiquetzal）的一男一女，共同经历海难后终于上岸，并生育了许多儿女。然而，孩子们一直不会说话。直到有一天，一只鸽子赋予了他们讲话的能力，但他们讲的却是不同的语言，因此他们无法相互理解。亚马孙河上游地区的蒂库纳人（ticunas）说，很久以前，所有民族都属于同一个伟大部落，也都说同一种语言，但后来，人们吃了两枚蜂鸟蛋（传说并没有解释此举的原因），这个大部落就分裂成了许多团体，分散到世界各地，因为人们已经无法理解对方在说什么。历史学家费尔南多·德·阿尔瓦·科尔特斯·伊荷特里尔豪奇特尔（Fernando de Alva Cortés Ixtlilxóchitl，约1565—1648）曾记录古代托尔特克人中流传的一个故事：人类在一场大洪水之后不断繁衍，并建造了一座高塔（zacuali），以防洪灾再次发生，然而，人们的语言产生了混乱，工程也就此停止。古希腊神话中说，人们本来在宙斯（Zeus）的统治下生活了几个世纪而不需要律法约束，但赫尔墨斯（Hermes）带来了多种多样的语言，掌管纷争与不和的女神厄里斯（Eris）随之而来。东非班图族的瓦萨尼亚人（wa-sanias）也有一个关于世上各民族之诞生的故事。据说，世上原本只有一种语言，但后来爆发了一场大饥荒，人们在饥荒中发了疯，四散而去，口说胡话，由此有了不同的语言。

这些惊人的巧合中一定隐藏着一个大家都希望破解的秘密，即我们这一物种的记忆。

八、工具拓展了人类的可能性

制造工具被认为是人类特有的能力，是人类智慧大发展的确凿证据。它表明人类拥有抽象的能力，能够预测结果并专注于目标。这大大超越了其他灵长类动物，尽管一些灵长类动物也能以一种粗糙的方式使用工具。我们的祖先智人已经能够在脑海中操控并使用物质现实的抽象形象。我们对这项能力习以为常，因此注意不到其复杂性和重要性。詹姆斯·斯蒂尔（James Steele）及其同事曾证实，做一把阿舍利双面斧平均需要敲击301次，耗时约24分钟。第一个做出斧子的人必须能够在脑中操控一块石头的形象，同时想象把石头变为斧头需要如何敲击，还要想象成品的样子和作用。[37]

人类通过模仿来学习的能力很强。黑猩猩似乎也有同样的能力，但这其实只是一种假象。黑猩猩只是模仿，却不能理解其所模仿的行为的意义。它们可以做出洗盘子的动作，却不明白这个动作的目的在于让盘子变得干净，因此它们"洗"后的盘子还是一样脏。要避免这种毫无意义的模仿，我们就必须理解行为的含义。

大脑自发产生想法与情绪，这引导了人类的进化。人类逐步拥有了对这些想法和情绪进行思考的能力。有证据表明，大脑会对信息进行关联，并自动尝试对自身的经历加以解释。它会创建模式，并努力将陌生事物纳入它所熟悉的框架。戴维·刘易斯－威廉斯（David Lewis-Williams）认为，早期宗教里那些类似于萨满教的性质，建立在扭曲的意识状态、梦境、药物致幻或迷幻呆滞状态的经验之上。[38] 上述经验可能被当作"灵魂世界"存在的证据。这种解释安抚了人们的不安，正如当儿童提出的一些问题得到解答，他们便会感到安宁。

九、魔法工具

因此，工具的制造是人类历史上的一个决定性时刻，它远比乍看之下更加重要。心理学天才列夫·维果茨基（Lev Vygotsky）精准地将工具分为两类：物质工具与思想工具。二者的功能相同，即拓展我们行动的可能性。[39] 而这是我们最基本的渴望之一。约20万年前，使用语言的新能力诞生了。史蒂文·米森（Steven Mithen）认为，"人类思维的最后一次伟大的重新设计"也随之发生。[40] 本书的叙事本该从这一最后的里程碑开始，但我们不能忘记，百万年来，进化不断对人类进行调整，细化人脑功能，塑造人类的种族记忆。被我们遗忘的事情，仍然存在于我们的大脑构造之中。我们必须再次提及我们与生俱来的种族记忆。乔治·杜比对文化史进行了深入的反思，并正确地指出，我们不能被新奇事物所迷惑，而要记住那些催生了新事物的大量既有知识。

语言是抽象思维和符号操控能力的巅峰。很难想象一个口不能言的物种如何发明了语言。如果我们能够解开这个谜团，就会向理解人类本身迈出重大一步。通过观察灵长类动物的行为，我们能够看到它们相互沟通的需求。这一需求对人类而言尤为强烈，即使在最困难的境况下也要开辟出一条道路，例如聋哑儿童，成长于无声的环境，却发明了手语。化石显示，约20万年前，我们的祖先已经拥有说话所需的发声系统。最初只有含混的几种发音，却有很强的实用性，这种实用性进而筛选出发音最为灵活的个体，加快了语言的形成。这一过程可能也有基因变异的参与。FOXP2基因正是在同时期出现，该基因对口腔运动的控制起着重要作用，其异常会引起严重的语言障碍。FOXP2基因在尼安德特人身上已经出现，而今则广泛存在于各人种身上。[41] 语言是相互联系与沟通的重要工具，无论是和他人，还是和我们自己——我们一直在相互交谈。虽然语言在人类史上出现得较晚，但语言机制已经进入我们的生理遗传。能言善道者可能更受自然选择的偏爱，较为木讷者则被边缘化。婴儿生来就有学习说话的能力。他们的学习方式既不明确，也不系统，但却非常有效。

语言的高效性促使其不断传播、完善，这凸显了文化演变模式的另一特征：扩张和加速性。我们处于互动性的上升螺旋中。语言使集体学习成为可能，并促进了完成共同任务（例如捕猎大型动物）所必需的合作。合作让人们能够更好地完成生存摆在大家面前的任务。而这使社群的规模不断增大，进而促进了创新（例如语言创新），并反过来继续推动上升螺旋的发展。这是经验和创造力汇成的有力洪流。

第三章

我们都是非洲人

一、首次"殖民"

170多万年前，人类中的一支首次离开了非洲大陆。一些群体逐步离开原本的狩猎区，定居于新处所。这一扩张过程无疑是缓慢的。他们首先进入了亚洲西南部，又于多代之后，在约150万年前，抵达了亚洲东部。分布于亚洲的古人类被称为直立人。距今约170万年的格鲁吉亚遗迹，以及距今约120万至80万年的西班牙阿塔普尔卡（Atapuerca）遗址显示，大约在同一时期，匠人进入欧洲。直立人已经认识并且能使用火。他们捕猎、采集、食腐，并制造石器。奥杜韦（olduvayense）文化及后来的阿舍利（achelense）文化中就存在石器工艺。

人类的系谱仍然存有许多未知的空白。在非洲，匠人于100万至60万年前进化为海德堡人，这一人种分布于非洲和欧洲，其中一部分在欧洲和亚洲西部历经40万年进化为尼安德特人，另外一些则在非洲历经20万至30万年，进化为现代智人，随后扩散至世界各地。几万年间，三个人种在世上共存：亚洲的直立人、欧洲的尼安德特人，以及从非洲散至各处的智人。

尼安德特人主要以捕猎和食腐为生，但也采集草药、谷物、坚果，以及野菜。他们会使用火，也会加工石器（莫斯特文化石器工艺）、木材和骨头。一些尼安德特人会埋葬逝者，并使用颜料和羽毛。但由于并未发现具象艺术或装饰品存在的确切证据，上述行为是否具有象征性尚未可知。[1] 约7万年前，亚洲直立人灭绝；约2.8万年前，欧洲尼安德特人灭绝，智人由此成为世上唯一的人种。这在生物界十分罕见。在自然界，正常情况下会有多个同属的物种同时存在，通常分别适应不同的生物群落。智人开

人属系谱

距今时间 （百万年）	欧洲与中东	北非	撒哈拉以南非洲	东南亚
0.5	尼安德特人		智人	
1	先驱人		海德堡人	
1.5			匠人	直立人
2			能人 卢多尔夫人	

来源：Chris Scarre (ed.): *The Human Past*, Londres, 2013。

始向各种不同环境"殖民"。一些考古学家认为，这主要得益于复杂语言的演变。智人是否对其他人种的灭绝"负有责任"，这个问题已经被讨论了许久。也许智人的"成功"是因为我们能更好地适应不同的环境。通过基因研究，我们能够明显地看到，智人和其他人种之间曾有过"杂交"。人们研究了尼安德特人的脱氧核糖核酸（DNA），马普进化人类学研究所（Instituto Max Planck de Antropología Evolutiva）所长斯万特·帕博（Svante Pääbo）的研究表明，智人至少曾经和尼安德特人发生过杂交。我们目前仍未掌握直立人的DNA——除非确实如一些学者所想，西伯利亚的丹尼索瓦（Denisova）洞穴中发现的DNA样本属于直立人。而如果这是确切的，那么智人和直立人同样存在杂交，因为丹尼索瓦洞穴DNA中的极小一部分，可在如今的澳大利亚原住民和巴布亚新几内亚人身上被检测到。[2]

二、现代人类的"殖民"

人类大家族一向躁动不安,喜欢游历。历史对人类的天性提出了重大问题:为什么人类总是执着于彼此分离,并向新的处所"殖民"?我们的动机只是寻找食物吗?约 15 万至 9 万年前,人类开始了大扩张、大迁徙,几小群人穿越了广袤的空间。现在,我们尝试复原这幅大移民的图景。东非也许是我们最初的摇篮,我们中的一支从这里走向整个非洲。我们将他们称为家族中的"非洲分支"。这个称呼并非技术术语,而是口语化的,因为我们正试图讲述我们的家族史。一部分富有冒险精神的人离开了非洲,大致向着两个方向迁徙:一是西奈半岛方向,当时的西奈半岛远比今天湿润;二是较易通行的曼德海峡所指向的红海方向,和其他所有海洋一样,当时的红海水位低于现在。对 Y 染色体的研究表明,这群冒险者由正值育龄的千名男性和千名女性组成。[3] 他们之后又分散为小群体,并在几个世纪间不断扩张。气候限制了他们的扩张,也引导了扩张的方向。我们将这些人称为"亚欧分支"。他们在中东地区定居下来,进而变得更加多元。而中东地区作为大型集散地,在人类历史上占据着特殊地位。还有一群人西行抵达今天的欧洲,我们将其称为"欧洲分支"。他们在欧洲遇到了尼安德特人,并与之通婚近万年,直到尼安德特人灭绝。"东方分支"也许是沿着海岸抵达了东方。他们再次分裂,一部分向北,穿越白令海峡,抵达美洲大陆;另一部分继续向东南迁徙,到了澳大利亚。二者分别成为人类大家族的"美洲分支"和"澳大利亚分支"。约 1.2 万年前,我们已"殖民"于全球大部分地区,但家族的美洲分支和澳大利亚分支却在几千年间都和其他分支相隔绝。

生活在严寒地区的大型哺乳动物对人类祖先至关重要,它们使人类不得不在饥饿和寒冷之间做出选择,并一直生存在极限条件下。气候导致可食用的蔬菜减少,人类只能以坚果和一些富含糖分的块茎为食。人们在冬季捕食猛犸、熊、驯鹿和野牛,夏天则吃马、山羊、鹿、野猪和狍子。必须指出的是,受大冰期影响,当时部分海水被封存于冰川中,海平面因此至少下降了 120 米。今天的白令海峡在当时并不存在——那是一片可通行的沼泽。大冰期结束后，海平面再次上升，美洲住民便被隔绝了。这是一起重要的历史事件。2007年，哈佛大学的汪思佳带领团队进行的一次科研显示，一种等位基因（基因变体）为美洲所特有，这说明所有美洲原住民都源自同一场移民潮。我们应该铭记，我们都来自同一个非洲部落，但历经1.6万年的分离，当欧洲分支和美洲分支再次会面时，却是"相见不相识"。[4]

  本书的目的之一就是提醒读者，全世界的人类本是一家。芬基尔克罗（Finkielkraut）写道："世上各民族同属于一个人类家族的思想，必然不是人类所固有的。并且，在很长时间里，把人与其他动物区分开来的特征，恰恰是人类各民族之间不肯相互承认。人类的特性最初总是心怀妒忌，认为只有自己所属的群体才能被称为'人'。"[5]这种观点解释了为什么会出现种族灭绝，以及那些凶残的歧视行为，也解释了为什么我们必须唤醒"同生为人"的血缘亲情——这种感情实在太容易消散。也正因如此，远离他人的愿望，甚至是对他人的仇恨，是伦理道德进步的巨大阻碍。

  当那些族群在全球进行"大分散"的时候，他们携带了怎样的文化"行李"呢？他们的脑中又已经安装了什么样的"应用程序"呢？他们已经认识了火，能够制造斧头，其中一些已经懂得埋葬逝者，还能说某种语言。他们那时也许已经懂得穿衣。缝衣针的发明看似微不足道，实则至关重要，是一项重大进步，毕竟人类必须抵御寒冷。马普进化人类学研究所的研究人员马克·斯通金（Mark Stoneking），通过研究最古老的衣服上的虱子的DNA，计算出了衣服的年代。他认为，约10.7万年前，那些衣服已在非洲被穿着使用。[6]

  1991年，人们在蒂罗尔发现了一具距今5 300年的冰冻男尸。虽然这距离本书目前所讲述的时代十分遥远，但由于男尸被冰冻在冰川中，保存完好，能让我们大致了解祖先是如何迁徙的。那名男性死于箭伤。他身穿山羊皮斗篷，头戴熊皮帽子，脚踏熊皮鞋。他随身带着一柄燧石斧、一张巨弓，以及一只麂皮箭袋，里面插着几支半成品箭。他还带着一个桦树皮容器，似乎是用来装煤渣的。如果火熄了，他可以摩擦黄铁与燧石，用火星点燃一块火绒以取火。他被命名为"奥兹"（Ötzi），目前被陈列于博尔扎诺考古博物馆（Museo de Arqueología de Bolzano）。

人类家族的生存总是岌岌可危。7万年前，多巴火山的喷发导致人类大量死亡。此外，考古学家还发现了三场几乎导致智人灭绝的大洪水。

三、象征主义的进步："显灵"的出现

"象征机器"的运转使智人所感知的现实日益受到象征符号的干涉。宗教这一创造性空间常伴人类左右，衍生出了许许多多的进化脚本。宗教在何时进入了我们的文化基因呢？关于宗教起源的理论成千上万，而本书则要在已知的事物中探寻：象征功能转化为在无意识状态下运行的思想工厂，最终有意识地产生宗教体验。10万多年前，葬礼就已出现。那时的葬礼是基于何种信仰呢？各种宗教千差万别，但可以说，它们无不将现实划分为可见与隐形、神圣与世俗、肉身与灵魂。这种划分定义了我们这个物种，使我们成为"灵性动物"。"象征"一词所说的正是这种双重性——一个部分指代另一个部分。米尔恰·伊利亚德曾研究这种"显灵"，即"另一个世界的显现"。他认为："人类所掌控、感受、发现和爱过的一切，都可以被看作一场'显灵'。想想吧，有史以来，所有重要的动物和植物都曾成为神圣的象征。"[7]波利尼西亚语中的"禁忌"（tabú）一词，指的是因能招致厄运而必须避开的东西。时至今日，有关某人因惧怕巫毒而受人奴役的新闻仍不时见报，这些信仰之根深蒂固可见一斑。

了解人类智慧如何运作之后，我们认为，这些联系最初可能只是偶然，后来才有了"解释"。1948年，斯金纳（Skinner）展示了鸽子变得"迷信"的过程。条件反射式的训练可以成功使受训动物重复某种能赢得奖励的行为。如果按动把手便能获得奖励，那么它就会继续按动把手。但在斯金纳的这项实验中，科研人员总是在特定的时间给鸽子喂食，无论它们当时在做什么。然而鸽子们却把自己当时的行为和"喂食"相联系，并不断重复那些行为，直至下次喂食，而再次被喂食后，它们的信仰又进一步强化。[8]智慧在强迫症案例中发挥的作用，也可以和迷信进行类比。有的人拿过他

认为脏的东西之后，一定要洗十遍手。他很可能知道这种"仪式"并无必要，可他仍会这样做，因为只有这样，他才能摆脱焦虑感。在上述两种情况中，迷信的产生，以及人们对迷信的接受，都可以用一个基础而自发的机制来解释。

现实的力量是恐怖的，让人又敬又怕，而也许正是人类对这种力量的体验，开创了宗教的创造性空间。[9]它最为古老且广泛的表现之一，便是美拉尼西亚语中的"mana"，即特定的人或物、逝者的灵魂，以及所有灵体都拥有的某种神秘力量。苏族人、易洛魁人、休伦人分别将其称为"wakan""orenda""oti"，安的列斯群岛居民称之为"semi"，非洲的俾格米人和东非马赛人则分别把它叫作"megbe"和"ngai"。力量的体现与行使，以及与之对应的服从和敬重，都是普遍现象。这一现象提出了一些问题，让掌权者和服从者双方都试图去解决。[10]

当今的儿童在各式信仰以及代表信仰的具体事物（护身符、舞蹈、故事、图像）的环绕下成长。研究进化的学者们认为，"生态位构建"（construcción del nicho），即现实的文化覆盖，是一种最终改变了人类基因的机制。这种现象被称作"鲍德温效应"（efecto Baldwin），它在这段历史中持续发挥作用。我们习得的东西间接影响了我们的基因。毫不夸张地说，宗教创造力推动了我们的"人性化"进程。[11]

四、技术进步

在那几千年间，提高生存概率、改善生活条件的技术日趋完善。人类战胜自然和战胜他人的欲望，使技术进步成为历史演变中的一个常项。从这种意义上来说，我们的大家族中竟还有一些族群保持着旧石器时代的技术水平，这对我们而言是进化中的一种异常现象。笔者希望为这种现象寻求合理的解释，并借此理解其他族群的进化过程。那些技术水平低下的族群适应了他们周边的环境，没有改变的动力或途径。他们都是小部族，人口数不足以刺激发明创造。

许多作者认为，外界因素导致了变化的发生。周边环境的不平衡催生新的解决方案。这无疑是正确的，但要说文化"只要适应环境就不会变化，除非环境本身发生变化"[12]，这就有些夸张了。内生的创造冲动是存在的。人类善于发明，躁动不安又喜欢拓展。我们进行发明创造，有时是为了达成某种目的，有时只是为了享受发明创造的乐趣，仿佛那是某种游戏。研究旧石器时代的专家马塞尔·奥特（Marcel Otte），对人类自进化之初就体现出的矛盾天性感到惊异："人类生理脆弱，却长期面临层出不穷的各种挑战，这从自然法则角度看根本不合理。"不断超越过往极限的欲望推动着人们。"梦想、欲望和思考所激发的无尽求索，是我们命运的基石。问题和对解决方法的寻找构成了人类历史。"奥特缺乏一门用以研究有史以来思维与情感之构造的学问。[13]本书正试图做到这一点。

技术的演变再次体现了文化的各种机制。某种发明一旦诞生，便成为"被修正的现实"的一部分，成了公有之物，即使事实上并非所有人都能使用它。轮子、战车、弓箭、文字、犁、青铜等等被发明出来，拓展了人们发展的可能性，让他们能在上述发明的基础上继续进行创造。其他族群为了保持竞争力，不得不模仿、复制这些发明。这是合流的法则之一。修昔底德（Tucídides）在《伯罗奔尼撒战争史》（*La guerra del Peloponeso*）的开篇描写了科林斯使者告诉斯巴达人，斯巴达的技术落后于敌人，而新技术终将战胜旧技术。"享有安宁的城邦不应改变旧的律法和习俗，与之相对，遭人欺压的城邦要发明新事物用以自卫。这就是为什么在这方面经验丰富的雅典人总致力于发明创造。"[14]我们将在后文中看到，善于学习的社会拥有更高的生存概率。勒内·基拉尔（René Girard）曾提出一个关于文化起源的理论，他认为文化基于个体在竞争中的好胜心，基于"模仿的欲望"，基于嫉妒。"模仿的欲望"促成了文化的传播。[15]

早在5万年前，人类就已开始使用弓箭。人类投掷物品的能力，既是巨大的竞争优势，也是智慧的重要体现。伊利亚德认为，投掷武器所带来的"对距离的掌控"，催生了无数信仰、神话与传说。例如，在一些神话故事里，用长矛刺入天穹，就可以飞升。[16]人们还学会了将动物赶向悬崖，让它们摔死。这便是智慧的具体表现，它被用于满足我们的首要需求——

生存。一点一滴的进步改变了我们的历史。人们在考古遗址中发现了空气能够流通的深坑等构造，这意味着人们可能在大约 3 万年前就开始风干或熏制肉类，然后将其储存起来。在旧石器时代早期和中期，食物往往被立刻吃掉，与之相比，加工并储存肉类需要规划。而且当时人们已经学会用盐。

虽然保存至今的只有石制品，但当时人们可能已经能够制造绳子和筐，因为现存的以采集为生的社会在这些方面都技艺高超。詹姆斯·伯克（James Burke）与罗伯特·奥恩斯坦（Robert Ornstein）写道："对工具的使用改变了人类大脑的构造。"[17]我们所生活的环境影响我们的感知模式，这正是笔者对历史的兴趣所在。文化成为一种环境，一种进化的小生境。文化创造拓宽了人们行动的可能性。托马塞洛提出了一种"棘轮效应"（efecto trinquete）理论：除了在极为特殊的情况下，能力一旦习得，便不会退化。

五、创造力爆炸

文化的演变让我们感到惊讶。人类发生着变化，却不知因何，也不知如何。我们被赋予了大脑，用以捕捉信息、规划行动，以适应环境。如果某一行为换来好的结果，我们便去重复它。弗里德里希·哈耶克认为，人类无须理解一项规则，就能去遵守它，正是这种能力指引了人类的进化。后来，人类学会了反思，而人类进化中的一个常项恰恰是反省、分析自身行为的能力。例如，列维-斯特劳斯认为，图腾崇拜就是人类对自身，以及自身在世界中的定位，所进行的实际反思。动物不仅能充当食物，还能协助思考。不过，与抽象思维能力等其他例子一样，思考反思的能力也并非同时出现在人类大家族的各个分支中。对"野性思维"（pensamiento salvaje）的研究显示，这种能力的发展遵循一种具体的逻辑，它与皮亚杰（Piaget）在尚未形成正式思维的婴儿身上所发现的逻辑类似。[18]

距今 6 万至 3 万年，人脑开始产生奇思妙想，由此发生了一场"文化爆炸"。骨制器皿的使用得到普及，早期洞穴壁画出现。许多人类活动出现时间之早都让人惊叹。人们开始对工具进行装饰，并使用奢侈品。无穷的欲望拓宽了我们的需求。刺青文身在原始部落中十分常见，很可能在尼安德特人中就已经出现。文化的历史要涵盖我们满足基本生存需求的方式，此外，它更是一部奢华史，是对看似肤浅的东西产生欲望的历史。人类喜欢探索的天性让我们不断发现出乎意料的新动因，进而激励我们不断地去达成这些新目标。我们至今仍不知道我们为何喜欢某些特定的东西。例如，为何有人愿意花大价钱买破洞牛仔裤？

对奢华、配饰与装饰的喜好构成了一个新的进化脚本。在非洲、亚洲、欧洲等地，我们的大家族都经历了转型。大脑和不断变化的社会关系，塑造着人们的思维。科林·伦福儒（Colin Renfrew）认为："看来，从旧石器时代晚期开始，人们重视的便不只有器具的功能，还有器具的样式。这一演变似乎意味着，器具的样式在部落内部或不同部落之间，代表着特定的社会团体……人类的创造力和象征主义，都与社会多样性及变革紧密相连，而与一成不变、缺乏历史的社会无关。变化是刺激，而稳定是麻醉。"[19]

我们要记住，成功的创新必须满足巨大的欲望。我们目前所知的所有民族都会歌唱、跳舞、创作音乐，但我们不知道原因。我们只能猜测这能让人们感到愉悦。出于某种原因，上述活动触及了我们大脑中的"奖励系统"，其过程与摄入毒品的情况相似。麦克尼尔（McNeill）认为，歌舞能够增强群体凝聚力，也许这就是其益处所在。[20]凯文·拉兰德（Kevin Laland）与笔者思路相似，认为人们将协调运动和听觉神经的能力，用作表示隶属于同一部落的身份象征，同时也将其用于仪式舞蹈的编排。几个世纪以来，这种创造性空间通过对细小创新的积累，推动了许多创新的诞生。而每一项小创新都在其他文化要素中引起了一系列反响。拉兰德总结道："在许多方面，复杂文化形式的出现都与复杂生物进化（例如眼睛）的发生相似。二者都需要无数起个体变异的积累才能固化。"[21]洞穴壁画回应的似乎并非美学需求，而是宗教需求。从阿斯图里亚斯自治区到顿河流域，艺术的内容竟显示出超凡的一致性，这一现象引人注目。该领域的专家勒鲁瓦-古朗（Leroi-Gourhan）认为，这是由于同一意识形态体系，即"洞穴宗教",通过人们的相互接触而传播。[22] 阿姆斯特朗写道:"艺术、宗教、魔法、仪式都试图产生能够改变现实或改变经历者自身的效果和情感。"[23] 也许人们开始使用精神药物的过程能够帮助我们理解上述兴趣和动因的拓展是如何发生的:我们的某位祖先偶然尝到一种植物,这给他带来了愉悦或奇怪的感受,他受此鼓舞,再次尝试,并将这种植物介绍给邻里。

贡布里希正确地认识到,当人们认为某件物品被赋予了某种魔力时,它就变成了"艺术品"。[24] 正如汉斯·乌尔斯·冯·巴尔塔萨(Hans Urs von Balthasar)在其巨著《荣耀:神学美学》(Gloria)中所讲,直至20世纪,美学体验总是与宗教体验相伴相生。[25] 也许在某些读者看来,本书虽然试图研究人类的创造力,却遗漏了人们所公认的创造力最明显的表现,即绘画、文学、音乐等各类艺术。然而,本书不去研究"形式的生命"或"审美经验的演变",不仅是因为篇幅不够,更是为了突出乔治·斯坦纳(George Steiner)在经历纳粹时期之后,带着巨大的悲痛记录下的文化丑闻。艺术不一定能赋予人们人性。用本书的话来说,尽管艺术也许是精神欢愉的不竭源泉,它未必能带来客观幸福的提升。因此,只有当艺术与影响共存组织形式的结构性问题直接相关,或是洞察、预见、影响社会境况时,笔者才会提起它。一个明显的例子是艺术与宗教、政治或经济之间的纽带:先锋艺术在20世纪发挥的作用,某些先锋艺术和法西斯主义之间的关系,纳粹对"堕落艺术"或苏联现实主义的谴责,都是很好的例子。本书还将提到,在历史长河中,人们对艺术和艺术家形象的理解存在文化差异。

毫无疑问,我们遥远的祖先不得不面对所有催生了文化的基础性问题。他们依靠捕猎和采集生存下来,通过新的技术提高生活质量,用宗教平息恐惧,建立了日益复杂的家庭和部族,并且制定了合作共存的规则——这最后一项我们至今仍不知道他们是如何做到的。目前,笔者言尽于此。

六、大家族的非洲分支

克里斯·斯特林格(Chris Stringer)指出,随着关于非洲的新数据的出现，许多考古学家认为，"人类革命"的概念正在向非洲转移，这场革命可追溯至 5 万至 4.5 万年前，即非洲旧石器时代晚期的开端。一些作者认为，8 万至 6 万年前，非洲出现了一段变革加速期，发现于南非洞穴中的复合工具、首饰、对红赭石的使用、艺术等等都是其体现。这一系列变革也可能与多巴火山喷发导致的气候剧烈变动有关。[26]

七、大家族的动人历史：阿切人

直到 20 世纪 60 年代，阿切人（achés）仍生活在巴拉圭丛林中，以狩猎、采集为生。通过他们，我们能够理解远古祖先的光明面和阴暗面。当阿切部落内一位受敬重的人去世时，人们便按照习俗杀死一名女童殉葬。如果一名老人已经跟不上大家的步伐，人们便将其遗弃在一棵树下，任其被秃鹫啄食。如果一位老妇成了部族的负担，便会有一名年轻男子从她背后偷袭，用斧子重击她的头部，取她性命。一名阿切青年向人类学家讲述他青葱的经历："我曾杀死年老的女性。我杀了我的阿姨们。女人们都怕我。而如今白人来了，就显得我弱了。"一位女性回忆道，她的头胎是个女儿，这个孩子因部落里的男人们不想再要女孩而被杀死。还有一次，一名男子因心情不好，孩子又哭个不停，就杀掉了那个孩子。有个孩子只因为"看着有趣"就被活埋，而其他孩子在一旁笑。阿切人也有好的一面：他们非常慷慨，珍重友谊。他们遭到了巴拉圭农场主们的迫害，并被屠杀殆尽。[27] 他们的故事令人动容。这是因为阿切人的故事发生在距我们很近的时代，而这样的故事在历史中反复上演。

八、大家族的美洲分支

加里·海恩斯（Gary Haynes）对首批居于新大陆的人类做出了合理的描述。最大的可能性是，他们擅长狩猎大型动物。目前所知最早的美洲文化，是 1.5 万年前位于北美洲的克洛维斯文化，其特色器具是斧刃中间带有凹槽的手斧。凹槽的存在是为了解决安装手柄的问题，但也可能是为了让猎物尽快失血。这种武器十分有效，所以迅速被推广至北美大陆的大部分地区。人们穿越西伯利亚到达了美洲，因此带去了萨满教习俗。[28]

据我们所知，平行进化在美洲大陆产生了同样的轨迹。几千年间，狩猎-采集者在美洲大陆占据主导地位。

九、大家族的澳大利亚分支

人类家族东部的一支走向了东南方。他们可能是乘坐着用芦苇编织而成的小筏，跨越了海洋。现存的考古遗迹距今约 5 万年。目前的澳大利亚原住民都是当年定居在那里的远古人类的直系后代，因此他们也是少数在同一地区定居且历史最为悠久的民族之一。[29]

18 世纪，当欧洲人抵达澳大利亚，当地仍生活着 20 万至 70 万名原住民。他们仍以捕猎、采集为生，分散为近 500 个部落，每个部落内部又分成不同派系。各个部落都有各自的语言、宗教、规则与习俗。[30]

这些远亲能够帮助我们填补家族史上的一些空白。位于澳大利亚中部的阿兰达族（arandas，又名 arrerntes）部落一直延续至 19 世纪。他们有助于我们想象澳大利亚原住民当时的生活。他们根据领土范围，由一个或两个家族组成团体。平日，妇女采集种子，刨挖地面寻找蜥蜴或蚂蚁，男性则去捕猎袋鼠，或是去睡觉。他们没有房子或商店，而是用棚子挡风。女性使用的器具有一根用来刨地的棍子、一个用来运东西的木盆，以及几块磨石。他们用来表示数字的词只有两个——"1"和"2"，所有计数都要靠 1 和 2 相加。令人惊讶的是，这样一个基础的、初级的社会有着极为复杂的婚姻制度。他们首先分成两半，每一半又分成几个派别，哪个派别能和哪个派别通婚有着严格的规定。正如库克（Cook）所说："人类似乎总是能想出一些错综复杂又专断任性的规则，然后把人与人之间的关系建立在这些规则之上。这种能力简直令人震惊。"[31] 这是不知疲倦的"象征机器"的又一表现。如果对现代法典加以研究，我们就会发现，现代法典如此复杂，在很大程度上是因为它必须随时解决不断产生的实际问题。那些错综复杂的亲缘网络大概也是如此。而我们不了解当时出现的问题，自然也不能理解这种解决方法。

尽管资源有限，但澳大利亚原住民仍凭借智慧做出了钓鱼用的鱼钩、捕鳗鱼用的闭口长沟，以及回旋镖。欧洲人抵达澳大利亚时，发现了250余种当地语言，并证实了这些原住民像其他地区的人一样，生活在被符号象征拓宽的现实之中。在他们身上同样发现了人类智慧的根本特征，即现实与非现实的双重性。正如弗雷德·沃尔夫（Fred Wolf）所说："澳大利亚原住民相信，时间有两种形态，事件也平行进行：一种是客观的日常生活，另一种则被称为'梦境时间'（tiempo de sueño），是精神上的无限循环。后者甚至比现实更为真实。梦境时间中发生的一切，确立了原住民社会的价值、象征和法则。他们相信，一些拥有非凡灵力的人能够与梦境时间沟通。"[32]

梦境是共通的、恒定的。它是人脑这一"思想生成器"的造物。我们已经学会区分梦境和我们清醒时的经历，但这种区分想必并不容易。错觉、幻觉（不仅是药物导致的）的情况与此相似。新版《精神障碍诊断与统计手册》指出，在某些墨西哥部落中，人们会产生幻觉，这种现象不应被当作精神分裂的症状，因为那是他们感受痛苦的方式。

第四章

一部分人开始定居

一、持续不断的大变革

公元前9000年以前，我们的祖先便已几乎遍布世界各地。他们组成了独立自主的部落，发展速度不一，所用语言不同（但也许是同一原始语言的不同变体）。他们的生活环境迥异，既有西伯利亚大荒原，也有燥热的印度海岸，这显示出了人类强大的适应能力。那时，他们已经分布于整个美洲。只要食物充足，他们便能持续以捕猎、采集为生。也许我们会认为这种生活十分清苦，但人类学家马歇尔·萨林斯（Marshall Sahlins）却将其列入"富足社会"——这里的"富足"是指人们的欲望容易得到满足。从另一个角度看，这种生活也给人们留下了大量的空闲时间。[1]对阿纳姆地传统社区的研究显示，人们不常劳作。搜寻生活必需品的行为也很不规律。如果以寓言中的动物作比，他们更像是蝉，而非蚂蚁：只要得到了足够的食物，他们便不再劳作。但阿切人和阿兰达人的情况显示，多数人并未屈从于这种极端俭朴的生活的诱惑，而是在定居生活中找到了某种"补偿"。埃里希·弗洛姆（Erich Fromm）认为，人类的本性并不懒惰。[2]如果弗洛姆所言不虚，那么也许闲散的生活并不能令人满意。人们厌恶无聊。我们能够确切知道的是，某些区域土地肥沃，吸引人们放弃了流浪，选择定居。于是，游牧和定居这两种生活方式分别确立。在美洲也是如此。狩猎-采集者逐水草而居的生活方式在游牧的牧民中延续下来。他们组成了强大的部落，惯于自卫，常在定居点附近进行劫掠，随时可能大举进攻那些更为和平的定居者。他们是来自草原的侵略者。对那些生活在强者淫威之下的人来说，他们所构成的威胁在心中回响了数个世纪。公元9世纪，一位爱尔兰修士在批注普里夏诺（Prisciano）所著的《语法惯例》（*Institutiones grammaticae*）时，在空白处写下一首小诗，诉说了当时人们的苦恼：

> 晚来一夜朔风紧，
> 吹乱海上白浪翻。
> 值此冬时风雨暴，
> 无惧维京扰心安。[3]

那时人们仍然虔诚地祷告："主啊，请让我们摆脱北地之人的怒火吧。"

为什么有些人愿意停留并定居呢？麦克尼尔认为，这些人学会了用烟熏、风干、井藏等办法贮存食物，也许还会将野生谷物磨成面粉，因此他们必须留在屯粮地。也有人认为，定居是由于人们发明了农业。可以确定的是，定居与农业为人类的进化开辟了一条主路，这条路通向乡村、城镇、国家等更加复杂的组织结构。这便是伟大的进化脚本。当然，有些社会仍然保持着游牧生活，还有个别社会从定居回归流浪。但总体规律似乎是成立的。人类的智慧总是在寻找最佳方案，以解决食物、安全和发展问题，而这些是人类最大的欲望。也许还曾出现过施法或膜拜之地，人们曾成群结队地聚集在那里。例如，位于今土耳其境内的哥贝克力石阵，在公元前9500年前后曾是一座巨大的神殿，是举行仪式的场所，但并非定居地。人们聚集就会产生供需问题，而农业正是为了解决这一问题而生。[4]象征主义涵盖一切，其中自然也包括农业，于是人们开始崇拜植物，并创造出了执掌丰饶和生育的女神们。

二、一项平行发明

农业的出现提供了粮食保障。世界上至少有六个不同地区的人们各自发明了农业。人类大家族的各个分支都发明了农业，他们利用了当地自然生长的植物：美索不达米亚平原的谷物和扁豆（公元前9000年），中国的水稻、粟米和大豆（公元前7000年），墨西哥的玉米和菜豆（公元前

3000—前 2000 年），南美洲的甘薯和土豆（公元前 3000—前 2000 年），撒哈拉以南非洲的高粱和粟米（公元前 3000—前 2000 年），以及新几内亚高地的芋头和香蕉（约公元前 4000 年或更早）。东南亚则不知何时便开始种植山药、甘蔗、椰子、柑橘和水稻。这些进化相互平行且非同步出现。这种现象还会经常发生，我们必须习惯它们。只要不受干扰，较好的解决方案总会替代较差的，并由此推动合流。平行出现的事物，最终总是向着合流演变。

历史学和考古学家坎迪斯·古切尔（Candice Goucher）和格雷姆·巴克（Graeme Barker）写道："当世界进入农耕社会，世界史就变成了人类史。"[5] 让我们再次回到本书的模型。果腹这一结构性问题推动人们寻求解决方案（食腐、采集、狩猎、农业、畜牧）。农业的进化脚本一经开启，世界各地便都开始了相似的进程。狩猎-采集的生活方式很难储存任何东西。那时的人们不过度日而已，四处漂泊，幕天席地。定居之后，他们就从环境所供产品的消费者，转型成了生产者。我们见证的是一场生活方式的剧变，它加速了其他转变，并一直延续至今。那时出现了"生产型经济体系"，这种体系促进了劳动的分工和财富的积累，同时也催生了资本，并产生了建设公共工程的（有偿或无偿的）工人，还导致了人口增长。此外，还出现了一项再也没有被我们抛弃的机制，即财产。费利佩·费尔南德斯-阿尔梅斯特在其所著的世界史手册中，讲述了詹姆斯·库克（James Cook）船长的故事。1770 年夏天，库克抵达了澳大利亚北部托雷斯海峡中的一座小岛。他将其命名为波塞西翁岛（Isla Posesión），并宣称其为英国领土，因为他认为岛上的原住民既然不耕作，那么就没有留下任何能显示其占有岛上土地的印记。对库克来说，没有农业就意味着没有产权。他的想法不能说是错的，因为对许多民族来说，开垦土地就是对其进行占有的标志。[6] 定居让人们开始重视产权，也为物资的大幅增加创造了条件。

在美洲某些地区，人类的进化模式略有不同。公元前 7000 年至前 5000 年，在秘鲁出现了小北文明。那些定居者以渔业而非农业为生。渔业为他们提供了取之不尽的食物，因此他们不需要迁徙。他们在附近建造了卡拉尔城，初衷也许是种植用来织网的棉花，后来却发展出了自主经济体这种有别于旧大陆的平行进化十分吸引人。智利所在地区极端干旱，因此能够产生天然的干尸，但与此同时，当地人还发明了许多复杂的木乃伊制作技术，比埃及人早了 2 000 年。[7] 在他们的墓穴中，还留存着致幻物的遗迹。[8]

三、不可避免的问题：财产

对财产的欲望构成了人类的结构性问题之一：如何获取？如何维护？如何分配？如何规范？这种欲望开辟了一个创造性空间，而后者又衍生出各式各样的逐步合流的进化脚本。笔者将"跳读"历史，对这些脚本进行简短的研究，以便更好地理解文化演变的诸多机制。

和人类社会的其他许多现象一样，财产问题也能在动物中找到先例。我们知道，人类智慧并非空降到动物的脑中，而是经历了漫长的发展过程。许多动物都标记各自的领地，而我们那些以采集、狩猎为生的祖先，很可能也已经具备一定的领地意识。非洲南部卡拉哈里沙漠中的昆人（!kung）为我们提供了想象狩猎-采集生活的可能性。他们没有明确的边境概念，领土也并不排他。昆人平日不会采取积极的防御措施。他们的领土观建立在一种关键且稀缺的资源上——水塘。派普斯（Pipes）说，有了人人想要但数量有限的物品，也就有了产权。[9] 他所言有理。每个昆人族群都占有一片水塘及其附近区域，然后代代相传。周围的广袤地区则由多个族群共享。约翰逊（Johnson）和厄尔（Earle）说："这样，人们便承认了团体对土地的产权，正如承认个人对工具，对采集的果实，以及对一些自然资源的产权。"[10]

北美洲的肖肖尼人（shoshones）的社会结构更为松散。他们拥有已知的"最为简单的人类组织结构"。一年中有部分时间，多个肖肖尼家庭聚居在一起。但大多数时间，各个家庭单独活动，带着一个口袋、一根木棍，在沙漠中行走，寻找植物的根茎和种子。昆人和肖肖尼人的社会复杂程度有别，也许是因为，昆人的领土范围内有大型动物，必须由一群人共同狩猎和食用。[11]

农业和畜牧业还带来了另一种现象，它存在于所有生产型经济文化之中，那就是剩余。这些没有被消费的物资增加了财富，也导致了不平等。孩子或奴隶的数量是财富的一种来源，因为他们能带来更多剩余产品。正如英国考古学家科林·伦福儒指出，从流浪到定居的转变，代表了至关重要的变革。[12]首先，人们要建一座房子，而这需要投入大量的人力和物力。有了房子，家庭成员之间的关系便较流浪时更为亲密。与此同时，定居生活也为财产的激增创造了条件，因为在流浪时，人们只能拥有其所能携带的物品。财产的激增要求人们掌控自己的财产。贪图他人的财物，向来会引发纷争。《圣经》十诫里有一条，要求"不可贪恋人的房屋；也不可贪恋人的妻子、仆婢、牛驴"，便也不难理解。

我们不该忘记财产与性之间的关系。在父权社会，社会地位上升就意味着能占有更多女性。在动物世界，提升"社会地位"的唯一方式便是展现力量。而在人类社会则有其他方式，例如财富与炫耀。努力劳作的动力之一，无疑是获得社会地位，并占有更多女性。拥有更多女性意味着拥有更多孩子，进而拥有更多财富。这样一来，社会愈发不平等。

社会日益复杂，财产和财产分配方式也日益多样化。在较为复杂的定居社会中，阿拉斯加北部因纽特人的两个不同民族——海边捕鲸的塔尔缪特人（tareumiuts）和在陆上猎驯鹿的纽那缪特人（nunamiuts）——区别就非常明显。两个民族中，家庭都是居住和生产的基本单位。人们把房子建在一起，但食物的储藏和烹饪各家分开。根据纽那缪特人的社会规则，食物由全村共享，但食物的产权却要像属于个人的武器一样，仔细记录在案。他们允许互相交换妻子，这是"男性以对妻子的性的'产权'进行礼尚往来的方式"。塔尔缪特人则在"船主"的领导下合作捕鲸，然后由船主负责对猎物进行合理分配。作为首领，船主"要与村里的其他船主往来，如果自家的船运气不好，他们仍能从其他船上获取储备的食物"。"塔尔缪特人聚集过冬，因而享有一定的粮食保障，纽那缪特人却没有。纽那缪特人有时会在严冬困难时期抛弃年老的或患病的亲人，这种行为受塔尔缪特人谴责，他们说纽那缪特人'就跟动物一样'。塔尔缪特的船主们在高于家庭层面的经济整合中发挥着重要作用。"[13] 针对"社会组织形式"的问题，两个民族提出了不同的解决方案，其中属海的塔尔缪特人的方案要比属陆的纽那缪特人的更为精细，也更为有效。这也许是因为，出海捕鲸比在陆上狩猎驯鹿要复杂得多，风险也大得多，因此需要有人担任领导。

财产是一项非常重要的议题，自然会在符号象征、宗教和神话中有所体现。在许多社会中，财产与祖先、亲缘关系相关。在古希腊、古罗马以及被殖民前的非洲，家庭与土地之间有着深刻的联系，因为先人们都埋葬在土中。[14]

20世纪初，一位尼日利亚领导人曾说："我认为，土地属于一个庞大的家族。这个家族的许多成员已经过世，一些正在活着，还有无数人尚未出生。"[15] 福山写道："西方人无法理解非洲习惯物权的本质，也无法理解习惯物权在家族中的根源。在一定程度上，这种不理解就是当前非洲许多问题的原因所在。"[16]

社会对产权的承认是法律的雏形，是社会对个人权利进行保护的雏形。几千年后，我们将这种权利称为"主观权利"（derecho subjetivo）。一直以来和产权相对立的，是"占有即产权"的思想。"占有"是对物品的支配，代表的只是取得和保有这件物品的能力，除此之外没有合法性证明。人类历史上，侵略他人领土、盗取他人财物，一直是增加自身占有物的一种方式。所谓"征服权"，不过是试图让"强者获利"的自然法则合法化罢了。

这种无力自保的、只能屈从于强者的境况，在人类历史上相当普遍。人们只能逆来顺受，就像对待突如其来的不幸或疾病一样。然而，这提出了一个影响大多数人福祉的问题：一个人，一个家庭，一个部落，在面对更为强大又贪得无厌的竞争者时，要怎样保住自己的东西呢？斗争是最基本的解决方案，但会在各个层面挑起无尽的纷争，因此是零和的解决方案。它解决不了任何问题，因为最终总是由胜利者定义何为"公平"。

难道就没有正和的解决方案吗？其实至少有两种。一种是贸易，它能让人们通过和平的方式获得自己想要的东西。本书还会多次谈论这一点。另一种则更为复杂，但也是进化发展的生动案例：能够创造符号的人类智慧发明了一种"象征性力量"，这种力量能够自我保护，并对抗现实中的蛮力，这就是我们所说的"权利"。[17]一个群体若承认某人的权利，便是承诺要尊重它、捍卫它。这样，人们行使权利的空间得到拓展，权利的安全性也有所提升。巴布亚新几内亚中部的策姆巴加人（tsembaga marings）为我们提供了一个十分简单明了的例子。策姆巴加人从事迁移农业，以家庭为单位，组成由族长率领的氏族。当他们在人口密度相对较高的地区居住时，家庭便会通过加入氏族来进行防御，这也是为了确立他们对土地享有的权利。氏族定义产权并限制对土地的获取，而氏族成员个人拥有其所耕种的土地，且成员之间可以交换土地。[18]

这一进化脚本是"灵性动物"最辉煌的经历之一。尊重每个人的产权演变为公平正义的准则，即"给予每个人他应得的东西"。中世纪的法学家已经说过，这话的意思便是要给予每个人其所拥有的财产。这样，产权便成为公正的基石。但进化脚本并未止步于此，因为人们必须能够解释产权的来源。最初的答案是来自上帝。依据这种观点，君主自认为是整个国家领土的主人。在古埃及，法老拥有全部土地，他把土地赏赐给杰出人才，这些人可以传给子孙后代。在埃塞俄比亚，土地属于国王，如何处置全凭国王的心情。如果有人死亡，其财产就要交给国王。在西班牙，国王曾被称作"拥有一切的王"（rey propietario）。路易十四（Luis XIV）认为，国家的财富全都属于他，他随时可以索要钱财。

这类进行合法化的尝试无法解决任何问题。产权必须不受当权者左右。同样有权势的人开始为此努力，贵族或城市开始和王权对抗，为的是保护财产不被扣押或征税。

最终的解决方案是，必须承认一种首要的、不可侵犯的权利。洛克（Locke）提出了一种极端的财产理论，他认为一个人最基本的财产是其人身。这些思想影响了美国初期的宪法，而美国的政治大厦正是建立在这些基础之上。

然而，必须明确产权的界限。《拿破仑法典》（El Código de Napoleón）曾规定，产权是绝对权利，所有者可以随意处置其财产。共产主义则认为，财产私有制是反社会的，因此试图将其消灭。目前，几乎所有国家都承认产权，但同时也在社会层面对其进行约束。正如前文所说，财产这一结构性问题为发明创造打开了广阔的空间，从而解决出现的种种问题。因此，笔者才将其作为进化的范例：它诞生自人类内心深处的渴望，最终演变为对个人主观权利的承认。不过，人类用了几千年，才找到了这个解决方案。

四、历史仍在继续

农业迅速扩张。奥斯本（Osborne）这样描述农业传入欧洲的情况："我们基本可以肯定，农业是随着小批移民进入欧洲的。这些移民可能是通过陆路从西方而来，也可能是沿着地中海沿岸向西，然后向北迁徙。并非当地的狩猎者学会了新技术，而是外来者带来了自己的文化、家畜和农产品。在欧洲种植了几千年的小麦、大麦和小米，以及家养的绵羊和山羊，都源于中东的品种。"农业于公元前7500年至前7000年在欧洲中部快速传播，但早期的农业生产者到达北部和西部时，却发生了一种有趣的转变：在欧洲北部边缘，他们遇到了不适合耕种的沙子和砾石，因此，在今荷兰至波兰一线的沿海地区，当时的居民在之后千年间仍以捕鱼、打猎为生。[19]

定居农耕生活的进化脚本一直延续下来，直到人口聚集，形成了大型村庄、城市和国家的萌芽，甚至国家本身。阿姆斯特朗写道："系统性暴力在所有农业文明中盛行。统治阶层必须维持其对农村的控制，保卫其可耕地免受侵略，还要征服更多疆土，同时对任何以下犯上的企图进行残酷镇压。"[20] 强力是用来维持稳定的手段。世界各地的人们对这种情况分别做出了怎样的反应呢？较大的社会强制人们遵守铁的纪律，要求人们服从，但也要求人们合作。我们都很清楚中东地区城市化的过程。杰里科（Jericó）在约公元前9000年成为季节性的定居点，这很可能是由于当地有许多淡水资源。约公元前8000年，当地居民开始进行一项重要的城市建设规划。他们建立了一道石砖城墙，附带一座高8米、直径9米、有22级台阶的塔。据其发现者多萝西·加罗德（Dorothy Garrod）计算，这座建筑至少要百人花费百日才能建成。如果没有一定的权力结构，这样的公共工程不可能落实。杰里科城内居住着约3 000人，以大量种植刚刚培育而成的小麦和大麦维持生计。他们还制作陶器。陶器可以用来储存粮食和液体,因此对人类历史十分重要。人们在今土耳其境内也发现了一个远古农业定居点——恰塔霍裕克(Çatalhöyük)。它在公元前6500年达到繁荣的顶峰,这主要得益于黑曜石(一种受欢迎的火山晶体)贸易。在杰里科和恰塔霍裕克开始出现阶级更加分明的社会,也许还出现了对人类历史至关重要的一个阶级,即神职人员。权力开始产生分支:有物质权力(军事权力、经济权力),也有宗教权力(往往也是一种经济权力)。同时,还出现了对人类的进化起了决定性作用的一项发明,一种不可或缺的体制——劳动分工。

大型村庄吸引了更多的人,逐渐形成人口众多的城市。这一过程至今仍在继续,本书下一章将对此加以研究。位于今伊拉克境内的欧贝德(Ubaid)文明,在公元前5900年就已经修建了灌溉系统,并很快能够产出足够的剩余粮食来养活专业的织工、陶器手工艺人、铁匠、商人和建筑工人。他们那时就已经将黏土砖用于建筑。

五、思维方式的转变

有利于发明创造的象征能力,其本质是扩张性的。它使内涵不断丰富,使事物相互关联、相互结合,并创造出了许许多多的故事。陌生的事物可以通过熟悉的事物得到解释。有生之物构建出一套用以感知整个现世的框架,在这框架中,万物皆有灵。对神明的演绎从人类行为的角度出发:神像国王一样强势,又像普通人一样善妒。象征主义笼罩一切,而我们如今将其视为宗教色彩。象征的特点在于,将已知的现实投射到未知的现实上。对非现实世界的信仰,往往会产生很强的现实影响,这进一步模糊了现实与非现实的界限。两位神经科学家,沃尔特·坎农(Walter Cannon)和马丁·A. 塞缪尔斯(Martin A. Samuels),曾研究过所谓"巫毒死亡",即因为知道自己触犯了巫毒教规而惊吓担忧致死。[21] 信仰内化到了如此深的程度,以致产生了实质性的生理影响。

宗教在社会中的存在感十分强烈。斯坦福大学与坦普尔顿基金会

（Fundación Templeton）在恰塔霍裕克开展了联合研究，探究精神和宗教领域的变革是否为那些最终引向"文明"的经济社会变革的先导。[22] 宗教象征主义贯穿了整个社会生活。在对杰里科遗址进行考古发掘时，人们发现了在家中存放的头骨。头骨表面以石膏塑形，模仿人脸，两片贝壳为眼，"贝壳中间各有一个小孔，代表瞳仁"，这些贝壳源自 50 千米以外的地中海地区。人们十分顾忌死者，也许认为死者是最强大的超自然生物。公元前 6000 年前后，生活于今土耳其东南部的恰尤努（Çayönü）的人们建造了"逝者祠"，祭台后存放了 63 具尸身和 400 多具骨架，这可能是被献祭者的遗骸。[23] 公元前 7000 年的中国贾湖遗址同样体现了对祖先的敬重，遗址中还出土了许多笛子：最初是五孔，自公元前 6500 年开始出现七孔，后又发展为八孔，能够演奏任何现代乐曲。[24] 考温（Cauvin）坚定地认为："新石器时代出现的那些促进了文明产生的大变革，都首先在宗教和仪式中得到预测和实施。"他将其统称为"象征革命"。[25] 卡尔·马克思（Karl Marx）唯物主义的核心观点在于，物质生活的生产方式决定社会、政治和文化生活的进步。然而，生产方式也可取决于先前的思想和感受。

在许多关于农业的神话中，都有一位神明自我牺牲，才给人类带来了可食用的植物（尽管在有的神话里，人们获得这些植物是得益于一位人类英雄的慷慨）。这样一来，死亡与繁衍之间便建立了联系。死亡崇拜和生殖崇拜时常相互关联，因为它们都与繁衍这一神秘议题有关。此外，有的宗教思想和符号解读将房子、村庄和农田看作世界的中心。在这个意义上，房子通常成为"世界的投影"。因此，很快便出现了特定的建筑结构或空间，这些结构或空间表明了某种向着公共和集中宗教活动的演变，公元前 8 千纪至前 6 千纪的艾因加扎勒（'Ain Ghazal）新石器时代遗址（今约旦境内）便是如此。无论如何，关于新石器时代人类精神世界所进行的所有推断，都是从"终点"出发，逆推而来的：目前已知的早期文明中的一些宗教元素，必然是在新石器时代甚至更早以前出现的。[26]

六、宏伟而离奇的史前巨石

前文借用对"认知无意识"的神经学研究，将大脑比作"思想生成器"。人脑能捕捉各类联系，也能做出它认为愉悦的行为。让我们想一想那些在史前洞穴的岩壁上留下的手印吧。当我们的祖先发现他们的手印留在岩壁上时，他们产生了什么样的情感呢？贾雷德·戴蒙德（Jared Diamond）曾说，农业是无意识地发展起来的："与我们预先设想的不同，农业实际上既不是一项发现，也不是一种发明。很多时候，人们甚至并非有意识地在生产粮食和采集狩猎之间进行选择。事实上，在世界各地，最初开始生产粮食的人们显然不可能是把农业作为努力的目标，而进行了有意识的选择，因为那时农业的概念不为人所知，人们也无从知晓农业应该是什么样子。人们在未知结果且没有清晰意识的情况下做出的决策，导致了粮食生产的进化。"[27]

当时发生的一些事件让我们感到惊讶。例证之一，便是在许多地方都出现了的史前巨石建筑。在今土耳其境内的哥贝克力石阵里，人们发现了公元前10千纪至前8千纪间的巨石建筑。在公元前5千纪中期，欧洲的大西洋沿岸地区刚刚开始向定居和农耕转型时，当地出现了巨石筑成的集体墓葬。这种做法从葡萄牙沿海地区以及法国大西洋沿岸开始，蔓延到伊比利亚半岛的大部分地区、法国全境和不列颠群岛，北至丹麦、瑞典，南至北非海岸。马耳他的史前巨石建筑建造于公元前5千纪；韩国的建于公元前2千纪至前1千纪；印度的则建于公元前4千纪。

这种巨型建筑十分普遍。南美洲的人们建造了金字塔，位于利马附近查奥盐田（Salinas de Chao）的那一座高达24米，建造于公元前2000年。谢钦高地（Sechín Alto）上的巨大陵墓和广场建造于公元前1700年至前1650年。唐纳德·拉斯拉普（Donald Lathrap）认为，它们是生者世界与亡灵世界之间的象征性轴线。[28]纳斯卡文化创作了著名的地画"纳斯卡线条"。那些绘制在荒原上的巨幅图像，直线最长达8千米，无论要穿过平原还是山丘。但是它们的意义目前仍未可知。

如此巨型的作品对我们来说是一种经过加密的信息。它们是什么？有什么含义？建造的目的又是什么？它们的建造需要投入大量人力，而其中少有能够彰显地位显赫个体之存在的贵重物品。因此，有些专家提到"群体"文化。科林·伦福儒将它们归于"以群体为主导的社会"。[29] 其行为的结果，便是一座具有社会意义的纪念性建筑，它可能是为了向整个社群展示和宣扬其作为集体的重要性。人们愿意进行这些大型集体项目，很可能不仅仅是为了这些工程竣工后所能发挥的作用（陵墓、神殿、宫室等），还出于合作完成一项巨大工程所带来的愉悦感。搬运巨大的石头象征了社群的力量。戈斯登（Gosden）和洛克（Lock）则认为，史前巨石建筑是为留存神话记忆而建造的纪念性建筑。

自本书的研究之始，笔者便不断发现人类的这种具有创造性、扩散性的，孜孜不倦而又毫无节制的行为。现在我们谈论的是创造性智慧。索福克勒斯认为人类是"可怕的"，因其在傲慢和放肆的驱使下势不可挡。荷尔德林（Hölderlin）曾说，"人，诗意地栖居"，意思是人们不断地创造意义。

七、另一种生活方式

前文已经指出，并非所有人都选择了定居。游牧生活也是人类历史中的常项。几千年间，定居民族与游牧民族之间斗争不断。安萨利（Ansary）写道："范式一概如此：农耕民族定居下来，建造灌溉系统，支撑乡村城镇。到了某个时刻，要么是一个手腕强硬的家伙，要么是组织严密的教士体系，也可能是二者的联合，将一系列中心城镇纳入了一个中央集权政府的统治之下，并由此建立起一个更大的政治单位——联邦、王国或帝国。随后，一个强大的游牧民族出现，打败了当政的君主，占领其全部领土，并顺便拓展了帝国的疆域。这些健壮的、顽强的游牧者最后变成了性格温驯的、喜好奢华的城市居民，跟此前被他们征服的人一模一样。这时候，就会出现另一个强大的游牧部落，来打败他们，占领他们的帝国。"[30] 征服，巩固，堕落，征服——这就是进化脚本。伟大的穆斯林历史学家伊本·赫勒敦（Ibn Jaldún）早在 14 世纪便总结出了这个规律。

欧亚草原从今匈牙利、罗马尼亚的平原延伸到中国东北部地区。这片广袤的牧场，北接西伯利亚森林，南临中亚的荒漠（卡拉库姆、克孜勒库姆、戈壁）、山脉（高加索山脉、天山山脉）和海洋（黑海、里海、咸海），东西横跨1万千米，南北广达600千米。[31] 在这一片广袤土地上，建起了一条商品流通、思想传播的大道。A. M. 彼得罗夫（A. M. Petrov）认为，后来的丝绸之路"不只是一条通道，更是一个广阔的、流动的历史文化空间，在古代和中世纪，亚洲东部的许多民族通过丝绸之路移民至西方国家"。[32]

马、绵羊和山羊的数量在2 000到2.7万之间波动。这种经济注定逐渐停滞：这些群体需要不断迁徙，而牧场却逐渐失去了生产力。这最终催生了热拉尔·沙利昂（Gérard Chaliand）所说的"动荡地区"，它是旧大陆自青铜时代以来的2 000年历史中的一项重要元素。在这2 000年间，这一地区的游牧民族威胁着中国、罗马、伊朗、印度、拜占庭帝国等农耕国家，甚至远到埃及。他们没有统一的语言，大多数人不会读写，且分属于匈奴、突厥、蒙古等不同民族。[33]

亚洲草原上的游牧民族主要放牧马、绵羊、山羊、骆驼、奶牛或牦牛，并根据季节变化逐水草而居。他们主要的财富便是这些动物，主要的生活必需品来源于这些动物产的奶及乳制品（如马奶酒），辅之以狩猎，以及其他副产品（羊毛、皮革、毛发、角等）。由于他们并不能完全自给自足，许多人和周边的定居民族进行贸易，购买谷物、丝绸、武器、工具和奢侈品。如果不能开展贸易，他们就会诉诸战争或劫掠。同样，当部落受到附近更为强大好斗的部落驱逐时，也会发生大规模迁徙。总的来说，他们的社会组织是部族式的，首领通常凭借武力当选。[34]

尽管游牧民族的人口和资源较少，但他们的移动能力强，在不同文化之间建立了联系，同时也对定居民族造成了一定影响（有时还是致命影响），因此在文明史上发挥了很大的作用。除了临时的劫掠和侵略，贸易在文化传播中发挥了重要作用，尽管它同时也导致了疾病的传播。一些作物、军事技术和产品，包括纸和丝绸，随着这些游牧民族的迁徙而传播。[35]他们一般由30人至150人聚集成群，当危机来临时，这些小团体又会聚合为更大的群体。因此，当这些部落由于生态变化、内部人口压力或者其他部落的威胁而不得不迁徙时，他们便会采取一种更为广泛的军队组织形式，由富有人格魅力的战士担任首领，首领则募集了一群亲信近卫。部落的军事化程度逐渐加深，最后常常会建立一种在超部落领袖（大汗）领导下的复杂政治体制（国家）。[36]

人们常常将游牧民族想象成可怕的恶人。人们说，他们喝敌人的血，用敌人的头皮做衣服，甚至吃自己父母的肉。居鲁士大帝（Ciro el Grande）在与斯基泰人的战争中丧生。据史书记载，斯基泰人将其斩首，把他的头颅塞进盛满人血的皮囊中，好让他"终于能满足对权力的渴求"。[37]

这幅地图应该被铭记，因为它代表了一条沟通东方与西方的渠道。通过它往来的人越来越多。它是贸易之路、权力之路、思想之路。它是丝绸之路、香料之路、瘟疫之路。

八、战争与零和博弈

"狩猎-采集者是爱好和平的群体"，这种观点已经逐渐弱化了。虽然较低的人口密度确实减少了冲突，但各群落之间的斗争注定相当频繁。[38]历史从未摆脱过战争，这看似违背了人类避免零和博弈、避免全员受损的理论。甚至还有不少人声称，战争是进步的引擎。这种情况将开辟一个贯穿历史的研究领域。[39]战争是一种集体现象，是群体之间为了生存而进行的竞争。这种竞争激发潜能，加强群体内部成员之间的凝聚力，甚至能通过共同面对同一威胁，使原本敌对的群体团结在一起。结盟政策灵活多变，这正是对这种"团结统一"的机制做出的反应。这种机制偏好归顺与服从。正如斯宾塞（Spencer）所说："不懂得服从上级的社会都消失了。"《圣经》里有个故事，讲的就是酋长国或国家的形成：以色列诸部落被非利士人打败，于是决定凝聚在统一的君主制之下，他们知道这样一来，他们就要缴纳税赋、承担义务，但他们仍坚持说："不然，我们定要一个王治理我们，使我们像列国一样，有王治理我们，统领我们，为我们争战。"[40]

几千年来，冲突、侵略、强迫、抢劫、绑架，都被视作正常现象。从这个意义上讲，和平共处反而成了非自然状态。因此，为了避免毁灭而对上述现象进行研究，成了文化演变的一部分。宣战的通常是统治者。他在宣战前便开始尽可能地煽动社会的好战情绪，鼓动恐惧、憎恶、仇恨或贪婪。笔者认为，这证实了本书的一个观点：对邻人和异己者的仇恨，是人类进步的最大障碍之一。

有人认为，要想避免国家陷入停滞，唯一的办法就是战争。甚至一向主张和平的康德都认为，人类受"非社会的社会性"驱使，而竞争是自然实现其"隐秘计划"的诡计。[41]相反，埃尔曼·塞维斯（Elman Service）则为文化的演变提出了"和平主义"理论。他认为，也许"政府形式的演化，以及社会和文化本身的演化，都取决于在不断扩张、不断添加新成分的社会领域中，'获取'和平的方式的演化"[42]。显然，这种想法正与本书的疑难方法论相吻合。赖特指出，达成和平的第一步，就是承认持续的战争是一场没有赢家的游戏。[43]一位巴布亚新几内亚人说得很对："战争很坏，没人喜欢。红薯没了，猪没了，地也没人种了。好多亲戚朋友都死了。可战争是不可避免的。"[44]不幸的是，总有某些人能在零和博弈中攫取利益，因此零和博弈很难根除。

其次，我们也该认真想想如何才能避免战争。文化史向来更专注于如何引战、作战，而非如何获取和平。而文化演变学则致力于消除这种不平衡。

第五章

城市的世界

一、大型城市

西班牙语中的"文明"（civilización）一词，源自拉丁语中的"civis"，意为"城"。"政治"（política）一词，源自古希腊语中的"polis"，其意思也是"城"。随着城市的出现，历史向前跨了一大步："城市从一开始，便是人类创新的主引擎。"[1]

公元前4千纪，人类大家族的各个分支逐渐在食物和水源都可预测又易获取的地方定居，建立了小型城镇。这些聚居点不断扩大。底格里斯河、幼发拉底河、尼罗河、印度河沿岸都出现了大型城市。1 000年后，中国黄河流域也出现了大城市。撒哈拉以南非洲的首座城市杰内-杰诺（Jenné-Jeno），于公元前1千纪建立在尼日尔河沿岸。美洲同样出现了大型城市，但是并不在河流沿岸。在公元初的几个世纪里，特奥蒂瓦坎（Teotihuacán）是世界上最大的城市之一。当西班牙人抵达美洲时，那里的城市让西班牙历史学家贝尔纳尔·迪亚斯·德尔·卡斯蒂略（Bernal Díaz del Castillo）大为惊讶："在去往墨西哥的路上，我们看到了许许多多水上的、陆上的大小城市，道路修得笔直平坦。我们都很惊讶，说它们看起来就像是阿玛迪斯（Amadís）传奇故事中被施了魔法的东西。"[2]

人口集中的现象是人类历史上的又一常项，是一个恒定的进化脚本。到公元前3千纪末，美索不达米亚地区南部90%的人口都居住在城市。[3]根据联合国的数据，1950年，世界上30%的人口居住于城市；而到2015年，这一比例已上升至54%，代表着39.6亿人。据预测，到2030年，世界上将有60%的人，即50.6亿人，在城市里生活。基于这些相似点，按照本书的研究方法，现在应该提的问题是：大型城市能解决什么问题？它们能满足何种渴望？它们又带来了什么新问题？大型城市的成功，在于它们汇聚了人类最大的欲望：避免痛苦与恐惧，过最好的生活；维持良好的社会人际关系，和谐共存；拓展自身行动的可能性。大型城市能以更有效的方式实现人们的这些愿望。社会、政治和家庭生活的形式，大型建筑，艺术，情感教育，规范制度，宗教和经济生活，权力的行使，技术的发展——历史上不断拓展扩充的所有文化议题，在大城市中都有所体现。

城市解决了很大的问题，但这是一个正和的解决方案吗？所有人都受益了吗？城市是成功的，所以我们也许自然而然地认为这些问题的答案也是肯定的，但我们应该更加仔细地观察，吸取经验教训，这样才能让文化演变学真正对我们有所裨益。对许多问题来说，城市都是一项极为强有力的解决方案，因为它提供安全保障和机遇，并促进创新。但它同时也带来困苦和疾病。罗默（Romer）等持新经济增长理论的经济学家认为，人口密集提高创新指数，并由此促进经济和科技的发展。[4]这种促进作用是通过多种途径实现的：进行思考的人更多了；通信成本下降了；随着诱人的东西增多，人们更加努力地去获取它们。人类学家罗伯特·卡内罗（Robert Carneiro）曾发表过一篇重要文章，讲述居于亚马孙雨林的种植木薯的库伊库罗人（kuikurus）的故事。他写道，库伊库罗人的木薯产量本来可以翻一番甚至两番，但他们却更喜欢休闲。然而，当欧洲人带着许多用于交易的商品来到他们的居住地，库伊库罗人的木薯产量便大幅上涨了。他们此前不肯辛勤劳作，是因为那时没有什么东西能让他们愿意增加工时。[5]创新的另一个推动力就没有这么积极了。马文·哈里斯（Marvin Harris）认为，人口密集会导致巨大的问题，刺激人们不得不进行创新。[6]总之，无论推动力是积极的还是消极的，所有学者一致认为，城市在过去和现在都是创造力的中心。

既然人们不是被迫前往城市，那么可以肯定，他们主动这样做是出于某种激励。要做出适当且平衡的论述，就必须回到本书最基础的假设：赤贫、无知、教条、恐惧和仇恨使人们的选择有失可靠性。在这些因素的干扰下，无论是前往城市与否的选择，还是民主国家的选举，都一样不可靠。如果人们是因为遭受极端贫困，或是被城市围墙外的危险所恐吓，而将前往城市作为最后一根救命稻草,那么他们的这项决定便不能证明城市的成功是合情合理的,除非城市确实能够缓解贫穷。

二、最初的城市

本书不会抽象地研究文化的各种维度,而是以美索不达米亚地区的城市文化为例,因为它的出现略早于其他地区的城市文化,更重要的是,我们对它的了解非常透彻。"有时,整个古代史像是一次演练,一场为了后来的文明而进行的大试验。"[7]人类大家族有过创造性的光辉时刻,也有过恐怖时期。美索不达米亚文化及其创造力,直到今天仍让我们惊叹。该地在历史上遭受过多次侵略。在约5 000年前,十几座城市在此相互交融,共同构成了一张网络,即苏美尔。塞缪尔·诺厄·克雷默将其著作命名为《历史始于苏美尔》(*La historia empieza en Sumer*),是十分正确的。根据对石板上文字的翻译,他确认至少27项"历史首创"曾被这些古伊拉克人发明、发现或记录下来,其中包括文字,还可能包括车、学校、史学、药典、钟表、拱门、法典、图书馆和农业历法。他们最早编出了谚语和寓言,创作了史诗和情歌。正因如此,他们成为人类文化基因的一部分。[8]

公元前6千纪至前4千纪,埃利都、尼普尔、乌鲁克等城市在美索不达米亚平原上出现。乌鲁克城被认为是早期大型城邦的一个范例。公元前3千纪,乌鲁克城已有1万名居民。《吉尔伽美什史诗》(*Poema de Gilgamesh*)是人类最古老的文学作品之一,对文学影响深远,其中便为我们描绘了乌鲁克城:一个女人说服了野人恩奇都(Enkidu)来到乌鲁克城,这座"有许多大市场的城市"。苏美尔人将远离沙漠与荒野生活的城市看作文明的主要表现。无序被视为邪恶。这是人类的共性:没有人喜欢混乱。国王们以建造城市为荣。"亚赫顿-林(Yahdun-Lim)——亚基德-林(Yaggid-Lim)之子,马里(Mari)、图图勒(Tutul)、哈那(Hana)国土之王,统治幼发拉底河两岸的强大国王,大衮神(Dagan),赋予我王权。我开凿运河,全境无须再用水井。我在马里城建造了城墙,开挖了护城河。我在泰尔喀城（Terqa）建造了城墙，开挖了护城河。此外，在那些干渴的焦土之上，在任何国王都不曾建造城市的地方，我实现了心愿，建起了城市。"[9] 城市繁荣与否还取决于王与神之间的关系。《阿卡德的诅咒》(*Maldición de Akkad*) 便是一首城市衰亡的挽歌。王与伊南娜（Inanna）女神不睦，于是女神用直截了当的诗歌诅咒了阿卡德城："就让这荒原上邪恶生灵的哀号响彻王宫。曾让你取得淡水的阿卡德城，从此只有碱水横流。"[10] 现实与象征就这样交织在了一起。

我们能在美索不达米亚文明中看到，人类是如何从村镇发展到了城市。城市由房子构成，而房子包括市民的、国王的和神的。王宫和神庙是城市的两个中心。王宫是国王的居所，也是行政、经济和艺术中心。神庙则是城市的另一"极"。严格意义上来说，这是神的居所，神在这里居住，并接受供奉，而只有享有特权的人才能够进入神庙。神庙中最典型的建筑是多层阶梯式递降平台构成的金字形神塔（zigurat）。目前我们仍不能完全了解神塔的意义。它可能既是为城市守护神建造的纪念塔，也是面临外来进攻或洪水时的避难所。宗教通过塑造神明，将自然力量拟人化，以期通过宗教崇拜让这些自然力量仁慈待人。每座城市都有自己的神。乌鲁克城的守护神是天神阿努（Anu），尼普尔城的守护神是风暴之神恩利尔，埃利都城的守护神则是大地、冥界与原始水之神恩基。负责宗教崇拜的神职人员众多，而国王就是大祭司，负责建造和维护神庙。公元前19世纪晚期的一篇铭文能让我们更好地理解当时"神"的概念：马里国王亚赫顿-林建了一座神庙，供奉"沙玛什（Shamash）这位天地之神、人神裁判，这位天赋公正与真理、驱策黔首的光辉灿烂之神，他审判众生、接受恳求、倾听祈祷、接受食物，并为所有敬他者提供幸福的生活"[11]。这座神庙后来成了贸易活动中心。神与王一样，是肉食的主要分配者。范·德·米罗普（Van de Mieroop）解释道："多数田地、牲畜和滩涂都归神庙所有。神庙将日常工作分派给市民去做，但神庙的管理者永远保有最高权力。"[12]

神庙与王宫都是权力的表现，是权力的居所，而不为居民服务。利韦拉尼（Liverani）指出，直到公元前1千纪，才在希腊出现了为居民服务的公共建筑。[13]

三、重要发明：掌控水火

公元前 7 千纪出现的农业和畜牧业，保障了人们的食物来源。但人类还有另一种需求，一项共同的顾虑，那就是用水。卡尔·A. 威特福格尔（Karl A. Wittfogel）等人认为，对大规模灌溉的需求催生了美索不达米亚、埃及、中国和墨西哥等地国家的出现，因为大规模灌溉必须依赖中央集权的国家来管理。[14] 美索不达米亚平原很大一片地区无法发展雨养农业，而且城市也需要供水。为了给公元前 2800 年的马里城供水，人们曾修建了长达 120 千米的运河。执政者的职责之一便是维护用于灌溉的运河。一位名叫基布里-达冈（Kibri-dagan）的仆从曾写信给他的主人，表示难以维护他所负责的运河："工人们心存不轨，不能胜任这项任务。如果运河断流，主人您的国民就要挨饿。"[15] 据中国早期史学家记载，夏朝便是由驯服黄河、治理洪灾的大禹所建。[16]

人类对火的掌控也有所进步。旧石器时代之后，人类可以用木头获得 350 摄氏度至 400 摄氏度的火焰，偶尔可达 600 摄氏度至 700 摄氏度。火对制陶和冶金都不可或缺。公元前 1200 年前后的冶铁技术表明，当时的火焰温度必然可达铁的熔点，即 1530 摄氏度。公元前 7 千纪已经出现金属制品，但真正的变革于公元前 6 千纪出现在乌鲁克城：由铜和锡冶炼出的青铜，质地比纯铜更加坚硬，代表了当时的一项技术飞跃。同时，由于美索不达米亚地区缺乏金属资源，这也说明当时贸易网络宽广活跃，能让人们进口原材料。现今保存下来的一块泥板上记录着马里国王在几座大城市中的财产："14 塔兰同（talento）30 迈纳（mina）① 锡，来自马里；1 塔兰同锡，由巴比伦王汉穆拉比（Hammurabi）存放在阿勒颇城；20 迈纳锡，来自伊什-达冈（Ishi-Dagan）和依阿尔-阿杜（Iaar-Addu）的赠礼，存放于乌加里特城。"[17]

---

① 塔兰同和迈纳都是古代两河流域地区的重量单位，1 塔兰同等于 60 迈纳。

四、两种极为强大的工具：文字与学校

美索不达米亚文明最伟大的创造之一便是一种强大的思想工具——文字。这又是一个平行发明的例子：记事符号等原始文字早在公元前 7 千纪便出现在中国；公元前 4 千纪至前 3 千纪出现在印度河流域；于公元前 6 千纪出现在巴尔干半岛的文卡（Vinča）文化中；美索不达米亚地区于公元前 3200 年左右发明了楔形文字；埃及在公元前 3100 年前后发明了象形文字；在克里特和迈锡尼，文字产生于公元前 2000 年左右；在中国的黄河沿岸城市，于公元前 1400 年出现了正式成形的文字；在中美洲，玛雅符号、萨巴特克-米斯特克符号出现于公元前 5 世纪至前 3 世纪，或许更早。

苏美尔人在黏土板上书写。最早的泥板可以追溯至公元前 4 千纪末。但他们仅仅是用一个符号代表一件物品，也就是使用象形文字。他们更重视文字辅助记忆的作用，用文字来记录交易、债务、财产等等。从起源上看，它是一种会计系统。这是一项重大但有限的进步。在这种意义上，现存最早的提及所罗门神庙的文字，是公元前 7 世纪泥板残片上的一段铭文，它是祈愿还是颂歌呢？都不是。它是条收据——有人向神庙捐了 3 个谢克尔（siclo）银币，于是这笔捐赠被忠实地记录在案。[18]

需要记录的对象数量庞大，结果催生了一项伟大的创造性飞跃。在美索不达米亚平原，两种语言并存，一种是苏美尔语（非闪语），另一种是阿卡德语（闪语）。这两种语言中，符号都不用于代表事物，而用来代表声音。每个符号都代表着与苏美尔语单词音节最接近的一种声音，之后再推广到阿卡德语等其他语言中去。几个符号结合起来，就是一个词的发音。这是一项进步，但仍然过于复杂，因为音节本身可以有许多种不同的组合。公元前 2 千纪末，在腓尼基（今叙利亚）出现了另一次跨越——每个符号代表一个字母。这样一来，只要少数几个符号，就可以拼出所有词汇。字母文字出现了，而我们至今仍在使用。腓尼基字母启发了附近地区的其他字母系统，包括阿拉米文和希伯来文，希腊字母也由此而来。人类大家族的不同分支对字母符号有不同的"画法"。可以说，从象形文字，到拟声文字，再到字母的这一创新历程，直到 20 世纪发明数字化书写时才最终完

成。数字化书写只用最基础的两个符号——0 和 1——就能表示语言、图像和音乐。某些发明创造的发散效果和加速效果，在这里再次体现出来。

有些研究者认为，字母表这个"小发明"之所以能够带来巨大变革，首先是因为其简单易学，不需要上千个字符，二三十个符号就足够了。这种简易性推动了书写行业的产生。此外，它还促进了抽象思维的运转。符号完全独立于其所代表的实物，因此字母有助于人们不拘泥于特定实物，而看得更深远。[19] 罗伯特·K. 洛根（Robert K. Logan）认为，字母表的出现促进了数学、成文法以及演绎逻辑的发展。[20]

文字的发明唤醒了写作的热情。美索不达米亚文明留存至今的泥板就有约 50 万块，而没能保存下来的无疑更多。公元前 3 千纪至前 1 千纪间，书记员们每天能写出成千上万块泥板。许多书记员的名字都流传了下来，因为人们用这些名字来辨别泥板的真伪。书记员受人尊敬，是政府机构的重要成员。约公元前 2000 年，苏美尔国王舒勒吉（Shulgi）曾炫耀道："我从小就去书写馆学习书写的技艺。我在泥板上写的字，比其他任何贵族的都要好。"[21] 有一段苏美尔时期的文字流传了下来，让我们能对当时书写学校的生活有所了解：

"先生，您幼年时在哪里呢？"

"我去上学。"

"您在学校做什么呢？"

"先读泥板，吃早餐，做新泥板，再把它写满。然后便是上课。中午，有人会指导我做书写练习。课后放学回家，我看见父亲坐在家里。我向他讲述我习字的情况，并给他读我的泥板，父亲十分惊讶。清晨我一起床就去找母亲，对她说：'把早餐给我吧，我得去上学了。'然后我就出发。到了学校，监督员问我：'你为何迟到？'我被这一吓，心脏狂跳，到了老师面前，向他致敬。"

老师对他说："你的书写不令人满意。"于是他得到了纠正。[22]

五、文字与正和博弈

　　文字不仅有助于记忆，还促进了交流。而沟通交流是正和博弈的必要条件。开战不需要说话，议和却非说话不可。博弈论专家托马斯·谢林（Thomas Schelling）指出，在一种完全遵从零和博弈规则的关系里，并没有进行沟通的理由。掌权者则必须沟通，才能掌握消息、发布命令。乌尔第三王朝创立了用驴运输的邮政服务，道路发达，还有供邮差休息的驿站。[23] 其他一些文明也有过类似的业务，例如阿兹特克人的接力跑送信。[24] 印加人开辟了跨越安第斯山脉的道路网，路程全长能绕地球一周。[25] 每位信使负责 2 千米至 8 千米路程，然后将消息传给下一个人，交接时要非常郑重地复述，以免消息传递出现错误。这样，一个消息在一天之内就能传出 240 千米。西非的阿善提人（ashanti 或 asante）的通信系统则更快。他们依靠会"说话"的信息鼓（tambores parlantes）组成的网络，能将消息传出几百千米。[26]

　　信息的不足阻碍社会伦理的进步。据估算，在古代美索不达米亚地区，人们的识字率不及 1%。[27] 书记员非常受人敬重。一些埃及的书记员说，对待底层民众就该像"驱牛马"，因为他们没有智慧。[28] 但民众所缺乏的其实是教育。

六、文学之河

　　智人从很早就开始讲故事。考古学家指出，人类的智慧是叙述性的。听故事想必是最早的社会娱乐活动之一。罗宾·邓巴（Robin Dunbar）曾说，语言是为闲聊而生的，即为了讲述家长里短的故事。[29]

　　文字起初是会计工具，但很快也被用于抒发对故事的热情。文学就这样出现了。鉴于人类是这本传记的唯一主角，文学史也可以被看作为了抒发和表达而进行的一项共同努力，而这是我们文化基因的重要组成部分。《吉尔伽美什史诗》是全球文学史最早的"章节"之一。它的主人公吉尔伽美什半人半神，很可能在公元前 2900 年左右统治着乌鲁克城。城内居民不堪其压迫，祈求诸神为他们派遣一位像他一样强大的人来解放他们。诸神派来了恩奇都，但恩奇都最后与国王成为朋友。恩奇都死后，吉尔伽美什决定追寻永生，但以失败告终。

当时还出现了情诗，让我们至今仍觉亲切。情诗也是一个普遍的常项，无论是在文学上，还是在情感上。1889 年，尼普尔（今伊拉克境内）出土了一封 4 000 年前的信，现存于伊斯坦布尔古代东方博物馆。信中，伊南娜女神（又名伊什塔尔）倾诉着对年轻神祇杜木兹（Dumuzi）的爱意，将他称作"吾爱，吾目之光"，并写道："我心上的爱人，英俊伟岸。你俘获了我。我的爱人，带我去卧房吧。我的爱人，你从我这里得到了欢愉。"[30]

七、不竭动力：对公平正义的追求

维持蚁穴中的秩序，依靠的是本能。人类则不然。人类需要能够制定规则的权力机构。权力的行使要依靠武力，这是最基础的、最不开化的行使方式。而自历史发端，人们就尝试同时使用其他工具，通过奖励或是改变人们的情感、信仰，来对子民进行统治，即我们今天所谓"软权力"。人类学家认为，领导者在家庭团体和国家之间架起了桥梁。一个强大的人能将多个家庭团体纳入麾下。但这些领导者也可能只是昙花一现。他们消失的原因主要有两种：或是输了一场战争，或是民众不满，揭竿而起。

美索不达米亚文明记录了当权者对掌控象征性权力的兴趣。所有当权者都试图使自己的权力合法化。阿姆斯特朗写道："即使是世俗的民族国家，也要以一个神话来定义国家的特殊性和使命。"[31] 在城市等复杂的社群中，必须建立人们共同生活的规矩，因此国王们要制定法律，并声称此举只是传达神意，以使民众信服。最早的立法者自称神意的传达人。那些最为古老的法典就这样出现了：

1. 恩利尔所选中的英雄，神明宁吉尔苏（Ningirsu），在 3.6 万人中握住了乌鲁卡基那（UruKAgina）的手，将拉格什的王位传给他，乌鲁卡基那便明白了他的主神宁吉尔苏给他的命令。

2. 安（An）和恩利尔两位神明将乌尔城的王权交予神明南纳（Nanna），那时，宁松（Ninsun）所生的儿子，那深爱母亲的乌尔纳姆（Ur-Namma）……

3. 那时，安和恩利尔两位神明任命听从神谕的牧者李必特-伊丝达（Lipit-Istar）行使主权，为的是在国内实现公平正义……

4. 安努（Anun）与神圣的恩利尔命令我，敬爱诸神的君主汉穆拉比，在国内推广公平，灭除邪恶不法之徒，使强不凌弱……[32]

上述文字体现了一个惊人的意愿，一项新的进步——关心弱者。大自然是严酷无情的，对弱者并无同情心。捕食者总会捕捉最弱的猎物。这种对弱者的关心难以维系，在任何冲突面前都可能消失。我们能够根据一个社会对待孤寡、穷人、病人和无助者的方式，来对这个社会进行评估。

对公平正义的渴望也许一直存在于进化的过程之中。它向我们提出了如何定义公正、如何实现公正的天然问题。"公正"的概念存在于所有文化之中，各种文化通过反复出现的宏大隐喻体系对其进行表述，包括平衡、平等、对等、秩序、正直等。巴布亚卡保库人（papúas kapauku）将其称作"utauta"，意为"一半一半"，即平衡。在西方，以及在加蓬的乌科米人（ukomis）中，天平都是公正的象征。拉丁语中表示"赔偿"（compensación）和"补偿"（recompensa）的词，都是由"称重"（pesar）一词衍生而来的。赞比亚的洛齐人（lozis）将公正称作"tukelo"，意为"平等"；希腊语同样以"平等"（diké）表示公正。平等互惠原则存在于几乎所有文化中。马塞尔·莫斯（Marcel Mauss）、皮埃尔·布尔迪厄（Pierre Bourdieu）以及鲁思·本尼迪克特（Ruth Benedict）曾分别研究远古社会、摩洛哥卡比勒部族（cabilas）以及日本社会中的平等互惠现象。同时，秩序，即混乱的对立面，在各文化中也与公正广泛相连。最后，正直也是十分常见的比喻：塞内加尔的沃洛夫人以清晰笔直的道路代表公正；西班牙语中"规则"（regla）和"规定"（reglamento），都既指直线，又指正确的行事方式；在古巴比伦，公正被称作"misaru（m）"；而在西方，用词与之相近，如"derecho""dirigere""diritto""droit""right"和"Recht"等。①33

人们对"不公平"的感知远早于对公正的定义，后者有时只能被定义为"没有不公正现象"，即没有给人带来痛苦的歧视行为。人们渴望在没有恐惧、困窘和暴力的情况下生活且与他人共同生活，这种渴望是历史前进的重要动力之一，而当权者至少在名义上必须尊重它。乌鲁卡基那（公元前2350—前2300年）的改革，乌尔纳姆（公元前2112—前2095年）的律法，李必特-伊丝达（公元前1934—前1924年）的律法，以及更为著名的埃什南纳（Eshnunna）的律法和汉穆拉比的律法……这些最古老的法律文本都致力于维护公平。《汉穆拉比法典》（Código de Hammurabi）的每个条目都体现了公平正义的理想。《法典》的结构显示出立法者在编纂法典时付出了大量心血，也显示出立法者所关心的问题：侵犯财产罪（20条），规范商业交易（40条），家庭生活（包括通奸、重婚、遗弃、乱伦、离婚、收养、继承等议题，共68条），工资和佣金（10条），以及对奴隶的占有（5条）。

古埃及法老也像美索不达米亚地区的国王一样，认为应该捍卫公平。关注社会公平是整个中东地区的共同特点。在古埃及，人们可以通过宗教，以间接形式批评甚至反对国王、贵族和官员等当权者的任何滥用职权之举。德国籍埃及学专家扬·阿斯曼（Jan Assmann）说，古埃及人关于"公平"（ma'at）的概念表明，他们认为，人与人之间存在差异的情况，有悖于神明创世的秩序，因为不平等是无序的表现，应该予以纠正和弥补。所以，君主为自己树立了社会改革者的形象，他是保护羊群不受强者压迫的好牧人。34 美索不达米亚地区诸王认为，为穷人、孤儿和寡妇主持公道，是倾听人间祈求的太阳神沙玛什赋予国王的神圣义务。古埃及的法老同样承诺照拂穷人，因为太阳神拉（Ra）亦是"穷困者的守护神"35。在乌加里特城，人们认为人间只有公平正义，才能免于饥荒和干旱。在以色列传说中，

---

① 分别为西班牙语、拉丁语、意大利语、法语、英语和德语单词，均同时有形容词"直的"和名词"权利"的意思。——译者注

耶和华保护弱者。要理解宗教在人性的演变中发挥的重要作用，就必须明白宗教与权力之间的双重关系：宗教既为权力提供合法性，又对其加以约束。从远古时代开始，权力虽基于武力，却一直希望"名正言顺"。几千年后，这种传统仍在延续。在一段由波斯语、埃兰语和阿卡德语三语写就的铭文中，波斯皇帝大流士一世（Darío el Grande）告诫自己："要维系国家安全，公正照拂人民，因公正乃国之根基。"[36]

多么重要的发现啊！用以行使权力的现实性力量，被象征性的、非现实性的力量约束了。立法权要依靠宗教的光环获得尊严。神明为君主的决策提供保障，同时也对君主提出要求。这种对"名正言顺"的需求，可以作为一项永恒的进化脚本，写进我们的基因组。君权神授，君主要向神明负责，因此，当人们需要反抗君主、维护自身时，也要祈求神明。这一进化脚本一直保留到近代。1889年10月6日的《京报》上，曾刊载过皇太后垂帘听政时期，皇帝因旱灾而下的"罪己诏"。

将社会组织建立在"超现实力量"上，似乎是一种普遍需求。伟大的历史法学家萨姆纳·梅因（Sumner Maine）讲述了他在印度政府工作时，协助开凿灌溉水渠的故事。当时人们建立了水源分配系统。该系统投入使用后，农民立即"忘记"了这是地方当局的决策，反而假装或者试图去相信，新得的水是依照一种起源悠久的古老传统分派给他们的。[37]后文将会谈到，在英国、巴斯克地区等地，"因循旧法"的说辞能有效地让许多事情"名正言顺"。

八、长期广泛存在的奴隶制

人类早期的法律文本中便提及奴隶制。《汉穆拉比法典》列出了严厉的惩罚："协助奴隶潜逃者，死罪""于家中藏匿奴隶者，死罪"。奴隶制存在于所有文化之中。为废除奴隶制而进行的斗争持续了几千年，后文将研究这一进步历程。在公元前103年的希腊，逾万名银矿奴隶叛乱。古罗马曾在不到70年的时间内发生了三场叛乱。西班牙直到1886年才废除奴隶制。而如今，奴隶制在一些国家仍然存在。[38] 奴隶贸易在几百年间一直是一项庞大的"业务"。公元 9 世纪，维京人穿越整个欧洲到达里海，奴役当地居民，并将他们贩往南方。由于斯拉夫人被捕获并受奴役者极多，原指斯拉夫人的"eslavos"一词，最终成了"被剥夺自由者"的代名词，含义转变为"奴隶"。[39] 罗马帝国鼎盛时期，每年需要 25 万至 40 万名奴隶。[40]威尼斯自公元 8 世纪起进行奴隶贸易。在 19 世纪，印度有 800 万名奴隶。在 3 个世纪内，超过 1 500 万非洲人被绑架，并被当作商品贩卖。休·托马斯（Hugh Thomas）曾问："人们怎么能忍受奴隶贸易如此之久？"那些国王、教皇、慈善家，一面标榜追求公平正义，一面却自己使用奴隶——多么血腥的自相矛盾。再比如巴托洛梅·德拉斯·卡萨斯（Bartolomé de las Casas），曾为保卫印第安人的尊严而不懈奋斗，却没有把黑人纳入这场斗争，甚至还为了让印第安人免做苦工而支持"进口"非洲黑奴。天主教徒费尔南多二世（Fernando el Católico）被教皇赞为"基督的勇士"，却在 1510 年首次允许大量黑奴被运往美洲，去圣多明各开采金矿。我们又该如何评价他呢？[41]

权力想要为自己辩护，因此一直有人鼓吹奴隶制的"正当性"。他们常常引用亚里士多德的话："大自然甚至为奴隶和自由人塑造了不同的身体。前者身强力壮能干活，而后者身姿挺拔，不宜做工，却非常适合政治生活。"[42] 本书讲述人类"人性化"的历史，而人们对奴隶制的态度应该成为这一进程的又一项考验——第一项是前文提过的"对待弱者的方式"。必须指出的是，与本书的叙事并行的，应当是一部受害者的历史，即那些被迫成为历史"主角"的人的故事。

九、一项了不起的发明：金融

城市生活十分复杂，这也给经济生活带来了新挑战、新困难。前文说过，农业释放了一种永不停歇的活力：关于剩余产品、财产、阶级分化、对保护的需求，以及税收。威廉·戈兹曼（William Goetzmann）写道：

"金融随着最初的城市出现，反之亦然。"这是不可避免的，因其促成了进步。"即使是最早的商人，也是依靠着由机构和承诺组成的一张精密网络来开展经营活动的。他们要跟神庙、王宫等机构打交道，要跟农场主和其他生产者打交道，还要跟远方的商人打交道，也就是说，他们需要和其他文化互动。"[43]

对物质手段进行管理的需求，催生了新的思想工具。公元前 24 世纪出现了首张借据。[44]这种合同单据在人人都相互认识的小村庄里没必要存在。但乌鲁克城有 1 万居民，人与人之间的关系便不同了。债务的出现是一项巨大的进步，因为借贷让人能够在当下就使用未来的收入（如下一期收成）。有些"未来收成"本身依靠借贷才能实现，而借贷让人们在当下就能够享受到这些收成。金融的诞生关乎现在与未来的关系。楔形文字数字图书馆（Cuneiform Digital Library）主任罗伯特·K. 英格伦（Robert K. Englund）指出，楔形文字泥板上记载的经济合同并非按照一年 365 天计算，而是采用了一年 360 天的计算方式。这是因为 360 能同时被 2、3、4、5、6、8、9、10、12、15、18、20、24、30、36、40、45、60、72、90、120 和 180 整除，而 365 却只能被 5 和 73 整除。神庙收取供奉，再进行分配，因此必须记账。乌鲁克瓦尔卡瓶（vaso de Warka）上描绘了供奉仪式。各人需要供奉的贡品清单也保存了下来："巴加拉（Bagara）人基杜（Kidu），大麦 720 量；铁匠伊基兹（Igizi），大麦 720 量。"公元前 2400 年的一份文件上已经出现了复利计算方式。

美索不达米亚文明向我们展示了所有文明的发展路线。对生存和幸福的渴望激励人们发明技术、创造信仰；共同生活的需求催生了家庭、政治体制、社会规范和司法体系；扩张权力和行动可能性的渴望推动人们去掌控自然、掌控他人、掌控自身、干涉诸神。这种渴望体现在人们的认知和创造中，并推动了神话、科学、艺术、学校以及经济结构的出现。文学和其他艺术形式由此起步。

十、侵略与变革

美索不达米亚地区向来是必争之地。阿卡德人曾征服苏美尔。阿卡德领袖萨尔贡（Sargón）是首个青史留名的征服者。他用楔形文字在泥板上留下了大量事迹，都以第一人称写就，大意为："冒出来一个敌人，被我打垮了；又冒出来一个敌人，也被我打垮了。"

侵略行为在历史上长期存在，动机不一：有的是为了寻找资源，有的是要以攻为守，还有的是为了强行推广宗教。但它最主要的推动者是那些渴望权力而不能自已的人，那些自我膨胀的、渴望极大地扩张自身力量的人。正是这种欲望，让远古部落的战士们吃掉敌人的脑髓和心脏，也让人去强迫他人，或是追逐钱财。对权力的热爱，就是对自我的热爱，是对行使权力所带来的价值感的热爱。几个世纪后，霍布斯（Hobbes）对此做出了精准的判断："全人类自然具备的首要倾向，便是永恒不息、至死方休的对权力的欲望。"历史上伟大的征服者们都患有领土、经济或政治上的"贪食症"，而我们必须看清他们是如何动员整个国家，去满足其一己私欲的。深入分析历史，前文提过的权力基础便显现出来。能够予以奖励、暴力惩罚，或是改变人们的信仰和情感的人，便能获得权力。这是在历史上不断重演的权力行使脚本。

前文谈及财产时，便已经提到一种几千年后才会发生改变的信仰——力量即权利。这种信仰此时便已确立。力量总是在自身能力允许的范围内掌控一切。很久以后，人们才感到需要为征服他人找个"理由"，即便是非常不充分的"理由"。平克认为，"边境神圣不可侵犯"的思想为人们所接受，是促成和平的重要因素。[45] 马克·察赫尔（Mark Zacher）指出，自1950年起，侵略战争便大幅减少。但在几千年间，人们都分不清正当财产与占有之间的区别——我抢到手又保得住的就是我的。[46]

萨尔贡挥师南下，直到厉兵于大海。时光流逝，新一波强悍的游牧民族从高地而来，征服了阿卡德，而后又被其他人征服——古提人（gutis）、加喜特人（casitas）、胡里特人（hurritas）、阿摩利人（amoritas）轮番登场——历史不断重演。阿摩利人占领了著名的巴比伦城，并以之为首都，建立了（第一个）巴比伦王国，这是这段历史中至关重要的一刻。后来，巴比伦人又让位给亚述人。亚述帝国的首都位于更为庞大、繁华的尼尼微。他们的领土从伊拉克延伸到埃及。他们以残酷的暴君闻名。他们迫使被征服地区的人民整批迁离故土，认为这样人们就无法反叛。但最终，亚述帝国还是败给了曾被其征服的迦勒底人。迦勒底人重建了巴比伦王国，并凭借其在天文、医药、数学等领域取得的学术成就，在历史上占据了一个十分光辉的位置。但是，他们也延续了亚述人迁徙国民的政策。迦勒底国王尼布甲尼撒（Nabucodonosor）是最早摧毁耶路撒冷、俘虏犹太人的君主之一。

十一、南方的埃及

我们居于美索不达米亚地区的祖先并非一枝独秀。上述历史发生的同时，我们的另一支祖先定居于尼罗河畔，创造了令人着迷的文化，其发展历程也同美索不达米亚文明相似。公元前 4000 年前后，埃及还是一片分布着小型农业聚居地的平原。约公元前 3300 年，出现了最早的有城墙拱卫的城市——涅伽达和耶拉孔波利斯。当时建立了两个王国，但在公元前 3100 年前后由美尼斯（Menes）统一。古埃及史通常分为 31 个王朝，最后一个王朝于公元前 30 年被罗马所灭。法老形成了一套传统，传承了 3 000 年。他们宣称自己拥有神格，这与苏美尔的卢伽尔（lugal）不同。卢伽尔宣称自己是神佑、神选之人，其执政的合法性来源于神。苏美尔最早的法律由国王颁布，却是以神的名义。埃及则不然。法老自称神，神圣统治权在宇宙创立之时便已注定。法老永远融合在天道之中。法老的神性使人们不仅不能近其身，而且不能呼其名，因此不得不采用隐晦的代称。从新王朝开始，统治者便要求人们称他为"per-aa"，意为"大殿"，这个词演变为古希腊语中的"pharao"[47]，中文音译为"法老"。也许，这种神性是法老在政治上统一两个王国的策略。政治权力与宗教权力在历史上维持着长久而又不断变化的关系。同一个问题以不同的方式被解决：从合作，到对抗，再到其中一方以某种形式屈服。直到近代，君主和独裁者们仍然宣称"君权神授"。

古埃及人运输大量资源的能力是惊人的，他们因此能够建造宏伟的建筑。但他们同时也十分孤立，自我封闭，傲视他国。古埃及人受到沙漠的保护，水资源则给他们带来了丰富的农业产出。与充斥着暴力的美索不达米亚地区相比，古埃及文明给人以更加稳定、平和的印象。公元前2千纪，古埃及人开始面临一个新困境，即各大帝国的出现。之后，他们又开始面临侵略。

古埃及宗教格外关注"重生"。奥西里斯（Osiris）和伊西斯（Isis）这对兄妹兼夫妻，在古埃及复杂的神话体系中占据中心位置。奥西里斯被弟弟赛特（Set）暗杀，但又复活，并生下荷鲁斯（Horus），后者继续和邪恶做斗争。奥西里斯代表重生，在崇拜亡者的教派中也是一位十分重要的神。他扮演着双重角色：一方面，他是丰饶之神；另一方面，他是死而复生的王的化身。他代表了古埃及神话中两种永生的方式：一是不断死亡重生，每年循环往复，二是在冥界永生不灭。

埃及史上有一段十分特别的插曲，即阿蒙霍特普四世（Amenhotep IV，又称 Amenofis IV）统治时期。阿蒙霍特普四世为自己改名为阿肯纳顿（Akenatón），将都城从底比斯迁至尼罗河畔的处女地，并将古埃及先祖流传下来的多神教改为只供奉太阳神的一神教。"哦，神啊，唯一的神！除你之外再无他神！"阿蒙霍特普四世所作的颂歌中这样写道。扬·阿斯曼称，这是一场最为彻底的一神教革命。[48]这一转变给许多习惯了多神教的信徒带来了恐惧，同时也引发了复杂且矛盾的社会运动。著名宗教哲学家赫拉尔杜斯·范·德·莱乌（Gerardus Van der Leeuw）曾说："上帝是在人类历史末期才出现的人物。"[49]这让在基督教文明中成长起来的西方人感到诧异。上文已经说过，对权力和"神赐"的体验、对现实力量的恐惧、梦境引起的不安等等，都会使人脑这一"象征机器"开始运作。

古埃及人发明了许多技术，以满足对来世的宗教崇拜和信仰的需求。古埃及的宗教也反映在这些复杂的技术上。用香料涂尸防腐的技术日益精湛。历法与天文学的发展也归功于对自然做出的宗教解释。笔者要借机指出的是，度量时间是人类共同关心的问题。古埃及历法中，新年始于洪水，即现代历法的 7 月中旬。一年分成 365 天，30 天为一月，四个月一季，一年共有三个季节以及余下的五天。古埃及医学也很发达，人体解剖学知识丰富，其中除了现实原因之外，也有宗教原因。

古埃及人对死亡的痴迷显而易见，这其实是对生命的迷恋，这是因为，国王的死是对人民秩序的最大威胁。这种乐观主义源于古埃及人的宇宙观：宇宙是光明、生机与秩序的地带，由无边无界、阴暗凝滞而又混沌一片的大洋努恩（Nun）孕育并支撑。宇宙一直处于混沌的威胁之下——不只是物质的混沌，还有人心的混沌。自由也许是危险的，而法律则带来解放。

美索不达米亚文化和古埃及文化的差异虽大，却不能掩盖两者之间的相似性。古埃及发明了自己的文字（尽管可能略微受到了苏美尔文字的影响）。这些文字的主要作用有三：一是纪念国王及其事迹，二是行政管理，三是向神祈福。公元前 3 千纪，已经出现具有一定复杂度的文字。古王国时期，埃及人已经开始使用象形文字。此外，还有一种被称作"僧侣体"（hierática）的手写体象形文字。该时期的象形文字体系包含约 700 个字符，后来增加至 5 000 个。僧侣体的字符数量较少，并向着形声字字母表演变，且持续使用至公元 4 世纪。僧侣体之外，还形成了"世俗体"（demótico）。世俗体已经不属于象形文字。

95% 的古埃及民众都不识字。人类历史的大部分时期，该数字都维持在此高位。文化只属于精英阶层。在古王国时期，对书记员的培训在宫廷官学内进行。后来，埃及人扩建了学校，以高效的官僚体制来管理国家，人们对身后事极为关注，并建造了许多留存至今的宏伟建筑。弗兰纳里（Flannery）与马库斯（Marcus）合著的《人类不平等的起源》（The Creation of Inequality）一书中写道，到公元前 2500 年前后，人类所知的所有形式的不平等几乎都已经出现，其中还包括五六种变体，以及将其合理化的机制。它们效果非凡，以致在数十个互不相关的社会中反复上演。[50] 财富以农业生产为基础，而农产品主要用于当地消费，还有一部分通过税收进入国库。这样，资源被集中起来，然后分配给为王室做工的广大民众。书记员在这种再分配中发挥了重大作用，因为他们负责配额发放的会计工作。当时没有货币，因此酬劳都以货物形式发放。即便如此，货币象征主义的趋势十分明显：会计记录实物，但对物品的数量有一定程度的抽象化和操控，且不一定涉及货物的具体流通。地产似乎主要归王室所有。目前尚不清楚当时是否存在私有土地，或被认为是分配给世袭职位的土地。

古埃及艺术的精致程度，至今仍让我们动容。和其他艺术一样，古埃及艺术取决于人们的信仰。贡布里希评论道："古埃及人认为，仅仅保存尸体是不够的。如果法老的样貌也能永远保存，那么法老将会永存。因此，雕塑家们受命将法老的肖像雕刻在坚硬、永恒的大理石上，然后将其摆放在无人能见的墓穴中，使它在那里发挥魔力，好让灵魂通过肖像重生。古埃及人对雕塑家的称呼之一正是'维持生机的人'。"[51] 关于"何为正确的艺术形式"这一议题，存在着惊人且正式的同质性，这源于宫廷艺术，它为所有视觉艺术提供了美学标准。古埃及人像的典范很早就已确立。它在公元前31世纪的纳尔迈调色板上就已经有所体现。古埃及人像总是展示每个身体部分最具特色的一面，因此头部是侧面像，但眼睛是正面；上身躯干是正面，但双腿、双手和双脚却是侧面，而且双脚的大脚趾都在靠近观者的一侧。显然，这种理想化形态的初衷是要将身体的每一部分都用最易辨认也最准确的形式表现出来，但这种"准确"对应的并非真实的整个人体，而是人体各部分理想的样子。

古埃及纪念性建筑始于古王国时期壮丽的王室墓穴。其典型——埃及金字塔——脱胎于第三王朝的阶梯金字塔。对第四王朝时期大型金字塔的研究表明，为提高整体结构的稳定性，人们使用了日益完善的建筑技术。金字塔是太阳的象征，与法老们"太阳神拉之子"的称号相呼应。

中王国时期被视作古埃及文学的"古典时期"，文学作品在此阶段占据重要位置。《辛努亥的故事》（*La historia de Sinuhé*）便是一部代表作品，它讲述了一位古埃及官员逃往亚洲，思念埃及，后受法老塞索斯特里斯一世（Sesostris I）邀请，重返埃及宫廷的故事。故事将法老与神视作一体，并将其塑造为救世主和关心人民的牧者。此外，还出现了予人劝诫和指导的智慧故事，以及结构和抒情表达都合乎诗词形式的作品。为与前文的平行发明相呼应，笔者在此仍然选取情诗。古埃及学家们发现了55首可追溯至公元前2000年的匿名情诗。哈里斯大纸草500中有几行非常细腻的诗文：

> 我是你的爱人，是最好的，
> 我属于你，如同土地
> 我在其上种满鲜花。
> 你的手覆在我手上，
> 我的身体是幸福的，
> 我的心充满欢愉，
> 因为我们并肩同行。[52]

十二、社会形势

　　大约在公元前1850年，阿蒙涅姆赫特三世（Amenemhat III）统治时期，有一段文字讲述了一位叫杜瓦-罕提（Dua-Khety）的有钱人送儿子佩皮（Pepy）去学校学做书记员的故事。为了激励儿子全力读书，他在上学路上给儿子描述农民、工人、士兵和手工艺人的悲惨生活。杜瓦-罕提说，没有土地的农民生活非常艰苦，破衣烂衫，整日劳作，手指上全是磨出的水疱，法老的属下还要把他带走，强迫他做工，他得到的回报却只有一身伤病；而有地的农民生活也半斤八两，整日都在抬水，上午要浇韭菜，下午要浇棕榈，晚上还要浇香菜，最后累死。

　　虽然农民和手工艺人共占人口的95%，但他们的生活境况并不相同。[53]处于最底层且数量最多的是仆从，他们一般从属于贵族或高级官员，为他们做农活，但并非奴隶。事实上，奴隶在古埃及发挥的作用，并不像在美索不达米亚城邦，或在古希腊、古罗马那样重要。古埃及的奴隶大多是外国俘虏，在采石场或建筑工地做工，或者做家务活。[54]他们人数较少，这也许是因为古埃及很少与其他国家开战，而战俘是奴隶的供应源。

　　公元前1750年前后，仆从和农民不堪忍受修建金字塔等大型建筑的徭役之苦，爆发了首次叛乱。荷兰莱顿博物馆存有几份有关这场叛乱的记述。

其中一份写道:"王的都城陷落了,王也被穷人俘虏。"西西里的狄奥多罗斯(Diodoro Sículo)在其所著的《历史丛书》(*Biblioteca Histórica*)中记录道:"我们很难回头去看那些不幸的人,那些在埃及、埃塞俄比亚、阿拉伯地区的金矿中被迫做苦工的人。他们连保持身体清洁都做不到。没人看顾或怜悯病人。所有人都必须做工,要挨鞭子,直到死亡把他们从痛苦中解救出来。"[55]

第六章

先驱性事件

一、理论插曲

前文的叙述已经提供了足够的信息，能让笔者对此前草草勾勒出的一些概念进行进一步细化。文化的演变总是在种种暗藏危机的情况下面临各种结构性问题，这就导致人们给出的解决方案也不尽相同。各个解决方案都能为他人所用，人们可以随意忘记它、蔑视它、复制它，或者对它进行再创造。它们都成为物质或思想工具，沟通人与现实。它们是文化为个体提供的工具，用以拓展思想和行动的可能性。伟大的心理学家列夫·维果茨基提出了"工具"这一概念，来阐释人类心理的文化本质。[1] 正如前文论及方法时所说，这些工具可以是物质的，也可以是精神的，并能够催生物质技术或智慧技术。[2] 无论哪种，它们都能拓展我们解决实际或理论问题的能力。车轮、马车、马镫、铁犁、冶金、半圆拱、弹头、油彩等，都是物质工具。语言、文字、宗教思想、司法概念、体制、货币、音乐和代数符号、典礼仪式等，是智慧工具。吉尔·德勒兹（Gilles Deleuze）正确地指出，一项理论"正如一个工具箱"。理论首先必须对某人或某事物有用。[3] 每一项文化工具都是一个经验的智慧宝库。正如理查德·格雷戈里（Richard Gregory）所说，词汇、体制、技术和机器都是"物化的智慧"。[4] 笔者认为，要理解文化的演变，这是一个不可或缺的概念。我们生活的环境越来越智能化，即日益充满人类造物，远离纯粹的自然。如果智慧工具腐化堕落，那么整个社会解决冲突与问题、追求正和博弈的智慧水平便可能大幅下跌。

以手机作比，当我们使用某种工具时，我们正在利用大量来自他人的知识和经验。这些知识和经验为我们提供必须遵守的"使用指南"。所谓

"算法"，指的其实是同一种东西。一件实物、一种思想或机制，当我们知晓它们的作用以及使用方法，就成了一种工具。工具拓展了我们的可能性，正如我们能用螺丝刀拧松螺丝。每种文化都有自己的"工具箱"，用来解读、管理和构建自己的世界。文化演变的历史让我们认清那些已经被发明并能供我们使用的工具，也让我们看到，有些工具已经完全融入了我们的生活方式，而我们没有选择的机会。工具已经融入我们的文化基因。人类说话的能力已经写在基因之中，而我们所能使用的不同种类的语言就是文化工具。历史上所有帝国都必须统领多种多样的民族、文化和语言，并都以自己的方式解决了这一问题。[5]

也许会有读者认为，用"工具"去指代诸如神明的概念或热力学定律等重大问题，实在过于粗陋。但本书选用"工具"一词，有四个原因：

首先，因为发明工具是人类"人性化"进程开始的标志，而我们可以把文化看作这一光辉时刻的延续。这提醒我们，发明工具的能力曾经是、也将一直是人类的特质。这也鼓励我们去回顾历史为我们提供的"工具清单"，并检验这些工具针对各个问题的适用性。这样，我们就能甄别那些提供了零和、正和或负和结果的解决方案。斧子用来砍树非常合适，但用来做神经科手术就不会产生好结果了。美国之所以能较快地应对2008年金融危机，原因之一便是时任美国联邦储备系统主席本·伯南克（Ben Bernanke）是一位熟知1929年大萧条的经济历史学家，他能从那段历史吸取经验教训。[6]

其次，因为它能比一些著名学者提出的模因（memes）模型更好地解释文化的传播。[7]这些学者赋予文化造物一种近乎生物性的自主活动，这是它们所不具备的。这种活动并非基于文化造物，而是基于思考它们的主体。而唯一能够真正思考的主体就是个人。人们复制工具，是因为这些工具都是"好主意"；因为如果不进行同化，就很难生存下去。马镫让游牧民族能够一边策马疾驰，一边开弓射箭，这项发明不用刻意宣扬就能传播开来。物质工具的演变能帮助我们理解精神工具的演变与传播。[8]

人们在使用工具的过程中，创造出更高效的变体。最优解在集体不断试错的过程中诞生。罗杰斯（Rogers）与埃利希（Ehrlich）曾研究波利尼西亚木船的演变,并援引了阿兰(Alain)关于布列塔尼渔船的一段话:"每条船都是对另一条船的复制。让我们依据达尔文的方式进行如下推理:造得不好的船出海一两次便葬身海底,因此不会被复制。"[9]

再次,对概念进行务实的、"粗陋"的类比,恰恰能够避免人们将某一概念神秘化的倾向。例如,本尼迪克特·安德森(Benedict Anderson)认为,民族主义是"文化造物",是"只存在于民族主义者脑中"的想象。[10] 艾瑞克·霍布斯鲍姆(Eric Hobsbawm)认为民族主义是"发明的产物"。[11] 如果按照本书的方法,将它当作解决政治问题的概念工具,那么我们就能对其系谱、用途和效果进行研究。

最后,这一比喻有助于我们借鉴工程师们研究新工具及其未知运作模式的方法。这种方法叫作"逆向工程"(ingeniería inversa)[12],为的是理解发明者为何将某一工具制作成现在的样子。有关人类的发明创造,以及人类使用过的解决方案与工具的确切历史,能让我们"逆推历史"(historia inversa),回溯时间,去了解人类历史的系谱。福山也许有些过于乐观地认为,如果了解了遥远的古代社会是如何演变的,那么我们就有可能回答以下问题:

- 为什么阿富汗、印度丛林地区、美拉尼西亚岛国以及中东的部分地区,仍以部落作为社会组织形式?
- 为什么中国的"默认模式"便是有一个强有力的中央政府,而印度在其3 000年历史中,除去某些短暂的时期,几乎从未出现过同等水平的政府权力?
- 为什么几乎所有威权现代化的成功案例,如韩国和新加坡,都集中在东亚,而非中东或非洲?[13] 18世纪70年代,亚当·斯密曾确信中国的"技术性停滞"根源在于其"制度和法律",即没有找对解决社会、政治和经济问题的好工具。他的观点是否正确?

在本章要叙述的历史阶段中,发生了许多重要事件,其影响延续至今。因此本章题为"先驱性事件"。

现在，理论部分就暂时告一段落吧。

二、翻阅类似脚本

中国的政治演变有着详尽的记载。在城市出现之前，氏族社会建立在坚韧的家庭关系和祖先崇拜的基础上。正如休·贝克（Hugh Baker）指出，每个人都与已经逝去的祖先和尚未出生的后代紧密相连。"就像是一条首尾两端都无穷无尽的绳索，在名为'现在'的刀刃上滑过。如果绳子断了，首尾两端便都坠落消失。"[14] 在古代中国，和在古印度、中东、非洲、大洋洲、古希腊、古罗马以及蛮族部落一样，最普遍的组织形式是父系氏族。当一位女性出嫁，她便离开原本的部族，加入丈夫的部族。在母系社会则相反，男性要加入妻子所在的部族。父系社会中，男性掌管财产，是一家之主。后文将会写到，基督教涉足婚姻关系后，家庭结构所发生的变化。

家庭是生物学和文化杂交的典型。它是一种生物学现实，而各个社会都通过不同方式对其加以组织、阐释和规范。它清晰地展现了人类世界现实与非现实、事实与象征的结合。所谓"人类不断创造理想的工具，来解决现实问题"，所指即此。家庭的组织形式涉及性、繁衍、继承、结盟与等级等诸多方面，具有惊人甚至荒谬的复杂性。玛格丽特·米德（Margaret Mead）曾研究蒙杜古马人（mundugumor）的生活体系。这个部族有意培养敌意，提醒人们在这个"不能相信任何事、任何人的危险世界"里，要时刻保持警惕。每场婚姻都在家庭内部形成两股被称为"绳索"的势力，其一是父亲、长子、三子等，其二是母亲、次子、四子等。这样一来，嫉妒、猜疑和冲突便在二者之间长期存在。[15] 克洛德·列维-斯特劳斯在其著作《亲属关系的基本结构》（*Las estructuras elementales del parentesco*）中，也强调了家庭既属自然又属人造的杂交特性。他以人类共同的禁忌——乱伦——为例，写道："对乱伦的禁止并非完全出于文化，亦非完全出于自然。它也不是由自然元素与文化元素简单集合而成。它源于一种基本进程，通过这一进程——更重要的是伴随着这一进程——从自然到文化的过渡得以实现。"[16] 禁止乱伦想要解决的是什么问题呢？答案复杂多样，不胜枚举，但无疑每个答案都对应着一个结构性问题。

在古代中国，带有城墙的城市等社会分层的证据出现在公元前3000年至前1900年间（龙山文化时期）。虽然此前便有萨满教性质的宗教，但当权者掌控了萨满教，并用其增强自身权力的合法性。[17] 这些现象前文均有提及。早在公元前2千纪中期，中国便开始了中央集权的进程。由商到周，政治实体逐步减少，直到公元前221年，秦统一全国。与此同时，人们逐步树立了边界清晰的国土意识。[18]

统一的进程也得益于文字的发展。汉字出现在公元前2千纪。作为表意文字，汉字有其特定的优势，它能不依赖语言，直接表意。这在中国历来如此。汉学家德克·卜德（Derk Bodde）解释道，"汉字的意思能够脱离语音独立存在（就好比1、2、3无论是读作'一、二、三'，还是读作'one，two，three'，表示的都是同样的数值），这意味着，所有能够读写的中国人都能通过文字交流，无论他们说哪种方言"，而中国的方言往往互不相通。[19] 查尔斯·霍尔库姆（Charles Holcombe）补充道，"总有人自然而然地认为，语言线性进化并遵从一套通用的准则，而汉字、楔形文字和象形文字等表意文字，只是向字母拼音文字进化的过程中的一个初期阶段"，但事实上，上述表意文字无一直接转变为纯粹表音的文字系统。这种现象只在该表意文字必须适应其他民族，并被用来书写异族语言的情况下发生。[20]

古代中国成为"国家"的过程十分有趣，因为在多重意义上，这一过程预示了欧洲1 000多年后的演变。中国和欧洲都曾出现封建结构，且都是因作战需要而产生了集中的政治权力和现代化的专业行政管理，进而形成国家。[21] 后文还会回到这个议题。中国的历史是人类历史不可分割的一部分。步入历史舞台时，中国处于领先地位。这个在当时形成的国家，至今仍然存在。古代中国是个极为早慧的、坚韧又辉煌的帝国，但同时也是个自我封闭的国家。20世纪70年代，阿兰·佩雷菲特（Alain Peyrefitte）所著的《当中国觉醒之时》（*Cuando China despierte*）曾风靡欧洲。[22] 书的题目脱胎于拿破仑的一句名言："当中国醒来，世界将为之颤抖。"而今，中国已经醒来。我们会看到，中国的文化演变将为我们提供许多值得深思的议题。

三、大家族里的其他人

公元前 2 千纪是一个充满大变革的时代。新的帝国出现了，关于神以及人神关系的新思想也开始代替旧思想。两种在西方流传时间最久的宗教——犹太教和琐罗亚斯德教——在中东地区诞生。

19 世纪末，考古爱好者海因里希·施里曼（Heinrich Schliemann）决定像研究真实的历史记载一样，调查特洛伊战争、忒修斯（Teseo）与弥诺陶洛斯，以及奥德修斯（Ulises）的传奇历险。他以《荷马史诗》为指导，发现了特洛伊城遗址。此后不久，阿瑟·埃文斯爵士（sir Arthur Evans）在克里特岛的克诺索斯发掘出一座大型王宫。他将这一文化命名为"米诺斯文明"，以纪念在古希腊传说中曾统治地中海一带的米诺斯王（Minos）。公元前 5 世纪，历史学家修昔底德曾写道，"米诺斯王曾统治着一个海洋帝国"，一个来自克里特岛的海上帝国。那些美丽的克里特图画——精致漂亮的舞女、强健有力的公牛——至今仍让我们赞叹不已。它们是图像史上的里程碑。

在希腊本土传播开来的是迈锡尼文化，其人民以战士与雇佣兵著称。公元前 1400 年，他们已经征服了克里特岛。但在公元前 12 世纪，迈锡尼文化坍塌了。当时人称"海上民族"的人们掀起了一波影响整个地中海东部地区的毁灭性浪潮，摧毁了最为强大的几个文明。迈锡尼文化遭受灭顶之灾，古希腊进入黑暗时期。古埃及抵挡住了这波浪潮，但也变得穷困不堪。在这一片青铜时代晚期的灰烬中，将会诞生更加持久且充满活力的文化世界，但这一场动荡中的受害者仍值得我们纪念。

与此同时，腓尼基文明诞生。公元前 1200 年，腓尼基的城市成为贸易中心。古布拉城（Gubla）曾是重要的纸莎草集散或出口中心，其希腊语名"比布鲁斯"（Biblos）后来成为"书籍"（biblos）的词源。腓尼基人创造了延续至今的字母系统，这是文化基因延续性的另一个有力证明。

公元前2千纪，美洲出现了两个重要的文化中心：一个是查文文化所在的秘鲁，另一个则是奥尔梅克文化所在的中美洲。一般认为，美洲大陆出现的首个文明是公元前1400年至前400年间的位于今墨西哥湾南部的奥尔梅克文化。该文化最为突出的特色是巨石头像，其原材料都自远方运输而来。奥尔梅克文化的一些特征——包括跨区域贸易网络的开端、中美洲历法的萌芽、血祭以及某些神明的雏形等——使人们将奥尔梅克文化看作中美洲的"母文化"。而在瓦哈卡山谷几乎与之平行出现的萨波特克文化，又与奥尔梅克文化保持着贸易和文化交流。在这两种文化中都出现了美洲大陆早期书写系统的例子。在中美洲，文字像是曾多次被发明出来，因此很难判定它究竟是哪种语言或文化的发明创造。考古学家曾记录下疑似公元前1千纪初的奥尔梅克铭文，以及近千年后的其他后奥尔梅克铭文；但同时，也发现了萨波特克文化铭文以及前古典时期的玛雅铭文，二者与奥尔梅克文字同样古早，并且可能相互独立。总体来说，在墨西哥南部地区曾出现与奥尔梅克文化相关的早期文字，但后来又消失了。萨波特克文字也是如此。

四、一位常驻主人公

这一时期还发生了两起重大的"先驱性事件"，为之后千年里发生的重大变革谱写了序曲：印欧民族[23]和希伯来民族[24]登上历史舞台。二者都代表着自反性（reflexividad）的提高：前者是对宗教经历，后者则是对其自身的历史经历。二者也都是人类基因组以及共同的"文化工具箱"的组成部分。他们让本书的意图更为明确：过去的永久性。对印欧民族的研究始于"逆推历史"。"梵文同希腊语和拉丁语的相似之处于18世纪末确立下来，并逐步催生了三者及其他相似语言均源于同一古代语言的理论。"[25]因此，印欧文化的部分痕迹仍存在于当代西方文化之中。

印欧人曾生活在高加索草原地区。公元前3千纪中期，一些印欧部落的游牧范围渐广，到达了今希腊、意大利所在地，中欧甚至斯堪的纳维亚半岛，同时南下至中亚和南亚。他们没有形成一个统一的民族。东部分支的印度-伊朗人骄傲地自称雅利安人，意为"高贵"；留在亚洲草原的印欧人逐渐分成了两支，分别讲阿维斯陀语和梵语。直到公元前1500年，他们都和睦相处。印欧文化最大的特征是对精神的理解，这让他们在人类系谱图中占据重要位置。人、植物、动物以及自然现象，一切都是"神灵"的显现。神在一切之中。阿耆尼（Agni）不是火神，而是在家家户户燃烧的火焰本身。甚至那些激发雅利安诗人灵感的致幻草药也是一位神，阿维斯陀语称之为"豪麻"（haoma），梵语称之为"苏摩"（soma）。讲梵语的雅利安人将神称为"提婆"（devas）。[26] 约公元前1500年，他们学会了炼青铜，并驯化了马。我们应该将马的驯化视作一种非常强大的文化工具，它深刻地影响了人类的发展进程。[27]

一切都改变了。雅利安人成为战士。没有规则，人的意志就是法律。神明相互对立。代表公正、真理、美德，且爱好和平的神阿胡拉（ahuras），被好战之神提婆攻击。这是公元前1200年前后，一位有着远见卓识的宗教人物琐罗亚斯德（Zoroastro）给出的解释。阿胡拉·马兹达（Ahura Mazda，又名奥尔穆兹德）在一次显灵中要求琐罗亚斯德动员人民，发起对抗邪恶的圣战。但邪恶在琐罗亚斯德看来如此强大，以致他得出结论，认为邪恶同样是神道，必须对其展开暴力斗争。这种想法流传千年。历史看起来就像是善与恶之间永恒的斗争。琐罗亚斯德去世后，他曾对抗的那些暴力的雅利安强盗，却最先创立了稳定的宗教，预示了"轴心时代"（la era axial）的到来。奥尔穆兹德和阿里曼（Ahriman）这两位主神出现了，至今信徒甚众。公元前1千纪的波斯帝国便以琐罗亚斯德教为国教。[28]

还有一部分雅利安人向南迁徙，穿过今阿富汗所在地，抵达旁遮普，并在印度北部定居。在印度河流域，仍可见古老文明的遗迹。在其繁荣顶峰时期（公元前2300—前2000年），印度河流域文明比古埃及文明和美索不达米亚文明都更加广阔。它拥有上百座小型城市，以及出口金、铜、木材、象牙和棉花的精细贸易网络。它有两座重要城市：摩亨佐·达罗和哈拉帕。这两座城市都在公元前 1900 年左右不明原因地被废弃。[29] 当代对摩亨佐·达罗的发掘中，人们在台阶上发现了骨骸，似乎当时没人顾得上埋葬死者。两座城市都建成网格状布局，十分现代化，还拥有污水处理系统，这说明当时的人们很注意卫生。

雅利安移民来到印度后仍不断迁徙。他们蔑视定居生活带来的安全感，反而选择了"瑜伽"（yoga）——原意为"将车套在马上"。与琐罗亚斯德教信徒不同，这些雅利安人对和平安宁的生活毫无兴趣。他们信奉勇猛的提婆，而非和平的阿胡拉。他们生活艰苦，时常豪饮，热爱音乐、游戏与美酒，但即使在这片遥远的土地上，仍展示出了在精神领域的天赋。他们抵达印度后不久便开始创作《梨俱吠陀》（Rig Veda）中的赞美诗，如在幻象中"听到"的《所闻经》（shruti）等。这些赞美诗非常古老，使用古语，在人们的记忆中流传了几个世纪，留下了青铜时代的回忆。先知们学会了不断地倾听，并研究出了集中精神的办法。他们发现，如果能远离那些令人分心的日常忧虑，"心灵之门便能打开"。[30] 城镇之民与森林之民、定居者与游牧人之间的对立，在此也有所体现。在战争中，雅利安人信奉因陀罗（Indra）。印度雅利安社会的精神世界的核心是牺牲祭祀和种姓隔离，后者直至 20 世纪仍是印度社会的特色制度。跨种姓的接触被认为是不洁的，并因此而受限。对"纯洁"与"不洁"的区分是一个反复出现又消失的进化脚本。

《梨俱吠陀》是最古老的雅利安文本，其创作可能始于公元前 1700 年至前 1500 年。下文是其中《创世颂》（Himno a la Creación）中的一段：

> 那时既没有"无"，也没有"有"，
> 既没有空界，也没有空之外的天界。
> 什么覆盖着？在哪儿呢？谁给予庇护？
> 是无垠而深不可测的水吗？
> 那时没有死，也没有不死。
> 既没有夜的标志，也没有昼的标示。
> "那"以自己的自然之力无风呼吸，

> 此外没有任何其他东西。
> 太初之时，黑暗由黑暗深邃掩藏，
> 无辨无识，茫茫全是水。
> "那"由虚空覆掩，
> 通过"炽热"伟力，逐渐显现。
> 最初的"欲"念出现了，
> 那是意识的第一个"种子"。
> 智者在心中用智慧思索，
> 发现了"有"在"无"中的联系。[31]①

公元前10世纪左右，在吠陀时代晚期，雅利安人创造了"婆罗门"（Brahman）的概念，指"最高现实"。婆罗门就是生命本身，是最高原则。它无法被看见，人只能在仪式中体会它。"诸神出现于创世之后。世界又是从何而来？"这些信仰至今仍根植于数百万人心中。它们决定了印度的演变。

尽管在更早以前，在其他许多地方，都出现了如今能被视为诗歌的作品，但"诗人"这一形象却首次出现在雅利安文化中。印欧民族用两个词称呼诗人：一是"karu"，意为"庆贺者""赞颂者"；二是"uot"，指"预言者"。4 000 年后，莱内·马利亚·里尔克（Rainer Maria Rilke）以同样的方式定义诗人。

五、另一位常驻主人公：希伯来人

还有一个较小的民族，登上历史舞台后便再未退场，那就是希伯来人。埃及人撤退后，埃及帝国沿海的大型城市随之瓦解。公元前1200年后不久，一个新的聚居网络在山区建立，从下加利利（baja Galilea）一直延伸到南部的贝尔谢巴。居民以农业和畜牧业为生。公元前11世纪，居民人数

---

① 该译文出自林太所著《〈梨俱吠陀〉精读》，复旦大学出版社2008年12月版。

上涨至约 8 万。他们就是约公元前 1210 年记录麦伦普塔赫（Merneptah）法老胜绩的石碑上提到的"以色列人"。前所未有的现象出现了：希伯来人不断反思自身的历史，在其中找寻自己的身份认同。

以色列人并非迦南当地民族，这一点有明确记载。他们的祖先亚伯拉罕（Abraham）来自美索不达米亚的乌尔城，并在约公元前 1750 年遵神谕定居在迦南。亚伯拉罕是一位十分特殊的人物，存在于当今世上大多数人的宗教信仰中——犹太教信徒、基督徒和穆斯林都将他视作共同的祖先。他有两个儿子，以实玛利（Ismael）和以撒（Isaac）。传说，以实玛利是阿拉伯人的祖先，而以撒是犹太人的祖先。"亚伯拉罕"的意思是"多民族之父"。耶和华向亚伯拉罕许诺，会将以色列变为强国，但他们在饥荒中移居埃及。依据他们的创始故事，他们在埃及先是过了一段优渥的日子，后来却被奴役，直到耶和华将他们解救。他们又回到并征服了迦南。

但是考古发现的证据却与这段故事不符。专家们认为，"出埃及"的故事并非历史，反映的也不是公元前 13 世纪的现实，而是公元前 6 世纪的——《圣经》里的许多故事都写于当时。[32] 也许希伯来人其实是从各地到迦南定居而又不遵从迦南生活方式的人们组成的部落。他们不得不建立非常强大的身份认同，编造出流传至今的"先人事迹"。前文已经说过，一直以来，宗教的功能之一便是将社会凝聚在一起。研究穆罕默德（Mahoma）的作品，便能清晰地看到这一点。希伯来的宗教最初是多神教。巴力（Baal）是一位战神，而耶和华最初也被描述成战神。诗歌中往往描写耶和华离开南方山中的居所，驰援他在高地上的人民。其他诸神则更为亲和，代表着和谐、和睦，并让土地更加肥沃。但那时，一场只崇拜耶和华的新宗教运动正在酝酿。[33] 这将在下一章讲述。

第七章

精神领域的华丽转身（公元前 1 千纪）

一、起决定性作用的千年

前文所说的一切，都有助于构建我们的文化基因组，并丰富了贯穿历史的进化脚本宝库，充实了人类物质工具与精神工具的清单。然而，公元前的 1 000 年贡献巨大，甚至可以被视作人类进化过程中的一次转折。那段时间的许多创造被沿用至今：从腓尼基字母表到古希腊科学，从佛教精神到希伯来一神教，从帝国的组织构造到万民法的诞生，从货币的发明到官僚机制的确立，不胜枚举。在印度、中国、中东地区和地中海地区，都出现了伟大而永恒的文化创造。与此同时，在其他大陆，人类大家族仍不辍地找寻着自己的命运。他们最终会就同样的问题给出不同的解答，因此所有文化各具特色，却又保有血脉关联。"灵性动物"的进化在几千年前便逐步成形，却在公元前的 1 000 年间取得了飞跃。象征层面的发明创造将重新定义生理需求。交流途径日益增多，贸易关系日益密切，大型帝国不断扩张、吸纳，世界也随之"变小"。东西方沟通的主轴出现了，政治权力与经济在这条轴线上交织。大型商业中心沿途建立，又因为能够产生较高的税赋收入而成为各方觊觎的猎物。

亚欧大陆的交流是沿纬线东西横向的，这条巨大的通道从太平洋直达大西洋；而在美洲和非洲，文化交流则是沿经线南北纵向的。这一地理特征对文化演变的影响巨大。南北向交流会使动植物种类的传播更为困难。[1]
而亚欧大陆上的东西向轴线最终将巩固为丝绸之路。目前，中国政府正希望通过建设"丝绸之路经济带"和"21 世纪海上丝绸之路"的合作倡议（"一带一路"倡议），将其重启。

公元前 1 千纪间发生了三项影响深远的变革。第一项是在精神领域。

在中国、印度、中东地区和欧洲，都出现了伟大的神学和哲学天才，他们的影响范围为不同文化划定了疆域：中国的孔子、印度的佛陀（Buda）和玛哈维拉（Mahavirá）、以色列的诸位先知，以及希腊的苏格拉底。千年之交，拿撒勒的耶稣诞生了。这一时期便是卡尔·雅斯贝尔斯（Karl Jaspers）所说的"轴心时代"，它是转折点，是深刻变革的时代。这一理论已被越来越多的学者接受。[2] 已经传承了上千年的宗教开始具有自反性。默林·唐纳德写道："我们可以将轴心时代看作人类驾驭和监督'元认知'（metacognición）的能力发生跨越式进化的时代。"[3] 罗伯特·贝拉在其著作《人类进化中的宗教》中接受了这一观点。[4] 人们对"轴心时代"的称呼五花八门，但它们的指向是统一的。汉学家本杰明·史华慈（Benjamin Schwartz）将其称为"超越的时代"。[5] 比约恩·维特罗克（Björn Wittrock）则将其称作"反思的时代，在这一时代出现了诸多创新，催生了不同文化和对同一世界的不同宗教想象"[6]。麦克尼尔和赫拉利（Harari）则指出，那些淡化了部落色彩的宗教的诞生代表着一大进步。

第二项变革在于政治组织形式：出现了亚述、波斯、中国、罗马等大型帝国，罗马帝国还对权力、政府和法律进行了反思。

第三项变革发生在经济领域：货币这一伟大发明出现了，它将成为经济发展的引擎，同时也代表着对具体交易活动进行的抽象反思。

这三项变革使虚构世界更加复杂、广阔、高效，而智人通过这种"文化虚构"，拓展并掌控现实。意义、符号与文化构造织就了一张日益严密的网络，我们的祖先则通过这张网络与现实世界相连。"智人世界"的一致性和自反性都逐渐增强。现实与象征的区分自历史之初便已存在，而从那个时代开始被人们分析、评估、评价。罗马法中出现"法律拟制"（ficciones jurídicas）的概念，柏拉图提出有益于道德或政治的"高贵的谎言"，诡辩家坚称规则具有（编造出来的）约定俗成的特性，印度教认为凡人所见的"真实"不过是假象（所谓"摩耶之幕"）等等——这些都并非偶然。[7]

二、首个新生事物：精神领域的大变革

轴心时代从公元前800年一直延续至公元前200年。琐罗亚斯德应被视为时代的先驱，波斯帝国以他开创的宗教为国教，因此他在这一时期尤为重要。其后，还有两位伟大人物——拿撒勒的耶稣和穆罕默德。耶稣的初衷是将摩西律法发扬光大，而非创立新宗教。与他同时代的一些人将他视作死后归来的先知以利亚（Elías）。而穆罕默德自称是古老先知的后代，他的人民则是亚伯拉罕之子以实玛利的后代。二者都希望融入当时已经存在的宗教传统，却创立了卓越的新宗教。他们是"轴心时代之子"。

下表列举了与轴心时代的智慧相关的宗教，以及当前的信徒人数。它足以证明笔者并没有夸大在这几个世纪发生的事件之重要性：

基督徒	24亿
穆斯林	16亿
印度教徒	10亿
佛教徒	5亿
道教徒	1亿
犹太教徒	1 500万
耆那教徒	700万
琐罗亚斯德教徒	50万

我们已经看到，一些或多或少同我们今天所说的"宗教"直接相关的经历，一直存在于人类文化演变的过程中。因此，甚至有许多人类学家建议应该将"智人"改称为"信教人"（Homo religiosus）。[8]美国人类学学会前会长罗伊·拉帕波特（Roy Rappaport）写道："如果没有我们通常所说的宗教，那么人类便不可能脱离'前人类'或'原始人类'的状态。"[9]米尔恰·伊利亚德认为，"神圣"是人类精神结构的元素之一，而非意识历史中的一个阶段。[10]奥托（Otto）认为，"神圣"是人类思想与生俱来的前提。[11]同其他所有文化造物一样，宗教同时发挥着多重作用：解释（例如关于万物起源的传说）、安慰（减轻恐惧或烦恼）、凝聚社会（通过共同的仪式）、拯救（在痛苦或死亡面前提供援助）、使混乱变得有序（通过仪

式与规则）。[12] 宗教在人们寻求主观幸福的过程中产生了深刻的影响，但本书更希望了解它是否提升了人们的客观幸福。马克思也许会说没有，因为宗教只是"人民的鸦片"，仅仅起到安慰作用。戴维·斯隆·威尔逊（David Sloan Wilson）在其杰作《达尔文大教堂：演化、宗教和社会本质》（*Darwin's Cathedral: Evolution, Religion, and the Nature of Society*）中提出了一种更符合文化演变的解释："像宗教这样复杂且需要大量时间、精力和思考的东西，若非具有世俗效用，是不会存在的。宗教存在的首要目的，是将人们团结起来，共同达成单打独斗难以企及的目标。"[13] 因此，我们可以认为，宗教在解决结构性问题时发挥了重要作用。但它同时也导致了许多残酷的对抗。

世界宗教议会（Parlamento de las Religiones del Mundo）的组织者、天主教神学家孔汉思（Hans Küng），是基督教大公主义的坚定支持者。他曾说，如果各宗教不在伦理层面进行合流，世界便不可能和平。[14] 笔者认为他言之有理。

三、以色列的变革

作为历史上许多重大合流的发端，轴心时代的智慧虽彼此存在差异，但也有许多基本的共同点。轴心时代智慧出现的地区彼时都在经历动荡，经历道德与政治危机。在公元前9世纪末的以色列，耶和华仍不是唯一的神，而只是诸神中最为重要的一位。《圣经·诗篇》（Salmo）第89篇写道："在天空谁能比耶和华呢？神的众子中，谁能像耶和华呢？"先知耶利米（Jeremías）在公元前6世纪写道："犹大啊，你神的数目与你城的数目相等。"耶和华是当时最强大的神，但不是唯一的神。他是一位战神。一小部分聪慧的先知希望只崇拜耶和华。而繁育之神巴力是耶和华最大的对手。后来，一神教将在世界上大部分地区成为主流，这一过程将在后文讲述。

以以赛亚（Isaías）为代表的诸位先知都是具有高超文学造诣的宗教人物，他们知道如何打动听众。他们自认为受到召唤，要纠正恶行，宣扬真神。在《以赛亚书》(Isaías)第 43 章第 18 节中,耶和华对先知以赛亚说:"你们不要记念从前的事,也不要思想古时的事。看哪,我要作一件新事。"希望取代了回忆。《何西阿书》(Oseas)许诺新征服的疆域,《以赛亚书》许诺一位"新大卫",《耶利米书》(Jeremías)许诺"新契约",《申命记》(Deuteroisaías)许诺新圣殿。最给人以安慰的许诺则出自《耶利米书》第 24 章第 7 节,上帝允诺要给以色列人一颗"新的心",以及在《以赛亚书》中,耶和华以诗歌般的语言说道:

> 看哪,我造新天新地……其中必没有数日夭亡的婴孩,也没有寿数不满的老者;因为百岁死的仍算孩童,有百岁死的罪人算被咒诅。他们要建造房屋,自己居住;栽种葡萄园,吃其中的果子。他们建造的,别人不得住;他们栽种的,别人不得吃。因为我民的日子必像树木的日子,我选民亲手劳碌得来的必长久享用。他们必不徒然劳碌,所生产的,也不遭灾害,因为都是蒙耶和华赐福的后裔,他们的子孙也是如此。他们尚未求告,我就应允;正说话的时候,我就垂听。豺狼必与羊羔同食,狮子必吃草与牛一样,尘土必作蛇的食物。在我圣山的遍处,这一切都不伤人、不害物。(《以赛亚书》第 65 章第 17 至 25 节)

只有通过公正的路径,这一切才能发生。先知阿摩司(Amós)曾说,耶和华因以色列的恶行而抛弃了以色列,转而同亚述结盟。虽然在公元前 8 世纪,同亚述的联盟关系为以色列带来了一段和平时期,但有权有势者的不公正行为却让穷人们民怨沸腾。这时,一项始于美索不达米亚地区和古埃及的律法的进化脚本——人类思想最伟大的创造之一——得到了巩固:神佑穷人,而国王若不行此道,他的权力就不再正当。神与宗教成为强有力的概念工具,它们在历史上一直被用于实现两个相反的目标:一方面被用于证实君权的正当性,一方面又被用于限制君权。

神原本是令人畏惧的绝对力量的体现,是需要用祭品来取悦的对象,这时却变为公正的捍卫者,变得善良而富有同情心。对神的这种看法最终成为主流。只有恶人才应该畏惧神。何西阿（Oseas）宣扬道德革新。耶和华不要祭品，只要人们认识他："公绵羊的燔祭和肥畜的脂油，我已经够了。公牛的血，羊羔的血，公山羊的血，我都不喜悦。"（《以赛亚书》第1章第11节）宗教仪式曾被用来维持宗教信仰，维系社会团结，并保障民众对教士的服从。这些仪式从此退居二线。想要靠近耶和华，就必须净化自己的内心，追求公平正义："谁能登耶和华的山？就是手洁心清，不向虚妄，起誓不怀诡诈的人。"公元前732年，亚述几乎占领以色列全境，只剩下犹大的内陆地区还保持独立。先知以赛亚说，犹大获得救赎，是因为信奉耶和华。

四、中国的变革

当时的中国也处于变革与巩固期。公元前9世纪，旧的封建制逐渐瓦解。当时仍没有统一的帝国，只有几个期望在某一时期占据大块领土的王朝。人们完全依靠"礼"才团结在一起。仪式提醒人们，王是"天子"。宗教贯穿一切，而其最关注的莫过于通过礼仪，维护宇宙的自然秩序。中国人向来对凌驾于自然秩序之上的神不感兴趣。天地互补，而天通过王来表达旨意。天只有通过人才能行动，因此所有"人事"都有宗教意义。天地一体，而王与天亦为一体。王延续了创造的过程。正如一首古诗所说："天作高山，大王荒之。"（《周颂·天作》）[15] 天道体现在自然中，经人事实现，而最重要的莫过于遵循天道。王制定四时之序，但这并非"发明创造"，而只是遵循天道。

从承认存在神圣指令，过渡到认为神圣指令通过自然过程下达，这是古代中国人高超智慧的体现。此后，它又出现在其他宗教中。在古代中国，至高神被称为"帝"，居于天空正中的北斗星（西方称"大熊星座"）。只有王能与帝交流，这样一来，商朝的统治就在宗教层面确立为正统。到目前为止，中国的情况与前文所述并无不同。但在公元前1046年左右，商朝最后一位君主为周王所败。周王宣称，起兵反叛是奉天命结束当时的腐败统治，因此是正义的。由此出现了"天命"的提法。但后来，这一自然法则所保障的神性逐渐被自然法则本身替代，抽象化为一位合理化的至高神。这种情况在宗教史上经常出现，梵天以及古希腊主神宙斯便由此而来。类似的情况也出现在犹太教、基督教和伊斯兰教中。[16]

一系列灾难让人们开始质疑宗教仪式的效果。但从另一个角度看，混乱的时代更加需要仪式。所有活动都变成了复杂的仪式。习俗能使社会和谐，这比自由、公正更加重要。即使在战争中也要守礼。贵族如果杀人过多，就会失去社会地位。胜利时也不该流露出不合礼教的喜悦。"礼"指导一切。对父母的敬重是绝对的、仪式性的。但战争逐渐变得残酷。约公元前551年，诞生了一位对后世影响深远的人物——孔夫子（字面意思是姓孔的老师）。这位中国思想家并非苦行者，而是一位教育家。他认为必须重拾过去行之有效的传统，才能解决世界礼崩乐坏的问题。正如《论语》中所说，他希望"温故而知新"。真正的绅士（即"君子"）必须好学；而所有好学者都会成为君子。没有人生而为君子，必须通过后天培养，变得像剑一样锋利。孔子希望人们都能对自身的行为有清醒的认知，并能明白自己处于一系列不断扩大的圆环的中心。利他方能成圣。孔子的学说受到了一些皇帝的拥护。汉朝时，儒家著作是官员选拔考试的基本内容。韩国与日本也深受其影响。[17]

孔子的追随者之一荀子清晰地认识到道德的社会根源。用谢和耐（Jacques Gernet）的话来说："善和理都源自社会生活为自身设定的纪律。社会对个体而言是伟大的导师。责任（'义'）和行为规范（'礼'）教导人自制，教会人分辨何为恰当、公平。制度造就人。"

但"义"和"礼"都是历史的产物，并吸纳了源自社会秩序的理性因素。[18] 在客观幸福中占据重要位置的不是自由，而是诸如社会和谐、和平、稳定等其他价值。笔者认为，中国解决问题的方式之核心在这一时期逐渐成形。

20世纪初，包括马克斯·韦伯（Max Weber）在内的许多中西方思想家都认为，儒家学说导致了中国的落后。于是便出现了一种"新儒学"，试图证明儒家思想仍是先进的，仍能形成一种适应当今世界的"儒学人文主义"。[19]

《中国思想史》（*Historia del pensamiento chino*）一书的作者程艾蓝（Anne Cheng）认为，儒学目前已经成为一种意识形态。[20]中国曾被迫屈从于西方列强，而21世纪的中国希望一雪前耻。官方正在弘扬中华传统文化的伟大。

程艾蓝认为，要识别"儒生"很容易：他们非常注重同周围保持正当的关系。儒学包含美学层面，这体现在对书法的重视上。无论是射箭、书法、绘画，还是在所谓"心理物理学"实践中，中国美学一向崇尚动作的精准。人与周边环境能达成某种"一致"，而这需要培养倾听的能力（耳顺）。据说孔子在60岁时达到了这种境界。儒学并不要求通过严厉的苦修来成圣，而是推崇自我实现和圆满，追求同他人和世界达成和谐关系。儒学经典中的"道"，并非超验的或神秘的东西，而是指天道的运转，指星宿运行形成的美好平衡，而人类行为应该顺应天道。也许这听起来像是某种田园理想，但儒学所宣扬的内容，实际上能够超越文化的种种特性，进行融会贯通。

道教的基础是老子所著的《道德经》，以及庄子的同名著作《庄子》。道教成为具有正典、原则和正式仪式的"宗教"，是在公元2世纪。道教认为，在广阔的自然中，人类和人心的躁动都不具有深远影响，而过于精细的逻辑与伦理只会阻碍理解。"言传"不过是虚幻的，任何真理都是短暂的、易逝的、相对的。个人的救赎要通过避世才能实现，要从俗世抽身而出。但人们也从《道德经》中总结出了一些"魔法"实践，这些实践不但对中国的宗教和思想产生了重大影响，还促进了某些科学观念的形成。

另一方面，法家思想代表一种极端的政治现实主义，目的在于治国。法家支持某些同习俗完全相悖的价值观，因此常被指为不道德。法家思想的价值在于，它明白国家权力在于制度，并希望将社会置于法律的管理之下。法律必须是客观的、普遍的、强制的，且必须具有明确的适用性，不能有多种解释。法家主张法律面前人人平等，这在当时是很令人惊讶的。不过，法家思想基于一种十分悲观的对人类的看法，认为人自私且缺乏远见，因此只有严格管控，使人们盲从权威，社会才能和谐。所以，法律必须通过奖惩来修正人们的行为。法家的最终目标是建立一个拥有强大军队的富庶国家。[21]

五、印度的变革

在印度，《奥义书》（*Upanishads*）的出现标志着吠陀教步入成熟阶段。一些虔诚的信徒致力于以和平的方式征服内心世界。这是宗教史上的一项重大进步。人类自诞生起，便同时生活在物质层面和精神层面，而吠陀教使这种双重性变得更为极端。它主张现实是一元的，没有物质与精神之分，而只有精神，物质不过是幻象。意识，即神我"阿特曼"（atman），认同大梵，最大的愿望便是回归大梵。伟大的经卷不能通过逻辑参透，而必须通过长时间的训练、冥想，以及不断内省。内省的习惯会改变我们看待自身的方式。那时，人们为寻圣僧，情愿步行 2 000 千米。人的内心深处闪烁着一簇永生的火花。这一发现成为新时代之初最重要的宗教传统的基本认知。"思考"这一行为具有双重性，"合一"需要通过另一种方式实现。必须经历长期的追寻，才能发现自我。智者将在内心深处发现超脱于世界之上的方法，并体验超脱物外之感，但这要通过对其本性的奥义进行解构，而非单纯通过参与魔法仪式。[22] 耶若婆佉（Yajñavalkya）大师教导弟子："人的行为如何，命运就如何。行善者成善，作恶者成恶。"从欲望中解脱，便能达到大梵。

需要注意的是，笔者目前所谈论的并非空想，而是融入生活的思想，是人类的经验。儒学、印度教、佛教、基督教以及伊斯兰教的传统，都是为了解决生死攸关的问题而进行的有力尝试，是为了对我们那令人痛苦的有限性做出某种解释，并试图超越这种有限性。我们拓展自身可能性的冲动永不枯竭，它的表现形式多种多样：政治权力的扩张、对知识的激情、创造美的渴望，以及从有限性中超脱出来的迫切需求。我们想要的注定比能够得到的更多。这种冲动推动我们走向伟大，也走向恐怖，而我们始终没能学会区分这两条道路。

对个人解放的追求持续了几个世纪。人们通过瑜伽技法达到"三昧"，即一种纯粹的意识状态。此外，还出现了有关"羯磨"的教义，即通过转世来进行自我净化。这导致了一段精神空虚的时期。世间男女相信自己陷于不断的生死轮回之中。瑜伽同家庭或工作生活并不相容。

在经济社会危机中，出现了一位十分特别的人物，他就是乔达摩·悉达多（Siddharta Gautama），他在圆寂百年后被称为"佛陀"。他于29岁出家修行，寻找"脱离痛苦的方法"。他曾师从多位隐士，也进行过最为严格的苦修，却没能从中找到他所追寻的平静与解脱。最终他认为，重要的并非征服肉体，而是解放精神。要时时行善，尽可能温柔和蔼地对待世间万物。讲求精神集中的"念"的实践，随着对包括同情在内的更积极状态的追寻而延长。"爱"是一种广博的情感，可以延展到一切人、一切物。其教义包含四个方面：一是对众生都心怀友善；二是苦他人之苦；三是乐他人之乐，而不心生嫉妒；四是入禅，无喜无悲。这必然是一个漫长的过程。乔达摩本人曾说，这种转变可能要耗时七年。他的弟子说，佛陀一夜之间便参透了一切，但这似乎并非事实。他本人曾告诫弟子们："以这种方式，训练、纪律与修行都缓慢地、循序渐进地起着作用，而没有对绝对真理的顿悟。"[23] 玛哈维拉与佛陀处于同一时代。他所创立的耆那教，至今仍有上百万信徒。

六、古希腊与理性宗教

许多历史学家和思想家都把古希腊放在人类历史中独一无二的位置上。罗德里格斯·阿德拉多斯（Rodríguez Adrados）将古希腊的变革看作在开放文化和封闭文化之间做出的重要抉择。[24] 它是诗句间的伟大停顿。古希腊代表着对个性、对自由、对批判性思维，以及对通过理性获得真理的赞颂。西方民众认为这些价值都无可争议，但并非世上人人想法一致。前文已经论及这一问题。奥兰多·帕特森（Orlando Patterson）指出，"自由"是一项仅受西方珍视的价值：

> 自由是西方世界最为重视的价值，这一点无可否认。然而，非西方的民族则很少想到"自由"，许多民族的语言中甚至没有这个词。例如，日语中"自由"一词原指"放荡"，直到19世纪，才因受到西方

影响，而获得了目前这一义项。[25]

东方文化更珍视和谐、和平和正义。1992年，维也纳会议重修《世界人权宣言》(Declaración Universal de los Derechos Humanos)，推崇伊斯兰教、印度教、佛教和儒学的国家形成了统一战线，并表示这些"人权"完全由西方主导，而忘记了还有许多其他伟大的文化传统，这些传统重集体而轻个人，重价值的实现而轻自由，重谦逊而轻强权，重和平而轻战争，重顺从而轻叛逆。但古希腊尊崇自由。公元前431年，伯里克利（Pericles）在阵亡将士的葬礼上对雅典人发表演说，说雅典人的祖先们"通过他们的勇敢和美德，给了我们一个自由的祖国，雅典对世界开放，它的制度让民众自由"。[26]伯里克利说，雅典人对他们的邻人极为宽容，十分尊重法律，爱美但不奢华，勇敢并"能做自己的主人"。这样的特质在希腊乃至全世界只为雅典人所有，因为他们生活在民主体制中。

古希腊文化的伟大创举之一，是加速从神话传说世界中脱离。科学、哲学、历史都是古希腊文化的主人公。现代意义上的历史学也在这一过程中诞生。随着时间的推移，"有文献记载的历史取代传说，成为理解过去的一种方式"[27]。

公元前5世纪20年代，雅典正深陷于伯罗奔尼撒战争。恰在此时，出现了苏格拉底这样一位人物。几个世纪以来，他身上笼罩着神话般的光环。他成为理性战胜迷信的象征。思想具备了救世的功能。不能深入思考便是对灵魂的背叛，而灵魂的修炼是最为重要的。理性成为最大的美德。苏格拉底的学生柏拉图写道：

> 除非真正的哲学家获得政治权力，或者出于某种神迹，政治家成了真正的哲学家，否则人类就不会有好日子过。[28]①

柏拉图同那个千纪间的许多哲学家、宗教大师一样，认为存在一个超越我们感性经验的现实维度，但它对我们来说是可及的，甚至是自然

---

① 该译文出自王晓朝所译《柏拉图全集》第四卷，人民文学出版社2003年4月版。

的。[29] 柏拉图去世于公元前 347 年。他最著名的弟子亚里士多德离开雅典，受腓力二世（Filipo）邀请定居马其顿，教导腓力二世之子亚历山大（Alejandro）。

有的文化认为，人类已经发现了完美的形式，重要的是去重复它。古埃及便是如此，奇妙的阿玛纳（Tell el-Amarna）时期是个例外。一些十分保守的社会是如此。另外一些文化则重视新鲜事物，例如古希腊。《希波克拉底文集》(Corpus hippocraticum) 中的《古代医学论》(De prisca medicina) 写道："发现新事物，完成尚未完结的研究，这是人类智慧的雄心与任务。"[30] 亚里士多德曾提到，某位名叫希波丹姆斯（Hipodamos）的人在一次法律起草工作中，建议立法奖励那些发明了对国家有用的东西的人。[31]

雅典公民以"理性之人"和"自由社会之民"自居。他们是"理性动物"，也是"政治动物"。对幸福的内省性追求成为一个哲学命题：幸福真的如享乐主义者所说，等同于愉悦吗？或是如斯多葛学派（estoicos）所说，在于没有欲望吗？亚里士多德提出的观点更为客观：幸福就是完美。幸福就是美德，它让我们能够做出美的行为。[32] 塞涅卡（Séneca）的观点与之一脉相承，但将幸福同主观感受区分得更为彻底，他认为拥有美德者即使身受酷刑也仍然是幸福的。[33] 前文提过主观幸福与客观幸福之分，塞涅卡的这个观点该如何融入其中呢？通过折中。私德是获取客观幸福的途径。通过正义、谨慎、节制、坚强等主要美德，才能建设幸福的社会。人类的美德不在于肉体，而在于灵魂，因此，幸福也属于灵魂。[34]

七、需保存在人类文化基因组中的进化脚本

前文曾提出，一些发明与工具不断普及，甚至让人们忘了它们本是人类造物，反而将其看作自然固有的东西，它们也就成了人类文化基因组的一部分。到了轴心时代，人类看上去已经足够成熟，能够转向自己的内心。行动必须伴随着自省。默林·唐纳德借用现代心理学概念，称人类那时开

始有了"元认知",即对认知过程本身的认识。"私密"的疆域也有所拓展。苏格拉底说,"未经审视的人生不值得过"[35],爱比克泰德(Epicteto)等斯多葛学派哲学家采纳了他的这一论断。孔子认为,重要的是要小心谨慎地做好正在做的事,这样才能近"道"。以色列诸位先知以内在为重。《奥义书》在这种内在性中发现大梵的火花,因此在某种意义上,《奥义书》是轴心时代智慧的顶峰。"你就是那"(Tat tvam asi),你就是梵。信奉者注重的不再是外物或诸神,而是自身,"因为事实上每一位神明都是其自身的造物,对其自身而言,他便是所有神明"[36]。佛教讲求的则是大慈悲。

兰德尔·柯林斯(Randall Collins)在其巨著《哲学的社会学》(*Sociología de las filosofías*)中,试图对智慧的变革提出通用理论。他同样发现,在人类智慧演化的整体过程中,自省、元认知和批判性思维都在增长。而正如所有人类创造的历程一样,这一过程也并非持续的进步,而是包含着倒退、崩塌与漂移。[37]自反性——元认知——将"抽象"提升到了更高层次,因为它"使原本默然发生的某些进程变得清晰明确"[38]。这便是本书开篇提过的,从"行动"到"理解行动"的进程。

笔者希望利用"主体化"这一现代概念工具。"主体化"意味着将人看作主体。心理学中有一个术语叫作"自我概念"(autoconcepto)。[39]福柯及其所代表的学派认为,"主体"作为自反概念,出现在现代,尤其是在笛卡尔之后。[40]但只有在哲学领域如此。从文化角度看,每个社会都通过教育和社会压力向人们灌输了主体意识,让人们能够自我评估,并理解自己在世界中的位置。在轴心时代,一些将在历史中延续下去的理念得到巩固。印度教徒服从于种姓制度,儒家则服从于一种轻视独立性的家庭制度。而古希腊人,虽然处于阶级社会,却珍视个体,重视活跃的、内省的、自由的人民。

虽然人们开始回归私密领域,各文化之间的差异也有所加剧,但是仍有一些普遍共享的道德价值开始成形。在古希腊,尤其是斯多葛学派中,出现了"普遍公民"(ciudadanía universal)的概念。要做"世界公民"(kosmou polités),就要努力理解他人,还要脱离部落伦理,并否定祭祀等先人的仪式。远离这些信仰,意味着对其持批判态度。而这种态度,即使是在孔子这样热爱传统的思想家身上,也有所体现。

科学也是对部落思维的一种克服。在美索不达米亚地区以及古埃及，祭司们掌握天文知识，将其作为宗教秘密。在古希腊则并非如此。其他轴心时代的大师们也没有这样做，而是希望将通向尽善尽美的路径传授给他人，让大家都能获得这样的经历。他们发现，当人们从日常的忧虑中解脱出来，"心灵之门就会打开"。[41] 当时在自由人与奴隶、文明人与野蛮人、男性与女性之间，仍存在巨大的分裂，但某种实践层面而非理论层面的共识已现雏形。轴心时代的大师们不是神学家，他们更注重行动。而行动则受普遍的同情心、慷慨之情支配。这些大师都将同情视作世界通用的规则，并将"不希望别人对你做的事，就不要对别人做"视作黄金法则。希勒尔（Hillel）拉比说，整个托拉犹太律法（Torá），一言以蔽之，就是"让你憎恶的事，你便不要对身边的人做"。这种思想在琐罗亚斯德教（"当人们不对他人做出任何对自己而言不好的事，自然才是善的"[42]）、儒学（"己所不欲，勿施于人"[43]）、佛教（"以己喻彼命，是故不害人"[44]）、道教（"圣人无常心，以百姓心为心"[45]）、印度教（"待人如待己"[46]）和犹太教（"要像爱自己一样爱邻人"[47]）中都有所体现。基督教中，耶稣曾援引犹太律法："你们愿意人怎样待你们，你们也要怎样待人，因为这就是律法和先知的道理。"[48] 伊斯兰教的圣训说："除非你们希望兄弟也能获得自己想要的，否则你们的信仰便不完整。"[49]

可以说，这条黄金法则为正和博弈做出了巨大贡献。[50] 正如格沃思（Gewirth）所说，它是世上大多数宗教的"道德公约数"。[51] 1993年在芝加哥举办的世界宗教会议通过了《走向全球伦理宣言》（Declaración para una ética mundial），其中写道：

> 数千年以来，人类的许多宗教和伦理传统都具有并一直维系着这样一条原则：己所不欲，勿施于人。或者换用肯定的措辞，即"你希望人怎样待你，你也要怎样待人"。这应当在所有的生活领域中成为不可取消的和无条件的规则，不论是对家庭、社团、种族、国家和宗教，都是如此。[52]

八、伟人

轴心时代出现的诸位伟人建立起了广阔、永恒而又深邃的"精神帝国"。这些精神帝国已经融入了人类大家庭的基因组。弗雷德里克·勒诺瓦（Fréderic Lenoir）在其所著的《佛教与西方的相遇》（*La rencontré du bouddhisme et de l'Occident*）一书中指出，自从佛教于19世纪传入西方，它便存在于"所有乌托邦式的、宗教的、伦理的缺口之中，而这些缺口都是在现代化和现代科学技术无可阻挡的前进势头之下应运而生的"。[53] 爱因斯坦曾说："佛教是唯一一种能同现代科学相容的宗教。"阿诺德·汤因比（Arnold Toynbee）则说："佛教与西方的相遇，是20世纪意义最为重大的事件。"[54] 其他宗教也可适用类似的评价。凯伦·阿姆斯特朗写道：

> 诸位伟人通过如此不同的路径，却得出了如此相似的解决方案。这一事实表明，他们的确发现了一些有关人类行为方式的重要内容。不管他们的神学信仰如何（他们往往不在意这些），他们都得出结论，如果人们节制自律、自我改造，就能获得一种人性的升华。[55]

有些人延续了古希腊的道路；也有一些追随孔子、老子、佛陀或是玛哈维拉。人类正在寻找路径，希望获得幸福，或至少是安宁。

文化的演变向我们展示了伟人、其所处的社会，以及前文提及的文化扩散机制之间的相互作用。在后续的章节中，我们将会看到轴心时代的发明创造是如何拓展、传播的。

第八章

政治与经济的轴心时代

一、轴心时代的延伸

　　轴心时代不仅带来了精神领域的变革,同时还伴随着社会组织形式的变化。阿纳森(Arnason)写道:"更为多元化的视野,会将内在的逻辑和其他领域的反思考虑在内。"[1] 克里斯蒂安·迈耶(Christian Meier)和库尔特·拉弗劳(Kurt Raaflaub)认为"政治的出现"位于古希腊轴心转折的中心,并将古希腊同其他国家的情况进行了比较。它同春秋时代(公元前 8—前 5 世纪)中国的相似性最引人注目。当时,中国人开始对政治和解决危机的方式进行反思。[2] 前文已经写到,宗教与权力间的关系发生了变化,政治理性主义得到强化。理性解决问题和反思内省,是文化演变过程中长期存在的两条进化线。货币的出现也推动社会向同一方向发展。西福德(Seaford)曾研究货币在希腊早期思想中的作用。他指出,古希腊的货币化进程较其他国家更加迅猛,影响范围也更广,且有助于对城邦生活的塑造。[3] 沃森(Watson)在《大分离》(*La gran divergencia*)一书中说:"铸币产生经济影响,但其影响却不局限于经济领域。在梭伦(Solón)宪政改革中,货币为促进民主化发挥了重要作用。它推动了贸易,让市场成为城市中心。"[4] 货币体系让人们不得不开始计算,进而促成了人们的理性化倾向,而杰克·威泽弗德(Jack Weatherford)指出,这种倾向"不曾在任何不使用货币的传统社会中得到重视"。[5] 前文曾提到,货币是一件十分强大的智慧工具。然而,我们将在文化的演变中看到的这一持续不断的理性化进程,一直伴随着一股强劲的非理性洪流,并受到这股洪流的推动或阻碍。人们一直尝试远离这股洪流,却连是否存在成功的可能性都不得而知。这一直是最难解决的结构性问题之一。一股突如其来的疯狂,周而复始地席卷世界。

二、政治变革

上一章写到，几位伟人凭借追求真、善以及内在自由的激情，在文化的演变中发挥了巨大的作用。他们至今仍指引着历史的进程，靠的并非强制力，而是感召力，是像亨利·柏格森（Henri Bergson）所描述的，展示新价值观的能力。[6]但我们也不能忘记历史的另一位常驻主人公——对权力的渴望。尼采认为，这种渴望是人类最强大的冲动，它给历史注入了一股巨大的非理性能量。[7]对权力的渴望与令古希腊人万分恐惧的"傲慢"（hybris）相关，而"傲慢"是一种自我肯定的狂热。心理学对理解历史而言不可或缺。但要理解历史，我们不仅要了解权力的心理，也要关注服从的心理，这是历史的隐秘面。路易十六（Luis XVI）的财政大臣内克尔（Necker）写道："像这样的（指臣民们的）服从，必然会让长于思考的人们感到惊讶。大多数人服从一小部分人，这种情况是很特别的，几乎是个难解的谜。"[8]卢梭（Rousseau）则说，权力的运行总让他想到阿基米德闲适地坐在岸边，却毫不费力地让大船浮于水面。[9]

许多人只有在行使权力的时候才能感到主观幸福，因为权力的行使是相对的，它要求干涉他人乃至整个民族的命运。贝特朗·德·茹弗内尔（Bertrand de Jouvenel）在论述政治权力时写道：

> 不论社会境况和地位，人总是在把自身的意志强加于人，并把他人变为工具和手段，以执行其意志、实现让其陶醉的"伟大目标"时，才感到自己是"大丈夫"。能去领导人民，这是怎样的自我膨胀！这种日常能将自身的冲动辐射至广大群众、驱动上百万陌生人的无与伦比的幸福感，也许只有久病初愈、驯服四肢时，那转瞬即逝的欢欣，才能勉强与之相提并论。[10]

这就是为什么热爱权势的人在行使权力时，就会感到一种狂喜席卷全身。据路易十四的财政大臣科尔贝（Colbert）的秘书佩罗（Perrault）说，科尔贝早晨走向办公桌时，常会兴奋地搓手。[11]拿破仑的信件，以及其秘书费恩男爵（barón Fain）的评论，也都披露过类似的情况。[12] 拿破仑认为，全法国的权力机器都要从他的办公桌上获取初始能量。对他而言，感受这种巨大的能量循环，就像感受他自身的血液循环被放大一样。索伦森（Sorensen）在为肯尼迪（Kennedy）所作传记中也记录道，肯尼迪兄弟在大选后入主白宫椭圆形办公室时，展现出了孩子般的兴奋。他们手中掌握着一个巨大的玩具，但仍害怕会有人进来，告诉他们游戏时间结束了。[13] 然而，在寻求合法性的过程中，领导人们很容易相信，自己唯一的念想便是服务集体，反而忘记了他们真正的动因是对行使权力和拓展自我生命的享受。

纵观历史便会看到，这种个人的激情，常会通过例如身份认同和民族自豪感等机制，转化为集体的激情。"德意志，德意志，高于一切，高于世间所有万物"，这曾是德国国歌的第一句歌词。

三、解决方案：帝国

在公元前 1 千纪，一种极为持久的政治体制——帝国——得到了巩固。罗马帝国统治了 600 年；拜占庭帝国统治了 1 000 多年；奥斯曼帝国延续了 600 年；而俄罗斯在好几个世纪的时间里，都通过帝国形式的政府，管理着千差万别的民族。相比之下，民族国家看起来就像是历史地平线上的一桩奇闻逸事。这挑战了"民族国家是自然的、必要的、必然的共同生活形式"这一观点。此前也曾出现过古老的帝国，但在这个阶段，帝国更注重自省，对权力的机制也有更清晰的认识。帝国意味着不同民族统一在单一的领导之下，而这些民族的文化、组织和语言往往各不相同。它试图解决对权力的渴望、对安全的需求、使命感和对新资金来源的寻找等结构性政治问题。它也引起了诸如"帝国与民族"之间的紧张对抗、民族主义者对身份认同的要求等问题，这些问题至今仍困扰着我们。伯班克（Burbank）和库珀（Cooper）认为："帝国是大型政治单位。它们具有扩张性，或是仍怀念着过去的领土扩张。这种国家政府在不断吸纳其他民族的同时，也将各种差异和等级制度保留了下来。而民族国家则建立在单一民族、单一领土的理念之上。"[14]

靠扩张致富的政治逻辑，让帝国成为权力的主要形式之一。

古埃及法老、亚述人、古印度笈多王朝诸王、中国的汉朝、突厥民族以及中亚地区的其他民族、波斯人、西非的曼丁戈人和桑海人、非洲南部的祖鲁人、中美洲的玛雅人、南美洲的印加人、欧洲东南部的拜占庭人、北部的加洛林人，以及穆斯林哈里发（califa），他们都利用各种灵活的手腕统治其他民族，从而建立帝国。这些帝国是巨大的扩张性国家，它们接收吸纳，同时也区别分化其个体组成部分。

帝国的发展如同一座庞氏金字塔，那些新吸收的人，必须为原本就在的人提供资金支持。伊恩·莫里斯认为，家庭团体、贵族团体组建的最小的国家，转变成了需要行政机构、税收和庞大军队的运转费用高昂的大型国家。国家必须集权，否则便会灭亡。[15] 但所谓"社会发展"催生了摧毁国家的力量。保罗·肯尼迪（Paul Kennedy）在其影响深远的《大国的兴衰》（*Auge y caída de las grandes potencias*）中提出，在过去的500年间，发动大型战争的需求一次又一次地迫使欧洲国家承担其无力承受之重，导致其力量逐步削弱，最终衰落。这种情况同样存在于本章所讲述的遥远年代。[16]

王国走向帝国，是为了给扩张战争提供更多资金。阿西莫格鲁和罗宾逊将其称为"攫取性经济制度"（sistemas económicos extractivos）。这种制度利用财富为特权阶级或中心城市谋利。这是一种零和博弈的制度，最终必然走向枯竭。因此，为了维系帝国的生存，必须逐步将其转变为正和博弈的经济制度，让被征服的国家积累一些财富，并扩大受益人群范围。这便产生了一种尴尬的结果：建立在非正义基础之上的帝国，最终可能让被征服的国家受益。因此，历史呈现出一个十分悲哀的特征：胜利者青史留名，而受害者却被遗忘。这是无可避免的副作用。政治的演化时常是达尔文主义的，最有竞争力的才能存活下来。"适者生存"的生存法则成了"死亡法则"。人类大家族一直在寻找一条非达尔文主义的进化之路，而这正是我们的历史。

四、帝国人物

公元前883年至前859年，亚述在暴君阿舒纳西尔巴二世（Asurnasirpal II）的推动下迎来重生。他施行"蓄意恐怖"（horror calculado）的扩张政策，在文化演变史上留下了残暴的一笔。下文是他惩处叛乱君王的历史记载：

> 我在其城门对面建起高塔，对所有叛乱的头领施以鞭刑，再将他们的皮盖在塔上。我将他们中的一些砌进塔壁之间，另一些用长杆刺穿挑在塔顶。被捕者中许多被烧死在火刑柱上，还有许多被我充为奴隶。有一些被我割去鼻子和双耳，戳瞎双眼，还有许多被我从塔上抛下。青年男女被我一把火烧死，20个活捉的男人被我砌进了他们自己王宫的墙壁里。我让他们的其他士兵在沙漠中干渴而死。[17]

他有装备铁制武器的常备军10万人。到公元前7世纪末，亚述已经成为古代中东无敌的强国。这是史上第一个军事帝国。他们很早就使用了帝国常用的借口：他们是在完成一项使命。他们将军事力量和宗教使命结合，这种"联盟"未来还会频频出现。他们坚信，天神阿舒尔（Assur）要求他的信徒通过军事征服进行传教。亚述的军队属于神，这种情况在历史上并不少见。亚述人每征服一座城市，便要亵渎当地神灵，并将他们作为"人质"带往亚述首都。战争总是残酷的，亚述人却似乎乐在其中。他们懂得战术性地利用恐惧，将其作为行使权力的有效机制。公元前668年至前627年，亚述巴尼拔（Asurbanipal）统治期间，亚述帝国似乎达到了鼎盛时期。亚述巴尼拔是一位开明的君主，在首都尼尼微建造了一座宏伟的图书馆，并命人在其中抄写了许多美索不达米亚地区的文学巨著。现存的《吉尔伽美什史诗》所有抄本都源自这座图书馆。但在公元前612年，米底人与迦勒底人联手摧毁了尼尼微城。斯宾诺莎所言极是："人能左右空间，却奈何不得时间。"

居鲁士大帝（公元前559—前530年在位）建立了另一个伟大的帝

国——统治中东和埃及的波斯帝国。他是一位新型的统治者。他将自己塑造为那些被征服国家的拯救者。他吸取了琐罗亚斯德的教诲，也许自视为永恒的善恶之争中"善"的代表。为了牢固树立这一形象，并"争取与当地精英阶级合作"，他在新征服的城市中保护当地教派（如巴比伦的马尔杜克信徒），并修缮神庙和其他基础设施。这样一来，居鲁士便获得了巴比伦教士阶层的多数支持。他们在居鲁士圆柱（Cilindro de Ciro）、《尼邦拉达斯史志》（Crónica de Nabonido）等文本中，总体上表现了对他的支持。《圣经》中也是如此，因为他允许巴比伦的犹太俘虏返回犹太，重建神庙。与此前的亚述和巴比伦征服者不同，居鲁士善待被征服的民族，赦免了敌方的君主。总体来说，他的政策是保留当地行政结构，但将这些地区纳入帝国治下。

帝国必须管理好多样的民族与文化，这需要物质上和精神上的沟通途径。波斯人修建道路，统一货币，并推动了不同语言间的翻译——这项工作在日后被证明是不可或缺的。大流士一世下令在贝希斯敦镌刻他的战绩时，使用了波斯文、埃兰文和巴比伦文三种语言。他没有试图使文化同质化，而是尊重各种文化，并鼓励它们相互理解。语言不通便需要翻译，而翻译与贸易一样，都是和平的沟通方式。道路将小亚细亚同巴比伦、苏萨和波斯波利斯相连，让当时的人们能够在不到一周的时间内到达 2 500 千米以外的地方。这一成就让希罗多德（Heródoto）大为惊叹。[18]

波斯帝国建立两个世纪之后，在公元前 356 年，腓力二世登上了马其顿王位。当时的马其顿是希腊北部一个相对贫穷的小国，位于希腊势力范围的边缘。腓力二世组建了军队，初衷是保卫北部边境。但当他成为强军首领，便开始对外扩张，最终成了整个希腊的统治者。他执着于灭亡波斯帝国。30 年后，其子亚历山大大帝实现了这个夙愿，他所统治的帝国的领土范围从意大利到印度、从埃及到里海。他以一支 3 万人的军队取得了这样的成功。

亚历山大大帝希望依靠其强大的军事力量建立一个帝国。在欧里庇得斯（Eurípides）《酒神的伴侣》（Las bacantes）的开篇，狄俄尼索斯（Dioniso）说："我自富庶非凡的东方来到希腊。"亚历山大大帝受了这句话的影响。

西方乏善可陈；财富位于东方。面对不甚好战的亚洲社会，亚历山大大帝推行了"军事荣誉"的意识形态。他的士兵为理想事业而战，而非为了土地或战利品。尽管亚历山大大帝在帝国全境统一币制，展现了足够的务实才能，但他只知征战。希腊语成为横跨7 300千米的庞大帝国的官方语言。希腊化成为文化输出的范例。亚历山大大帝享年33岁，他去世后，他的亲族和将军们便开始了争权夺利的内部斗争。

也许正是亚历山大大帝把"人类统一于帝国之下"的新思想带向了世界。公元1世纪的希腊作家普鲁塔克（Plutarco）曾评价道，亚历山大大帝有意抛弃了其师亚里士多德关于希腊子民为人，余者蛮族皆为兽的教导。

> 但他自认为受命于天，调解裁判万邦。不能以公正慷慨与之结交的，他便用武力使之屈服。此后，他便不遗余力地将不论远近的所有地区收归一统。[19]

亚历山大大帝在位时的将军塞琉古一世（Seleuco），当时管理着底格里斯河与印度河之间的土地。他在这片土地上建立了延续3个世纪的塞琉古王朝。塞琉古一世继续推行希腊化。他所建立的阿伊哈努姆城位于今阿富汗北部，城中刻着德尔斐神谕：

> 童年时，要听话；
> 青年时，要自律；
> 成年时，要正义；
> 老年时，要智慧；
> 痛苦时，无煎熬。[20]

亚历山大大帝去世百余年后，政府工作人员仍日常使用希腊语。在印度，阿育王（Asoka）法敕有平行的希腊语译本。佛像也是待阿波罗崇拜在印度西部扎根之后才出现的。在此之前，佛教徒都避免对佛进行视觉表现。《伽尔吉本集》（Gargi Samhita）里写道，希腊人"是蛮子，然而天文学是他们创造的,仅此一点就足以将他们奉若神明"。

罗马继承了亚历山大大帝的理想,而东方的君主们也是如此,无论是在波斯,还是在印度。公元前4世纪,旃陀罗笈多(Chandragupta)在印度创立了孔雀王朝。当被问及他如何构想出他的帝国时,他回答道:"我还是小孩子的时候,便看过亚历山大大帝的事迹。"亚历山大大帝是他的榜样。

孔雀王朝的阿育王(公元前3世纪)是一位十分独特的君主。他在一场血腥的战争后,感到了沉重的痛苦,于是下令在境内各地的石柱和石壁上雕刻法敕,极为真诚地表达了忏悔之意,并宣布对人、动物等一切生灵报以诚实、同情、仁慈。自此他便皈依佛教,或者至少是认同佛教,并开始关照众生。他建立了医院和兽医院,还在路边种树,供行人纳凉。当时的世界以暴力为社会关系准则,这些行为则展现了一种革命性的态度。然而,阿育王去世后,他所捍卫的这些理想也随之消亡。这也许是因为,它们在当时被视为懦弱的表现,并招致某些被征服地区的抵抗。甚至连对他的记忆也在区区几代人之后便消散了,直到19世纪人们解读了阿育王法敕的铭文——这些铭文在2 000年间一直宣扬着非暴力。[21]

五、古代中华帝国

公元前221年,史上占据主角地位时间最长的帝国出现了,那就是中国。虽然中间有过几次小插曲,但中国作为帝国一直持续到1912年,前后超过2 000年历史。中华帝国的首个王朝因开展了运河、城墙、道路修建等巨型工程而衰竭。帝国为同南方作战而募集了50万人的庞大军队,为修秦始皇陵而征调70万民工。兵役、徭役最终导致了内战。汉朝开国皇帝将帝国的权力下放,并设立了多线并存的权力机构。他统治的合法性不仅在于"君权神授",还在于他在道德和社会秩序中所占据的地位。汉高祖在位期间,收集并传播儒家思想,并将其作为生活准则:人应该正直正义,忠诚谨慎,关心他人,尊重传统,并时刻保持仪态端庄。帝国对宗教也采取了灵活的态度。佛教在汉朝传入中国，佛陀的形象也进入了地方以及帝国的仪式中。

也许中国创造的文化工具之一正是以德才取人的官僚制度。马克斯·韦伯曾指出，专业化的官僚机构是理性的表现。因此，我们可以将其纳入文化演变的理性进程。[22]中国的都城充满等级森严的各级官员。官员的选拔重视个人优势，由官员构成的政府因这种选拔体制而得以强化。皇帝不在贵族中选拔官员，而是在乡绅子嗣之中挑选。公元前124年，皇帝设立了官学，让学生学习国家的治理、档案的管理以及儒学思想，为入仕做好准备。学习成为发展事业、积累财富的途径，这便引入了新思想，注入了新动力，同时也代表着权力组织形式的重大革新。菲利普·T. 霍夫曼（Philip T. Hoffman）指出，秦汉两朝（公元前206—公元200年）创建了中央集权的官僚制度，吸纳精英人才成为公职人员，并予其俸禄。这削弱了他们同地方社会的联系，使他们忠于中央政府。[23]由于公职人员领取国家俸禄，他们更有动力去维系官僚制度的存在，哪怕当朝已经被侵略者推翻。这种情况出现过许多次。古罗马的情况不同，因为其官员有自己的经济来源，不从国家获得酬劳。对官员的奖励同时也使参军对中国精英阶层失去了吸引力，他们转而钻研苦读，以期入朝为官。[24]也许是在此影响下，中国人更希望以和平的方式解决争端。此外，在官员中威望极高的儒学也谴责战争，敦促统治者和官员放弃战争、关心民生，这同样增强了对军事的反感。

中华帝国成功地对日常生活的诸多方面进行了统一。陆威仪（Mark Edward Lewis）解释道：在书写方面，中国形成了统一的文字，这种文字被不同民族共用，尽管它并不是任何人的母语。这种"人造"的文字只用于书面，而与帝国内部人们实际所说的各种语言并不一致。这样一来，无法通过口语相互理解的人们，便能通过文字交流。国家有专门机构制定文字的范例，规范文字的含义。度量衡也在全国进行了标准化，甚至连车的轴间距也有标准，因此帝国道路上的车辙都是一样的。货币也得到统一，珍珠、玉石或龟甲等其他物品不再被用作一般等价物。所有这些标准化措施——法律的统一也是其中之一——在我们今天看来可能平平无奇，但在当时却是非凡的创新。在西方，类似的情况直到法国大革命时期才首次出现，而那已经是 2 000 多年后的事了。[25]

六、罗马帝国

围绕罗马的起源，有许多神话故事。传说罗马建于公元前 753 年。罗马人属于居住在拉齐奥地区的拉丁民族。他们的北方是受到希腊影响而文化更加发达的伊特拉斯坎人。直到公元前 6 世纪，罗马才从伊特拉斯坎独立出来，并开始了一段令人难以置信的扩张时期。公元前 6 世纪末，罗马君主倒台，罗马成为共和国，这一体制让罗马走向伟大，并催生了"公民"这一部分源自希腊的重要概念。"罗马公民"是一个宝贵的头衔，这代表着成为伟大事业的主角。这是一种十分特别的主体化和自我概念的形式，并在日后缓慢地进入了其他文化之中。马克斯·韦伯认为，在中国古代文化中没有此类概念。[26] 而法国大革命中的革命党人则反对"臣民"的概念，宣扬"公民"。"公民"的意义在于，它意味着拥有政治权利。这一宏大创举，这一伟大的概念工具，为许多伟大的革命开辟了道路。

古罗马社会等级森严，贵族和平民之间存在严重的歧视现象。但平民获得了参与集体生活的权利，他们能通过全民投票（plebiscitos）做出自己的决定。行政机构（包括执政官、裁判官、监察官等）和元老院是两个最重要的政治机构。古罗马人试图在不同权力之间寻求平衡，而这将成为人类历史上的长期追求。出生于希腊的历史学家兼政治家波利比乌斯（Polibio）曾说，如果只聚焦于执政官的职能，罗马看上去就像是君主制国家；如果只聚焦于元老院，罗马便是贵族国家；而如果只聚焦于代表民众的机制与权力，罗马又成了民主国家。最终，出现了一种凌驾于一切之上的权力，那就是军队。

罗马的扩张是惊人的。占领更多领土就能募集更多士兵；拥有更多士兵又能占领更多领土。到公元前 264 年，罗马已经同其攻占或结盟的城市、族群签署了 150 多份条约。公元前 3 世纪初，罗马已基本占领今意大利在亚平宁半岛上的全部领土，并开始同其他地中海强国发生冲突：先是与迦太基爆发了布匿战争（公元前264—前146年），后又与希腊诸国爆发了马其顿战争（公元前214—前148年）。战后，罗马统治了伊比利亚半岛、非洲北部和希腊陆上领土。同希腊文化的直接接触对罗马文化产生了决定性影响，罗马吸收了许多希腊艺术、文学、宗教和哲学形式。但领土的扩张似乎也激化了内部矛盾：奴隶暴动（奴隶战争）和意大利盟友起义（社会战争），后者直到公民权覆盖了所有意大利人时才结束。奴隶贸易数额庞大。奥古斯都（Augusto）时期，意大利境内600万人口中，奴隶占200万。西西里的狄奥多罗斯讲述道："许多意大利商人因高卢人喜爱葡萄酒而发家致富。高卢人出价极高，用一个奴隶换一小瓶酒，一个仆人换一杯酒。"[27] 奴隶制的存在及其程度就像一种考验，能向我们揭示社会的发展程度。

尤利乌斯·恺撒（Julio César）不再追求同高卢人开展贸易，转而希望将其征服。征服高卢花费了罗马人七年时间。据普鲁塔克计算，这场战争中有100万高卢人死亡，另有100万成为奴隶。奥古斯都本想将疆域拓展到易北河，但日耳曼人对战争的准备更为充分，于是边境最终稳定在了莱茵河与多瑙河之间。历经几次内战、独裁统治以及三人执政之后，共和国走到了终点。在那段时间里，高卢征服者尤利乌斯·恺撒，以及屋大维·奥古斯都起到了决定性作用。奥古斯都战胜对手，统治了埃及，并被称作"第一公民"（princeps）。他保留了共和形式，但政府实际上听命于"第一公民"。他的继任者则自立为帝。

奥古斯都时期，除了野蛮人偶尔犯境、国内偶有骚乱之外，一直维持着和平。那时罗马有100万居民，保障这些居民的基本生活成了第一要务。西塞罗（Cicerón）说罗马是为商人而发动战争，但其实商人往往是元老会成员，因而下令开战的人也是从战争中获取经济利益的人。[28] 养活军队和罗马民众需要许多大规模行动。库马尔（Kumar）说：

> 到公元2世纪，军人的数量增至近40万。据某埃及人说，一名士

兵一天的口粮份额包括约 2 磅[①] 面包、1.5 磅肉、约 1 升葡萄酒以及约 125 毫升油。而要养活罗马城居民，每年就需要大约 20 万吨小麦。[29]

罗马的理念与其公民之间的关系很有意思。罗马人为罗马的荣誉与辉煌而战，坚信罗马的胜利有益于全人类，因为罗马体现了共同的人性，因此也是一种永恒的力量。

宗教同政治结合在一起。诸神保佑着国家的繁荣。任何公共行为都是宗教行为。皇帝便是"最高祭司"（Pontifex Maximus）。虽然在传统上，宗教同政治关系紧密，但到了共和国末期，人们开始慢慢把宗教视作一个独立自治的领域。它既是知识分子认真审视的对象，又是怀疑的对象。它有自己的规则。与此同时，宗教与魔法之间的界限也被划定，后者被视作"非正当"的宗教，是一种扭曲的宗教形式。[30]总体上，宗教在古罗马社会中的存在拥有许多不同的层次。执政官克温图斯·穆奇乌斯·司凯沃拉（Quinto Mucio Escévola）和作家马尔库斯·铁伦提乌斯·瓦罗（Marco Terencio Varrón）区分了三种描述神的方式：诗人的方式（神话神学）、哲学家的方式（自然神学）以及执政者的方式（政治神学）。第一种方式展现的纯粹是一种美学形象；第二种包含着一种对真理的不容置疑的追求（因此柏拉图主义影响了新宗教中的"救赎"教义）；而第三种虽然建立在诗人们的各种传说之上，但代表的是公民义务，其基本功能是进行社会管控。[31]

七、需保存在人类文化基因组中的进化脚本

古罗马的一些理念至今仍在应用，例如公民、代议制民主、法律及人文精神。直选式民主诞生于古希腊，但目前已经没有国家实行这一制度；而代议制民主则存在于当今大多数国家的宪法中。罗马法律也是我们文化基因组的一部分。并非所有司法体系都源于罗马法，但罗马法的犀利及其不

[①] 1 磅约等于 0.45 千克。

容置疑的严谨论证，在世界范围产生了深远的影响。人们常常认为，偏爱制定法的大陆法系源于罗马法，而基于判例法的英美法系则属于另一种传统。然而，罗马法便是基于判例法。让我们跨越一下历史吧：公元6世纪，罗马皇帝查士丁尼一世（Justiniano）下令编纂的《民法大全》（*Corpus iuris civilis*），其中不仅包括了帝国宪法，还包含了许多法学家的观点。

值得注意的是，古罗马对文化的演变及人类对正和解决方案的追求，还有一项非常光辉的贡献，那就是万民法。如何对待外国人一直是个难题。暴力和排外是常规手段，而贸易则一直是一种和平的交流方式。古罗马人为解决同外国人之间的争端而设立了特殊的司法机构，这需要立刻为此确定一些判决原则。针对这类诉讼，他们不愿采用罗马本国法，但同时他们又将使用他国法律视为耻辱，因此也不愿使用涉案外国人所属国家的法律。因此，他们决定针对所有国家制定一部通用法律。亨利·萨姆纳·梅因指出，这部法律在罗马最初并不很受重视，不过是一种务实的解决方案而已。但当古罗马人在古希腊的影响下接受了"自然法"的理念，人们关注的焦点就发生了改变："'自然'成了古罗马人的常用词之后，法学家们开始相信陈旧的万民法就是被遗失的自然法典。"[32] 法律与自然的这种关系，时至今日仍然存在于我们的文化基因组中。如今，对新万民法的需求再次出现。[33]

萨姆纳·梅因还强调了另一项跨越性变革，一种能够促进正和博弈的美妙工具——从地位到契约的转变。在父权制社会中，男性不被视作个体，而被视作特定团体的成员。因此，这种从"受身份地位约束的关系"到"受契约约束的关系"的转变，被梅因视作一项进步。[34] 这种转变指向客观幸福。它汇入了一股日渐强劲的洪流之中。这股洪流承认个人价值，承认理性的价值，并承认象征性的而非事实上的平等。人们的力量、健康、智力、性别等确实存在差异，但我们仍希望被纳入一种象征性的平等。即便同所有证据相悖，我们仍希望证明人人生而自由平等。

和所有"攫取性经济体"一样，古罗马经济体需要不断扩张，需要通过对新征服的领土征税来进行融资。卡梅伦（Cameron）和尼尔（Neal）等经济史学家将古罗马经济的失败归因于技术创新的缺乏，而后者又是由于奴隶劳动力在古罗马经济中发挥着重要作用："以奴隶制为基础的社会能够产生伟大的艺术和文学作品，却无法产生持续的经济增长。"[35]

八、世界在变小

同罗马帝国相似，对中国来说，北部边境的游牧民族也令人担忧。由于无法击败他们，中国的皇帝与之达成协议，匈奴占据长城以北的土地。两个帝国隔墙而治，这促使思想家们去反思二者之间的差别。他们将中华民族和北方部落塑造成完全相反的形象：一个定居，一个游牧；一个食粮，一个吃肉；一个织布制衣，一个身着兽皮。

马尔（Marr）写道："罗马与中国对彼此的了解不多。二者相距超过7 000千米。即便如此，二者都对对方有一种'感应'。中国似乎有一种模糊的感觉：在遥远西方的某个地方，还有'另一个传说中的中国'。"[36]公元97年，中国将军班超曾试图向罗马派遣使节，建议两国共同出兵，征讨损害了两国利益的帕提亚人。他的使者甘英没能到达罗马，却收集了许多关于罗马人的传言。例如，他曾述说，罗马王手下有36名领袖，王同他们讨论日常事务。70年后，根据中国的记载，一个罗马使团从海上到了当时属于中华帝国的越南。他们也许是罗马皇帝马可·奥勒留（Marco Aurelio）派出的，又被中国人送回了罗马。而最持久的关系则是贸易关系。罗马人将中国叫作"Serica"，意为"丝绸人之国"——尽管这个词指的可能是距离更近的中亚或者印度。罗马女性穿着中国丝绸制成的衣服。塞涅卡曾因丝绸流行而惊惧不已，因为他认为妇女穿着丝绸实际上跟赤身裸体没有两样。[37]

中国的扩张有利于连通亚洲大陆。在此之前，匈奴阻断了这些交通网络。与中亚的斯基泰人一样，匈奴一直是定居民族担忧的对象，但他们也供应了牲畜。公元前2世纪，汉朝文献曾提及向草原民族购买的几万头家畜，其中最重要的便是马。这些马据传是龙的后代，被称为"汗血宝马"。[38]当时形成了一种非正式的朝贡体系，皇帝每年赠出礼品，以此换取和平。对西方国家的兴趣也被唤醒。司马迁在《史记》中记录了他对印度河谷、波斯以及中亚的了解。贸易缓慢地发展。穿越戈壁沙漠必须使用骆驼。丝绸是最受追捧的商品,还能充当给军队的报酬。根据悬泉汉简中那些写在竹简、木简上的3.5万余篇文字,我们能够知道,当时进入中国的外来者必须通过特定路径,要有书面许可,而且必须人数准确。世界在他们眼前变得更小。"如今我们总认为全球化是现代独有的现象,但这其实在2 000年前便已经发生。它带来机遇与挑战,并促进了技术进步。"

罗马扩张最大的动力源自地中海地区。罗马占领了整片区域。只有占领大量能够缴纳税赋的城市,帝国才能繁荣昌盛。罗马的成功始于埃及。将近300年间,埃及都由亚历山大大帝的副手之一托勒密(Ptolomeo)及其继任者治理。奥古斯都征服了埃及,这对罗马帝国的经济产生了深远的影响。西塞罗曾写道,亚洲的富庶无法用文字描述。奥古斯都希望了解更多。他派遣远征军到今埃塞俄比亚和也门,监督着通过波斯到中亚的道路。《帕提亚驿程志》(Stathmoi Parthikoi)便成文于这一时期,其中记录了关键地点之间的距离。据斯特拉波(Estrabón)记载,入侵埃及的几年内,每年有120艘船自红海出港,驶向印度。泰米尔人的文学作品中兴奋地提及这些罗马商人的到来,以及他们带来的"清爽芬芳的葡萄酒"。越南和爪哇的商品也到了罗马。佩特罗尼乌斯(Petronio)在《萨蒂利孔》(Satiricón)中批评了人们对奢华和炫耀的痴迷。他描述了新贵特里马尔奇奥(Trimalción)的晚宴:这位新贵不吝钱财,只想要最具异域风情的新奇东西,如黑海东海岸进口的雉鸡、非洲的珠鸡,还有稀奇的鱼和孔雀。马尔提阿利斯(Marcial)的诗也体现了这种国际性,他在诗中为一名年轻的女性奴隶哀叹,将她比作一株白百合、抛光打磨的印度象牙,以及红海的珍珠。诗中还说,这名奴隶的"头发比贝提卡的羊毛、莱茵河边少女的金发都要柔顺"。[39]

贸易之路也有利于思想的传播。佛教思想很快在亚洲传播开来。亚历山大的医师们就很像佛教徒。"程式就是这样简单而又强大:受真神庇佑的社会便能繁荣发展,而信奉伪神的空洞承诺的就要受苦。"[40]统治者们有强烈的动机去投资精神和宗教领域,这能为他们强化内在控制提供更多工具,并让他们同教士阶层结成互利同盟。在公元初的几个世纪间占据着印度以北和中亚大部分地区的贵霜帝国，就是个很好的例子。其国王既支持信奉湿婆的教派，又支持佛教，但同时也迫使其进行变革。作为一个"外来"的王朝，它更加需要使其统治正当化。他们建立了许多神庙，大力扩散在当地已经根深蒂固的一种思想，即王是天与地之间的纽带。在发现于今旁遮普省塔克西拉的铭文上，贵霜王自称"伟大的王，众王之王，神之子"。虽然佛教原本是个人的内心之旅，但人们也开始建造朝圣地。《妙法莲华经》里写道，到寺庙献上鲜花和贡品，或捐善款，有助于获得救赎。约公元 1 世纪，佛教从印度北部沿商路加速传播。得益于紧密的社会网络和良好的信用，粟特商人掌控了远距离贸易，把佛教带到了北方和东方。[41]后来，佛教传入中国。到公元 4 世纪，佛教已经能与儒学抗衡。

站在历史的高度上，我们已经能够对某些文化影响其他文化的主要方式进行分类：侵略（如印欧人、海洋民族、亚述人、波斯人、马其顿人等）、贸易（如地中海地区的腓尼基人和希腊人，以及丝绸之路）、传教（尤其是佛教和基督教）以及科技信息的传播。也许还应该加上外交，它正占据日益重要的地位。

九、发明货币

共同的宗教、各民族共同享有的权利、建立在宗教基础上的普遍伦理道德，以及对不同民族和文化进行组织管理的帝国——这些都是为达成统一而产生的新思想，并将在历史上长期存在。货币这一强大到可怕的象征体系也是如此。货币在不同地方被多次"发明"，其产生不需要重大的技术发现，而完全是一种精神领域的变革。它创造了一种主体间性的新现实，只存在于人们的共同想象之中。在大约 4 000 年的时间里，非洲、亚洲东部和东南部、大洋洲的人们都曾用白色贝壳或宝螺作为货币。"17 世纪的奴隶贸易中使用两种货币：银币和宝螺。"[42] 20 世纪初，在英国占领下的乌干达，人们仍然能用宝螺交税。

货币是一种伟大的象征性思维产物。要理解历史，我们必须明白货币的功能，因为对经济的进步来说，货币是一种强大的工具。公元前600年前后，吕底亚人已经开始铸造小块金属，以保障其重量。铸币也是一种平行发明，它同时独立地出现在辽阔的中国北方平原、恒河流域和吕底亚。[43]大卫·格雷伯（David Graeber）指出，货币恰好出现于创新层出不穷的"轴心时代"。他认为，铸币出现在当时的原因之一，是要在那个充斥着暴力的时期支付军饷。亚历山大大帝12万人的军队，每日军饷便要半吨白银。

货币最初是一种贸易工具，但现在已经融入了我们的文化基因，因为我们的整个经济体系都建立在货币的基础之上。这意味着生产、劳动、消费等实际过程被象征化了。由此才出现了"实体经济"与"金融"的对举。[44]货币自诞生之初，就承担着以下三种主要职能：

（一）交易媒介，或者说是交流媒介。当任何东西都能换成可分割的第三方（也就是货币），物品之间的交换就大大简化了。它将一种类似于我们常见的现实与虚构之分的分割引入经济领域。基于"价值"的交易，被基于"价格"的交易替代。这是马克思思想的核心之一。[45]

（二）记账单位。货币使价格同质化。任何东西的价格都可以通过货币来衡量和计算。以物易物时很难计算一把锄头值多少小麦、一头奶牛值多少锄头。一只母鸡用奶牛计价又是多少呢？一条牛腿？两只牛耳？货币解决了这些困难。一切都可以"翻译"成一种"通用语"。货币就是以物易物中的"算数世界语"。

（三）贮藏手段。货币让人们可以将购买力保存下来，在合乎心意的时间使用。这极大地拓展了我们行动的可能性，因为这样一来，我们就能把购买或投资的决定推迟到未来。在以物易物的体系中，农民必须尽快把农产品换成其他商品，无论他是否需要那些商品，否则他的收成就可能腐烂。

因此，货币是一项辉煌的发明。它一直是人类经济进步的伟大引擎。

作为符号，货币也加入了"象征符号的游戏"，并像语言一样，被我们用于相互理解或自我欺骗，用于精准地描述现实或构建虚构世界，也用于制定之后可以执行的计划。货币是一种虚拟造物，而正如其他政治或经济的虚拟造物一样，它被用来解决实际问题。货币让人们能够便捷地积累资本。如果许多人各拿出一小笔钱来创立一家公司，就能凑够所需的资本，也就是说，开展生产的可能性增加了。

只有当人们信任虚构的货币时，货币才能发挥作用。罗马钱币的信誉度非常高，乃至在公元1世纪，它能够在印度被使用，尽管罗马与印度相隔千里之远。"denarius"本是罗马人对钱的称呼，后成为西方国家对钱币的通称。阿拉伯哈里发把这个词阿拉伯化，铸造了"第纳尔"（dinar），这至今仍是许多中东国家货币的官方名称。中国同样有铸币。世上最早的印刷纸币可能也出自中国。而纸币代表着象征世界的进一步发展。

十、远方亲人的消息

在美洲，较为复杂的发展形式，或者说国家的雏形，是在公元前4千纪或3千纪至公元1世纪间，即考古学家所谓"前古典时期"（又称"形成期"）出现的。最令人惊叹的发展，也许要属今墨西哥中部的特奥蒂瓦坎古城。该城建于公元前4世纪，在公元1世纪至6世纪处于鼎盛时期。它是地方强国的首都，具有史无前例的规模，并拥有在美洲前所未见的宏伟的纪念建筑，例如太阳金字塔和月亮金字塔。特奥蒂瓦坎的人口数曾达到15万。公元400年左右，它是世界第五大城市，仅次于罗马、南京、君士坦丁堡和华氏城。它的经济文化影响力辐射至墨西哥湾、瓦哈卡地区及其南方的玛雅领土。这部分得益于其对绿色黑曜石的生产和贸易的管控。历经几个世纪的辉煌之后，在公元6世纪，记载中出现了对传统权力中心和象征物的大规模摧毁与焚烧。因为城市看上去并没有遭受侵略，所以这也许是由于内乱。到公元7世纪中叶，特奥蒂瓦坎流失了大部分人口，一个曾经占据中美洲广阔地域的意识形态和宗教秩序就这样消失了。

安第斯山区的查文德万塔尔城（Chavín de Huántar）则是南美洲早期文化的杰出代表。该城最初是宗教仪式中心，后因其艺术风格以及可能与之相关的宗教信仰在域内广泛传播而脱颖而出，并于公元前1千纪达到顶峰。查文德万塔尔城在公元前3世纪消亡后，秘鲁海岸出现了莫切文化和纳斯卡文化。人们在那里建起了灌溉工程，栽种了多种植物，并对太平洋丰富的海产资源善加利用。莫切文化拥有十分复杂的政治社会体系，公元3世纪的"西潘之神"（Señor de Sipán）墓便是有力的证据。与此同时，在南方，纳斯卡文化则因其地下水渠和著名的纳斯卡线条而闻名。纳斯卡线条主要是长达20千米的直线，以及宏大的几何图形，同时也包括几十个巨大的动植物图像。目前人们仍不清楚绘制这些图像的目的。对于其意义众说纷纭，有人说是为了指明沿途有水源的道路（直线）或获取水源的仪式性通道，有的说是用来从山上观看的图画，有的说是献给诸神的繁育符号，还有的说是天文学日历，等等。无论如何，这些地画看上去并未提前进行过整体规划，因为其中许多相互重叠，像是忘了此处原有的线条。

讲班图语的民族开始在非洲中部扩散。这场大型人口迁徙持续了2 000多年。班图民族的扩张分为两个阶段：第一阶段，从公元前2000年至前1500年，由尼日利亚和喀麦隆的草原地区向东穿过稀树草原；第二阶段，抵达大湖区，然后经由稀树草原向赤道雨林以南扩张，并于公元500年抵达非洲大陆最南端。其第二阶段与北方2 500千米以外的罗马帝国的扩张在时间上有一定重合。虽然罗马帝国也向非洲大陆进行了扩张，但二者却互不相识。

人们通常认为，班图民族的迁徙带动了冶铁技术和以香蕉、山药、芋头等为主要作物的热带农业的传播。班图民族的扩张是根据语言学研究推断得出的，但这当中也包含一些原本存在的狩猎-采集民族和游牧民族被班图文化同化的情况。[46]

第九章

宗教传播与帝国迁移

一、公元753年

　　罗马统治犹太期间曾发生过一起宗教事件，当时看似无足轻重，对后世却极为重要。当时那片区域游荡着许多"能带来奇迹的人"（goetés）。在这些人中，有一位特殊人物脱颖而出，他就是拿撒勒的耶稣。耶稣诞生时，巴勒斯坦全境正处于政治相对平和的时期。罗马人同犹太掌权者达成了灵活、紧张但和平的相互理解。但巴勒斯坦一直是笃信宗教的国家，这对被视作异教徒的侵略者来说，始终是一种潜在威胁。那时出现了许多传教士，也发生了许多宗教运动。当时最伟大的犹太历史学家弗拉维奥·约瑟夫斯（Flavio Josefo，37—100年）曾在自传中写道，他年轻时，曾同一些主要的宗教团体共同进行精神探索，其中包括法利赛教派、撒都该教派、艾赛尼教派等，最后又跟随一位名叫班诺（Banno）的沙漠苦行僧修习了三年。在库姆兰（Qumrán）的隐秘之地，出现了一位神秘人物，人称"正义大师"，他提出要净化法律。越来越多的人相信古代的某位伟大先知即将复活。人们等待着以利亚的回归。根据《圣经》，他被燃着烈火的战车带到了天堂。施洗者约翰从沙漠中苦修归来，并因为这段可怕的经历而受人敬重。他游历于约旦河两岸，传教，施洗，最终却被大希律王（Herodes）斩首。耶稣出现时，大希律王以为他是重生的约翰，回来报仇。这些与先知相关的宗教运动日益壮大，也愈加暴力。公元44年，丢大（Teudas）率领一大群人进入沙漠，宣称自己就是《申命记》第18章第18节中预言的那位"像摩西一样"的先知。丢大被杀后，他的信徒四散而去。后来又出现了加利利的犹大（Judas el Galileo），他同样集结了一批信徒，结果与5 000名追随者一起被钉上十字架。公元60年左右，还出现了一位号称"埃及人"的先知，试图重现"出埃及"的奇迹。[1]

拿撒勒的耶稣在当时看起来也不过是众多传教士之一。他的事迹并不出彩：同法利赛教派发生过几场冲突，被行省总督本丢·彼拉多（Poncio Pilato）判处死刑，然后被钉上十字架。他的一些弟子说他复活了。而令人惊讶的是，这一犹太"异端"竟然留存下来，不断成长，并向西方传播，最终成为罗马帝国的国教。

西方将耶稣诞辰作为纪元的分水岭，尽管他很可能实际上出生于公元前4年。当然，纪年不是从"零年"开始的。如沃森所说，当时还没有发明出数字"0"。而且，以耶稣降生为界线的所谓"公元前""公元后"，直到公元6世纪才出现。本书既然希望尽量从纵观整个世界的角度去讲述历史，就该避免时代自我中心主义，但这并非易事。每个社会都曾使用自己喜欢的纪年方式，例如，从某一朝代建立或某位帝王登基的时间起算。中国比任何民族都更早认识到了历史的深度。中国人认为，"太极上元"在23 639 040年前。[2] 古希腊人曾以奥林匹克运动会纪年——亚历山大建城于第112届古代奥林匹克运动会后的第二年。[3] 亚历山大大帝的继承人之一塞琉古一世，以公元前321年为元年，创立了自己的纪年方式。这种纪年方式广为犹太人所用。古罗马历史始于公元前753年罗马城的建立。在笃信基督教的中世纪西班牙，所谓"西班牙纪年"（era hispánica）始于在伊比利亚半岛确立"罗马和平"（Pax romana）的公元前38年。伊斯兰纪元则始于公元622年的"希吉拉"（la Hégira），即穆罕默德离开麦加，逃往麦地那。法国大革命曾以革命初始之年创立纪元。玛雅历以52年为周期，进行倒推，认为世界起源于公元前3114年8月11日。

二、权力更迭

公元之初，印度处于政治分裂状态。公元前187年，阿育王所属的孔雀王朝灭亡。当时已经出现婆罗门教的"大学"，人们在那里学习伟大的印度教文献，包括《摩诃婆罗多》（Mahabharata）和《罗摩衍那》

(*Ramayana*)等史诗，以及《奥义书》、《契经》(*sutras*)等宗教哲学书籍。公元1世纪，来自中亚的贵霜王朝统治了印度北部。与此同时，佛教开始向中亚和塔里木盆地传播，并最终传至中国。

当时，儒家思想已经成为中国国家意识形态。儒家的核心思想在于，宇宙是有等级秩序的，所有人都应该尊重这一秩序。正如伟大的汉学家费正清（John Fairbank）所说："法家、儒家混合的基本点在于，统治者喜欢法家思想，而其官员喜欢儒学思想。"[4] 传入中国的佛教更偏向宗教性，它更注重仪式、奉献和偶像，而非启蒙或道德的提升。佛陀是一切的本源，而在佛陀之外又有诸佛，每一位都对宇宙的演变和人性的道德成长发挥着重要作用。汉朝（公元前206—公元220年）是一段很长的繁荣稳定时期。皇帝采取了"慷慨"的对外政策，以求"购买"和平。根据官方记载，汉朝在公元元年向匈奴交付丝绸约3万匹。据谢和耐计算，当时皇帝年收入约100亿钱，其中约40亿用来引诱周边的蛮族，使其习惯于奢华。这一策略似乎是奏效的，边境因此维持了几个世纪的稳定。[5] 正是在此期间，中国出现了一项至今仍极大地影响着人们生活的发明——纸。汉朝末年，夫子们已经用上了在纸上书写的经典抄本。但在公元2世纪，农业危机发生，"救世主"运动层出不穷，接连几位少帝当政，导致军阀掌权，内战频发。这一切都预示了汉朝的灭亡。[6]

公元14年，罗马皇帝奥古斯都去世。他是一位精明的统治者。他没有直接改变国家体制，而是使其"微妙地偏移了方向"。他创建了一套由皇帝主导的平行行政体系，作为对原有政治架构的拓展。他的个人财富从共和国国库分离出来。元老院和元首制这两套等级制度并行不悖，高效运转，并相互监督。经过奥古斯都的长期统治，罗马的体制机构适应于绝对权力。然而，他并没有建立稳固的皇位继承制，因此权力之争日趋暴力。公元235年至285年，罗马帝国出现了26位皇帝，其中仅有一位是自然死亡。皇帝要维系的不仅是帝国的团结，更是一个庞大且多元的生产型经济体，以及广大的物质和人际关系网络，同时还要保障其意识形态体系（如法律的重要性）的成功。公元2世纪，图拉真（Trajano）开疆拓土，罗马进入了疆域最为广阔的时期。罗马城成为巨大供应网的中心，也是地中海地区海路和陆路的中心。经过大量希腊文化元素的丰富，罗马文化无论在拉丁化的西方，还是在希腊化的东方，都占据了重要位置。拉丁语和希腊语是行政管理与文化传播中使用的语言。

如果我们能用一台"历史高速相机"记录下公元2世纪末至7世纪初的世界，我们会看到一些文化是如何衰落，而另一些又是如何繁荣发展的。研究兴亡的历程，是一项引人入胜且成果丰硕的任务。[7]我们已经在墨西哥看到了特奥蒂瓦坎的兴盛和衰落。再向南行，玛雅文化正处于古典时期，蒂卡尔、科潘、卡拉克穆尔、帕伦克等众多城邦相互结盟、贸易、交战。在波斯，帕提亚帝国曾是罗马帝国的头号敌人，这时却让位给萨珊王朝。后者同罗马和拜占庭争斗四个世纪，最终被阿拉伯人征服。在印度，笈多王朝于文化繁荣时期，在南亚次大陆北部建立了帝国。许多印度教经典著作都在当时稳固下来，其文化影响延伸到了东南亚。这几百年间，印度还为数学做出了一些基础贡献，包括基本代数规则、阿拉伯数字（尽管它是发明于印度的计数符号）、位值原则以及数字"0"的概念，等等。这些在日后成为现代算数的基石。[8]在中国，如上文所说，公元220年汉朝灭亡，国家进入一段低迷时期。西方的罗马帝国也在公元3世纪开始衰落，内不能维护团结，外不能抵御压力，因此逐步瓦解。吉本将罗马帝国的灭亡简单归咎于两个弱点："内忧基督教，外患野蛮人。"[9]塞维鲁（Severos）王朝之后，罗马帝国于公元3世纪经历了内战频发、无政府和经济萧条的危机时期，又因北方民族多次入侵而雪上加霜。戴克里先（Diocleciano）成功恢复了国家的稳定。他认为帝国过大，于是将其一分为二。戴克里先死后，内战再次爆发，君士坦丁一世（Constantino）获胜，重新统一帝国，建立了新首都，并以自己的名字将新都命名为君士坦丁堡。直至1453年，君士坦丁堡一直是帝国的首都。

三、宗教的传播

无论是出于天国的应许、激进变革的情绪、对政治解放的渴望，或是个人感召力，还是上述因素的综合作用，耶稣汇聚了一群门徒，一同在国内游历。他的活动范围很小，除了到过几次耶路撒冷，他主要在加利利地区的城市和乡村活动。我们很难知道其追随者的确切人数。福音书中反复提到"大众"（ójloi）。施洗者约翰也曾动员"大众"，也许正因如此才被大希律王所杀。犹太和罗马的当权者害怕群众运动，倾向于通过"斩首"将其扼杀在萌芽阶段。耶稣的遭遇大抵也是如此：他反对国教，批评神庙，也批评安息日、斋戒以及那些净化仪式。他也许是因为渎神而被处决，却遭受了罗马人用于惩治政治叛乱者的刑罚。他被钉上十字架，追随者四散奔逃。然而，后来发生了一起事件，使他们回到耶路撒冷并开始传教——有传言称耶稣复活了。[10]

基督教从犹太传入整片地中海地区。在这一传播过程中，一位讲希腊语的罗马公民，犹太人大数的保罗（Pablo de Tarso，即圣保禄）发挥了重要作用。与那些希望更加忠于犹太传统的人不同，圣保禄呼吁向世界其余地区开放。他奔走于罗马帝国各地，并用希腊语写作。他的书信中体现了两种源自犹太教的基础神学观点：一神论和天命（上帝对尘世的干预）。[11]

基督教将一个重要元素引入了"幸福史"。从一定程度上讲，这一元素继承自犹太教。主观幸福与客观幸福之间的关系对基督教而言是模糊的。也许耶稣教义的核心是追求客观幸福，建立"神的国"（Reino de Dios）。《马太福音》第6章第33节中，耶稣说："你们要先求他的国和他的义。"当法利赛人问他，神的国几时来到，耶稣回答："神的国就在你们心里（'心里'或作'中间'）。"（《路加福音》第17章第20节至23节）犹太人在政治和宗教上对救世主的期盼被耶稣延续了下来。耶稣死后，他的门徒伤心失望，但仍等待着他们声称"即将发生"的耶稣第二次降临。然而时光流逝，神的国仍未显现。对犹太人和基督徒来说，世界反而变得更加可怕、不公。施纳肯堡（Schnackenburg）写道，正是在这时，"神的国"变成了"诸天的国"（reino de los cielos）。最终，"诸天的国"与象征来世的"天国"相混淆。"这对新神学史和宗教的影响广为人知。人们的目光从普遍的末世论，转向死后'升天'、到达来世的个人愿望。"[12] 主观幸福走到台前，但要待"来世"才能实现。现世的生活不再重要。基督徒将自己视作"朝圣者"[13]，并淡化了对客观幸福的关注。然而，这种关注并未消失。下文我们将会看到，它在历史上一次又一次重现，有时表现为菲奥雷的约阿希姆（Joaquín de Fiore）等人的精神乌托邦式教义，有时试图以政治工具建立天国，有时混淆天国与教会，有时强调革命性力量（例如解放神学），还有时将其世俗化（例如马克思主义）。

在伊斯兰教中，同样独立发展出了这种主观幸福与客观幸福之间的宗教辩证法。笔者将在下一章中对此进行论述。

四、社会心理的一个案例

基督教以及其他宗教的传播能让我们聚焦于一项强大的进化脚本，那就是信仰和意识形态的传播。每一种重要宗教，在其创教之初，都是从一位富有个人魅力的创始人，即一位现代所谓"共鸣领导者"开始[14]，随后各自开启了一条承袭脉络。这些脉络将在几个世纪间，由其信徒精雕细琢，经历自催化式的过程。在这种意义上，宗教是一种共同的、集体的创造。专注于该领域的学者威尔弗雷德·坎特韦尔·史密斯（Wilfred Cantwell Smith）写道：

> 被后世作为一种固化的、自我维系的思想或实体来传承的佛教，并非佛陀所创。相反，后世的参与，及其对佛教积极的、富有启发意义的反馈，构筑了（并持续构筑着）佛教永恒的生命力。孔子无疑是一位拥有超凡智慧的人物，但儒学却是中国人在25个世纪的漫长岁月里不断追寻信仰的产物。他们尊崇历史传统，不断追求勇敢的、正派的、富足的生活，以求社会和谐，而后者是他们生命的终极意义。[15]

鼓舞他们的是一种对尽善尽美、对救赎、对幸福的模糊渴望。这些宗教意识形态具有强大的社会力量。

到公元1世纪末，地中海东部地区的主要城市大多已有基督教团体存在。2世纪中叶，罗马帝国内已形成有组织的基督教社团。这种成就很难解释。对当时有文化的非基督教徒而言，基督教的上帝是很原始的。此外，基督教祈求上帝的启示，而罗马宗教笃信的则是神谕。那时，犹太教已为罗马帝国所接受，基督教则是一种创新。而对罗马人而言，宗教中的新生事物是危险的。罗马人对各类宗教一向十分宽容，他们对被征服地区的人民的唯一要求便是，要像敬重他们自己的神一样，敬重罗马诸神。然而，当罗马皇帝开始插手教派事务，宽容度明显下降。基督徒曾多次遭受迫害，但君士坦丁一世于公元313年在米兰颁布了宽容基督教的《米兰敕令》（Edicto de tolerancia）。他开始越来越多地参与基督教会事务，包括处理宗教异端问题。他召集并主持了第一次尼西亚公会议，会上将否认耶稣与上帝同等的阿里乌教派斥为异端。除了"叛教者"尤利安（Juliano el Apóstata）当政期间（360—363年），罗马皇帝对基督教的支持日盛。最终，狄奥多西一世（Teodosio）于公元380年禁止了罗马帝国境内其他所有宗教教派，甚至毁去罗马城元老院内的胜利女神祭坛。成为罗马国教后，基督教逐渐固化，并开始迫害异教，显现出宗教法庭审判模式，这一模式将在历史上不断重演。

教会这一极为重要的文化工具随着基督教确立下来。神职人员与来世有着特权关系，这一看法古已有之。如前文所说，神庙与王宫都是权力中心，而二者之间的关系也非一成不变。神职的形式种类繁多。古以色列将其神职机构和人员按照等级进行组织，犹太教堂（sinagoga）及其拉比被确立为核心机制。孔汉思认为，这"是宗教史上革命性的一步，后来成了基督教会和伊斯兰教会的模板"。[16] 犹太教神庙被毁、犹太社群四散后，拉比（原意为"精通律法者"）代替祭司阶层成为掌权者，拉比们关于经文与祈祷词研习的思想在犹太教堂中发展起来。拉比不再是祭司、社区领袖，或是使民众获得救赎的中间人。他们是律法专家，是阐释宗教律法的人。他们构成了新的社会阶级，被认为高于普通民众，是普通民众学习和遵从的典范。

作为一种文化工具，教会将信徒纳入一个由专业神职人员领导的复杂的等级组织。教会成为能与世俗权力抗衡的权力中心，并试图垄断真理及其传播。[17]

从这个角度看,严格来说,只有在拥有等级制神职人员组织的一神教里,才能论及"教会"(iglesia),也就是说,只有基督教各教派才有"教会",因为"教会"的定义就源自基督教。然而,在其他宗教中也有类似教会的结构。总体而言,虽然一神教的确更倾向于产生上述结构,但这些结构能否形成,似乎并不取决于宗教信仰的类型,而更多地受到孕育该宗教的社会政治权力体系的影响。

印度教中不存在神职人员的等级制度,也没有教会结构,但存在神职人员,寺庙中也有履行神职的人。美国印度学家托马斯·特劳特曼(Thomas Trautmann)说:

> 作为一种宗教,印度教是一个组织松散的复杂实体。它没有核心机构来定义正统并维系教义的统一。"印度教"也许更应该被看作一个共同成长并因此共享历史的、具有一定相似性的宗教大家族。[18]

在佛教中,寺院内设有等级制度,但通常并没有凌驾于各寺院之上的等级结构。只有在佛教一直受君主支持的泰国,才于19世纪出现了一种较为复杂的等级体系。它源于王室对寺院的资助,以及国家对寺院组织和人事任命的一定干预。在中国西藏,格鲁派教义于17世纪盛行,其主要寺庙由达赖喇嘛和班禅管理。据估算,1951年新中国和平解放西藏前,西藏男性居民约半数是藏传佛教教团成员。然而,藏传佛教并未创立复杂的"教会"结构。

古汉语中并没有同西方意义上的"宗教"概念完全对应的词语。"教"指的是道德教育体系,可以同样用于有神论宗教和世俗道德体系。然而,中国的确存在类似于西方宗教的形式,例如佛教和宗教意义上的道教。儒学则很难被视作宗教。有些学者认为,儒学是一种"弥漫性宗教",指其没有自己的宗教实体,信仰、信徒和神职人员散布于一个或多个世俗社会体制之中,而这些体制本身又是社会理念、礼仪和结构的组成部分。社会学家杨庆堃解释道:

中国社会中没有强势的神职人员或宗教组织，因此也没有发展出能以道德纪律约束世俗民众的宗教权威组织。由于宗教并非世俗伦理观的主要来源，宗教组织也就不能负责评定善恶。进行道德评判的权威由政府和儒家文人官僚牢牢把控着。[19]

而在日本，每个氏族都有各自的神，这些神统一于一系列核心神话。这些传统信仰和实践逐步体制化之后，被称为神道教，以区别于佛教。早期神道教同其他许多古老的宗教一样，几乎不涉及伦理，而非常强调仪式的纯洁性。但几世纪以来，神道教不断进化，且部分受到外来信仰的影响，逐步发展成更有组织的宗教。[20] 20 世纪，神道教复兴，以天皇为核心人物，日益同日本民粹主义密切相关。[21]

五、佛教的传播

佛教以印度北部为源头，首先传至中亚，后来又传至中国、朝鲜、日本，以及东南亚各国。其传播方式包括与其他宗教类似的传教士传教和圣物崇拜，同时也包括商人的传播以及王室的支持。许多君主支持佛教，是因为佛教承认其为"转轮王"（cakravartin，即依据伦理道德统治人世的万物天神），为其统治提供正当性。而商人同佛教徒之间也形成了一种利益同盟，因为寺院常为商人提供贷款和庇护。从这一角度看，佛教和伊斯兰教一样，同商业保持着积极互利的关系；而基督教等其他宗教则对商业行为持怀疑态度，不愿与之为伍。

在中亚地区和中国流传的是大乘佛教，世俗弟子可以信佛修禅，而不必放弃社会生活并进入寺庙。于是，中国南朝帝王往往会正式立誓笃信菩萨——为了协助他人走上修佛道路而推迟了自身涅槃的智者——以巩固其"救世主"地位，并为其"转轮王"的身份再"镀一层金"。[22]

与此相对，在印度南部、锡兰岛以及东南亚地区（包括中南半岛和印度尼西亚）流传的，是寺庙戒律相对严格保守的上座部佛教。政治权力与宗教权力之间的关系在东西方遵循相似的进化脚本：二者有时合作，有时又为压倒对方而争斗。

佛教在中国传播的同时，一种与佛教互动的新道教与之平行传播。而佛教融入中国后，同样经历了极大的丰富和转变。"乐观"的儒家理想追求的是积极投身社会、报效家国，这似乎与佛教世事皆苦、消极避世的思想相矛盾，因此佛教最初在华传播进展缓慢。佛陀起初被视为道教众仙之一，多数民众长期以来将其当作崇拜对象，向其祈求庇护或幸运，这同其"哲学启蒙大师"的形象相去甚远。因此，佛教在中国的成功部分是因为人们认为它能施展奇迹。此外，同佛教一起传入中国的轮回转世思想也对中国民众产生了吸引力，人们将其视作一种永生，尽管佛教的本意其实是要摆脱轮回。[23]

中国对佛教在朝鲜和日本的传播也起到了重要作用，这为东亚文化圈的形成做出了贡献。这样一来，佛教这一发源于印度的创造成为理解亚洲大部分地区文化动力的基础。中国哲人还开创了一种十分有意思的比较哲学传统，并将其命名为"格义"。[24]

六、草原上的诸民族

游牧民族迁徙，主要原因有二：内因是人口压力，迫使他们寻找新土地；外因则是来自其他群体的压力，这些群体往往人数更多，且更具有攻击性。长期以来，亚欧各国都同草原民族关系紧张。东方游牧民族中，首领的权力源于在同其他部落的战斗中取得的胜利以及对中国的劫掠，因为他们以此获取财物，分赏给忠心的下属。如此，草原民族的精英依靠中国来维持自身的统治，所以他们的政治结构同中国的体制共同演化。这些游牧民族也对中国社会产生了不容忽视的影响。当时的中国人认为，世界分为游牧的蛮人和定居的中原人，而正是这一思想使中原地区内部的区域差异性退居幕后，为中华文明的团结统一奠定了基础。这种"中原-游牧民族"的二分法，后成为中华文化的一个核心理念。[25]

很快，中国便开始通过一些政策让游牧民族在帝国内定居。后果同罗马帝国所经历的一样，是灾难性的。[26] 在同游牧民族的关系上，汉朝和罗马帝国一直具有很高的相似性，包括游牧民族对二者构成的压力、二者对蛮人的看法，以及游牧民族同定居文明在习俗、政治形式、世界观以及精英阶层获取合法性的手段等方面的相互影响，等等。

汉朝采取了和平与联姻的政策，送金银、丝绸和粮食给匈奴单于，并将汉朝公主嫁入单于后宫。作为回报，匈奴承诺不出兵袭击汉朝。汉朝人认为，这样能让游牧民族耽于享乐，并在中华文化的影响下减弱好战的天性。这种安抚政策的效果不仅局限于中国，还通过贸易路径等渠道，形成了跨大洲的影响力。东西方之间曾有一条密切的往来之路，大量丝绸经此流向西方，白银流向东方。19世纪，费迪南德·冯·李希霍芬（Ferdinand von Richthofen）将其命名为"丝绸之路"。这条道路切实存在，但当时的人们对它却并没有清楚的认识，因为没有人能够了解它的全貌。丝绸之路由许多区域性商路组成。每个地方的参与者只认识相互之间有贸易往来的邻近商人，而不知道这样一条横贯亚欧大陆的商路已经形成。

罗马人以莱茵河-多瑙河为界，试图抵御北方游民犯境。公元前2世纪末，辛布里人（cimbros）和条顿人就曾在高卢劫掠近20年。罗马同北方民族之间的关系自那之后一直紧张。北方部落不断迁徙，偶尔在某一地区短暂定居，很快又变换据点。其中一些部落会消失，另一些则会组织大型的部落联盟。总体而言，自黑海北部的东欧大草原向西，直至多瑙河中下游，多个游牧民族在这片区域内活动，兴衰交替。这些民族的活动绘就了一张复杂的民族和文化地图。有的民族曾经历过一些辉煌时刻，例如，达基亚人（dacios）曾于公元1世纪在一位富有魅力的领袖的率领下，在多瑙河畔建立王国，但最终被图拉真领导的罗马帝国吞并。[27]

七、暴风雨

公元4世纪曾发生过几场气候灾害，许多地区深受其害。4世纪初，一名商人曾在信中写道，中国发生天灾，皇帝逃出首都并放火烧毁了宫殿，城市也遭受洗劫。这种混乱局面为居于蒙古和东欧大草原之间的游牧民族的发展壮大创造了大好条件。也许正是旱灾推动匈奴一路向东，许多部落在其威胁之下被迫逃入帝国境内寻求庇护。

波斯同样心怀畏惧。波斯帝国在里海东部建起了长达 200 千米的戈尔甘长城（Gran muralla de Gorgán），希望以此保卫边境。

几世纪以来，日耳曼诸部落都居于罗马帝国的"边境地区"，这一地区时常变化，很难界定。有些部落完全在罗马境内定居下来，并为罗马驻军效力。到公元 4 世纪末，许多人已经皈依阿里乌派基督教。公元 4 世纪 70 年代，罗马帝国邀请西哥特人定居多瑙河沿岸，抵御其他蛮族犯境。这些蛮族在罗马的定居地通过"客居"（hospitalitas）政策得到规范。但在短短几年后，蛮族又开始抗议，因为罗马帝国未能向其提供粮食和土地。公元 378 年，罗马人于哈德良堡（Adrianópolis）战败，皇帝瓦伦斯（Valente）战死。他的继任者狄奥多西一世同西哥特人签署和约，同意了西哥特人的要求。狄奥多西一世死前将罗马帝国一分为二，分给两名年纪尚轻的儿子。二人争斗不已，西哥特人趁机深入帝国境内劫掠。他们也承受着来自匈人的压力。公元 410 年，西哥特人在亚拉里克一世（Alarico）的率领下兵临罗马城下。他要求罗马人向他付出财物以免受侵扰。正当罗马元老院无计可施、试图筹措钱款之时，亚拉里克一世却耐心告罄，攻破并洗劫了罗马城。消息传遍了地中海地区。远在耶路撒冷的圣哲罗姆（san Jerónimo）悲叹道："当世上最明亮的光熄灭，当罗马帝国竟被枭首，整个世界便随着这座城一起死去。"[28] 特奥多尔·蒙森（Theodor Mommsen）写道："罗马人一向认为，罗马不仅是世上首要强国，更是某种意义上的唯一强国。"罗马帝国就是世界，就是全球，而罗马皇帝则如公元 2 世纪《罗得海商法》（Lex Rhodia）中所说，"朕即环球主宰"[29]。这种幻象将在人们的想象中长久留存。罗马帝国后成为其他许多权力的合法性之所在："斯皮里东（Spiridon）描述的世界史中，俄罗斯皇室是古罗马奥古斯都皇帝兄弟的后裔。如此，就强化了所谓俄罗斯是'第三罗马帝国'的虚假说法。立陶宛文人则说，当年尤利乌斯·恺撒的舰队中曾有一艘战舰因北海上的风暴而同大部队失散，立陶宛人就是这艘战舰上船员的后裔。这种说法增强了立陶宛人的民族自豪感。"[30] 多位教皇曾试图以"君士坦丁献土"（donación de Constantino）敕令为根据，证明教皇的权威凌驾于世俗权力之上。据传，罗马皇帝君士坦丁在敕令中将帝国的土地全部赠予教皇西尔维斯特一世（Silvestre I）。但在15世纪，该敕令被证明系伪造。

由汪达尔人领导的其他日耳曼民族大批入侵高卢和伊比利亚地区，并穿越伊比利亚半岛到达了非洲北部。阿兰人、法兰克人、勃艮第人、阿勒曼尼人相继入侵罗马帝国。公元444年，阿提拉（Atila）成为匈人领袖。阿米亚诺·马塞利诺（Amiano Marcelino，325—391年）曾这样描绘匈人：

> 匈人确实是人类，但十分粗鄙。他们甚至不用火，吃食也不加调料，反倒只吃地里捡来的草根，以及各种动物的半生肉。这些肉也不过是在大腿和马背之间迅速焐热而已。他们从不住能遮风挡雨的房子，而是在山林中漫无目的地游荡。他们从小就惯于忍受寒冷、饥饿和干渴。人人都能昼夜骑马。他们在马背上买卖，在马背上吃喝，倚在马脖子上睡觉。面对重大决定时也同样在马背上拿主意。[31]

阿提拉进军罗马。传说他同教皇利奥一世（León）会面后，便不知何故退了兵。公元476年，奥多亚克（Odoacro）率领由日耳曼人、匈人以及不满于皇帝统治的罗马人组成的联军，推翻了被讽刺地称为罗慕路斯·奥古斯都（Rómulo Augústulo，即"小奥古斯都"）的西罗马帝国末代皇帝。

古罗马曾赢得"推行和平与道德，宽恕被征服者，击败妄自尊大者"的美名。[32] 这种具有政治宣传性的诗意语言再一次遗忘了古罗马对外征服战争中的受害者。人性永远有其残暴的一面，"化身博士"（doctor Jekyll y mister Hyde）①的比喻恰如其分。瓦尔特·本雅明（Walter Benjamin）一语中的："每一部文明史同时也是一部野蛮史。"早期古希腊人曾被"尊称"

---

① 《化身博士》（Strange Case of Dr Jekyll and Mr Hyde）是英国作家罗伯特·路易斯·史蒂文森（Robert Louis Stevenson）创作于1886年的长篇小说，后常用于象征人性善良与邪恶的双重性。

为"poliporthos",意为"摧毁城池的人"。[33] 古罗马人曾为一雪败于哥特之耻,带着多年前便被扣为人质的多名哥特儿童,在各地游街示众,再将这些儿童杀死。[34] 尼禄(Nerón)曾命人捆绑基督徒,涂上沥青点燃,似乎只为在夜间给他的花园照明。[35] 罗马皇帝提图斯曾为给弟弟庆生而公开杀死2 500名犹太人,强迫他们同野兽搏斗,或是相互争斗,并将余者烧死。[36]

八、"蛮族"真的野蛮吗?

文化毁于入侵:

> 识字率急剧下降,石料建筑几乎完全消失,这表明财富消散、雄心不足。曾将北非瓷器带往遥远的苏格兰艾奥纳岛(isla Iona)的长途贸易消失殆尽。从格陵兰岛冰川中留存下来的污染痕迹能够看出,当时金属冶炼的产量也大幅萎缩,降至史前水平。[37]

罗马帝国的经济要依赖行政管理才能维系。政府收税,同时通过各行省驻军注资。没能成为教会机构所在地的城市逐渐荒废。城市生活的活跃度下降。罗马城在公元2世纪曾有百万居民,到公元7世纪却只有2万人。时人难以理解这种世界秩序的崩坏。公元5世纪的基督教作家阿尔维诺(Albino)哀叹道:"上帝怎能让我们比所有那些部落民族更加虚弱悲惨呢?"而答案很简单:人类犯了罪过,上帝在惩罚他们。

这种对历史的道德解读使战败者负有责任,并为文化演变学提出了两个重要问题:首先,一种文化的衰落或失败究竟是出于内因还是外因?其次,社会的发展能否"量变引起质变",还是说必须经历"创造性毁灭"?

针对第一个问题,西罗马帝国的覆灭表明,当出现的问题多到无法解决时,这些问题便会获胜。我们将这一过程称作"衰落"。当时,罗马帝国不得不日益依赖于蛮族,而后者最终摧毁了它。罗马亲手喂养了竞争对手。蛮族也好,游牧民族或定居社会也罢,所有社会都向着更高的组织水平和技术水平发展。游牧民族发明了马镫和骑射战术，中原人学习后，以此统一了中国。[38] 而让罗马人日益不安的是，北方虎视眈眈的各部族照搬部分罗马体制，行政管理日益高效。蛮族日渐文明开化，也因此更加可怕。[39] 威胁中国的蛮族也是如此：他们逐渐变得文明，学会了管理、生产和战争的技巧，这才真正变得危险起来。有个蛮人甚至熟背儒学经典，还常说："一物之不知者，固君子之所耻也。"他那教养极佳的儿子于公元311年洗劫了西晋首都，此事的影响力堪比罗马城的沦陷。[40] 罗马帝国的模式无法解决其经济、社会和军事问题。马克斯·韦伯指出，罗马帝国不再对外发动战争，这导致奴隶基数下降，进而加速了经济衰落，迫使罗马削减军事预算。奥托·泽克（Otto Seeck）强调技术进步的缺失所造成的不利影响，并认为这加速了精英阶层在内战和政治斗争中的消亡。[41]

通过中国发展停滞、欧洲扩张等后世事件的历史经验，本书还能大胆地给出另一个答案：由于没有足以与帝国相匹敌的竞争对手，它们对问题的解决方案日渐僵化、单一。相比之下，西罗马帝国分裂为多个王国，后又出现封建制度，各国力量相当，对抗不断，这反而增强了各自的竞争力。

第二个问题则更为复杂。文化体系的衰落真的无可避免吗？阿拉伯历史学家伊本·赫勒敦（Ibn Jaldún，1332—1406年）认为，所有文化都会经历上升、发展和衰落这三个阶段。人类历史可以被视作一场权力的竞争，而在这场竞争中，确实很难一直保持在第一梯队。问题不断变化，有时不能靠现有的物质工具或思想工具进行解决。这时，似乎只有破坏式创新才能解决问题。而破坏式创新源于剧变，即侵略、战争、劫难和革命。持这一观点的人将蛮族的入侵视作一种"创造性破坏"。[42] 毁灭是为了重建。经济学家约瑟夫·A.熊彼特（Joseph A. Schumpeter）提出了这一变革理论。任何创新都会破坏一些东西。[43] 改变永远意味着弃绝某些东西。如果一个社会希望一切都维持原有的样子，不改变，不创新，并试图用老办法解决新问题，那就好比用斧子去做神经外科手术，注定失败。

确实，战争等大型动乱能激发人类在紧急问题面前的创造力。许多学者因此认定，战争是人性前进的巨大动力。但对新型物质工具和思想工具的发明过程的研究表明，"无中生有"的创造是不存在的。相反，经过日积月累的进步，最后才在某个幸福时刻产生某一巨大变革。这一过程是技术进步史展现给我们的，笔者希望将其应用于对其他领域的描绘。文化演变学的任务之一就是探索能否在没有暴力动乱的前提下，动员足够的能量，以应对社会问题。因为暴力动乱固然能激发创造力，但在此过程中也产生了无数受害者。归根结底，问题在于当我们评估获益者的所得时，是否也要考虑受损者的损失。例如，二战期间美国工业取得了惊人的发展，武器这一毁人也自毁的商品的生产，创造了上百万就业岗位，带来了经济复苏。制造原子弹的曼哈顿计划汇聚了大批科学人才，规模前所未有。如果是为了非破坏性的目标，为了实现客观幸福，我们是否也有这样的动员能力？时至今日，这种情况仍未发生过。人们对战争似乎比对和平更有热情。

西罗马帝国的覆灭为我们提供了一个研究案例。罗马体制僵化，侵略者们却取得了罗马文化的"工具箱"。侵占某地不仅意味着占领一块领土，同时还是占领一个经过文化雕琢的生态位。亚拉里克二世（Alarico II）于公元506年颁布了《西哥特罗马法典》（*Lex romana visigothorum*），又名《亚拉里克法律要略》（*Brevarium Alarici*），汇编了罗马法律，在当时可能与日耳曼法律并行。正如麦克尼尔所说："文明开化的历史就是有吸引力的社会文化模式扩张延伸并以更高级的生活方式同化蛮族的历史。"[44]

在新形成的诸王国中，教会因其本身效仿罗马帝国的组织形式，而成为从罗马延续下来的主要元素。公元5世纪至8世纪，罗马主教至高无上的教义尽管没有得到东方的认可，却仍不断强化。教皇格列高利一世（Gregorio I Magno，590—604年在位）宣布教皇权力独立于君士坦丁堡帝国的王权，并对罗马周边地区进行分组，鼓励教士在理论上以基督教为国教的国家积极传教（虽然这些国家中仍有许多异教成分）。

从古典时代末到中世纪，修道士们完成了一项非常重要的任务，即传承古典时代的文化遗产。公元3世纪，圣安东尼（san Antonio Abad）离开文明世界，独居于沙漠，开启了埃及基督教的隐修传统。西班牙语中"修道士"（monje）一词源于"monakos"，意为"单个的，独自的"。从隐修传统的起源来看，它似乎并不能为文化遗产的传承做出贡献，反而可能起反作用，因为这种远离文明的避世独处意味着抛弃古代文化的世俗原则，选择"反文化",选择山林沙漠的"未开化"世界。但是很快,修道院或修道士团体便组建了起来,共同生活已变得至关重要,由一位修道院院长管理的修道士社会模式形成。修道院建立于东方基督教界各地,但并未像在西方一样按照宗教秩序组织起来。拉丁语区沿用了这一东方形式,但爱尔兰也形成了自己独特的传统。自公元 6 世纪起,修道院内形成了共同生活和宗教生活的纪律规范,其中努西亚的圣本笃(Benito de Nursia)制定的会规影响力最大。圣本笃于公元 520 年前后创立卡西诺山修道院(la abadía de Monte Cassino)。他为此修道院制定的规则,在未来长达几个世纪的时间内,被当作西方修道院的基本指南。同一时期,作家兼政治家卡西奥多罗斯(Casiodoro)在其位于卡拉布里亚(Calabria)的领地内设立了修道院,在其中抄写、摘编基督教早期拉丁和古希腊教父们的著作。[45]

外来的征服者们延续了罗马行政管理传统。正如征服了意大利的东哥特国王狄奥多里克一世(Teodorico)总喜欢说的:"受苦的罗马人模仿哥特人,而堪用的哥特人模仿罗马人。"狄奥多里克一世任命波爱修斯(Boecio)为官,后者将古希腊文化带到了中世纪,还在被狄奥多里克一世判处死刑之后,在狱中写出了中世纪"畅销书"《哲学的慰藉》(La consolación de la filosofía)。公元 4 世纪至 6 世纪,基督教学者们致力于重新阐释拉丁文化。他们试图找回古希腊和古罗马的"文化工具箱",后来阿拉伯人也投身于此,共同协作。文艺复兴时期,这项工作达到巅峰。卡西奥多罗斯是一个富有代表性的例子。他同样在狄奥多里克一世的宫廷中任职,著有《哥特人史》(Historia de los godos),并在其中将哥特民族的历史描述为罗马帝国历史的一部分。他还著有影响深远的《制度》(Institutiones)一书,其中指出通晓古典文学对理解《圣经》和基督教教父们的理念来说不可或缺。他规定了古典文学正典,这对整个中世纪的基督教教育产生了深远的影响。他本人也因此成为名垂青史的重要人物。

我们可以从西罗马帝国覆灭的经验教训中得出一个结论:前人的文化创造出了物质和思想"工具箱",对它的留存、寻回和转移维系着——或者说至少到目前为止维系着——人类大家族进步的延续性。如果必须进行选择,那么笔者认为,最重要的是要留存下那些能够消除人类进步之阻碍的工具。这些阻碍包括赤贫、无知、教条、恐惧与仇恨；而工具则是经济的进步、信息的吸收、批判性思维、尊重与同情。有了这些有力的工具，智慧的人们就能去建设客观幸福。

简而言之，公元 5 世纪到 8 世纪的这 300 年间，西欧逐渐遗失了此前古罗马复杂的政治经济组织形式。虽然保持了部分罗马传统，例如书面记录法律和政府行为，并融入了议事会等日耳曼元素，但政府组织形式仍然变得更为简单，税制几乎消失，贸易网络大幅萎缩。社会乡村化特征日益显著，自古罗马开始的私人依附关系的进程变得更为迅猛。

九、中心向东方转移

东罗马帝国因更为富庶，城市和政治结构也更为稳固，而得以延续下来。到公元 5 世纪，大多数原西罗马帝国城市的规模都已萎缩到原本的几分之一。与之相反，东罗马帝国的城市仍是繁荣的贸易和工业中心，拜占庭成为帝国首都。拜占庭帝国将古罗马国家结构、古希腊文化和基督教杂糅在一起。

公元 527 年，一位十分特别的人物——查士丁尼一世——继任为帝，试图重现帝国往日的辉煌，甚至希望重新将其统一。他击败了意大利的东哥特人，收复了北非以及伊比利亚半岛的部分领土，并同萨珊王朝保持着一定的平衡。他有两项重要成就留存至今：一是位于君士坦丁堡的圣索菲亚大教堂，二是上文提过的罗马法汇编《查士丁尼民法大全》。这部法典的影响持久深远。科芬（Coffin）和斯泰西（Stacey）认为，《拿破仑法典》不过是对该法典进行了现代包装。

法律往往起源于习惯——习俗就是法。君主伸张正义。但当国家的疆域更加辽阔、组织更加严密时，法律的传播便需要加以管理，因为法律条文有时相互矛盾，或者已经过时。为了梳理这些法律条文，查士丁尼设立了一个委员会。该委员会于两年后提交了首份成果，即《查士丁尼法典》（*Código*），其中系统编纂了哈德良（Adriano）在位时期以来罗马帝国的所有法律。公元 532 年，委员会又完成了《法学汇纂》(Digesto)，它汇总了重要法学家的著作，被誉为"世上最重要的法律著作"。《法学汇纂》在政治思想领域至关重要，因为其中的名言"君主所喜好的，便有法律效力"后成为君主专制制度的基础。

君士坦丁堡的居民人数达 50 万。东罗马帝国的民族极为多元。据说在首都便有 72 种语言，但礼拜仪式用的是希腊语，行政管理则用拉丁语。和西罗马帝国一样，多年来，东罗马帝国内部也针对究竟何为"追随耶稣"形成了许多不同的看法。

> 在位于今伊朗南部法尔斯省的阿尔达希尔教区（Rev-Ardashîr）等地，教区内都设有两座教堂，一座用希腊语举行宗教仪式，另一座用叙利亚语。两座教堂之间的竞争有时会引发肢体暴力行为，例如，在今伊朗西南部的苏萨城，相互敌对的主教们曾试图用拳头解决分歧。[46]

基督教自叙利亚和巴勒斯坦传至亚洲各地。公元 6 世纪中叶，一位讲希腊语的旅人曾在锡兰岛发现一个十分活跃的基督教社区，其神职人员自波斯任命。东方的教会集会时，往往先为波斯君主祈福。自从公元 7 世纪和 8 世纪，中国境内便出现了景教（nestorianas）基督教团体。一块刻于公元 781 年的叙利亚语和汉语双语石碑证明，当时在唐朝的首都长安已有教堂。这块石碑于九个世纪后被耶稣会传教士发现，令他们大为惊讶。一位从中国来的传教士曾写道，圣灵同中国当地民众的信仰完全吻合，"诸佛随风（圣灵）而变化，而风可达世界各地"，这样，"人们便永远敬重佛陀之名"。该传教士认为，基督教不仅能同佛教相容，且从广义上讲就是佛教。[47]

十、在非洲与南方诸海之间

发生改变的不仅是亚欧大陆。在非洲，班图人的扩张仍在继续。班图社会围绕勇敢的、智慧的"大人物"组织而成。1945年，方济各会传教士普拉西德·唐普尔（Placide Tempels）出版了《班图哲学》（La philosophie bantoue）一书，介绍班图人的世界观。他们认为，每个生物都被赋予了一种生命力，而宇宙就是各种力量相互作用的巨网，每个人的任务就在于增强这种生命力。现代非洲知识分子仍用班图人的方式描述非洲人的世界观。例如，桑戈尔（Senghor）在阐释所谓"黑非洲本体论"（l'ontologie négro-africaine）时，称其建立在生命力的基础上，这种生命力源自上帝，而上帝是存在的基础，又比存在更为激进。约翰·S.姆比蒂（John S. Mbiti）则将全球化、生命力、人类在宇宙中的中心位置以及群体的至高影响作为其特征。非洲人感到自身同周边世界有一种神秘的联系。人类不是宇宙的主人，而只是它的中心，是朋友、受益人和使用者。因此，人类必须同宇宙和谐共生，并遵守宇宙的自然法则、道德法则和神秘法则。如果违背这些法则，人类就要承担后果。姆比蒂说："非洲人通过长期的经验、观察与思考，得出了这些结论。"[48]

大洋中同样发生了巨大的变革。南岛人的迁徙手段十分有限，所达范围却极广。因此，他们的扩张是历史上最了不起的人类扩张之一。这些民族以菲律宾、印度尼西亚等东南亚岛屿为中心，占据了广阔的地理空间。公元前1500年至公元1200年，他们向东覆盖了整片太平洋，直至距其核心区域超过1.2万千米的夏威夷群岛和复活节岛，向南到达了新西兰，向西到达了位于印度洋最远端的非洲马达加斯加岛。当时，密克罗尼西亚、波利尼西亚（包括新西兰）和马达加斯加尚是未经开垦的无人岛，南岛民族在那里建立了新的社会。

这种海上迁徙虽然使用原始粗糙的工具（用木板绑成的木筏），但跨越的距离却十分遥远，有时超过2500千米。人们开始航行时，很可能并不期望返航，因此这些"发现之旅"往往是单程的。不过，距离较近的岛屿之间也维持着一定接触。这些冒险事业的动因在于寻找新资源和能够提供可耕地的岛屿，同时也在于建立新的社会团体，以此促进自身社会地位的提升。后者在很大程度上受到史诗和神话的驱动，而前人的航行留下的故事又不断丰富着这些史诗和神话。于是，经济需求、政治抱负、社会雄心，以及强有力的象征性刺激便结合在了一起。[49]

第十章

新主人公登场

一、穆罕默德

下面，本书将更换叙述的中心。公元610年发生的一件事改变了历史进程。这一伟大的创新延续至今。伊斯兰教斋月的第七日，麦加的一位阿拉伯商人在山洞中看到了神示。后来，他讲述道，一位天使用力抱他，逼得他不得不呼出胸腔里的所有空气。天使断然命令他：你读（Iqra）！商人徒劳地辩解说自己不会读，但天使只是再次抱住他，直到他快要坚持不下去了。这时，他突然发现新圣训的词句从自己的口中吐出。这位商人名叫穆罕默德。他开始传播自己的信仰，并认为它与亚伯拉罕所宣扬的信仰相同。他同周围的人们产生了对立，因此离开麦加，到了麦地那——穆斯林后来将此行称为"希吉拉"。12年后，穆罕默德的信徒们创立了自己的历法，并以希吉拉为元年，将历史分为"希吉拉前"和"希吉拉后"。它标志着"乌玛"（umma，即穆斯林社群）的形成。[1]

阿拉伯人和犹太人一样是闪米特人，祖先是亚伯拉罕与夏甲（Agar）之子以实玛利。因此，阿拉伯人也被称为"以实玛利后裔"（ismaelitas）或"夏甲后裔"（agarenos），还被称为"沙漠居民"（sarracenos）。穆罕默德开始传教时，阿拉伯世界正处于分裂状态，各个部落遵循自己的律法，部落之间相互交战。而23年后，穆罕默德去世时，几乎所有阿拉伯部落都已经统一在一起。阿姆斯特朗写道："穆罕默德的教导打开了力量宝库的大门。仅百年间，阿拉伯帝国的疆域便西至直布罗陀海峡，东抵喜马拉雅山脉。"[2] 伟大人物的动员能力影响了文化的塑造。

穆罕默德约于公元570年生于麦加的古莱什部落。麦加在当时是一个商业中心。每年夏季和冬季，各有一支庞大的商队从这里出发。《旧约》中的"ereb"一词，意思正是"游牧式的"。游牧式的生活既不能贮存财富，也不能建造房屋，还限制了部落的规模。他们的宗教也并不独特，最初信仰的神明是山泉和石块：盖曼（Ghaiman）的居民崇拜的是一块红色的神石；阿巴拉特（al-Abalat）的人们崇拜的则是白石；奈季兰（Najran）的人们崇拜一块黑石；还有最著名的至今仍受人崇拜的麦加克尔白天房陨石。石头在许多文化里都是宗教圣物。古希腊人曾崇拜翁法洛斯石器（omphalós）。西塞罗曾提到"宏伟的岩石"（mirifica moles）。西哥特统治时期，在公元681年和682年的两次托莱多宗教会议（Concilios de Toledo）上，"崇拜石头者"（veneratores lapidum）曾被逐出教门，不过可能并未成功。

那时，麦加有供奉着至少上百位神的神庙，但主神是安拉。穆斯林将伊斯兰教创立前的时代称为"蒙昧时期"（Jahiliyyah）——那时人们尚未试图将多样的神话传说统一起来。一神教已经在阿拉伯地区占据主导地位：阿拉伯和也门的部分地区存在犹太社区，而阿比西尼亚帝国（今埃塞俄比亚）则皈依了基督教。

穆罕默德的成就具有极大的原创性。有史以来，宗教与政治一直相伴相生，但来源往往不同。神职阶层利用政治权力，政治权威也利用宗教。奥克亨那坦（Akenatón）法老是一个特例，他在多神崇拜的文化中创立了一种一神教。穆罕默德的情况与此不同，他所创造的自一开始就是一项政治结构之中的宗教事业——他希望建立一个政治-宗教社群。这在穆罕默德去世后引发了许多问题。穆罕默德是神的使者，是社群的向导，但他的继承者却只能是领导人。人们选出了他的第一位追随者阿布·伯克尔（Abu Bakr）。他被称为"哈里发"，意为"代治者""代理人"。伯克尔的继任者是具有超凡才华的欧麦尔（Omar），他击败了萨珊王朝和拜占庭帝国，并凭借其统治策略吸引了许多部族加入。对外征服是一种推动力，但这并不意味着被征服的民众都要皈依伊斯兰教。穆斯林并不强迫他人皈依，因为这是《古兰经》的教诲。哈里发必须以实际行动表明他配得上这一职位。但继最初的四位"正统哈里发"之后，出现了两位继承人，他们分别代表着对伊斯兰教教义和穆斯林团体的两种不同理解，裂痕由此产生。结果便出现了什叶派和逊尼派,其分歧延续至今。目前,世界上约有15亿穆斯林,其中85%至90%属于逊尼派。在沙特阿拉伯、埃及、约旦等国,超过90%的民众都属于逊尼派。什叶派在穆斯林中是少数派系,约占全世界穆斯林人口的10%,总人数约2亿。伊拉克、伊朗、巴林和阿塞拜疆以什叶派为主流。同时,这一派系在也门和黎巴嫩的穆斯林中也占据着较大比重。此外,在阿富汗、科威特、巴基斯坦和土耳其,也有较多什叶派信徒。

什叶派认为,伊玛目(imán)——穆罕默德的继任者——必须由真主选择和指引,而其在人世的化身便是穆罕默德的堂弟兼女婿阿里(Ali)。什叶派认为,只有他们才是伊斯兰教信仰真正的传承者。而逊尼派则认为,伊玛目只需要依照教义行事,并不需要亲缘等人际关系。当时的逊尼派领袖来自倭马亚家族(familia Omeya),他们开始对外扩张。塔米姆·安萨利评价道:"倭马亚家族掌权也许终结了伊斯兰教的纯宗教属性,却开启了伊斯兰作为一种文明和政治帝国的演变。"[3]

对外扩张的战争有利于对内维稳。它将世界分为"达尔·伊斯兰"(Dar al-Islam,即"和平的穆斯林居所")和"达尔·哈尔白"(Dar al-Harb,即"战争地区",指非伊斯兰地区)。对外的侵略战争被神圣化了。但在最初的几场对外战争中,常备军队尚未组建,只有一些部落民兵。他们大概是偶尔心血来潮,便为信仰出征,上了战场。

加入乌玛其实很容易。首先要声明"万物非主,唯有安拉;穆罕默德,主之使者",然后完成四项义务:施舍捐献、按时斋戒、每天祈祷五次,以及到麦加朝圣。祈祷是一种极为有效的精神工具,为所有宗教所共有。祈祷通过各种方式将祈祷人的心灵引向超脱。一些方式更偏重于理念,另一些更偏重于情感;一些是随意的,另一些则需要不断重复,例如佛经和希腊东正教修士的祈祷词等;一些是精神上的,而另一些则完全是"身体力行"的,例如多次下跪朝拜、藏传佛教转经轮、犹太人在宗教仪式中随身携带写有《圣经》字句的护身符等等。每天分时段祈祷也并非伊斯兰教独有的特征,这有助于把宗教引入日常生活。犹太教的周六安息日活动和基督教周日礼拜的作用也都与此相似。时至今日,穆斯林仍勤勉地进行祈祷仪式,在伊斯兰城市中,也仍能听到宣礼员带领人们祈祷的声音。

在伊斯兰教及《古兰经》诞生的文化和宗教背景中,犹太教和基督教的元素十分鲜明。伊斯兰教中有许多概念都与犹太教相似,例如:严格的一神论、书面形式的启示,以及对被派遣到人间的先知的信仰,等等。此外,还有一些相似的做法,例如每日祈祷。《圣经》中的某些人物也出现在了《古兰经》里,这体现出伊斯兰教与犹太教之间的特殊联系。一神教的创始人亚伯拉罕成为犹太教、基督教和伊斯兰教共同的祖先。他还是穆罕默德本人的祖先,因为人们认为穆罕默德是以实玛利的后裔。同时,亚伯拉罕本要遵循神意,献祭其子,这是伊斯兰教中无条件服从神的意志的典范。因此,亚伯拉罕也被认作伊斯兰教的创始人,是最优秀的穆斯林。这样一来,伊斯兰教便自认为是最古老、最纯正的宗教,也是唯一以正确的方式崇拜真神的宗教,不像犹太教和基督教一样曲解了事实。伊斯兰教借此同其他亚伯拉罕系宗教区别开来。但从逻辑上说,这三种宗教同为"信仰型宗教"(religiones de fe),即人类置身于主的面前并信仰主的宗教,那么三者的核心是一致的。它们和中国长青哲学式的智慧宗教传统,或是印度的密契主义宗教,有根本性的区别。[4] 伊斯兰教中还出现了一些源自基督教的信仰、概念和用词,例如"末日审判"。在公元 6 世纪和 7 世纪,埃塞俄比亚基督教在麦加产生了巨大影响。因此,"耶稣""福音"等词的埃塞俄比亚形式(Isa、Injil)出现在了《古兰经》中。某些摩尼教元素同样十分明显。总体来说,伊斯兰教声称是对此前一神教传统的继承与革新,与上述宗教的关联也十分紧密。有些学者因此将早期伊斯兰教看作一种杂糅的产物,或是一种泛宗教运动。《古兰经》中同样蕴含着许多阿拉伯传统和价值观。这些元素往往经过调整,以服务于伊斯兰教信仰,或是被赋予了一些新的内涵。[5]

面对这一极具深度的现象,我们有必要像此前面对另外一些宗教时一样去自问:伊斯兰教成功的原因何在?伊斯兰教是当今唯一一种拥有一套涵盖全部公共生活和个人生活的体系的宗教。因此,许多穆斯林认为,伊斯兰教是抵御世俗主义泛滥的唯一壁垒。而一些立足于西方视角的学者则认为，伊斯兰教将无可避免地导致文明冲突。[6]

伊斯兰教中主观幸福与客观幸福的关系和基督教相似。加入乌玛并服从真主，就能获得奖赏，进入天堂。不同的是，基督教描述的天启（Apocalipsis）后的天堂是守礼的、冰冷的，而伊斯兰教经典中描写的则是一种幸福的永生：没有伤害，没有痛苦，也没有恐惧或耻辱，任何愿望都能得到满足。在这个天堂或"花园"（Yanna）中，人们的年龄和身高都相同。他们可以畅享珍馐美酒，过奢华的生活，享受其父母、配偶、子女（如果他们也进入了天堂）的陪伴。天堂上还有天仙美女，共赴极乐。伊斯兰教的天堂在本质上是男性的天堂。

伊斯兰教对本书中所用的文化演变模型提出了挑战。本书认为，在赤贫、无知、教条、恐惧与仇恨等阻碍被消除之后，不同社会将向着同一种客观幸福模式——例如"人间天国"或"普世乌玛"——演化。有些证据似乎指向这一结论。法蒂玛·梅尔尼斯（Fatima Mernissi）纵观伊斯兰文明的历史，并指出：导致伊斯兰国家现状的不是宗教，而是其领导阶层的专制。她称之为"现代性的截肢"。民主成了心腹大患。1994年，阿拉伯国家联盟通过了《阿拉伯人权宪章》（*Carta árabe de derechos humanos*），其中并未涉及参政和结社的权利。[7]伊斯兰研究专家吉勒·凯佩尔（Gilles Kepel）曾发问："伊斯兰世界会走向'穆斯林民主'吗？"[8]凯佩尔著书时似乎持乐观态度。但目前，宗教激进主义在某些国家卷土重来，却难免让人失望。

二、开疆拓土

伊斯兰文明的扩张势如破竹。鉴于其诞生地与当时赫赫有名的几大文明相比，处于"次级地区"，这种势头便显得更加惊人。正如迈克尔·库克所说，公元7世纪以前，没有人能预见伊斯兰文明的形成。[9]

伊斯兰文明的扩张可以分为三个阶段。第一阶段是在穆罕默德生前。这一阶段持续至公元632年，期间，阿拉伯半岛的大多数部落实现了统一。第二阶段是前三位正统哈里发在位时期,即公元 632 年至 656 年。这一阶段,穆斯林迅速征服了当时仍是拜占庭帝国行省的叙利亚和巴勒斯坦,以及萨珊王朝的伊拉克和伊朗,最后是当时属于拜占庭帝国的埃及。公元 656 年至 661 年,发生了首场内战(fitna),其结果是倭马亚家族掌权。第三阶段从公元 661 年持续至 750 年,伊斯兰世界处在倭马亚家族哈里发治下。这一阶段的领土扩张东至中亚的河中、呼罗珊、锡斯坦,今阿富汗所在地,以及今巴基斯坦的信德省,西至拜占庭帝国统治的非洲地区、马格里布和当时西哥特占领的伊比利亚半岛。

公元 750 年,阿拔斯(abasíes)家族掌权,并迁都巴格达。阿拔斯王朝的宫廷礼仪繁复,采用波斯的专制政体和文化,并十分慷慨地资助文学创作。阿拔斯王朝就是《一千零一夜》所描绘的世界。书中的主要人物之一哈伦·拉希德(Harún-al-Rashid),就是公元 786 年至 809 年在位的哈里发。

在仅仅一个多世纪的时间内,新生的伊斯兰帝国便覆盖了从大西洋沿岸到印度的广阔疆域。其对外扩张成功而迅速,这得益于多种因素。阿拉伯人积累了丰富的同周边帝国作战的经验,而拜占庭帝国和萨珊王朝则在经历了几十年的征战后国力衰竭。此外,数百年来,许多阿拉伯人占领地区的基督教徒,既依赖帝国的权威,又时常因宗教分歧而与帝国权威发生冲突。属于基督一性论派的埃及科普特教会和叙利亚教会就是如此。叙利亚和伊拉克的沙漠中,信仰基督教的阿拉伯部落的敌意尤甚。这些部落原本常常出兵支援拜占庭帝国和萨珊王朝,后来又轻易地站到了入侵者的那一边。[10]

拜占庭帝国和波斯帝国的行省早已建立成熟的体制。它们更容易融入伊斯兰帝国。原本的官僚精英阶层被保留了下来,因此,原拜占庭帝国和萨珊王朝的行政机构被纳入了新的政体。波斯、阿拉米、科普特和希腊的公职人员继续办公,地主和地方权贵仍然受到尊敬并继续征税,税率通常比上缴给拜占庭帝国和波斯帝国的要低。总体而言,这只不过是帝国权力的更替,对地方权力的影响不大,对下层民众的影响更是微乎其微。[11]

伊斯兰帝国的军事征服十分分散，因为阿拉伯人只沿大路攻占了大型中心城市。在扩张初期，远离大城市的地方几乎不存在他们的势力。几十年甚至几个世纪之后，穆斯林神职人员和商人才到达这些偏远地区，为之带去了新的信仰。而这些地区原本的行政体制薄弱，甚至根本不曾建立过，因此，对其进行征服的过程也更加缓慢，且充满对抗。北非的柏柏尔人居住地，以及高加索山区等地就是如此。

征服者和被征服者之间形成了一种互补关系，催生了新的伊斯兰文化。阿拉伯人贡献了他们的语言、诗歌形式和宗教经典，中东的皈依者则带来更为发达的文化，将上述阿拉伯元素打磨成了完整的文学文化。"新月沃地"上被征服的民族成为伊斯兰文明形成过程中的核心，起到了决定性作用。伊拉克和叙利亚的居民所讲的阿拉米语，和阿拉伯语一样属于闪族语系。后来，他们转而使用其征服者的语言。虽然当地的民族拥有极长的文化传统，但经历了长达千年的外族轮番统治——依次为亚历山大帝国、塞琉古王朝、罗马帝国、帕提亚帝国和萨珊王朝——其民族身份早已受到严重侵蚀。另一方面，虽然阿拉伯征服者的文化不及叙利亚人和伊拉克人的丰富，但他们拥有极强的民族、宗教和政治身份认同：民族认同来自伊斯兰教创立前的古老的阿拉伯文化，宗教认同来自强有力的伊斯兰一神教，政治认同则来自对"传播伊斯兰教信仰"这一有益事业的参与。伊斯兰教不仅是一种新的宗教，更是一种生活方式，是一种自带道德准则、民事法律和自我约束规范的完整的社会组织形式。[12]

三、欧洲登上舞台

阿拉伯人势不可挡地一路向西，征服了整片非洲北部地区，并于公元711年跨越直布罗陀海峡，入侵伊比利亚半岛的西哥特王国，然后继续北上。公元732年，阿布杜勒·拉赫曼·伊本·阿布杜勒·加菲基（Abd al-Rahman ibn Abd Allah al-Gafiqi）在普瓦捷败给了查理·马特（Carlos Martel）率领的法兰克军。当时，法兰克人占据着今法国、比利时所在地和德国部分领土。克洛维一世（Clodoveo）建立的墨洛温王朝由国王当政，统治这片广阔的领土，但宫相逐步掌握重权。墨洛温王朝的最后几位国王人称"懒王"（rois fainéants），因其大权旁落于宫相之手。查理·马特也曾担任宫相一职。其子丕平（Pipino）废黜墨洛温王朝的末代国王，并由教皇特使为自己行涂油礼，从而在上帝的庇佑下加冕为王。为表感谢，丕平将意大利中部的一块土地送给了教皇，教皇从此有了自己的领土，法国同教皇之间的特殊关系由此开始。为丕平加冕同时也增强了教皇的权威。

丕平之子查理（Carlos），即后世所说的查理大帝（查理曼），于公元768年至814年在位，期间极大地扩张了领土，占领了北方的萨克森、东方的巴伐利亚和克恩顿，以及南方的意大利和西班牙马克（Marca Hispánica），领土包括西欧大部分地区。他毫无顾忌地使用武力。公元782年，4 500名撒克逊囚犯叛乱，查理下令将他们全部处死。公元800年，查理在罗马由教皇加冕称帝。当时，拜占庭帝国的伊琳娜（Irene）皇太后废黜并弄瞎其子君士坦丁六世（Constantino VI），自己登基成为女皇。查理曼希望借由教皇加冕，利用拜占庭帝国被女性"篡位"的时机，重建西罗马帝国。"加洛林帝国"一词是现代史学中的习惯性叫法。在当时，该王朝被直接称为"罗马帝国"或"罗马法兰克帝国"。就这样，罗马传统的政治工具逐渐恢复了其影响力。科芬和斯泰西写道：

> 除去为数不多的几次中断，西欧的君主直到19世纪仍被加冕为罗马帝国皇帝。最后一位被授予此头衔的正是拿破仑。无论查理曼的具体动机为何，他对西罗马帝国的重建是西欧文明身份认同形成过程中至关重要的一步。[13]

"欧罗巴"（Europa）一词首次出现，是为了使查理曼帝国的统治与拜占庭帝国区别对立。该词的出处之一是圣里基耶修道院（abad de Centula）院长安吉尔贝特（Angilberto）作于公元799年的一首诗，诗中赞颂查理曼是"查理大帝，世界之首，欧罗巴之顶峰"[14]。

加洛林王朝试图建立一个道德框架，让整个法兰克民族得到救赎。他们坚信上帝在看着他们的一举一动。这一宗教目的和加洛林王朝每一位君主执政的任务密不可分。国王们为自己打造了高高在上的形象，并宣称他们把法兰克人从黑暗时代解救了出来。下面这个有趣的小故事恰好表明王权自视甚高。公元 801 年，巴格达强大的哈里发哈伦·拉希德，通过一位犹太商人的中转，送给查理曼一头名叫阿布尔-阿巴斯（Abul-Abbas）的大象。商人带着大象从北非乘船到达意大利的一座港口。随后，大象经由陆路送至亚琛。法兰克人对大象倍感兴奋，认为这一礼物证明哈里发承认法兰克王权。但事实上，哈伦·拉希德经常把充满异域风情的动物送给远方国家的君主，目的是宣扬自己非凡的力量。由于两位君主都是各自政治体系的中心，他们都从对自身权威的认知出发，对赠礼的含义进行了解读。然而客观上，哈里发的实际权力大于加洛林国王。[15]

一些学者提出"加洛林文艺复兴"的概念，认为它通过意大利和爱尔兰的僧侣以及几位西哥特主教保存并传承下来的材料，恢复了古代文化传统。这是一个由权力领导的教育项目，旨在传播基督教会"小圈子"里留存下来的拉丁-基督教文化和《圣经》文化。政府设立新规，在教堂中开设学校，重新促进教学，并制定了两种等级的课程：初级包括读写和歌咏，高级包括博雅教育七艺。上述举措都是为了培养能在帝国行政机构中担任公职的神职人员，但也并非不接收世俗子弟——查理曼传记的作者艾因哈德（Eginardo）就是其中之一。公元 789 年，查理曼颁布《广训》（Admonitio generalis），其中清晰地阐述了这一政策：

> 要为青少年教育建设学校。要在每一个教区和每一座修道院中教授圣歌、曲谱、吟咏、算数和语法。要对书籍进行严谨的修订。人们想要向上帝祈祷，却常常因为所用的书里有错误而做不好。

彼得·布朗（Peter Brown）认为，"文艺复兴"这一现代用词不能真实反映出上述教育项目的意图。该项目实际上是一种"修正"，是对基督教文化秩序的重新确立。因为人们认为，帝国的权力正应该用于纠正基督教世界的错误，以免招致上帝的怒火。而"上帝之怒"的具体表现则是让时人闻之丧胆的蛮族劫掠。[16]

四、对紧急事件的聪明解法：封建制度

查理曼去世后，帝国遭到维京人的入侵，并受伊比利亚半岛的阿拉伯人劫掠，内外交困，分崩离析。一项反复出现的进化脚本被投入使用。当帝国的中央权威被削弱时，地方代表便获得了自治权，原本的国家职位最终成了世袭头衔。埃及诸君主、萨珊王朝统治者、阿拔斯王朝衰落后的伊斯兰行省总督，以及加洛林王朝衰落后欧洲各地方官员，都曾经历这种情况。[17] 公元4世纪的中国也出现过类似的情况。[18] 日本的封建制度则更接近欧洲。[19] 欧洲采取了分封的形式，做出某种让步以换取服务。出现于10世纪末的城堡是这一运动的建筑学标志。

"封建"一词在现代带有贬义，但在那个动荡的时代，封建制度从多个角度看都不失为一种好办法。它建立在以正和博弈为基础的互担义务的链条之上。即使上层政治结构出现问题，君主和诸侯之间的互利关系仍能维持基本的稳定。这证明人类智慧的自我组织能力到这时候为止是非常有效的。当一种制度破产，社会通常并不会陷入无政府状态，而是自发地进行重组，同时力求实现正和博弈。博弈的主要参与者们懂得寻找共同利益，并认同互担义务。公元4世纪，蛮族入侵，击溃了中国北方政权，多个家族便聚集为营地，构筑防御工事，并忠于一位共同的领导人。中国人形成这种互助纽带，依靠的是儒学的精神遗产，而欧洲人则是通过基督教仪式达成类似的承诺。[20]

封建制度是文化演变长河的一部分，在历史上发挥着越来越重要的作用，并为解决冲突、促进平等与自由提供了一项强大的智慧工具。我们可以看到，从"等级"文化向"契约"文化的转变代表着家庭关系等社会组织关系的伟大进步。女性曾不能干涉其本人的婚姻契约。能够签订契约，代表着一个人的法律行为能力得到承认。15世纪时，人们开始要求契约具

有"自愿性",契约从而有了私法效力。契约建立在签约各方平等的基础之上,但这一理论于 20 世纪在劳工合同等领域受到了批判。尽管在理论上,签约方都是自由的,但必须承认,其中一方(例如劳工一方)实际上处于劣势地位,应该受到保护。这一工具在对客观幸福的追寻中发挥着重要作用。[21] 发达社会的特征之一就是保障契约的履行,并监督契约的内容,例如:不能允许任何人卖身为奴。

五、中国的辉煌

汉朝结束后,中国经历了几个世纪的分裂。公元 6 世纪末,短暂而高效的隋朝(581—618 年)建立。隋朝修建了连接黄河与长江的大运河,并将中国的统治区域扩张至今越南和朝鲜半岛。隋朝之后,建立了伟大的唐朝(618—907 年)。唐朝重新建都于古都长安,并将中华帝国的疆域扩张至中亚地区,统治着当地的突厥游牧民族。

公元 6 世纪,中国可能是世界上社会发展水平最高的国家。在唐朝,德行成为政府用人的基本标准,而科举制度带来了前所未有的社会流动性。

唐朝是中华民族和文化身份认同形成的关键时期。当时的主要道路上有 1 600 余座驿站,组成了广阔的邮政网络,这表明唐朝高度中央集权。儒学作为中华文化基石的地位得到巩固。皇家学院国子监内设立孔庙,在修史的同时,还修订了儒家经典的标准版本。史书的修订工作在朝堂中占据了重要地位,并被视为国之大事。教育也成为增强共同的文化身份认同的有效途径。公元 7 世纪,皇帝下令在每个州、每个县内都设立学校。一个世纪后,中国境内的官学可能多达 1.9 万所。同时,新的雕版印刷术也对共同文化的传播起到了重要作用。

公元 8 世纪,唐朝开始对别国产生不信任感。公元 819 年,韩愈上奏《论佛骨表》,批评佞佛之风使"迎佛骨"引起社会骚乱。奏疏中写道:"伏以佛者,夷狄之一法耳。"他批评人们遗忘中华传统美德,强调"万世之师"孔子从不关注"转世""永生",而是注重现时、现世。[22]

公元 907 年，唐朝灭亡。经过几十年的分裂，宋朝于公元 960 年建立。公元 960 年至 1127 年，宋统治着中国大部分区域，而 1127 年至 1279 年的南宋则只占有南方，直到被入侵的蒙古人所灭。宋朝建立的社会政治制度在其后的近千年间保持着相对稳定，一直到 20 世纪。宋朝时期的中国无疑在技术、商业、文化等领域都牢牢占据全球首位，且拥有当时世界约 1/3 的人口。但与汉朝、唐朝相比，宋朝军事力量较弱。这是因为，经历多年内战之后，宋朝皇帝将军队置于文官的从属地位，希望借此平息叛乱和冲突。

所谓"中国中世纪经济革命"也在宋朝达到顶峰："中国制造"遍布东亚、印度洋地区和伊斯兰世界。摩洛哥旅行家伊本·白图泰（Ibn Battuta）于宋朝灭亡一个世纪后，在印度洋沿岸见到了甲板多达四层的中国巨轮，不由地赞叹道："世上没有比中国人更富有的民族。"中国在当时也许还是世界上城市化水平最高的社会——全球的城市人口半数都在中国。

那时，中国已经存在多名商人为降低风险而共同投资的情况，还出现了创新性的信贷体系，甚至还有期货合同。市场上的农产品更加丰富，支付手段也有了极大的发展——商人们开始使用汇票和存单进行交易。国家对盐和茶进行垄断，对其贸易发放专卖凭证，"盐引""茶引"很快也成为代币。这些单据、凭证的使用推动了纸币的出现。最初发行的纸币是区域性的，之后又发行了法定全国流通的纸币，尽管这很快导致了通货膨胀。

一位僧人曾这样描写当时典型的农村集市：

> 朝日未出海，杖藜适松门。老树暗绝壁，萧条闻哀猨。
> 迤逦转谷口，悠悠见前村。农夫争道来，聒聒更笑喧。
> 数辰竞一墟，邸店如云屯。或携布与楮，或驱鸡与豚。
> 纵横箕帚材，琐细难具论。老翁主贸易，俯仰众所尊。
> 区区较寻尺，一一手自翻……[23]

最有意思的是，纺织品与煤炭的生产发生了根本性变革，使 18 世纪英国的工业革命成为可能。宋朝时期，中国人发明了靠水力或畜力运作的纺织机。1078 年，中国的铁产量接近 12.5 万吨，相当于 1700 年全欧洲的总产量。中国在那时无疑是伟大的世界强国。

六、中世纪印度的变迁

中世纪初期的印度发生了以下标志性事件：各地区的王国崛起，婆罗门教成为信徒众多的印度教新教派，各区域文化形成。除此之外，伊斯兰教的影响日益增强，在 13 世纪德里苏丹国建立以后尤为如此。[24]

印度教的革新主要体现在对湿婆、毗湿奴（Vishnú）及其化身，以及母神提毗（Devi）等诸神传统的发展上。虽然这些传统有各自的典籍和仪式，但仍同属吠陀神学，同属于印度教。同时，还出现了民众教派"巴克提运动"（bhakti）。这种教派反对婆罗门教的正统理念，引入一神信仰，宣扬通过向一位神虔诚奉献来获得救赎。巴克提教派的这种神秘的、虔诚的热情，后来成为印度教的关键特征之一。

南亚次大陆在宗教领域的另一巨大变化是印度佛教的逐渐消失。印度佛教在中世纪日益衰落，个中原因复杂：公元 5 世纪和 6 世纪，匈人的劫掠破坏了印度佛教团体；佛教本身对其他宗教较为宽容；佛教以寺院生活为核心，忽视世俗世界，且过分依赖统治者的支持；众多寺院在穆斯林入侵时遭受洗劫；最重要的是，印度教传统复兴，巴克提教派运动兴起，涵盖了一些原本在佛教中获得满足的需求，比如个人救赎。佛教是印度最伟大的创造之一，但在其故土却不再受人重视。

七、权力之争

与此同时，在欧洲，帝国和教廷之间往来密切，又冲突不断。二者相互支持：教皇为皇帝加冕，皇帝反过来任命或罢黜教皇。截至 1059 年，共有 25 人曾任职教皇，其中 21 位系皇帝任命，5 位被皇帝罢黜。[25] 加洛林王朝的灭亡削弱了教皇的权力，使其受制于罗马教廷和贵族世家。但德国仍抱有重建西罗马帝国的想法。公元 962 年，时任教皇为奥托一世（Otón）加冕为神圣罗马帝国皇帝，但后来又不再服从奥托。于是，奥托将其罢黜，擢选利奥八世（León VIII）继任教皇，并迫使日后的教皇在就任前必须宣誓服从皇帝。

一个世纪后，在一场广泛的教会改革运动中，格列高利七世（Gregorio VII，1073—1085 年在位）宣布教皇凌驾于皇帝之上，且有权罢黜不能胜任的皇帝。这对皇帝来说是无法接受的，因为皇权部分依赖于其任命教皇的权力。叙任权斗争由此开始。格列高利将改革聚焦于教会的自由：反对买卖圣职，捍卫神职人员的权威和宗教领域自治权。他希望借此将神圣同世俗分开，并自认为神圣的领域明显更高一等。[26]

这意味着对权力进行新的反思。这种反思对欧洲解决政治权力与宗教权力之间的关系问题，具有决定性作用。它希望宗教与世俗相互独立。二者的分离为世俗国家的建立奠定了基础，但政教分离的世俗国家仍要在很久之后才能真正建立起来。[27] 这种新思考恰好与罗马法这一重要的智慧工具的复兴同时发生。自 11 世纪起，博洛尼亚开始系统地研究罗马法，并发展教会法（derecho canónico）。教会开始建立自己的法律体系，并于 1140 年达到顶峰——这一年颁布了由法学教士格拉蒂安（Graciano）编纂的《教会法规歧异类解汇编》（*Concordancia de las discordancias de los cánones*）。这也代表着教会开始干涉家庭规范和两性关系的立法。这种干涉对西方性道德的决定性影响延续至 20 世纪，因此从文化演变的角度来看十分重要。

政治权力和宗教权力的对立、罗马法的复兴，以及对法律的反思，这三种因素共同塑造了欧洲体系随历史发展而不断传承的一个特征。福山称之为"法治原则"，即法律必须是正当的且预先存在的。最高权力不在执政者，而在法律。执政者只有通过法律获得应有权力，才具有合法性。[28] 纵观历史，这一问题曾反复出现，但其规划和解决方法都日益精炼完善。这说明，"文化的演变"是一种切实的论点，是对各种解决方案去粗取精的实验。

八、伊斯兰教与欧洲的重逢

1096年夏季的一天，基利杰·阿尔斯兰一世（Kilij Arslan）苏丹接报，说有一群奇怪的战士进入了他的领土。安萨利写道："说他们奇怪，是因为这些人的武器装备很差，除了少数几个还像战士，其余的倒像是跟着君王上战场的随从。"[29] 几乎每个人的衣服上都缝着一个红色的十字。经查，这些人自称法兰克人。当地的突厥人和阿拉伯人称他们为"法兰尼人"（al-Ifrany）。他们宣称自己来自西方，要杀死穆斯林，并征服耶路撒冷。阿尔斯兰杀死或是驱散了这些"部队"的战士，然后就将其抛在脑后。他那时还不知道，巴勒斯坦的穆斯林将在未来的两个世纪里不断遭受攻击，而这群人不过是这场运动的先遣部队。这场运动后来还催生了一个破坏性脚本，即十字军东征。杜普朗德（Duprond）将其归入出于宗教原因而发动的"圣战"。

许多证词证明了十字军的残暴。卡昂的拉尔夫（Rudolfo de Caen）目睹了暴行，并称曾发生吃人事件。穆斯林得到不会再有人受害的承诺，这才投降，交出了耶路撒冷，但结果却是最为可怕的大屠杀。一名十字军士兵回忆他们的胜利时，提到他骑马踏过街巷，看到异教徒血流成河，断头、断手、断脚堆积如山的"宏伟景象"。[30]

这些战士从何而来？来自基督教世界各处。教皇乌尔班二世（Urbano II）号召十字军东征，解放耶稣曾经生活又死去的圣地。英国历史学家、十字军东征领域专家克里斯托弗·泰尔曼（Christopher Tyerman）在其著作开篇写道：

> 事实证明，得到社会首肯和宗教支持的暴力行为在文明社会司空见惯。如今所说的十字军东征，便是这一现象的具体表现。它自11世纪末便成为西欧文化的特色，并持续了500多年。十字军东征反映了一种以战争为基础的社会观念：战争是保护、仲裁、约束社会、政治表达和获取财物的主要力量。"十字架之战"被其参与者视为基督教的慈善、虔诚奉献以及残暴天罚的具体表现。它有助于塑造"同属于基

督教世界"的共有情感,也对"基督教世界"的人文和地理边界进行了划定。十字军东征就这样影响了对欧洲性质的定义。[31]

暴力问题贯穿整个中世纪。这是因为,尽管罗马和日耳曼民族把以法律为最高秩序的思想传承了下来,但同样也保留了"自卫"的元素,即受到损害者私自复仇。中世纪的国王们先是努力限制这种"自卫",后来试图完全禁止它。总体来说,个人的暴力行为最终被控制在士兵阶层,因为暴力是士兵不可能丢弃的基本道德。由此,诉诸武器也成了一种贵族特权。[32]

托马斯·N. 比森(Thomas N. Bisson)对中世纪权力的行使进行了研究,并写道:

> 骑士们持有武器,他们狂放浮夸却又十分贫穷,因此把自己局限在避世的小圈子里,只谈论武器、功绩、马匹、袭击,以及他人如何恳求帮助。他们的对话总是围绕着战斗的计谋和攫取的财物,却回避个人收入和管理方式的话题。[33]

暴力开始令人难以忍受:

> 到处都是手持武器的骑马人。这些人能强逼农户或夺取他们的土地,有的甚至像地主一样,或是想要像地主一样作威作福。他们在高塔和护城河附近引发骚乱。1080 年前后,主教杰拉德二世(Gerardo II)在康布雷加固他的教堂时发出的"巨大而可怕的噪音"就是如此。这些人身着锁子甲,昂首挺胸地骑在马上,根本不可能被认作贫穷的骑士或家仆,反倒像极了贵族老爷,足以以假乱真——而这正是他们的目的。[34]

乌尔班二世无疑认为,与其针对欧洲的基督徒,不如把这种暴力引向异教徒。于是,他号召了第一次十字军东征。

当时的伊斯兰世界根本没有将这一攻击行为看作伊斯兰教与基督教之间的"史诗大战",但十字军恰恰这样认为。对穆斯林而言,这不是一场文明的冲突,而是一场降在文明世界的灾难,因为他们在"法兰尼人"身上看不到一丝"文明"的影子。一位名叫乌萨马·伊本·蒙奇德(Usama ibn Munqidh)的阿拉伯亲王曾这样评论法兰克人:"他们就像野兽,除了勇气和战斗热忱,没有其他高于他人之处,正如野兽长于力量和攻击性一样。"穆斯林十分厌恶十字军,以至于看拜占庭人都顺眼许多。明白十字军东征的政治和宗教目的之后,他们对"罗马人"(指拜占庭人)和"法兰尼人"进行了区分。穆斯林称这段暴力时期为"法兰尼人战争",而非"十字军战争"。

宗教战争开始在欧洲成为常态。1209年,教皇英诺森三世(Inocencio III)发起了对清洁派的十字军战争。他宣布,任何人都能随意处置清洁派的财产,且参战40天就能免除一切罪过。天主教会的最后一位教父圣伯纳德(san Bernardo)曾于1145年为鼓动第二次十字军东征而布道。这是一位十分复杂的人物,在他身上体现出,教条主义能在多大程度上导致对异己者的仇恨以及同情心的缺失。他是一位公认的神秘主义者,曾撰写圣殿骑士团团规,并称以上帝之名杀人应受赞扬。[35] 几个世纪以来,宗教的愤怒席卷欧洲,恐怖才刚刚开始。

第十一章

危机与复兴（1200—1400年）

一、风暴再临

气象学图表能显示云层是如何形成、扩大、变化、消散的。历史的叙事具有同样的流动性，却难以在一本书中进行描绘。历史就像珀涅罗珀（Penélope）的织物，像西西弗斯永远无法完成的任务，一面成形，一面又消解。国境不断变迁。人们结盟，争斗，议和，毁灭，又重建。原本的敌对方联合起来，对抗之前的盟友。在这样一幅多变的场景中，演变的主线却是恒定的，因为问题与困难始终存在。解决问题的工具不断完善，有时又被人遗忘。人类的智慧总是借各种合适的机会，寻求更好的生活组织模式。对创造性活动的研究告诉我们，创造者们所遵循的"搜索方案"总是非常模糊。他们并不能确切知道自己想要的究竟是什么，因为那尚未存在。比起"想要"什么，他们更清楚自己"不想要"什么。客观幸福的创造也是如此。大多数发现都发生在人们"避害"的过程中。

在本章所讲述的历史时期，贸易网络仍在不断发展。亚欧大陆已经形成三大文化-宗教区域：信仰基督教的欧洲、穆斯林主导的北非和西亚，以及以佛教为主的南亚和东亚。三大区域之间通过陆路（穿越亚洲高原的丝绸之路）和水路（从中国南海经东南亚群岛和印度洋到地中海）相互沟通，接触日益增多。中国经济大幅增长。比萨、热那亚和威尼斯等意大利城邦为掌控贸易而争斗不休。十字军东征仍在继续，向着"圣地"发动的袭击多达九次。1218年，一支远征队曾前往埃及，希望开辟迂回到达耶路撒冷的路径。亚西西的方济各（Francisco de Asís）跟着南向的部队一同出发，想要劝卡米勒（al-Kamil）苏丹皈依。十字军惨败。正当将领们考虑投降之时，他们收到消息称，有一支庞大的部队正从亚洲腹地前来支援——这一定是传奇人物祭司王约翰（Preste Juan）的部队。关于他的信件一直在流传，信中说："朕，祭司王约翰，乃诸君之君，财富、德行和权力超越世上其他所有君王。"他那奇妙的王国离天国很近。[1] 但这个消息是假的。"向着十字军而来的部队，并非沿着天国大道前进，反倒直指地狱之路。蒙古人奔腾而至。"[2]

游牧民族再次出现。11世纪末，中国和草原世界的交界处以北生活着诸多部落，蒙古人只是其中之一。时人称他们"生如野兽，没有信仰也没有法律，只是四处游荡，如同野兽逐水草"[3]。

这时出现了一位杰出的领袖——成吉思汗（1162—1227年）。他所征服的领土从中国北部一直延伸至高加索地区和今乌克兰所在地。他的继任者继续扩张，并于1258年摧毁巴格达，结束了哈里发的统治，又于1276年灭南宋，占领中国全境。他们学习了航海和中国的火药制造等技术。在征战期间，成吉思汗之孙忽必烈成为大汗，并建立元朝，"元"意为"初始"。元朝定都于大都，即今北京。1300年，元大都已经成为全球第二大城市，仅次于南宋故都杭州。元朝的统治从1271年持续到1368年。忽必烈的一生几乎都在中国度过。他采用中国的政治模式，穿着中式服装，但似乎一直没有学会汉字的读写。他只任命蒙古人担任要职，并将民众分为四等，末等是"南人"。13世纪，蒙古人异常迅猛的扩张改变了整个亚洲大陆，深刻地影响了亚欧地区的所有文化。

不可否认的是，蒙古人的入侵带来了大片破坏。当时的人们曾记录下十分血腥暴力的征服过程。但当被征服的地区重归和平，他们又促进了贸易、信息传播、文化交流和物种交流。13世纪至14世纪初的"蒙古治世"时期，商路十分繁荣。列班·巴·扫马（Rabban Bar Sauma）、马可·波罗（Marco Polo）、鲁布鲁克（Rubruck）、伊本·白图泰等人的长途旅行就发生在这一时期。这些旅行显示了对了解和接触其他文化的兴趣，也启发了后世欧洲人对世界的探索。蒙古人维系着商路的稳定。成吉思汗的继任者窝阔台建立了哈拉和林，用以招徕商人。满足需求和欲望的两种方式——武力和贸易——再次出现对立。修昔底德在《伯罗奔尼撒战争史》的开篇将不进行贸易视作"蛮族的病征"。[4] 赫希曼（Hirschman）在其著作《欲望与利益》（*Las pasiones y los intereses*）中，论述了 17 世纪和 18 世纪思想家们所认为的以"利益"替代"欲望"的益处：后者放肆无度，前者则善于计算；后者烧灼如烈火，前者则心性和平。[5]贸易是一种正和博弈。人类的历史体现出，贸易有利于和平。

蒙古人的宽容态度也吸引了各种宗教信仰流入。窝阔台的继任者蒙哥汗曾对一名基督徒说："手有五指，天有诸道。"1254 年，蒙哥汗让基督徒、穆斯林和佛教徒展开一场公开辩论，许多人前去观战。辩论会的开头十分不错，但由于按照蒙古习俗，每一轮辩论之后都要上一次马奶酒，结果所有参与者都喝醉了。基督徒唱起了圣歌，穆斯林诵起了《古兰经》，佛教徒回家冥想参禅。

蒙古人显著地改变了边境的格局。但在征伐过后，一切尘埃落定，此前的各大地区内再次出现了各自的政治实体，其中包括中国、印度、波斯、安纳托利亚等。[6]而在中亚和俄罗斯等中央集权传统和国家结构较弱的地方，蒙古人的影响则更大。从某种意义上来说，蒙古人拓宽了其属国和邻国的视野，从而促进了亚欧一体化。同时，他们也在东西交流的路径上留下了深刻的印记。蒙古人将文化各异、相距遥远的地区融为一体，从而在某种程度上预见了欧洲在未来几个世纪发展出的帝国统治模式。[7]

二、日本加入网络

在更加遥远的东方，一种十分特殊的文化正在形成。它通过吸收外来思想，建立了强大的身份认同。这就是日本。自 12 世纪末，日本便采用了"幕府"这一政治形式，并一直沿用至 19 世纪。幕府是一种军政府形式，将军行使实际权力，而在京都（时称"平安京"）仍有帝国朝廷，只行使礼仪性职能。葡萄牙人在 16 世纪开始接触日本时，对日本政体的"翻译"可谓一针见血：他们把天皇比作罗马教皇而非皇帝，因其同样具有精神领域的最高权威；将军则被视作世俗君主，是实际政治权力的拥有者。[8]在此期间，禅宗在日本获得了极大的发展，部分原因在于，幕府将军希望借此安抚精英武士阶层。禅的纪律和训诫构成了日本武士阶层精神的基本要素。禅对日本诗歌、艺术等领域的美学,以及伦理道德和精神生活,都产生了至关重要的影响。[9]许多日本传统文化元素都受到了禅宗的影响,例如简朴的审美追求、茶道、在室内直接铺在地上的榻榻米和透光纸糊成的推拉门(障子),又如花艺、禅宗庭院、多人联咏的连歌,以及当时最为突出的文学创作形式——脱胎于民间戏剧的精细剧种,能剧。[10]

我们可以将禅宗视作日本贡献给人类集体的一项强大的精神工具。铃木等大师曾尝试将其介绍给西方。[11]正如其他伟大的东方意识形态一样,禅宗不仅是理论概念,更是一种经历,即一种"道"。

三、印度和东南亚

穆斯林的首次扩张止步于印度西部。11世纪,印度河流域(今巴基斯坦)被一个突厥族穆斯林王朝攻陷。在本章所述时期,随着德里苏丹国于1206年成立,伊斯兰教传入恒河流域。1398年,德里苏丹国遭到突厥化蒙古人帖木儿率领的军事入侵。帖木儿是历史上最后一位伟大的游牧民族首领,他的军队曾一直攻到莫斯科。

穆斯林统治时期的印度的宗教情况也许有助于我们理解当今的形势。我们不应认为,在苏丹国时期,外来宗教(伊斯兰教)被强加于广大的印度教徒。事实上,这些征服者中既有伊斯兰化的突厥人(军事将领,只占少数),又有波斯人(高级官僚,其中许多人在蒙古入侵后逃亡而来)。这些波斯人带来了波斯的文化(文学、音乐、建筑),并在行政机构和司法机构中身居高位。波斯语成为政府办公和外交时所使用的语言,并一直沿用到19世纪初。因此,在印度写就的波斯语文献远多于在伊朗写成的。印度教仍是乡村民众的主要信仰,而伊斯兰教逐渐在北部城市中传播。总体而言,皈依伊斯兰教并非为权力所迫——掌权者并不愿因此失去非穆斯林所缴纳的税款。许多皈依者都来自——但不限于——身份较低的阶层,他们出于自身利益的考虑,希望通过皈依伊斯兰教,跻身官僚阶级,提高社会地位。苏菲派穆斯林的密契主义形式对许多印度人别具吸引力,因为他们的宗教活动和讲求虔诚奉献的印度教巴克提教派并无太大区别。许多苏菲派智者被视为圣人,与印度瑜伽士、圣者相似。有些掌权者较为宽容,甚至将印度人也视为"迪米"(dhimmies,原意为"书中诸民族")。因此,只要他们服从苏丹并纳税,这些掌权者便对他们的宗教活动持宽容态度。但也出现过残忍的举措,尤其是在战争时期,许多重要的印度神庙都被亵渎并摧毁。[12]

德里苏丹国时期,王室通过捐赠进行政治统治。为了维持这一政策,他们急需用钱,于是采取了许多措施以增加收入。这些举措中最为突出的一项,便是铸造金属实际价值远低于名义价值的铜钱。结果,民间大量制造假币,最终导致这种铜钱被废止。[13]

当时,许多印度穆斯林香料商人时常前往苏门答腊岛和马来西亚等地经商,伊斯兰教也随之从印度传往东南亚。到16世纪,伊斯兰教已经是爪哇岛和苏门答腊岛的主要宗教,后来又传到印度尼西亚群岛的其他诸岛,以及马来西亚。[14]在东南亚各大港口,尤其是在今印度尼西亚诸岛上的穆斯林商人,是伊斯兰教传入的主要媒介。不过,当时的民众对权力统治的反抗,也为伊斯兰教的传播做出了贡献。信奉印度教的满者伯夷国于14世纪征服爪哇岛及其他岛屿的大部分地区,并要求各个城市以及地方贵族都要进贡。后者因而信仰了伊斯兰教,以示对印度教征服者的反抗。爪哇岛上信仰伊斯兰教的城邦在与中国的贸易中积累了大量财富,最终得以推翻满者伯夷国的统治。满者伯夷王室所逃往的巴厘岛,现在已是东南亚唯一仍以印度教为主要信仰的地区。[15]

南亚次大陆和东南亚地区在那几个世纪间开启了伊斯兰化进程,其影响延续至今——穆斯林的人口比重明显倾向于这些地区。目前,穆斯林人口最多的国家是印度尼西亚(2.25亿人)、巴基斯坦(2亿人)、印度(1.9亿人)和孟加拉国(1.5亿人),其数量远超过伊斯兰教发源的中东各国。上述四个国家的穆斯林人口数量合计占世界穆斯林总数的近44%。

四、伊斯兰世界的马穆鲁克苏丹国

与此同时,伊斯兰世界的其他地区找到了解决政治权力继承问题的办法——马穆鲁克制度。这一制度不以人际关系招收新人,因此确保被招收者都忠于统治者,同时也不涉及家庭或部族关系,不会产生个人利益诉求。"马穆鲁克"(mamluk)常被译为"奴隶士兵",但这反映的是他们对统治者个人的服从与忠诚,而与"奴隶"所指代的低下的社会地位无关。这种"军事化奴隶制"是伊斯兰世界的一种特殊现象。通过这一制度,非穆斯林的政治军事精英被收编,因为伊斯兰教禁止把穆斯林作为奴隶。马穆鲁克制度自阿拔斯王朝就已存在。[16]

马穆鲁克王朝多为突厥民族[17]所建,并主宰了中亚地区,例如公元10世纪至12世纪的伽色尼王朝。德里苏丹国的苏丹也是出身奴隶的突厥将军。也许,最著名的马穆鲁克王朝当属建于1250年的埃及马穆鲁克苏丹国。该国曾抵御蒙古人对叙利亚的入侵,又击溃了最后几次十字军东征,并迅速走向辉煌。埃及马穆鲁克苏丹国时期,其首都开罗是世界上最大的城市之一。这主要得益于开罗与地中海地区、印度洋地区之间的贸易。亚洲香料通过这些贸易路线进入欧洲市场。威尼斯是受到苏丹国偏爱的贸易伙伴。[18]

五、欧洲觉醒

一直以来吸引着历史学家的谜题之一便是,位于亚欧大陆西端的贫穷而动荡的欧洲,为何能在几个世纪后站到了世界政治、经济、文化的顶端。欧洲同其他亚欧文明的"大分流"(gran divergencia),是费尔南·布罗代尔(Fernand Braudel)、卡洛·M. 奇波拉、戴维·兰德斯(David Landes)、弗朗索瓦·克鲁泽(François Crouzet)、彭慕兰(Kenneth Pomeranz)等诸多学者研究的课题。[19]

公元10世纪,著名的阿拉伯地理学家马苏第(al-Mas'udi)曾这样描述欧洲人："他们没有幽默感。身材倒是高大，但性格粗俗，理解力低下，语言粗鄙。越往北，人越愚蠢、粗俗、野蛮。"[20] 1068年，穆斯林治下托莱多城的卡迪，赛义德·安达卢西（Said al-Andalusi），写了一部关于各类国家的著作，其中说北欧民族"未通教化，类兽而不类人"。直到13世纪，牛津大学教授罗杰·培根（Roger Bacon）请求教皇命人研究自然科学时，还要从阿拉伯语翻译、引进。在12世纪和13世纪，这项工程主要在托莱多等西班牙城市，以及西西里岛进行。

我们又要开始"逆推历史"。几个世纪以来，中国一直是最富庶、最强大的国家。但到了1913年，11个欧陆帝国控制着全球近3/5的领土和人口，经济生产总量占全球的79%。[21] 文化演变学在此时面临着一个不可避免的折中的难题：这种霸权只是"适者生存"这一残酷的达尔文式过程的结果吗？还是说，除了武力因素，还有象征着人们对客观幸福的追求的其他因素在发挥作用呢？结论喜忧参半。人们普遍认为，欧洲创造了实现客观幸福的最优解，但其所用的方式却往往非常暴力，似乎为达目的可以不择手段。毫无疑问，欧洲既是人权的摇篮，又是国家理性的摇篮，还是政治马基雅维利主义和殖民主义的摇篮。

我们将会详尽地了解到，欧洲发展出了日益强大的物质工具和智慧工具，并学会了高效地使用它们。这些工具包括科学、军用技术和不断累积的信息，也包括更为公正的政治制度和对权利的承认，等等。暴力和抵御暴力的手段令人不安地混杂在一起。此后的历史篇章将以时间顺序记叙这种混合。如果我们继续"逆推历史"，要想找到19世纪和20世纪欧洲霸业的来龙去脉，我们必须回溯到本章正在记述的这段历史。这样一来，我们就达到了一种有趣的相互映衬的效果：过去能帮助我们理解现在，而对现在的理解又能帮助我们研究过去。马克·布洛赫（Marc Bloch）所谓"对过去的误解源于对现今的无知"[22]，以及吕西安·费弗尔所谓"分析现在可为研究历史提供地图与指南针"[23]，所指即此。我们必须知道，我们要在历史中寻找的是什么。比较历史学和比较语言学的道理与之相似：我们对一个国家或一种语言的了解，能帮助我们理解另一个国家、另一种语言；后者反过来又有助于加深对前者的认识。

欧洲的霸权是一个漫长的周期性过程，珍妮特·阿布-卢格霍德（Janet Abu-Lughod）认为它始于1250年至1350年的百年间，并认为这百年堪称"世界史的决定性转折点"。[24] 为避免立论完全以欧洲为中心，她表示，13世纪初，蒙古帝国凭借其促进贸易的能力雄踞世界中心，而正是蒙古帝国的衰落使欧洲有机会上行登顶。这一论点并非人人信服，但却为我们的研究提供了新思路。要理解历史的进程，我们不仅要知道赢家做了什么，还要知道"输家"做了或没做什么。例如：如果我们不了解非洲文化应对结构性问题的方式，那么我们也就无法完全理解奴隶贸易、现代殖民主义帝国的行为，以及其中某些帝国体制的不稳定性等充满戏剧性的历史篇章。

伊曼纽尔·沃勒斯坦（Immanuel Wallerstein）在其影响深远的名著中曾将"巨变"发生的时间定于16世纪。[25] 他认为，资本主义是现代化最具代表性的现象，而资本主义正是发端于16世纪。弗格森（Ferguson）同样认为，在16世纪出现了一个惊人的现象："大约在1500年之后，广袤的亚欧大陆的最西端的几个小政权，逐步统治了世界——包括人口更多且在许多方面都更加先进的东方社会。这究竟为什么呢？"[26] 无论如何，沃森所言不假：欧洲在1500年之前所经历的转变，"也许是思想史领域最令人着迷的问题之一"。[27]

六、合流

按照本书所用的模型，我们可以断言，在这段时间内，许多互不相关的解决问题的尝试，逐步勾勒出了一种客观幸福模式，且该模式与当今所流行的模式相似。对个性的肯定、对理性的赞扬、经济上的进取、城市的自由、对权力的约束，以及骑士精神的遗存——这些元素在13世纪交汇。尽管当时只有少数先驱窥探到了自由与自治的曙光，并对此抱有不确定感，"顺从"这一"政治和宗教领域最基础的态度"，和"权威"一样，出现了裂痕。自省得到了鼓励，原因之一在于，1215年第四次拉特朗公会议敕令教民每年必须至少做一次告解。这种对自我的审视不仅具有道德效用，还能促使人们自律地进行反思。审视良心原本只是斯多葛学派和伊壁鸠鲁学派（epicúreos）的做法，自此则在整个天主教世界得到推广。不过，其目的并非发现每个人的个性，而是提高对主的忠诚，以及对耶稣的效仿。在禅宗的影响下，明朝中国同样讲求自省和自我约束，人们被要求每日对善行进行总结罗列。[28]

个人被置于世界的中心。这一点通过文艺复兴、新教改革、对权利的新认识，以及早期议会体系的出现而得到了强化，并同人们对理性的推崇携手并进。理性的最高表现乃是科学。它也伴随着人们对强权的反抗，以及一种有利于贸易且组织高效的早期生产体系的建立。这一生产体系为许多手工艺人家庭带来了经济独立。科林·莫里斯（Colin Morris）认为："对'个人'的发现，是1050年至1200年间文化领域最重要的发展之一。"[29] 基督教开始承认，个人良心重于教会等级。"若有教士令教众做违背教规或良心的事，教众便不必遵从。"[30]

意识形态领域的革命始于两类最"有文化"的地方——教会和大学。亚里士多德和阿威罗伊（Averroes）的作品为哲学问题的解决提供了新的强大的智慧工具。它强化了人们对理性自主性的认识，部分学者甚至因此而开始论证双重真理理论，即科学真理和宗教真理并存。这一学说于1270年受到教会的谴责。修道院和大学的教学内容之间出现了裂痕：前者以密契主义和情感为重，而后者则被逻辑吸引。[31] 前者教授的是《雅歌》（Cantar de los cantares），后者探讨的却是亚里士多德的作品，或彼得·伦巴德（Pedro Lombardo）的《名言集四编》（Libro de las sentencias）。托马斯·阿奎那（Tomás de Aquino）的立场较为温和，但也主张神学与哲学分离。二者都用理性进行论证，但神学的论据是信仰，而哲学的论据是经验。"知识得到扩充之后，人就更接近于上帝。"在一场对本书的研究而言非常有趣的神学辩论中，托马斯·阿奎那展现了"理性自主"：他认为基督有两重意志，一是神性，一是理性，就像人一样——"在神性之外，基督必须具有人性，这不仅是一种自然力或自然的运动，更是一种理性的运动"[32]。

要把源自异教世界的思想和源自基督教神学的思想统一起来，是一场伟大的智慧历险。在此，我们只引用一个与我们当前所讲述的历史密切相关的案例——亚里士多德的"恢宏大度"（magnanimidad）思想对教会神学提出的问题。古希腊人仰慕"伟大"带来的荣耀与灵魂升华，并认为活着就是为了建功立业，为此随时可以奉献一切，除此以外生命再无意义。这种关于自我之卓越的思想，和骑士追求功绩、名声与荣誉的理想不谋而合，却与谦恭的基督教传统相冲突。曾鼓动第二次十字军东征的明谷的圣伯纳德写道："傲慢就是对自身之卓越的欲望。"与此相对，批判理性主义哲学家彼得·阿伯拉（Pedro Abelardo，1079—1142年）则将恢宏大度视作一种主动的美德，一种与怯懦、灵魂的狭隘相反的品质。它是一种"行动的美德"。如果缺乏这一品质，我们就无法达成其他美德。我们很难不把这一论点和康德所说的启蒙运动核心——"敢于思考"（Sapere aude）——联系在一起。阿伯拉因其和哀绿绮思（Eloísa）幸与不幸的爱情故事而为人熟知，但他其实是一位逻辑学天才。他在著作《是与非》（Sic et non）中，提出要直面哲学与神学权威之间的矛盾。他是中世纪哲学广泛使用的"提问辩论"（questio）研究方法的先驱。一些学者称他为"第一个现代人"。[33] 托马斯·阿奎那找到了调和"追求卓越"与"谦逊谦恭"的方法，那就是理性。"如果对卓越的欲望遵循了受上天启蒙的理性规则，那么它就是正直的欲望，属于'恢宏大度'。"[34] 用拉丁语写作的阿威罗伊派学者，布拉班特的西格尔（Sigerio de Brabante），又向前推进了一步："谦逊谦恭是美德，恢宏大度也是美德。但恢宏大度是比谦恭更完美的美德。那些完美的恢宏大度之人，身上并没有谦恭这一美德。"R. A. 戈捷（R. A. Gauthier）所著的《恢宏大度》（Magnanimité）一书便极好地讲述了这场论战的历史，其副标题亦十分精准——"异教哲学和基督教神学中关于伟大的理想"[35]。文艺复兴时期尊崇自我的道路在这时已经开辟出来。赫伊津哈（Huizinga）在论及骑士理想时认为，这种对个人荣誉的追求是狂妄自大的体现，而布克哈特（Burckhardt）曾说，这种傲慢是文艺复兴时期之人的根本特性。[36] 日耳曼传统弘扬了个人英雄主义。《博萨萨迦》（Bósa saga）的主人公就曾拒绝学习魔法，因为他"不希望在记述他的故事的萨迦中，写着他获取某样东西依靠的是魔法而非他自己的勇气"。他最看重的是社会对他的看法。[37]

本书第八章在记述权力、屈服与顺从的历史之外，还提及了写作的需求，以及依附模式的主体化。封建社会本是奴役的社会，而后来风向逐渐变了。如果把不同的文化进行对比，那么我们现在记述的这段历史就越发显得新奇。土居健郎认为，日本文化所传递的，是一种由依附而生的精神，因此，"构成日本心理核心的情感"，以及"理解日本人性格结构的关键"，是"依赖心理"（甘え）。日语辞典《大言海》将其定义为"依赖他人的爱宠或依附于他人的喜爱之情"。有学者（Takeo Murae）评论道："与西方相反，日本并不强调儿童个人的独立自主。日本儿童是在相互依赖的文化，即'依赖心理'文化中受教育的。西方个人主义的'自我'（ego），培养的是自主、支配欲强、强硬、喜欢竞争、攻击性强的性格。而与之相对，日本文化注重社会关系，人们的个性也是依赖性强、谦恭、灵活、被动、顺从且无攻击性的。西方人的'自我'偏好契约关系，而依赖文化则偏好无条件的关系。"

七、理性与政治

中世纪神学家对傲慢的谴责，背后存在政治动因。在一个赋予权力以神圣性的等级森严的时代，掌权者能够轻易地把"对掌权者的反抗"宣传成"对上帝的反叛"，且这一做法对掌权者有利。对个性的尊崇被视为对良好社会秩序的威胁，也是对宇宙秩序的威胁。明谷的圣伯纳德曾因阿伯拉"原意为一切辩护"而对他进行攻击。然而，对自由的渴望逐渐开始崭露锋芒。这种渴望从根本上讲是对权力加以约束的渴望。这在当代人看来是显而易见的，但在长达几个世纪的时间内，这种渴望都被强大的利益所掩埋了。每当贫困、无知、教条、恐惧和仇恨被强化时，权力便会扩张。法治原则历经几个世纪人们的不懈努力方才成形。当前我们所达成的政治理想是"法治国家"，即遵从法律和法治原则的国家和社会。从根本上讲，这意味着最高掌权者也是法律约束的对象。福山写道："这并不意味着执掌政权者不能制定新的法律,而是意味着立法必须遵从业已存在的法律规定,而非根据其个人意愿。"[38]

这是一个很好的例子,它可以用来重新检验本书采用的方法。这里要解决的结构性问题是什么呢?是权力与其子民或其竞争者之间的冲突:前者总是试图最大限度地进行扩张,为此需要获得合法性以服众;而后者则希望对权力进行约束。解决方案便是引入一种凌驾于事实性权力之上的机制,它既能使权力合法化,又能对其进行限制。这一解决方案有三种版本:现行权威源自并受限于"最高立法者",即上帝;现行权威源自并受限于过去确立的法律;现行权威源自并受限于自然法。这代表了三种不同的进化脚本。

第一个版本历史悠久。古巴比伦和古埃及最早的文献中就已记载,神是最高立法者,君主只能重述神下达的命令。但同时,包括神职人员在内的所有子民,都必须服从君主的这一"代理权"。古代中国、伊斯兰世界和拜占庭帝国也奉行这一体系。"政教合一"(cesaropapismo)一词由此产生。"政"的权力在"教"之上。掌权者翻云覆雨。神的支持使君主的权力更大,而非得到限制。而神职人员也在几百年间不断斗争,试图限制君主的绝对权力。他们自认为有权以上帝之名审判君主。以色列诸先知便是如此。几百年后,在信奉基督教的欧洲,教皇也曾反抗君主的任命权,并引发了前文提到过的"叙任权斗争"。教会从政治权力中独立出来,并按照政治权力的形式对自身进行组织,设立了自己的法律——格拉蒂安于1140年编纂并发表的正统法令集。格拉蒂安试图让诸君主都遵守这一套规则,因为"教皇是上帝在人间的代表"。伊斯兰教也遵循类似的进化脚本。法律同样依赖于真主。对中世纪的穆斯林而言,政府与宗教形成了不可分割的统一体。[39]虽然随着时间推移,"哈里发"与"苏丹"这两个概念得以共存,但哈里发仍是政治和宗教领域的最高权威,而象征政治权力的苏丹,即使在多位哈里发林立时,也不曾宣布自身绝对独立于哈里发而存在。此外,伊斯兰教法一直由乌莱玛(ulema)团体进行解读和管理。苏丹能够颁布法律,但理论上仍要经宗教权威核准通过。

人们开始质疑宗教赋予政治权力的合法性。当时并没有人提出,政治权力不来源于上帝,但情况正在发生改变,帕多瓦的马西略(Marsilio de Padua,约 1275—1342 年)的著作就是例证之一。他提出了中世纪最完整也最惊人的民主思想[40],声称君主凭借人民赋予的权力执政。[41] 他区分了"绝对意义上的立法者"(人民)和"以首要立法人的名义"行使立法权者。立法者拥有对执政者的最终控制权,且可以剥夺其被赋予的权力。这种观点为他赢得了现代历史学家的赞誉。巴塔利亚(Battaglia)表示,"马西略独特而可敬的作品超越了中世纪,与人文主义、卢梭、康德以及黑格尔神交","其成果只有在法国大革命才真正实现"。[42] 我们的"逆推历史"看来是站稳了脚跟。各种可能性层出不穷,因为上帝既可以把权力直接赋予君主,也可以通过教会或通过人民赋予。而民众最终认为,"上帝通过人民把权力赋予君主"这一选项有利于开展正和博弈。

第二种进化脚本则是依赖"古法",即既定的习俗。弗里德里希·哈耶克致力于证明这是合法性的唯一合理来源。成百上千个分散的个体不断地对各种规则进行试验,去粗取精。而这些个体之间的互动自发形成了社会秩序。哈耶克认定,在人类意识到可以立法或修订法律之前,法律无疑就已经存在。但这并非由于法律不依赖于人,而是由于法律是集体长时间劳动的结晶,并不存在一个"有名有姓"的创造者。这与语言的形成相似——它不是由具体的某一个人发明的。英国的普通法就是例证。"英国人享有的自由,令 18 世纪其他欧洲国家的人们艳羡不已。这种自由的根源在于,支配法院判决的法律乃是普通法,是一种独立于任何个人意志而存在的法律。"[43] "每个国家都应该有一个人或一群人凌驾于法律之上,有一个既无义务也无权利的'君主'",这种观点会被断然否定。[44] 1215 年 6 月 15 日,"无地王"约翰(Juan sin Tierra)签署了《大宪章》(Carta magna)。《大宪章》被视为"法治原则"的早期案例。英国贵族的要求建立在他们此前拥有的权利、自由和特权的基础之上。

而在第三种进化脚本中,无论是君主还是臣民,所有人都要受自然法约束,都要尊重自然权利。1776 年的美国《独立宣言》(Declaración de Independencia de Estados Unidos)、1789 年的法国《人权和公民权宣言》(Declaración de los Derechos del Hombre y del Ciudadano)等为现代民主奠基的文件，都采用了这一提法，并申明所有人都被赋予了不可剥夺的权利。这是为解决与权力、正义之间的关系问题而创造的极为强大的概念工具。因此，虽然具体模式各异，基础也不尽相同，但这一工具仍在人类精神自我建设的最非凡的领域中广泛应用。我们将在后文中继续探讨这一话题。

在本章所聚焦的这段历史中，托马斯·阿奎那再次提出了领先其时代的观点。君主的权力不是绝对的，因为他一方面受限于上帝所启示的律法，另一方面受限于永恒的自然法则。阿奎那的观点的新颖之处在于，他认为这一永恒的自然法则是"理性之作"（opus rationis），要通过理性去发现。不遵从自然法则的君主可以被罢黜。阿奎那在《论君主政治》（De regimine principum）中拥护叛逆的权利，虽然他同时也指出，这一权利必须小心谨慎地行使。

上述并非单纯的学术讨论。这些与实际相连的观点影响了权力的组织形式、政治体系，以及从上到下的所有人的生活，从而指引了人类前进的方向。

八、进一步对权力施压

封建制度限制了君主权力，扩大了城市和个人的自由，但同时也反过来激发了加强王权的努力。为了维护自身的权力，君主不得不"双线出击"：向上要面对教皇和帝国，向下又要面对贵族和城市寡头。因此，当时有"国王在自己的王国就是皇帝"一说。这种说法既表明王权至尊，又承认了皇权。为巩固自身的地位，君主们开始宣扬自己的血统，一些先王也因此得到追封。同时，王位继承制度也更加严格、规范，从而减少了继承权之争。一些王国还剥夺了女性的王位继承权，例如：法国于14世纪重新搬出了已经弃置几百年的所谓"萨利克法"（ley sálica）。此外，在加冕仪式上，教士为国王行涂油礼，也确立了王权的神圣性。王室仪式也更为复杂，国王头戴王冠，手执权杖，腰佩宝剑，以在公众面前全面展示其庄严的形象；而本人不出面时，则要通过玺印、纹章等符号宣扬其合法性。[45]

中世纪晚期，贵族的定义日益精确，"贵族"已被视作一个社会阶层。在中世纪之初，贵族仍是结构松散的团体，其权力和财富都取决于其占有的土地。但从12世纪和13世纪开始，他们固化为贵族阶层，特指有血统世系的家族，其权利、财产、权力和姓氏有着稳定有序的继承路线。这些规则反过来又强化了他们对这一特权团体的归属感，他们有时甚至会对王权构成挑战。贵族将君主制定的规则玩弄于股掌之上，而君主通过授予头衔和职位，或通过骑士分封本身，来换取忠诚、付出恩惠。英国嘉德骑士团（Jarretera）、勃艮第金羊毛骑士团（Toisón de Oro）的创建便是例子。这也反映出，王权是贵族阶层内部等级地位区分的来源。王国精英的名誉来自宫廷朝堂，这也是许多不同文化的君主制宫廷中的共有现象。[46]

社会政治情况日益复杂，而战争在各国的演化过程中仍发挥着决定性作用：作战需要高额军费，因此财政制度也必须更为精细完备。用克里斯·威克姆（Chris Wickham）的话来说，"没能建立坚实的财政体系的掌权者，其运转的余裕便不多"。中世纪中期的国王们仍在很大程度上依赖个人收入（王室私产）。但后来，这些资源显然不足以作为支撑。军队是最大的资源消耗者，尤其在那样一个充满战争的年代。税收制度的演变也因地区而异。

经济问题倾向于以正和博弈解决，尽管往往并不均衡。因此，奴隶制经济失败了，胜出的则是那些不直接进行剥削的、通过对商贸活动征税来获得收入的制度。子民的收益增加，君主的收入就跟着增长。但如果受益过于不均，那么整个系统就不能继续运行，因为横征暴敛最终会导致民众叛乱。

朝廷税赋增加，也使某些特定的社会团体更热衷于参与政治。正如罗马法所言，"关乎众人之事，应经众人同意"。出于这个原因，出现了所谓"代表大会"。其根源或许是古代封建制下的库里亚（curias）大会，或是朝臣向君主建言献策的义务。但此时的"代表大会"回应的是崭新的社会经济现实，结束了贵族对进谏的垄断。不同国家对其有不同的称呼：法国称之为"三级会议"（Estados generales），卡斯蒂利亚、葡萄牙和阿拉贡称之为"等级会议"（Cortes），英格兰、苏格兰称之为"议院"（Parlamento），德国则称之为"国会"（Dieta）。其内部根据阶层进行划分。这里所说的"代表"是狭义的：贵族参会是出于贵族特权，"代表"其封地属民；城市寡头"代表"拥有投票权的城市。但这样一来，"公开辩论不只属于贵族精英"的思想便散播开来，此前无法参与其中的城市精英也进入了某些核心决策层。总体而言，上述举措以及部分民众读写能力的提高，都使政治体系更为复杂，这也让政治妥协更易达成。[47]在实现自由的过程中，经济也是一股重要的力量。

九、争取权利的拉锯战

人类伦理进步的标志之一，是对各项权利以及程序性保障的承认。英国《大宪章》对此已经有所体现："任何自由人，如未经其同等身份者依法裁判，或经国法裁判，皆不得被逮捕、监禁、没收财产、剥夺法律保护权、流放，或加以其他任何损害。""余等不得向任何人出售、拒绝或延搁其应享之权利与公正。""所有商人，若能遵照旧时之公正习俗，皆可免除苛捐杂税，安全地经由水路与陆路出入英国，或在英国全境逗留并营业。"

宗教信仰自由也已受到神学家的捍卫，但宗教权威却阻断了通往这一基本权利的道路。宗教审判便是一个例子。格列高利九世（Gregorio IX）教皇（1227—1241年在位）发布了"绝罚敕令"（Excommunicamus），宣告了宗教审判的正式开始。该敕令为迫害异端设立了详尽的法律，并剥夺其一切程序性保障。英诺森四世（Inocencio IV）于1252年颁布的《论彻底根除异端》（*Ad extirpanda*）教谕则最为残酷，其中授权对异端严刑逼供，可对被判有罪者施以火刑，并授权组建服务于教会的警察队伍。对宗教信仰自由权利的否认，是肆虐欧洲的宗教战争的根源。

十、在瘟疫、饥饿与战争之中，恳求上帝拯救我们

14世纪多灾多难。1315年爆发的大饥荒几乎席卷整个欧洲，直到1320年才恢复生产。凯瑟琳娜·利斯（Catharina Lis）和雨果·索利（Hugo Soly）研究了前工业时代的欧洲，并指出："1300年前后，皮卡第大区仅有16%的人拥有足够耕地可供糊口，3%的人统治着其余民众。"[48]饥荒及其造成的人口大量死亡在当时较为频繁。大多数人长期缺乏粮食。

约1330年，中国境内出现了即将肆虐欧洲的新敌人——腺鼠疫。该瘟疫通过商路传播。据估算，该瘟疫在中国造成近1/3人口死亡。这场天灾使白莲教关于弥勒佛与"末法时代"的信仰进一步加强。元朝当局试图进行镇压时，于1351年爆发了红巾军起义。1368年，朱元璋率领的起义军攻占北京，他自立为明朝皇帝。"明"意为"璀璨闪耀"。[49]

腺鼠疫给欧洲带来了毁灭性影响。据J. C. 罗素（J. C. Russell）估算，欧洲人因这场瘟疫而大量死亡，至1450年，人口数已由7 350万降至5 000万；而世界人口总数更是大幅下降，原有4.5亿人，到14世纪末便只有3.5亿至3.75亿人。[50]

十一、非洲诸王国

要理解接下来几个世纪发生的事件，必须先了解人类大家族非洲一支的演变情况。自12世纪开始，伊斯兰教对非洲萨赫勒地区的影响日益增大：马里帝国（13—15世纪）和桑海帝国（15—16世纪）在古老的加纳帝国（8—12世纪）的故土上依次兴起；东方的卡涅姆-博尔努帝国（11—19世纪）统治着乍得湖区，并控制着撒哈拉中部通往利比亚的道路。14世纪，马里帝国皇帝将领土从尼日尔扩张至大西洋沿岸，皈依伊斯兰教，并扩建通布图伊斯兰学校。通布图自此成为重要的伊斯兰知识中心，统治阶级也因此具备了一定的阿拉伯语读写能力。15世纪，桑海帝国接管这一地区。这些国家的繁荣在很大程度上依靠同北非的商队贸易。它们从北非进

口盐、铜、马和制成品,出口奴隶、黄金、象牙,以及产自萨赫勒地区或萨赫勒以南至几内亚海岸地区的香料。[51]

西非则以伊费(Ife)、埃多(Edo)等重要城市为中心,形成了许多国家。伊费是 10 世纪至 11 世纪以来最古老的邦国,且曾是一个重要的约鲁巴文化王国的首都。那里产出过令人印象深刻的陶土和青铜雕塑,且部分继承了古老的诺克文化。埃多是贝宁王国(reino de Benín,不同于今贝宁共和国)的中心。贝宁的武士国王们在该城修建了宫殿和城墙,并自 15 世纪起支持与葡萄牙人通商。[52]

在班图人生活的非洲中部和南部,同样发展出了城市化的复杂社会。在斯瓦希里海岸,从索马里到莫桑比克,都出现了土著居民所建立的城市,虽然这些城市的后期发展很大程度上得益于印度洋商路和穆斯林的影响。今肯尼亚和坦桑尼亚的沿海地区都曾把斯瓦希里语作为通用语,这在原本班图文化的基础上增添了许多外来文化的元素,尤其是阿拉伯文化——"斯瓦希里"(suajili)一词本身便是阿拉伯语,意为"海岸的"。

大津巴布韦是非洲南部内陆地区的代表,现津巴布韦共和国国名便是由此而来。自 12 世纪开始,那里建起了一些令人赞叹的干砌建筑,当地语称其为"津巴布韦"(zimbabwe),意为"石房子"。这些建筑于 19 世纪末被欧洲考古学家发现,在几十年间一直被认为是腓尼基、埃及、希腊、阿拉伯、葡萄牙等外来文明所造,因为当时欧洲人并不认为班图人能建造出这样的建筑。但实际上,它们与当地的发展息息相关,并曾形成一个庞大的城市聚居区。该城市曾拥有 1.8 万名居民,但于 15 世纪废弃。该地区的其他类似建筑表明,大津巴布韦曾是一个国家的首都。这个国家的立国基础是繁荣的农业、占有大量土地和牲畜的部分精英所积累的盈余,以及重要的贸易网络。这些网络被用于出口铁、盐、黄金和象牙,并连接着这一地区与印度之间的贸易。在大津巴布韦遗址,人们发现了中国和波斯的陶器遗迹,以及中东的玻璃残片。[53]

另一方面,非洲东部的埃塞俄比亚高原也在 12 世纪再次统一。该地区在公元 2 世纪至 10 世纪曾统一于信奉基督教的阿克苏姆王国。13 世纪,一个新的王朝诞生,并自称所罗门与希巴女王(reina de Saba)的后裔,宣称埃塞俄比亚是新以色列。该王朝由皇帝（尼格斯）掌权，带有明显的神权政体色彩。其统治一直持续到1974年末代皇帝海尔·塞拉西一世（Haile Selassie）被废黜之时。[54]

十二、将全球视野收回佛罗伦萨

在讲述了一个世纪内整个世界的幸与不幸之后，我们似乎不该只聚焦于意大利这一个国家，更不该进一步只聚焦于佛罗伦萨这一座城市。然而这是合乎情理的，因为正是在佛罗伦萨，诞生了被后世称为"文艺复兴"的运动。文艺复兴的重要性超越了国界，因其照亮了我们希望理解的欧洲的特殊命运。专家们曾就文艺复兴究竟是文明的演化还是文明的断裂这一问题展开过激烈的讨论。14世纪的许多文人求助于古代文化，以期化解当时世界的危机。后世称他们为"人文主义者"。而其中最著名的是但丁、彼特拉克和薄伽丘。许多研究中世纪的学者已经指出，这种对古典时期的兴趣起源于中世纪。艾蒂安·吉尔森（Etienne Gilson）曾提出"中世纪人文主义"的概念。[55]伟大的科学史学家皮埃尔·迪昂（Pierre Duhem）曾论证，哥白尼、笛卡尔和伽利略的研究，是对14世纪巴黎物理学家和牛津逻辑学家的工作的延续。[56]

但事实上，当时的空气中弥漫着一种新时代即将到来的预感，其中包含着对幸福美满的期待。彼特拉克宣称，当人们"拨开迷雾，重返纯粹的本初"之时，新时代就将破晓。[57]弗拉维奥·比翁多（Flavio Biondo，1392—1463年）是首个使用"中世纪"一词指代西罗马帝国覆灭至15世纪的这段时间的人。对比翁多及他同时代的人而言，"中世纪"代表衰落的千年。人文主义者力求再次碰触那个在他们眼中极好的传统时代，重新启用当时的智慧、机制和精神领域的工具。而让人讶异的是，这般"重返过去"带来的不是退步，而是开拓。

11世纪的中国也曾掀起一场复古运动。但这场运动并没有开拓人们的知识，也没有激发人们探索、征服和创新的欲望，而是引向了对个人的尽善尽美的追求。曾编纂儒学经典的朱熹（1130—1200 年）敦促自省："日自求于问学者有所背否？于德性有所懈否？以此警策一年，安得不长？"[58] 朱熹的思想成为正统。约 1400 年，一位中国学者曾写道："自考亭以还，斯道已大明，无烦著作，直须躬行耳。"[59]

我们只需要将其同鹿特丹的伊拉斯谟（Erasmo de Rotterdam）给友人的信进行对比，就能看出显著的理念差异。信中写道："如今我几乎希望重返青春，唯一的原因在于，我预感到一个黄金时代即将开启。"[60] 在精神领域，印度同样把重点放在了以沉思求完美上。与此相反，欧洲则受浮士德精神的鼓舞，寄希望于行动。正如歌德描写的一样：

> 浮士德：（打开一卷，着手翻译）上面写道，"太初有言！"这里给卡住了！谁来帮我译下去？我不能把"言"抬得那么高，如蒙神灵开导，就得把它译成另外一个字。那么，上面可是"太初有意"了。第一行得仔细推敲，你的笔不能操之过急！难道"意"能够实行和创造一切？我想它应当是"太初有力"！可一写下这一行，我就警觉到，还不能这样定下来。神灵保佑！我可有了主意，于是心安理得地写下："太初有为！"[61]①

大约 150 年后，另一位德国作家托马斯·曼（Thomas Mann）在描写欧洲现状时，再次援引了浮士德的传说——"德国为了一时的荣耀，把灵魂出卖给了魔鬼"。

正如欧金尼奥·加林（Eugenio Garin）所指出，产生新变化的，是人们观察宇宙与人类的方式、对宗教作用的看法，以及对宗教与世俗的区分。文艺复兴时代之人的特色便是傲慢自负。[62] "美德"是中世纪道德的核心，其内涵的变化最能说明问题：对马基雅维利这位典型的"文艺复兴人"而言，"美德"是能让君主战胜当前的障碍并直面未来可能出现的困境的一切

---

① 该译文出自绿原所译《浮士德》，人民文学出版社 1994 年 11 月版。

品质之总和。"美德"与意志、智慧、行动和机巧直接相关。也许只凭"美德"本身,并不足以建立丰功伟业;但若没有美德,我们就只能蝇营狗苟,不足挂齿。

第十二章

第二个漫长轴心时代的开端

一、第二次大转折

几个年份标志着历史上的重大变革：1440年，1453年和1492年。1440年，谷登堡（Gutenberg）发明印刷术。1453年，君士坦丁堡这一旧世界的标志，被奥斯曼人攻陷。1492年，欧洲人抵达美洲新大陆，这可以被视作欧洲现代化和权力竞赛的开端，而正是这场权力竞赛，最终使欧洲文明成为全球最具影响力的文明。贸易网络日渐紧密，新的合流时期开始。[1]旧大陆的贸易网络由成千上万的商队走出的陆路和海上航线编织而成，而其中有两条最为重要：第一条横贯亚洲，由中国北部至地中海和黑海沿岸，这是由一系列车队商路组成的古代丝绸之路，蒙古人保障着它的安全；第二条则是海路，自朝鲜、日本和中国的诸海港一路向南，经印度洋，抵达红海。通过这两条主要商路，明朝的陶瓷抵达了东非，西班牙的白银进入了中国人的钱袋，威尼斯的富贵人家穿上了中国的丝绸，印度的亲王用上了西非的黄金。

此外，还有两个较小的贸易网，一个位于太平洋的波利尼西亚地区，另一个则位于当时约有4 000万至6 000万人口的美洲。1440年至1529年间，印加人建立了印加帝国，其疆域北至哥伦比亚南端，南至智利和阿根廷北角。

在亚欧大陆上，无论是关于装备船只的技巧，还是关于如何在死后世界幸福地生活，任何领域的知识和技术都会迅速传播。当时出现了两个具有先驱性的创新。1420年，人们开始建造更为坚固的三桅全帆装船，配有四角帆和"拉丁帆"。到了1450年，人们已经建成500吨的大船。此外，航海知识也不断丰富。西班牙的阿拉伯和犹太数学家优化了航海技术。卡拉维尔帆船等较小的船只，能够逆信风航行。有"航海家"之称的恩里克王子（Enrique el Navegante，1394—1460 年）曾聚集了一批科学家和水手，以推动航海发现。在这一问题上，科学、技术与经济开展了系统性的合作。

二、奥斯曼帝国的崛起

最终完全摧毁了罗马帝国残余势力的，竟是一个位于拜占庭帝国边疆安纳托利亚的小国。一位骁勇善战的领袖率领该国对外进行武装征服。这位领袖名叫奥斯曼（Othman），一直延续至 1922 年的奥斯曼帝国便是以他命名。为夺取草原牧场，奥斯曼的继任者攻占了安纳托利亚西部的几座城市。很快，他们跨过海峡进入巴尔干半岛，占领了希腊北部和保加利亚，后又吞并了安纳托利亚地区的几个突厥公国。1402 年，帖木儿率军入侵，令其短暂受挫。但很快，奥斯曼帝国又继续扩张，并于 1449 年抵达多瑙河沿岸，于 1453 年攻占了君士坦丁堡。[2]

奥斯曼帝国的体制部分建立在此前安纳托利亚的塞尔柱突厥人诸公国的基础之上，同时也吸纳了其所征服的拜占庭帝国的体制特色。它由突厥部族首领、宗教领袖、希腊封建领主和原拜占庭帝国官僚共同支撑。奥斯曼精英与信奉基督教的欧洲贵族通婚。朝廷里既有穆斯林学者和苏菲派大师，也有基督教和犹太教神学家。同样，奥斯曼帝国吸纳了拜占庭帝国的行政管理办法，保留了教团和基督教教会在教区的权力，还保留了原拜占庭各行省的经济管理体系。即将在现代史上发挥关键作用的奥斯曼帝国，虽然信奉伊斯兰教，但在许多领域继承了拜占庭帝国的遗产。[3]

1453 年奥斯曼人占领君士坦丁堡之后，苏丹受封为"罗马皇帝"（Kayser-i Rum）。君士坦丁堡易名为伊斯坦布尔，许多突厥人开始在这里居住，同时还有许多希腊人和犹太人。一个世纪后，伊斯坦布尔成为欧洲人口最多的城市。1600 年，其人口数已居世界第二，仅次于北京。17 世纪中叶，伊斯坦布尔超过北京，成为世界上人口最多的城市，直到 18 世纪中叶才被北京、伦敦和东京超越。[4]

奥斯曼帝国虽无微不至地推动商业发展，但仍不断征伐，因此直到 16 世纪末都一直处于战争之中或战争边缘。他们对基督教世界构成长期威胁。这时，帝国的进化脚本又一次发挥了作用。为了不断扩张，奥斯曼帝国军队和行政管理人员的人数呈指数式增长，但这需要越来越多的资源。要满足增加士兵和提高收入的需求，最好的办法就是扩大征服的范围；而这又需要更庞大的军队和更多的官僚——如此循环往复。[5] 为了维持帝国上层社会的"生活质量"，奴隶不可或缺。家中奴隶的人数成了社会地位的评判标准之一。1453 年后，奥斯曼人的财富大增，一些达官显贵家中有上千名奴隶，任其驱使。16 世纪，苏丹宫中就有 2 万名奴隶——这还没算上奴隶士兵构成的苏丹个人卫队和精英步兵团。

马穆鲁克王朝的奴隶士兵制度，通过奥斯曼帝国的德夫希尔梅（devshirme，意为"征募"）制度延续下来。德夫希尔梅制度又名"血税"（tributo de sangre）制度。这一制度指的是在帝国境内，尤其是巴尔干半岛内的基督教村庄强行"招募"儿童，迫使其皈依伊斯兰教，再送往安纳托利亚学习土耳其语，并令其加入奥斯曼精英部队——耶尼切里（jenízaros）军团。其中最聪明的则被送入皇宫，担任行政管理职位。据 G. 卡萨莱（G. Casale）记述，自 15 世纪中叶起的 200 年间，奥斯曼帝国的大多数高官、将军、海军将领，以及建筑师和工程师等，都选自这一招募和培训制度，并获得了比穆斯林自由人更高的地位。17 世纪，德夫希尔梅制度崩溃，取而代之的新制度让人们把所有军人都视作政治权力的奴隶（kul）——尽管当时军中主要是土生土长的穆斯林。不同于德夫希尔梅制度，在这一制度下形成了垄断政府高层职位和军权的世袭制穆斯林阶层。但要享有这种特权，就必须完全臣服于苏丹。苏丹能够没收其财产，也可以草率地将其处死。两种制度都解决了如何为国招募最好的、最忠诚的仆从这一问题，但却违背了《古兰经》中的两条基本原则：不得强制皈依；不得奴役穆斯林或受保护的非穆斯林。

在这几个世纪中，奥斯曼帝国的势力远远超出其国界，其扩张可以被视作一种与欧洲扩张相似的"突厥扩张"。奥斯曼帝国曾武装干涉非洲之角,出兵协助当地的一位埃米尔(emir),对抗埃塞俄比亚皇帝;也曾于16世纪在遥远的印度洋苏门答腊岛,出兵支持亚齐国苏丹抗击马六甲的葡萄牙人——这些事件十分引人注目。同时,奥斯曼帝国将军事和贸易势力铺满整个印度洋沿岸,凭借这一政策与欧洲对抗,并保障香料供应。而与欧洲的重商主义不同的是,伊斯兰帝国的贸易政策往往更为开放,因为伊斯兰教的律法禁止为保护本国商人和市场而采取歧视政策。[6]

三、中国之谜

也许在该世纪,我们能找到一些破解中国之谜的蛛丝马迹。当时,中国在人口、技术和生产方面,都明显领先于其他国家。其人口约有1亿,农业技术水平高超,拥有炼钢用的高炉,能制火药和大炮,并且使用十进制,还拥有非常发达的贸易网络。1368年,坎坷半生的朱元璋在即将步入40岁时,宣布了明朝的建立。莫里斯评价道:"明朝将中国塑造成了田园风情的天堂:城镇和平安宁,有德行的老者监管着自给自足的农夫,商贩只贩卖当地无法获得的商品,人们根本不需要离家超过13千米。事实上,未经许可离家超过55千米,就该挨鞭子了。"[7]

1402年,朱棣即位。他同北方的蒙古人开战。1422年,明朝进攻草原,用了34万头驴、11.7万辆车和23.5万人力,为明军运送粮草2万吨。[8]他还命人重修了大运河,每年有1.2万艘船往来于河上,运输粮食。运河的维护需要近5万名工人。[9]大运河不仅是国内贸易的主动脉,还方便帝国政府调控粮价:五座官仓能在粮价低时收购粮食,在价高时卖出。[10]朱棣还雄心勃勃地启动了海上力量的建设计划。中国改变了其"遗世独立"的形象。不过,他采取的方式却十分新颖——他希望通过和平的贸易手段扩大中国的影响力。1403年至1407年,中国建造了1 600多艘拥有远航能力的船只,其中不乏九桅巨船。郑和率领着世人见过的最庞大的舰队,驶过印度洋、波斯湾,直到非洲的莫桑比克海岸。

然而,朱棣驾崩后,他的继任者解散了舰队。孤立主义再次占了上风。

这也许是因为担心海外贸易会引入新思想、新习俗，或将动摇帝国的价值观。而我们不可避免地想，如果朱棣的开放政策被延续下来，世界又会走向何方。但事实却是，1433 年，皇帝下旨禁止远行，也禁止建造可航海的船只。贾雷德·戴蒙德认为，政策转变的原因在于党派争权：宦官一派支持远航，因此对立派掌权后，便瓦解了宦官一派主推的政策。[11] 由于天下归一，仅仅一个决定就终止了整个帝国的船只建造工作。与此相反，分裂为欧洲提供了更多机遇。哥伦布曾先后游说安茹公爵（duque de Anjou）、葡萄牙国王、梅迪纳-西多尼亚公爵（duque de Medina-Sidonia）和梅锡纳塞利公爵（duque de Medinaceli），最后才效力于西班牙天主教双王。正因欧洲没有统一，才有了美洲之行。

但在今天，情况已经发生了改变。曾长期被人遗忘的郑和，如今成了中国的英雄。伟大的经济改革家邓小平曾经说过："现在任何国家要发达起来，闭关自守都不可能。我们吃过这个苦头，我们的老祖宗吃过这个苦头。恐怕明朝明成祖时候，郑和下西洋还算是开放的。明成祖死后，明朝逐渐衰落……如果从明朝中叶算起，到鸦片战争，在 300 多年的闭关自守……把中国搞得贫穷落后，愚昧无知……不开放不行。"[12]

在当时的西方，君主们的做法与中国不同。葡萄牙航海家于 1444 年到达塞内加尔，于 1473 年首次跨越赤道，并于 1482 年到达刚果河。1487 年，巴尔托洛梅乌·迪亚士（Bartolomé Díaz）到达风暴角（今好望角），但船员却迫使他返航。1498 年，瓦斯科·达·伽马（Vasco de Gama）抵达印度。西班牙选取了另一条路线，并于 1492 年到达美洲大陆。

15 世纪中国的历史对文化演变学而言至关重要。长期以来，印度洋地区曾是世界生产和贸易的中心。正如罗伯特·马克斯（Robert Marks）所说，贸易关系一向是和平的，却被欧洲人暴力打破。[13] 1488 年，一位因遇海难而来的朝鲜人曾说，杭州港口"蛮樯海舶，栉立街衢"。[14] 当地士绅重新修葺了在此前几个世纪的战火中损毁的道路、桥梁与运河。商贩沿这些交通要道运输食物，各地民众都赶往市场，出售自家产品，买回其他一切东西。约 1487 年，一位官员对人们的贸易活动习以为常："变谷为钱，又变钱以为服食日用之需……天下之民莫不皆然。"[15] 莫里斯指出，西方严酷的暴力行为是非必要的。大卫·格雷伯补充道:"他们从没想过要为了攫取金银而杀光整片大陆的人。他们会认为那是疯子的行径。世上大多数人也是这么想的。并非所有人都想统治世界。那么问题来了——为什么欧洲人最终这样做了呢?"[16]这种浮士德式的躁动不安,这种无法满足的野心,这种对权力的狂热,究竟是怎样产生的呢?

四、好战的欧洲

欧洲一直是一片好战的大陆。军事力量在欧洲的扩张中起到了决定性作用。查尔斯·蒂利(Charles Tilly)说:"战争立国,国家作战。"他认为,一个悲哀的事实在于,武力(胁迫)确实有效,它能让人获得更多货物、金钱、尊敬或愉悦,而这些是没有权力之人所享受不到的。国家诞生于资本和胁迫的特殊结合。[17]制火药的技术影响甚大,但为什么偏偏是欧洲人,而非其他地区的人,发展了这项技术呢?保罗·肯尼迪将其归因于欧洲市场的强竞争性,以及长期存在的军事敌对态势。战争本身亦不能自圆其说,因为在任何历史时期,战争对任何国家而言都是一个常项。真正的原因是所有欧洲国家都参与其中的一种特殊的军事竞赛模式。这就像一场锦标赛,奖品包括钱财、领土、对信仰的捍卫,以及胜利的荣耀。霍夫曼专门为判断掌权者是否将决定出战,而制定了一个行为心理学公式:以其预期获得的收益,除以其要付出的政治代价。如果利益够大而成本够低——例如,他也许能够从情感上煽动民众——那么冲突就会发生。[18]本书认为这一公式十分准确,但还需要澄清一点:战争胜利后,真正的获益者是谁呢?那并不是民众。实际的受益者只有君主,抽象的受益者则是国家、民族或宗教等。文化演变的悖论之一在于,君主的利益与人民的利益往往相割裂,而我们对这一事实几乎束手无策。

王室大公们所受的教育是在为战争做准备。正如伽利略所说,战争已经成为一种"王室运动"。[19]荣耀是一项重要的战利品。霍布斯在《利维坦》(*Leviatán*)中将荣耀列为战争的三大起因之一。15 世纪的人文主义者们也这么认为。另外两种动因则分别是竞争与安全。目前，情况并没有发生改变。克劳塞维茨（Clausewitz）认为，战士的特性就是对荣誉和名声的渴望。他写道："我们必须承认，在残酷的战争中，所有那些充盈着人类心胸的高尚情感里，没有哪个比对荣誉和名声的渴望更为强大和持久。"[20]黑尔（Hale）在《文艺复兴时代的欧洲，1480—1520》（*La Europa del Renacimiento, 1480-1520*）一书中写道："欧洲几乎人人都将战争视为理所当然。教会宣称，只要得到合法设立的上层机构授权，且出于正义的原因，怀抱正直的目标，作战就是合理的。这一关于'正义战争'的教条本身称不上卑劣。但正如伊拉斯谟指出，'形势瞬息万变，各种条约协议层出不穷，兴也勃，亡也忽，这种情况下，谁还找不到开战的借口呢'？……掌权者根本不认同'上帝为人间带来和平'这一思想。法国王室见识卓越的忠臣菲利普·德·科米纳（Philippe de Commines）甚至认为，每一个欧洲强国周边都必有一个敌国，上帝就是这样安排的。"[21]这恰好证明了本书的一个观点——人类发展最大的障碍之一便是对邻人的仇视和与邻人的暴力竞争。

战争永远令其受害者恐惧，却又时常被战士们赞颂。在长达几个世纪的时间里，战士的生活看上去总是比农夫的更令人向往。《荷马史诗》中的英雄活着就是为了作战，哪怕战争危险又可怕。荷马歌颂战斗热情，歌颂同袍战友情谊，歌颂"壮举"（aristeia）的荣光，即一位战士完全迷失于一场"胜利的出击"，化身为一股势不可挡的横扫一切的强大力量。荷马似乎认为，人在战争中才活得更激越。只有当一位英雄的丰功伟绩被记录在史诗歌词中，他才能摆脱死亡带来的遗忘，才能获得肉体凡胎唯一有可能实现的永生，即名垂青史。[22]现在，情况依旧没有太大变化。克里斯·赫奇斯（Chris Hedges）曾这样描述战士的生活："战争让世界更易于理解，把世界简化成非黑即白、非善即恶的图画。只要能把战争纳入一种视苦难为崇高事业的必要代价的信仰体系，那么我们中的大多数人就会欣然接受战争。因为人类并非只追寻幸福，还要追寻'意义'。而不幸的是，战争有时是人类社会能够用以追寻'意义'的最有力的工具。"[23]一位越战老兵自述道："在越南的时候，我真切地感觉自己活着。也许生在和平年代是最不幸的，因为你不可能体会到那种高度。我也憎恨那种高峰所代表的事物，但我爱那高峰本身。"[24] 于是，我们便能理解吉尔·维森特（Gil Vicente）的诗句了："身佩武器的骑士啊，你来说说，骏马、武器、战争是否真有那么美好。"吟游诗人的战斗颂歌也是如此。而我们之所以要审视战斗中的情感因素，是因为如果我们希望社会进步，那就必须明白竞争是人类的天性，我们必须找到非暴力的竞争方式，以替代战争，来让我们感受惊险刺激。

战争一直是地域性的。人们最爱看的就是有关战争的故事。战争首先培育了爱国自豪感和国家身份认同。战场也是处理君主之间纠纷的"自然上诉法院"。国与国之间自然边界的缺失，再加上"权力源于对土地的占有"这一观念，刺激人们不断攫取。外交官们的大部分活动都围绕着政治嫁妆，以及对女继承人（或是可能有继承权的女性）的"进出口"，且几乎不顾其年龄。

马基雅维利承认，几个世纪以来，欧洲诸君主一直投身于战争。与此相反，在华传教 30 年的意大利耶稣会士利玛窦（Matteo Ricci，1552—1610 年）得出的结论是，世界另一端的君主们并没有这么好战。他认为，虽然中国能够轻易征服一些周边国家，但无论是皇帝还是大臣，都对此并无兴趣："这与欧洲的形势截然不同，因为欧洲的国王们总是被开疆拓土这一永远无法满足的欲望所驱动。"[25] 几个世纪后，冯桂芬（1809—1874 年）评论道："彼何以小而强，我何以大而弱？……然则有待于夷者，独船坚炮利一事耳。"[26] 但只学"洋器"是不够的，还必须学到他们凶猛的竞争性以及对扩张的狂热。

即使议会能够进行干预，制定对外政策仍是国王的权力，因此开战的决策是由当权者做出的。霍夫曼敏锐地指出，君王们必须计算战争的直接成本和间接成本，而后者是指君主要求民众付出更多个人牺牲和经济牺牲时可能会失去的民心。[27] 君主的利益和民众的利益相距甚远，而民众则是实际付出代价的人。莫尔（Moro）写道："普通民众上战场，并非出于自身的意愿，而是被君主的疯狂所牵连。"伊拉斯谟也同样为"基督徒的长期不幸"而批判"对战争狂热"的君主大公们。作为军队的天然领袖，掌权者的个人意志被视作理所当然的。封建社会组织形式正是为战争设计的，而国王仍被视作社会金字塔中军事力量的顶峰。查理八世（Carlos VIII）、路易十二（Luis XII）、马克西米利安一世（Maximiliano）等君主都曾亲身指挥军队。

长期的战争状态，刺激了技术创新，也迫使国家提升征税的效率。政府还发明了公债，并向某些公司颁发垄断经营的许可，以换取其部分利润。这样一来，理性就在非理性的框架下得到了发展。创建于1602年的荷兰东印度公司，以及与之相似的英国东印度公司，都是典型的资本主义公司，其社会资本被分成可交易的股份。这样的商业体系给政府带来了更多收入，但也让政府不得不依赖于银行家、企业主和商人。

伊恩·莫里斯在《战争：从类人猿到机器人，文明的冲突和演变》(*Guerra. ¿Para qué sirve?*)一书中指出了战争对文明的这一促进作用。[28] 这再次提出了本书中多次出现的问题：智人只有在极为恶劣的情况下才会被迫去寻找解决方案吗？只有恐惧、野心和对荣耀的渴求，才能唤醒人性最深处的能量吗？为了最终实现正和博弈，我们必须先进行零和博弈吗？

五、竞争与掌控的文化

不可否认，基于技术的军事实力使欧洲能够凌驾于其他国家之上，但也许其背后还存在一种掌控的文化。耶稣会传教士吉多·阿尔德尼（Guido Aldeni）曾记下他与中国朋友的一段谈话。他的中国朋友问："你们有那么多国王，要如何避免战争呢？"阿尔德尼答道，通过联姻、结盟，再加上教皇的权威，就足够了。但他的回答并不属实，因为这段对话发生时，欧洲的三十年战争正如火如荼。[29] 马克斯·韦伯在《儒教与道教》(*La religión de China: confucianismo y taoísmo*)一书中，把儒学的理性主义和西方的理性主义进行对比，认为前者是"理性地适应世界"，而后者则是"理性地掌控世界"。[30] 中国哲学家冯友兰所著的《中国哲学史》（1934年），以及李约瑟（Joseph Needham）的划时代巨著《中国科学技术史》(*Ciencia y civilización en China*)，也都持这一观点。弗格森则认为，中西方的区别主要围绕着一个与好战性紧密相关的理念——竞争。拥有"许多"是不够的，必须"比别人都多"。

城市之间同样争权夺利，而城市内部又有行业之争。城市之间的竞争是真实存在的。意大利诸城市不仅为贸易而竞争，还争抢艺术家。与之相反，正如几个世纪后亚当·斯密所指出的那样，单一化的古代中国是一个"凝滞的社会"。

欧洲不断发展的商业贸易网络改变了封建社会。一小部分商人通过向欧洲贩运印度、东南亚国家和中国的奢侈品而富裕起来。[31] 他们的财富足以使其成为向国王和企业主提供贷款的银行家。而国王们的目光也不仅仅放在通过战争和联姻争夺土地上，同时还瞄准了商业贸易，希望从中获取部分利润。人们开始重视纺织品等自然产品的工业加工。"14 世纪中叶，羊毛是英国最重要的出口商品，其中 96% 都直接出口到国外，主要在佛兰德斯地区的城市内制成服装。而一个世纪后，半数羊毛都以纺成的面料形式出口。"[32]

上一章中，我们就曾说到佛罗伦萨。这座城市是新社会的典范。主要得益于国际贸易、纺织业和银行业，佛罗伦萨的经济大幅增长。14 世纪中叶，巴尔迪（Bardi）家族与 200 多座城市有业务往来，覆盖面从爱丁堡直至贝鲁特。[33] 这与货币、海运运费计算以及船只保险等领域的重大创新相关。丹蒂尼（Dantini）家族档案馆中存有 500 多本账簿，以及写于 1382 年至 1410 年的约 12 万封信函。银行业急速扩张。阿奇亚约利（Acciaiuoli）、阿米耶里（Amieri）、巴尔迪、佩鲁齐（Peruzzi）、斯卡利（Scali）等银行业大家族在欧洲各大城市都有分支机构。罗伯特·洛佩（Robert Lopez）认为，这是除 18 世纪工业革命以外，世界史上最重大的一次经济变革。[34] 许多学者认为，这是资本主义的开端，而资本主义这一进化脚本至今仍在运作。

六、资本主义，个人主义，世俗化，创业

我们在本章目睹的，正是"第二个轴心时代"的出现。首个轴心时代大致在同一时间发生于亚欧大陆的大部分地区。而我们现在看到的，则更局限于被称为"文艺复兴"的文化爆炸，并一直延续至 18 世纪和 19 世纪西方经历重大变革之时。但"第二个轴心时代"的影响却是全球性的。它也引起了"自我认知"、自我概念的改变。[35] "中世纪的城市以当地的圣人和保存在教堂里的遗物为傲。1450 年前后，米凯莱·萨沃纳罗拉（Michele Savonarola）在《帕多瓦颂》（De laudibus Patavii）中仍列数诸位圣人，但之后却写起了'未封圣的名人'——他认为这些人的精神值得钦佩，力量品德非凡，因此配得上列于圣人之侧，就好比古代的一些著名人物能与英雄相提并论。他笔下的人物从那些传说中的城市创建者（例如特洛伊王普里阿摩斯的兄弟安忒诺耳），到国王、皇帝、神学家、哲学家、法学家，再到诗人、战士、机械师、画家、军人，甚至还包括有名的剑客，所有本土名人，无所不包。"[36]

乔瓦尼·皮科·德拉·米兰多拉在《论人的尊严》（Discurso sobre la dignidad del hombre）中，很好地总结了这一时代的风气："你不属天也不属地，非必死亦非永生。我们令你如此，是为了让你能够出于本心和荣耀，自由地生活，做自己的造物主与建筑师。我们唯一赋予你的，是根据你的个人意志而发展壮大的自由。"[37] 16 世纪末，乔尔丹诺·布鲁诺（Giordano Bruno）的第一部对话录《驱逐趾高气扬的野兽》（Expulsión de la bestia triunfante）在伦敦出版。其中写道，诸神给了人类一种超越其他动物的力量，即"不仅能够顺应自然和常态，更能够超越自然法则行事，最终（凭借这一天赋，凭借这一独有的自由，通过创造，或是有能力创造其他自然、其他路径、其他秩序）能把神留在地上"。[38] 下面这段文字堪称对该著作的总结："人们遇到困难，产生需求之后，便通过对神迹的模仿和精神上的适应，磨炼了天赋技能，创造了行业产业，并发现了艺术。日复一日，出于需求，奇妙的新创造不断从人类智慧深处浮现。因此，人类急切地致力于各项事业，并由此日益远离兽性，也日益接近神的高度。"[39]

这种对创造力的珍视程度史无前例。艺术家获得了前所未有的声望。人们将艺术家的品质与神相比。马尔西利奥·菲奇诺（Marsilio Ficino）写道："上帝创造了你现在所能看到的一切。而正如上帝进行创造，人类进行思考。人类的理解能力在有限的程度上反映出上帝的创造。人类以其智慧与神性相连。"[40] 文艺复兴时期熠熠生辉的艺术与哲学成就，往往使许多学者无法认识到本书此前提过的一个事实：文艺复兴首先是一场经济领域的革命。[41] 这种经济与艺术的结合，创造出了"企业家"这一类人，其重要性至今仍在上升。彼得·伯克（Peter Burke）认为，他们将贵族的军事野心与资产阶级的经济计算相结合，产生了一种精于算计又敢于冒险的精神，而这种精神对海上贸易而言必不可少。[42] 当前，部分经济学家认为，"企业家职能"是现代资本主义的特征。[43] 英语中的"entrepreneurship"（企业家精神）一词源于法语"entrepreneur"，而后者早在中世纪全盛时期，就被用于指代那些负责落实重要战争举措或重大建筑工程等工作的人。这与前文提到的"恢宏大度"有关。

艺术史还显示出欧洲文化的另一特性——喜好新奇事物。我们在古希腊人身上就已看到这一特点。有些文化喜好重复，例如埃及文化和中国文化。中国文化是一个典型的例子：中国画家要画山水风光，不是先去观察自然，而是临摹其他画作。艺术教育追求的不是创新，而是完美地展现既存的东西。贡布里希评论道："中国艺术讲求全神贯注地表现几个简单的自然主题，这种局限性中蕴含着一些奇妙的东西。但毋庸多言，这种绘画观念同样十分危险。时间一长，画一竿竹、一块石的每种笔法几乎都已形成传统，留存分类。而艺术家们极度崇拜前人的画作，因而越来越不愿凭着自己的灵感去大胆尝试。"[44]

七、变革的杠杆：知识

个人或社会的行动可能性，取决于可获得的信息。印刷术是一项极为强大的智慧工具。只要将其与当今时代的通信技术革命进行类比，我们就能理解印刷术的重要性。当年的印刷术和如今的通信技术，都使我们获得的信息急速增加，也使社会的组织动员更加便利。几千年来，信息基本依靠口口相传，同时还被政治或宗教权力操纵。在欧洲，基督教会之所以次次都能战胜异端，就是因为其内部通信能力强于敌人。[45] 印刷术以及新的通信技术，让知识和教育得以去中心化。例如，没有印刷术，宗教改革就不可能发生。因此，宗教改革史学第一人，约翰尼斯·斯莱达努斯（Johannes Sleidanus，1506—1556 年），会写下这样的话便不足为奇："上帝选中我们，去完成一项特殊的任务。这一点似乎还缺乏证据，因此我国发明了印刷术这一超凡而天才的艺术。"[46]

印刷术的广泛传播意味着阅读的推广，也打击了无知与教条这两大阻碍社会进步的因素。经济学家 J. 布拉德福德·德朗（J. Bradford DeLong）和安德烈·施莱费尔（Andrei Schleifer）指出，专制政府对印刷品的审查会降低政策的质量。[47] 古代中国的历史与欧洲形成对比，也强化了这一论点。印刷术发明于中国。印刷品的出现至少可以追溯至公元 9 世纪。[48] 宋朝（10—13 世纪），大量书籍充斥中国，这提高了生产效率，也促进了科技创新，因此该时期也常被拿来与文艺复兴进行比较。[49] 赖特问道：为什么中国的这一现象没有产生和欧洲一样的效果呢？他认为答案在于，中国的体制十分灵活，印刷术并不能引发社会动乱。中国的宗教并不严苛，不同信仰能够共存。受过教育的人在行政管理体制中占有一席之地，且这些官员在朝中掌握着较大的权力，这也给国家带来了一定的"合理化"能力。此外，到了明朝，多元化程度下降，且正如前文所说，中国开始自我封闭。[50]

教育在变革中起到了重要作用。14 世纪中叶，意大利出现了三种学校：市政府管理的拉丁语公共学校，私人创办的独立学校，以及教授从商必备技能的"算盘学校"——该名源于列昂纳多·斐波那契（Leonardo Fibonacci）的著作《算盘全书》（*Liber Abaci*）。马基雅维利曾在 10 岁时入读一所"算盘学校"，并在其中学习了 23 个月。莱昂·巴蒂斯塔·阿尔伯蒂（Leon Battista Alberti）建议孩子们学习珠算。然后，学生们再学习诗人、演说家和哲学家的作品。一个社会系统性地培养儿童从事商业活动，这在历史上还是第一次。学校里的大多数老师都是人文主义者。格伦德勒（Grendler）指出，到 1450 年，意大利北部和中部的学校已经开始教授人文学科了。[51]

1473 年，尼古拉斯·哥白尼出生。我们可以以他为喻。哥白尼证明，地球围绕太阳旋转，而非太阳绕着地球旋转。这彻底改变了当时人们的世界观。康德的哲学思想也使"哥白尼革命"的提法盛行。在《纯粹理性批判》（*Crítica de la razón pura*）第二版的序言中，康德表示，希望能对阐释知识的方式进行与之相似的变革，即把主体置于中心位置。哥白尼吸引着我们继续见证这段历史中即将发生的其他巨大变革。

第一件让时人措手不及的事就是，人们竟发现了一片亚欧智人从未涉足的大陆。试想，假如今天我们发现了外星生命，知晓我们并非孤独地存在于宇宙中，那么我们的认知将会发生怎样的颠覆性改变！而这种情况就曾发生于 1492 年。

第十三章

相互连接的世界（16世纪）

一、外乡人的到来

我们该如何从新大陆原住民的视角，讲述西班牙人的到来呢？他们看到那群络腮胡子、身披铁甲的男人时，又该是何感想呢？哥伦布在日记中提到，"西班牙岛"的原住民泰诺人毫无畏惧地观察着他们。他写道："这个民族温顺又可怕，像我此前提过的一样，赤身裸体，既无武器，也无法律。"（1492年11月4日）"他们很好使唤。"（1492年12月16日）贝尔纳迪诺·德·萨阿贡（Bernardino de Sahagún）称，曾有一系列征兆向阿兹特克人预示了西班牙人的到来。例如，曾有一整年时间，每天都能看到天空中出现火舌。[1]

"新大陆"（Nuevo Mundo）一词是阿梅里科·韦斯普奇（Américo Vespucio）于1503年首次航行时提出的。这一名称的使用时间并不长。1507年，孚日圣迪耶修道院修士兼地图绘制家马丁·瓦尔德泽米勒（Martin Waldseemüller）利用韦斯普奇提供的数据绘制地图时，将"新大陆"替换为"阿美利加"（America），即"美洲"。

虽然"西班牙人在当地被当作天神般欢迎"的说法广为流传，但多数专家认为，这只不过是当时的编年史家的夸张形容。《喀克其奎年鉴》（Anales de los Cakchiqueles）记述了喀克其奎人的历史，也包括他们对此次入侵的感受。该年鉴的描写较为客观，其中既讲述了西班牙人进行的大屠杀，也褒扬了那些尝试帮助印第安人的西班牙人。玛雅人也留下了类似的文字记载，即《契伦巴伦之书》（Libros del Chilam Balam），其中故意隐晦地把此次入侵解读为"历法之战"：西班牙人带来了他们自己的历法，这种历法在原住民眼中十分粗糙，因此，玛雅人把西班牙人的征服战视作两种敌对的宗教体系之间的意识形态之战,是一场围绕着时间而展开的斗争。[2]这是因为,在玛雅神话中,诸神、历法与天文是相互关联的。

随着西班牙入侵者不断深入这片大陆,他们遇到的不只有更为茂密的植被,还有更为复杂的、枝枝蔓蔓的神话体系。历史在这里进行了一场自然试验。我们知道,人类大家族中的美洲一支于1.5万年前与家族的其他分支分离,他们走过了白令海峡,并从白令海峡无法再步行穿越时开始与世隔绝。当地的文化演变是完全独立的。也正因为如此,我们能够以此对"普世"和"特性"进行一定的辨别。这种辨别并不彻底,因为当美洲分支与其他分支分离时,他们已经带上了几十万年共同生活留下的痕迹。共同文化系谱中的一部分随他们一起踏上了旅途。他们无疑自行发明了原创造型艺术,创造了不同的语言和伟大的神话传说。但是,在这些巨大差异的背后,我们仍能看到同一个"进化算法"正在发挥作用。艺术形式的演变为本书的主要论点提供了很好的论据。表现现实和表达自身情感的强烈愿望,是所有智人所共有的,但人们实现这一愿望的方式却不同。人体的造型表现形式各式各样。非洲各地、印度、希腊、中国和阿兹特克的雕塑,是以不同风格对同一事物进行的表现。同样的愿望和期盼带来了不同的解决方案,但在所有这些文化创造中,没有哪一种对我们而言是绝对新颖的,或是完全无法理解的。我们看到的,仍是我们已知的不断繁衍增殖的创造功能,这种功能也创造了神话、神明与宗教仪式。1492年,美洲大陆上约有2 000种互不相通的语言。其中,北美洲约有250种,墨西哥和危地马拉约有350种,南美洲则有不下1 400种。[3]萨巴特克、米斯特克、玛雅和阿兹特克这四种文明产生了书写形式,且均为象形文字。乔伊丝·马库斯(Joyce Marcus)认为,政治宣传和树立威望是文字的主要用途。她指出,上述文明的文字中,经常出现八大主题:指认落败对手的身份,明确君主政治疆域的边界,记录进贡的被征服地区,标明君主的血统正统性,君主登基日期,君主与重要配偶的婚期,君主子嗣的生日,及其各自的荣誉称号。这些文字具有阶级特性,是贵族的语言。

动物崇拜是人类的共性,但美洲崇拜美洲狮和羽蛇,欧洲崇拜斗牛,这就是个性。[4]新大陆有丰富的致幻植物,当地人扭曲的幻想形象也许与此有关。[5] 韦斯顿·拉·巴雷（Weston La Barre）证实，美洲印第安人了解百余种致幻植物，而在旧大陆，人们认识的致幻植物不足10种。他认为，源自旧大陆的萨满教能在美洲成为印第安人的基本宗教，这也与印第安人对致幻植物的兴趣有关。阿兹特克人称致幻经历为"temixoch"，意为"华梦"，并把能致幻的蘑菇称作"teonanácatl"（"teotl"意为"神"，"nanacatl"意为"食物、蘑菇"）。印加人把古柯看作"神树"，认为它是"自然给人类最好的赠礼"。当然，自然环境的差异，以及当地生活的动植物，都会影响文化创作，但它们并没有改变美洲分支面临的问题，因此也没有改变人类共有的理解框架。正如沃森所指出，相似性一直存在

《波波尔乌》（Popol Vuh）是基切人在西班牙人征服新大陆之后所写。当我们阅读其中关于创世故事的段落时，便能看到我们所熟悉的虚构创作：

> 那时世上还没有人，也没有动物，没有鸟、鱼、蟹、树，也没有石头、洞穴、峡谷、草原或森林。唯一存在的只有天空，地表也尚未出现。海天相接，没有任何成形的事物。风平浪静，一切都是静止的，暂停着，在天空下沉睡。任何可能形成的事物都不在，只有大片的水，只有平静的海，汪洋一片。任何可能形成的事物都不在——只有海浪低语，在黑暗中，在长夜里。只有创世主，那唯一的创世者，至高无上的羽蛇，以及孕育者和先祖们，在水中闪耀着光芒。

美洲的创世神话并不认为是一位神明创造了完美的世界，人类的任务就是去思考世界，理解世界。其特别之处在于，当地人认为世界是不完美的，艺术家的任务是去完善世界。"印加人相信，首批人类是天神维拉科查（Viracocha）用石头造出的巨人，但他后来又对自己的作品不满，于是把他们变回了石头。这些就是印加人崇拜的巨石雕塑。在这之后，维拉科查又按照自己的体型，创造出了第二批人。"[6] 玛雅的雕刻匠人在作品雕刻期间不允许发生性关系。此外，他们还要把自己的血涂抹在雕塑上，因为他们相信这能使它们变得神圣。

两个原本相互隔绝的世界产生了交流，这不仅带来政治和经济层面

的变革，还产生了生物学影响。艾尔弗雷德·W. 克罗斯比（Alfred W. Crosby）在其所著的《哥伦布大交换》（The Columbian Exchange）和《生态扩张主义》（Ecological Imperialism）中，论述了一种"生态全球化"。欧洲从美洲获得了土豆、番茄和辣椒，也把牛、羊、马、昆虫、病菌和苹果带到了美洲。[7]

内森·瓦克泰尔（Nathan Wachtel）关于秘鲁印第安人在1530年至1570年对侵略者态度的著述，深刻地阐明了这一文化冲突。到1590年，秘鲁印第安人的人口已经减少了80%，文化世界也已被打乱。其神话体系中的许多元素仍存在于想象中。欧洲传教士们把"梦"称为"蛮荒之神"，以此来理解当地神话。[8]

二、中美洲的伟大文化

加勒比海岛上的原住民让当时的人们以为，美洲人都原始且单纯。但在大陆上，他们才发现事实远非如此。1517年，一支探险队抵达尤卡坦，与玛雅人建立了联系。玛雅社会当时虽已衰落，却仍令探险者们惊叹。领队格里哈尔瓦（Grijalva）还听说，这片土地上的人们都隶属于一个名为"墨西哥"的伟大帝国。玛雅文明的辉煌时期是公元前200年至公元900年。蒂卡尔、科潘、卡拉克穆尔、帕伦克等，曾是玛雅最为繁华的几座城市。玛雅神话阐释了玛雅人的世界观，其体系十分复杂。与其他民族一样，玛雅人的神话中也有可见的和不可见的两个世界。世界分为上界、中界和下界。玛雅人的信仰也许源自奥尔梅克人，其中包含三个主要元素：一是美洲豹崇拜；二是萨满教；三是所谓"纳瓦之道"（nahualismo），即相信每位神明都为一种动物所代表，可在致幻的宗教仪式中通过该动物与人交流。[9]玛雅人的宇宙执于创造，常出现生命之树，以及放置在一起的三块石头——这也许代表着家。戴维·弗赖德尔（David Freidel）、琳达·舍勒（Linda Schele）和乔伊·帕克（Joy Parker）已经证实，这种久远的阐释现实的方式，仍为当下的一些萨满所信奉。[10]

玛雅人不仅依靠药物，还依靠失血，来达到迷幻状态。他们用鱼骨刺入身体。执政者割破阴茎，他的妻子则割破舌头。玛雅艺术中充斥着放血的场景。他们认为，血为神明所需要，并且是中界的主要成分。放血的过程还伴有音乐。相互交战是为了捕获俘虏，献祭给神。玛雅球戏很可能以败者的献祭告终。科尔特斯（Cortés）当时惊讶万分，并于1528年将一支球队带到了欧洲。中美洲在被征服时，曾有1 500多座球场。

玛雅文化可以变得相当残忍。儿童献祭、群体献祭都十分普遍。被生擒的俘虏会被摘心、掏肚、砍头、勒死或剥皮，等等。他们还进行一种手握石块的拳击运动，很可能致人死亡。我们很难理解这种痛苦的意义。沃森写道："目前我们确切地了解到，献祭了子嗣的家庭会获得更高的地位。"简·史蒂文森·戴（Jane Stevenson Day）得出的结论是："暴力并没有毁掉社会团体，反倒将其成员团结起来，使其成为血腥仪式中的配角。流血、痛苦与死亡是硬币的一面，而硬币的另一面则是维持、再生与生命。"[11]

不过，对于玛雅的祭祀，还有其他解读方式。有人认为，神明要从人类这里获得食物与照料，因此，祭祀要以被献祭者的鲜血涂抹神像的嘴唇，并不一定会致被献祭者死亡。祭祀其实是在偿债，因为人与神之间互担义务，人为神提供食物，神则给人以"生命力"或"宇宙能量"，让人们能够繁衍，让庄稼能有收成。[12]

公元13世纪，成群结队地进行狩猎-采集的阿兹特克人，从北方一个叫"阿兹特兰"（Aztlán）的地方，来到了墨西哥谷。这些人自称"墨西加人"（mexicas），被定居于当地的民族鄙视为蛮族。然而，14世纪初，他们定居了下来。传说于1325年，他们按照立于仙人掌上的鹰的指引，在特斯科科湖南部的小岛上安家落户，建立了特诺奇蒂特兰。这座城不断扩大，日益富庶。其发展起初得益于贸易，以及阿兹特克人做雇佣军所得的佣金；自15世纪初开始，则是由于阿兹特克帝国向周边城镇进行扩张。阿兹特克人的对外扩张主要发生于15世纪末和16世纪初，即西班牙人到来之前。1500年前后，特诺奇蒂特兰拥有超过20万居民，人口数量在世界上名列前茅。

阿兹特克人的扩张最初是通过和其他城市联盟实现的，之后很快便形成了占据整个墨西哥谷的区域性帝国，并从当地几百万民众处收取贡品。商路四通八达。阿兹特克人从远方进口可可、绿松石和凤尾绿咬鹃的羽毛。这些物品都装在筐里靠人力运输，因为有轮子的车在当时还未被使用。文献中记载着带轮子的玩具，这说明阿兹特克人懂得使用轮子，但他们却没把轮子用到运输工具上。部分原因在于，最近一次冰期过后，可驯养的大型哺乳动物都灭绝了，因此阿兹特克人没有可以拉车的牲畜。他们也没发明出制陶用的转轮，却仍制造出了高质量的陶器。总体而言，其技术发展与其他文明相距甚远。这再次表明，文化演变的进程遵循着不同的道路。

阿兹特克人的宇宙观在某些方面与玛雅人不谋而合。也许二者本源相同，都能追溯到奥尔梅克文明。他们认为，土地处于一片咸海之中，海里满盈着超自然力量。这种超自然的水同样出现于特斯科科湖中，而湖心的特诺奇蒂特兰本身就是一个微缩版的宇宙。和玛雅人一样，阿兹特克人也认为地面之上有十三重天，其历法也以260天（即20乘以13）为一年。13似乎是一个神秘数字。阿兹特克人把白天分为13小时，以对应十三重天，夜晚则分为9个小时，对应九层地府。同时，他们还使用每年365天的太阳历。其宇宙观反映出一个复杂而不稳定的宇宙。各位主神为了至高地位而争斗不休，这展现出各种自然力量的"争斗行为"，而与合乎伦理道德的人类行为相去甚远。[13]杰弗里·康拉德（Geoffrey Conrad）与阿瑟·德马雷斯特（Arthur Demarest）认识到，这些神并非西方意义上的神："他们更像是具有神性的复合体，能根据不同的时间、空间，以某种特定的样子显形。"他们总是让人感觉受到威胁。[14]他们融合了上界、中界和下界的象征（分别为鸟、美洲豹与水蛇）。

阿兹特克的君主是从已故君主的兄弟或子嗣中选出的。这些人之间有明显的敌对关系。王本身并不被视作神，但具有一定的神性：他的唇舌就是神的唇舌，神通过他发声。新王一登基，就要组织一场军事行动，以展现实力，并抓获大量战俘献祭给诸神。君主或重要朝臣的葬礼上会举行人祭，这通常是为了用被献祭者鲜血中的生命力去强化死者的灵魂。总体而言，这其实是夸耀权力并显示死者地位之尊贵的极端表现，而这一现象在其他文明的早期也有所记载。有人认为，阿兹特克人在举行人祭时还会食用被献祭者的肉，以获取蛋白质，因为其食谱中，蛋白质的来源只有火鸡、狗和鸭子，而这对当时所达到的人口密度来说是远远不足的。但这一观点备受争议。一些学者对此表示怀疑，并指出，当地的昆虫、蠕虫、藻类、玉米、豆类等，也可以提供蛋白质。[15] 两名殖民者声称曾见用过 13 万枚头骨连成的长线。[16] 1487 年，为了庆祝对瓦斯特克人（huastecos）作战的胜利，阿兹特克人曾以摘心的方式献祭了 2 万名战俘，该仪式持续了整整四天。

三、印加帝国

在安第斯山区，秘鲁海岸的奇穆王国于 13 世纪建立了帝国，并延续至 15 世纪。在此期间，库斯科地区诞生了印加王朝。15 世纪，在帕查库特克（Pachacútec）和图帕克·尤潘基（Túpac Yupanqui）的统领下，印加王朝征服了奇穆帝国的领土，又将疆域拓展到其他地区，最终建立了广阔的印加帝国。印加帝国扩张迅猛，仅仅在四代人的时间内就将领土拓展到了极致，南北边界相距近 5 000 千米，从今厄瓜多尔直到今智利中部和今阿根廷西北部，横跨安第斯山脉两侧。印加帝国通过长 2.5 万千米至 4 万千米的道路网将领土维系在一起。这一道路网是世界公共建设工程中的一项伟大成就。印加人在他们所到之处传播其太阳教，修建印加建筑，并推行印加人的克丘亚语。

安第斯山区此前无疑也曾有过统一的王朝，且有其政治机构和策略。印加王朝对此加以继承，展现了 1 500 年来安第斯山区权力结构的文化延续性。太阳神因蒂（Inti）是印加王朝的神圣祖先和王室权力的来源。国王则被视作因蒂的具象化显现。无论是在位的国王，还是已故的先王，都对保障土地肥沃和军事胜利起到根本性作用，而二者在宗教仪式中似乎密切相关。已经过世的先王仍受人供奉崇拜，并被视作重要的神谕以及超自然力量的来源。[17]

在印加王朝，所有赋税都是以服徭役的形式缴纳的。农民每年都要去政府或神庙的田地里耕作一定的天数。这样一来，印加的君主只以徭役方式积累资源，而无须从臣民处收取任何实物，因为接受别人给的东西被印加人视作低人一等的表现。徭役的轮班制度被称为"米塔"（mit'a），广泛应用于各类活动，包括照料政府或神庙的牲畜群、建造或修缮道路、开采矿产、在军营中服役等等。[18]

虽然没有书写系统，但印加文明还是建起了辽阔而强大的帝国。部分原因可能在于，印加人把仓储、人口、家畜数目等计数信息，都通过"奇普"（quipu）进行储存。"奇普"在克丘亚语中意为"绳结"。这种方式使用不同颜色的绳子，以绳结表示不同的数量。"奇普"仅作记录之用，会计计算则要用到置于盒子中或平板上的一组石子，其原理类似算盘。事实上，"奇普"的早期松散形式似乎在瓦里文明时期（7—13世纪）就已出现，并一直具有这种记账功能。[19]

四、普遍现象：祭祀

美洲文化让我们认清了一个普遍存在的进化脚本——宗教祭祀。美洲的仪式尤为血腥。我们的祖先为什么认为必须向神明献祭呢？他们希望通过祭祀解决什么问题呢？前文已经谈到，最原始的宗教体验来自对高于自己的无形力量的恐惧。恐惧和摆脱恐惧，二者共同开创了宗教的创造性空间。在《吉尔伽美什史诗》中，主人公从梦中惊醒，向尚未入睡的朋友恩奇都问道："是不是有位神从我身边经过了？"鲁道夫·奥托将这种恐惧、崇敬和迷乱的混合体称为"努秘"（lo numinoso）。苏美尔人将神明的神秘现形称为"麦拉穆"（melammu），意为"吸引人的、却又使人惊骇的强光"。西班牙语中的"恐慌"（Pá-nico）一词，意为"暴力恐怖"，其词根源于"潘神"（Pan），原指潘神现身时引起的恐惧。人类学家已经认同了休谟（Hume）的观点："人类最初的宗教思想并非源于对自然造物的思考，而是源于对生命的忧虑，以及不断刺激着人脑的希望与恐惧。"[20]拉克坦提乌斯（Lactancio）则将宗教与权力相联系：宗教、威严与荣誉，都建立在恐惧之上。

各文明似乎普遍相信，世间存在着一些会发怒且需要讨好的全能者。一种理论认为，这一思想可能起源于大型自然灾害之后。贡纳尔·海因松（Gunnar Heinsohn）写道："迦勒底传说中，朱苏德拉（Ziusudra）是在洪水过后自我牺牲的英雄。与之相似的人物，还有亚述文化中的乌塔那匹兹姆（Utnapishtim）、希伯来文化中的挪亚（Noé）。印度传说中，摩奴（Manu）在一场洪水后发明了祭祀。希腊传说中，珀尔修斯（Perseo）、丢卡利翁（Deucalión）、墨伽罗（Megaro）、埃阿科斯（Éaco）等人也在洪水过后开始祭祀。古代埃及、中国以及北美洲的阿尔冈昆人都有类似的神话传说。"[21] 日本神道教的许多神社中也都有关于某人被献祭的传说。据说，成为祭品的人被献给了某种极其强大的存在，它是盘踞在山中的恶魔，通常长有蛇尾——这显然是指一座火山。[22] 赎罪的思想也随献祭而来。人们认为人的某些行为招致了天灾，但也可以通过某种方式"赎罪"。

宗教仪式中人祭的长期存在十分惊人。"塔西佗（Tácito）记录了目击者对某些日耳曼部落人祭的描述。普鲁塔克曾说迦太基存在人祭。夏威夷人、斯堪的纳维亚人、印加人、凯尔特人也都有人祭的相关记载。墨西哥的阿兹特克人、印度东南部的贡德人，以及西非的阿散蒂王国、贝宁王国和达荷美王国，都广泛举行人祭，受害者成百上千。"[23]

新大陆的诸多文化都是完全独立于旧大陆而发展成形的。前文对美洲文化的速览有力地指出，文化演变的过程中，并不会产生完全无法辨认的新奇事物。形式或许会改变，但源于人类基本需求与期待的基础结构是不变的。创造了非现实的人类象征性思维，对基础结构进行扩大、变形与杂糅，而这些结构向全人类提出的仍是同样的基本问题。问题的解决方案不同，则是因为人们所处的环境不同。

五、巨大变革

我们很难知晓发现美洲对当时的民众产生了什么样的影响。或许就好比发现外星智慧生命将对如今的我们造成的影响。1493 年 9 月 13 日，意大利人文主义者皮特·马特·德·安吉拉（Pedro Mártir de Anglería）在给格拉纳达大主教的信中写道："打起精神来吧！听听这新发现！"1552年，弗朗西斯科·洛佩斯·德·戈马拉（Francisco López de Gómara）在《西印度通史》(*Historia general de las Indias*)中称："创世之后，除去造物主的化身在人间的诞生与死亡，最伟大的事情便是发现西印度群岛。"[24] 胡安·路易斯·比韦斯（Juan Luis Vives）则写道："这伟大的发现啊，上帝的整个世界由此展现在人类面前。"[25] 几个世纪后，亚当·斯密仍说，在1770年之前，世上发生过的最重要的事就是哥伦布发现美洲，以及瓦斯科·达·伽马1497年的绕非洲航行。然而，正如约翰·埃利奥特（John Elliott）所指出，哥伦布在巴利亚多利德去世时闻名不显，直到1614年，才在洛佩·德·维加（Lope de Vega）的剧作《克里斯托弗·哥伦布发现的新大陆》(*El Nuevo Mundo descubierto por Cristóbal Colón*)中成为主角。[26] 我们应该记住，许多发现都是由自行创业的个人完成的。瓦尔迪维亚（Valdivia）对智利的征服是如此，科尔特斯始于1519年的对墨西哥的征服也是如此，两者都没有受到任何委任或授权。科尔特斯的同伴贝尔纳尔·迪亚斯·德尔·卡斯蒂略在其编年史中回忆道："墨西哥是在我们的指挥下被发现的，而陛下并不知情。"皮萨罗（Pizarro）确实得到了授权，但队伍的财政、武装和领导等责任，都落在他个人头上。当时的法律形式，是一种君主与个人之间的"协议"（capitulaciones）。真正参与新大陆事务的只有少数人。科尔特斯前去征服墨西哥时只带了119名水手和400名士兵；皮萨罗则一共只带了460人。这跟查理五世（Carlos V）在帕维亚战役中出动的20万大军相比，算得了什么呢？福山认为，这种私有化使伊比利亚美洲难以建立强有力的机构，而这决定了它的未来。

直到他生命的最后，查理五世心系的仍是突厥人带来的恐惧，以及欧洲的政局。"西印度群岛之王"在他那一长串头衔里，永远列于末位。1548年，查理五世巨细无遗地为其子费利佩二世（Felipe）列出未尽事项，西印度群岛也只在其中占了极小的一部分。直到1550年，拉·加斯卡（La Gasca）自秘鲁回国，带回了价值近200万埃斯库多①的贵金属，西印度群

---

① 货币单位，曾是葡萄牙官方货币。

岛才开始被人们视作解决帝国财政困难的好办法。查理五世正值财源枯竭之时。1550年12月，他致信其妹匈牙利王后玛丽（信件照例用法文写成），信中写道："我真的不行了，我马上就要垮了。"[27]海外的财富成了查理五世的执念。但王室从未直接参与矿产的开采。因此，洪堡（Humboldt）写道："西班牙殖民地的金银财宝全进了某些人的私人腰包。"王室则只收取授权费用。

新大陆的发现给欧洲带来了社会、政治和经济领域的巨大变革。欧洲人开始自认为高人一等，尽管实际上，欧洲的人口数只有5 000万，远低于社会高度发达的明朝中国（2亿）和印度（1.1亿）。世界变小了，几乎全球各地都可以往来沟通。截至1450年，人类文明已有4 000年历史，但人类却仍未形成共同体。在大洋洲、美洲，以及非洲中部和南部，还有6 000万至1.2亿人完全隔绝于旧大陆之外。而在其后的350年中，各民族逐渐形成了共同体。全球化是一个艰难的过程，因为有少数帝国主义社会成功地凌驾于他人之上。一些民族、语言和宗教消失了。专业化带来了更多财富，也加剧了不平等。[28]欧洲逐步扩张，而东方正故步自封。1490年，葡萄牙人所掌握的知识足以让其在海上畅行无阻。他们还刚刚研发出装配于船上的大炮。[29]1510年，葡萄牙人在印度第乌附近赢得了首次不登船的海战。

六、真正的印度

在哥伦布自以为到达了印度之时，葡萄牙人抵达了真正的印度。1498年，一支只有四艘船的葡萄牙探险队，在瓦斯科·达·伽马的率领下，绕过风暴角（后更名为"好望角"），到达印度。半数船员死亡，但其余的人带回了整船香料，从此发家致富。数十艘葡萄牙船只依靠着葡萄牙人唯一的优势——火力——追随了他们的脚步。1510年，马六甲苏丹下令驱逐葡萄牙人，但他们强行占领了这座城市。1515年，葡萄牙人多默·皮列士（Tomé Pires）在《东方志：从红海到中国》（*Suma Oriental que trata do*

Mar Roxo até aos Chins）一书中写道："中国是一个重要国家，又好又富。而马六甲总督要把中国纳入我国的掌控之下，并不需要他们所说的那么多人。因为中国人很弱，容易打败。去过中国的人常说，只需十艘船，拿下马六甲的印度总督就能沿海岸线打下整个中国。"[30] 1517 年，葡萄牙国王派皮列士觐见中国皇帝。他等了三年，于 1521 年才受到接见。同年，科尔特斯进入特诺奇蒂特兰。

皮列士代表葡萄牙和中国协商之时，中国收到马六甲苏丹来信，谴责葡萄牙来使窃取了苏丹的王位。其他指控接踵而至，中国恰值新皇登基，在一片相互攻讦声中，葡萄牙使团最终被关进了监狱。皮列士本人的下场无法确知，使团中的其他人则被处死，尸骨不全。皮列士通过这种最具戏剧性的方式认识到，在中国这个真正的世界中心，欧洲人的影响力仍然微乎其微。欧洲人能征服阿兹特克人，能用大炮轰开印度洋市场，但要让"天下"门户的守卫们动容，却还差得远。伊恩·莫里斯评论道："当时，东方社会的发展程度仍远远高于西方。即便欧洲经历了文艺复兴，有了水手和大炮，在 1521 年，仍然没有什么迹象表明西方显著缩小了同东方的差距。直到三个世纪后，人们才会意识到，烧毁特诺奇蒂特兰的是科尔特斯而非郑和，这件事有多么重要。"[31]

要忘掉多默·皮列士需要时间。不过直到 1557 年，中国官员对待澳门的葡萄牙商人都很友善。农业史学家宋俊岭曾写道，玉米和红薯的到来是"帝制时代中国历史上最具革命性的事件之一"。它拓展了以水稻为基础的文化，让人们能在更为干燥的地区耕作。[32]①

人口增长带来了问题。1608 年，一位中国学者曾说，人口增长到了史无前例的地步。[33] 1550 年，德国旅行家海因里希·米勒（Heinrich Müller）评论道："过去农户的吃食与现在不同。那时他们有足够的肉和食物。现在情况却大为改变。较为富裕的农户反倒过得不如过去的短工和仆役。"[34]

美洲的白银带来了新一轮贸易全球化。万历皇帝朱翊钧（1572—1620 年在位）的财政改革要求农民用银子交税，而非像以前一样缴纳稻米等实

---

① 宋俊岭的完整观点为："……结果造成乱砍滥伐，水土流失和洪水接踵而来，哀鸿遍野。已经被众多问题压得喘不过气的王朝就变得更加动荡，但这却契合了欧洲的利益。"——译者注

物。这导致白银需求量激增。而这些需求最初由日本银矿满足，后来则要靠美洲的白银来补充。中国明朝的银价比起前朝明显上涨。和宋元时期相比，同等数量的白银可以买到两倍的稻米，或几乎三倍的丝绸。[35] 1564年，米格尔·洛佩斯·德·莱加斯皮（Miguel López de Legazpi）与奥斯定会教士安德烈斯·德·乌达内塔（Andrés de Urdaneta）一同从墨西哥出发，抵达菲律宾群岛。他们在那里和中国商人建立了联系。由于中国对白银的需求旺盛，马尼拉形成了强大的华人社区。而在1571年，马尼拉被纳入西班牙帝国，成为新西班牙总督辖区（首府设于墨西哥城）下设的城市。乌达内塔展现了杰出的航海技能，并找到了回墨西哥的办法，这在当时看来是不可能的，因为把他们从墨西哥带到菲律宾的信风阻碍着返航。乌达内塔的办法是，向北航行很远之后，再向东走。由此，他开辟了史上最长的商路——从阿卡普尔科到马尼拉再返回。这条商路被称作"马尼拉大帆船"航线，又名"中国船"航线。这条商路一直活跃至1815年，才被墨西哥独立战争打断。中国需要白银，而墨西哥的西班牙人则换回了丝绸、瓷器、漆器，以及其他奢侈品。据估算，西班牙人在美洲开采的白银，其中有75%流入了中国，用于换取中国产品。墨西哥大教堂唱诗处的栅栏便是"受命于一位名叫奎老（音，Quilao）的中国人"，在澳门打造，又通过大帆船运到墨西哥城的。[36] 双方都通过贸易交换获得了极为丰厚的利润：西班牙人以比在欧洲低得多的价钱买到了中国产品，而中国人的丝绸也卖出了国内两倍的价格。涌入中国的白银数量极大，以致有传闻说西班牙人在菲律宾有座银山，中国朝廷还曾于1603年派人前去查看传闻是否属实。"银山"确实存在，只不过是在太平洋对岸的波托西"富饶山"（Cerro Rico）。波托西的白银通过船只运到巴拿马，然后在地峡处分为两路，一部分运往西班牙，另一部分则运往中国。同中国的贸易的爆炸式增长，不仅影响了菲律宾群岛，还影响了整个东南亚和印度洋地区。在此前的几个世纪，中国诸海和印度洋之间已经建起了细密的贸易网络，连接着西方的阿拉伯和印度商人，以及东方的中国人。中国沿海地区也由此形成了重要的贸易港口，例如南京和广州。中国的经济增长并非归功于美洲白银的输入。恰恰相反，中国的财富吸引了欧洲商人。加拿大汉学家卜正民（Timothy

Brook）认为，从马尼拉、葡萄牙人所居的澳门以及日本流入中国的白银数量极大，明朝万历年间的中国富得流油。社会地位一向较低的商人，在经济上超越了贵族中等级低的人。这种财富因而打破了原有的社会秩序。传统秩序逐渐受到侵蚀，人们对应该如何生活也开始有了新想法。但传统思想家们一向认为，市场上的经济行为使不事产业甚至毫无诚信之人获利。这种社会秩序的颠覆、暴发户的崛起，再加上显著的社会不平等，都让他们深感不安。

此外，与同时期欧洲发生的事件（历史学家称之为"工业革命"）相似，中国国内经济也开始寻找新的收入来源。由于国外市场需求上涨，许多女性开始从事丝线和织物的生产，由此得以进入市场经济。[37] 15世纪，在郑和下西洋之后，帝国政府便开始漠视航海事业。但中国的成千上万名水手却凭借着对贸易的热情，继续在东部和西部海域同外国人做生意，其中一些人收获颇丰。社会变革以及传统范式和习惯的改变，在中国和欧洲同时发生。[38]

事实上，中国在某些领域有了更多进展。中国比欧洲更早推行了土地私有制，其制度也比欧洲的更为牢靠。结果，16世纪至19世纪，中国的经济被"困在"一种结构性平衡之中，技术转型因此受阻。万志英（Richard von Glahn）认为，农户对土地的绝对所有权提高了农业体系的稳定性，而这一农业体系阻碍了技术创新，也阻碍了变革与转型。几百年来，占据主导位置的宋明理学意识形态强烈反对国家介入私营经济。虽然国家施行的低税收和政府干预最小化的政策——这与许多西方历史学家捏造出的"东方专制独裁主义"形象相去甚远——在一定程度上促进了经济的增长，但国家基础建设能力薄弱，也限制了技术发展的潜能。[39]

七、审视良心

前文研究的文化演变过程显示，侵略与殖民在历史上一直存在。帝国就建立于征服和紧随其后的殖民之上。而殖民地与大都市之间向来存在等级差异。随着欧洲人发现美洲，现代殖民主义出现了。现代殖民主义有过种种暴行，但同时也有与之相随的道德反思。此前，曾有人希望以"维和""教化"等借口为权力正名。也有人曾思考过是否有必要用人性化的方式对待附属国。但在文化演变的这一阶段，出现了一种新的担忧：殖民是否侵犯了被征服者的权利。上文曾说过，本章所讲述的"第二次轴心时代"和第一次一样，包含着对既定信念的批判性反思。在此阶段酝酿的正是一场"权利的革命"，而这场革命将在未来成为欧洲对人类文化系谱的贡献之一。我们已经看到，人们是怎样在问题的迫使下，创造出了进化脚本和智慧工具，并取得非线性而又不间断的长期进步。我们也不得不考虑可怕的倒退，但到了这一阶段，人类又重新回到了通往更为稳定、更为普遍的客观幸福的轨道上。美洲的发现还提出了"正当占有权"（justos titulos）的问题。在信仰天主教的欧洲，人们认为，教皇是"环球之主"（Dominus orbis），因此有权将土地给予基督教国王。1155年，教皇阿德里安四世（Adriano IV）曾将爱尔兰给予英国国王亨利二世（Enrique II），条件是要传播福音，并向教会缴纳一笔贡赋。1344年，教皇克莱门特六世（Clemente VI）将加那利群岛给予卡斯蒂利亚国王阿方索（Alfonso）之子路易斯·德·拉·塞尔达（Luis de la Cerda）。教皇亚历山大六世（Alejandro VI）则将新发现土地的主权给予了西班牙天主教双王。西班牙与葡萄牙的纠纷止于1494年，双方签署《托尔德西里亚斯条约》（Tratado de Tordesillas），在佛得角群岛以西370里格①处划线而治。这条纵贯南北的长线以西属于西班牙卡斯蒂利亚王国，以东则属于葡萄牙。[40]

教皇在其中担任的角色很好地反映了基督教的政治角色。然而，"正当占有权"的问题没有就此解决。对新大陆的发现与征服，恰恰发生在欧洲宗教形势激荡之时。1517年，科尔特斯出发前往墨西哥。同年，奥斯定会教士马丁·路德将反对罗马天主教会的《九十五条论纲》贴在了维滕贝格诸圣堂的大门上。西班牙资助哥伦布的航行，也是为了推广福音。新教的宗教改革、天主教的反宗教改革，以及宗教战争，让欧洲大陆动荡不堪。人们对权利有了更清醒的认知。很快开始有人顾虑，那些赤身裸体的原始

---

① 曾使用于欧洲和拉丁美洲的长度计量单位，代表1小时的步行距离，在不同地区所指的距离有所差别。

"物种"到底算不算"人",欧洲人是否可以抢夺他们的土地,并迫使他们屈服。

八、革命性思想的出现

一种将在未来对人类历史起决定性影响的思想,在这一时期开始成形。加西亚·德·恩特里亚(García de Enterría)写道:"'主观权利'这一概念虽然是司法体系整体革新中重要的技术工具,但在当时却是一个不受重视的概念,被视作只有法学家才会用到的'技术性细节',因此被认为没有普遍的重要性。但正是这一表面上无足轻重的概念,蕴含了整个法律领域的革命。"[41]它是一项重要的智慧工具,改变了我们对人类这一物种的理解:我们并非一种拥有更高智慧的动物,我们首先是一种拥有权利的动物。而这是什么意思?又为何如此重要?

人类社会发明出规则,用以自我约束。规则允许我们做某些事,禁止我们做另外一些事。前文说过,几千年来,司法体系已经明确:立法者(上帝或君主)颁布法律,既规定义务,又赋予权利。用更为"现代"的话来说,立法者颁布实在法(leyes positivas),规定臣民所享有的客观权利(derechos objetivos)。法律实证主义坚定地认为,这些权利就是唯一存在的权利。

客观权利体现在法律中。而在本章聚焦的历史时期,人们开始强调,人类拥有先于法律而存在的权利。"立法者-法律-权利义务"的古典法学结构即将改变,顺序将变为"人-权利-法律"。再次"逆推历史",我们会发现,1948年颁布的《世界人权宣言》可以追溯至16世纪西班牙法学家的著作。[42]"主观权利"这一概念所蕴含的革命性力量在接下来的两个世纪中逐渐显现。而我们要理解这种革命性,只要想一想:如果立法者(无论是上帝还是君主)是法律的来源,那么其本人就不受法律约束,他将是绝对专制的君主,超脱于法律之外;而在新模式下,立法者同样要尊重事先存在的权利。笔者将在后续章节中讲述这两种对立的立场分别形成的进化脚本。其中一种最终引向君主专制,另一种则引向民主。思想对现实的塑造能力再次得到了体现。人的思维不仅要认识现实,还要改造现实。黑格尔在提及这一"变革的时代"时写道:"人类以头站立,即靠思想站立起来,并依照思想构建现实。这是一个辉煌灿烂的黎明。"[43]

1550年4月16日,查理五世下令暂停一切对新大陆的征服活动。1549年,西印度委员会请求国王下令举行辩论,或组织人员"就征服新大陆的方式进行交流探讨,以使征服活动正当且问心无愧"。于是,查理五世于同年在巴利亚多利德召开了会议。参会者为十五位著名人士:西印度委员会全部七名成员,两名皇家委员会成员,一名骑士团委员会成员,以及三位多明我会神学家、一名方济各会神学家和一名主教。辩论双方则分别是希内斯·德·塞普尔韦达(Ginés de Sepúlveda)和巴托洛梅·德·拉斯·卡萨斯(Bartolomé de las Casas)。

笔者相信,这是历史上胜利方第一次反思侵略他人是否合乎道德。这种情况在北美洲驱逐印第安人时没有出现,19世纪列强瓜分非洲时没有出现,20世纪日本侵略中国时更没有出现。因此,笔者认为有必要强调这一令人惊诧的事件。安赫尔·洛萨达(Ángel Losada)在巴托洛梅·德·拉斯·卡萨斯作品集第九卷的前言中抱怨道:"这是人类历史上极为重要的一页,各种历史教科书却对其或毫无提及,或有所歪曲。"[44]会上辩论的话题是美洲印第安人是否为"人",如果是,那么印第安人和西班牙征服者分别拥有什么权利。伊莎贝拉一世(Isabel)去世后,西班牙人对待印第安人的方式日益强硬。1511年,多明我会修士蒙特西诺斯(Montesinos)在圣多明各教堂当着总督的面问道:"难道这些印第安人不是人吗?他们难道没有理性的灵魂吗?诸位难道不该像爱自己一样爱他们吗?"在另一次布道中,他又问道:"西班牙国王是否拥有对西印度群岛的专制统治权?"这个问题预见了巴利亚多利德辩论。如果印第安人不是人类,那他们就不能有信仰。教皇保罗三世(Pablo III)正因考虑到这一点,才在1537年颁布的《崇高的天主》(Sublimis Deus)通谕中宣布"印第安人是真正的人"。"基督徒日后可能获知的所有民族,即使不信仰基督教,也可以不受阻碍地、合法地使用、占有、享受其自由与资产,他人不得强迫其为奴。任何与此相悖的行为都无效。(我在此宣布)即便有任何反对意见,也应散布上帝天言,以善行做出表率,邀请印第安人和其他人民拥抱基督的信仰。"

因此,约翰·埃利奥特认为:"巴利亚多利德辩论会的召开,以及其后的立法,都证明了西班牙王室承诺保障其印第安臣民获得'正义'。这一努力的持久性和活力是其他殖民主义帝国难以匹敌的。"[45]

要理解当时的情况,就必须了解其背景。奴隶制一直伴随着人类,因此,对奴隶制的看法改变,意味着人类对自身的看法发生了重大转变。西班牙也像其他地区一样有过奴隶。公元15世纪,马略卡岛上的帕尔马和巴塞罗那争当贩卖奴隶数量更多的港口,而这些奴隶来自许多地区。1409年4月24日,巴塞罗那大法官兼资产阶级公证员约翰尼斯·韦拉胡特(Johannes Vilahut),把一位名叫海伦的27岁俄罗斯新女奴卖给了帕尔马的资产阶级纳西索·朱特格拉特(Narciso Jutglat)。1450年,巴塞罗那的珊瑚捕捞者雅各布斯·达阿洛伊斯(Jacobus d'Alois),把一位名叫埃尔马(Erma)的25岁阿尔巴尼亚人卖给了同城一位商人的遗孀。1453年,一名瓦伦西亚商人从加那利群岛带回了87名被迫为奴的关切人(guanches)。1425年,一艘葡萄牙船只在拉腊什(Larache)附近打劫了一艘运送黑奴的船,船上来自几内亚的53名男奴和3名女奴在葡萄牙本土卖出了大价钱。从此,葡萄牙就一直对黑奴贸易兴致勃勃。[46]让·杜蒙特(Jean Dumont)记录了另一桩丑恶的事件:1501年,法王路易十二和教皇亚历山大六世之子恺撒·博尔吉亚(César Borgia)的联军攻破卡普亚,并将城中大量妇女劫掠为奴。对此,意大利历史学家弗朗切斯科·圭恰迪尼(Francesco Guicciardini)评论道:"各式各样的妇女都成了胜利者手下悲惨的受害者,许多都在罗马城的市场上被以极低的价格售出。"[47]

九、经济困难与权利之间的对抗

哥伦布没能在美洲的海岛上找到财富,便建议西班牙天主教双王开展奴隶贸易。在佛得角,他看到"最好的奴隶要价高达8 000马拉维迪

(maravedís)①"。伊莎贝拉一世命人以"爱"待他们,并尽量让他们团聚,受"好人"的管理。他们应该以"自由人而非仆从"的身份工作,并获得"应得的薪水和生活费"。然而,每当西班牙财政紧张,奴隶这一话题就会被重提。查理五世在位期间,财政每况愈下。《查理五世与他的银行家们》(Carlos V y sus banqueros)的作者拉蒙·卡兰德(Ramón Carande)认为其原因在于,天主教双王和查理五世都找了一群醉心神学与道德而对经济一无所知的人充当顾问。"他们不但没有遵循那些目光长远的经济政策制定范式——无论是重商主义还是其他什么主义——反倒对物质利益不屑一顾。"[48]

1555 年,西班牙王室出现首次财政崩溃,1557 年发生了首次大破产。1559 年,国王痛苦焦虑地给格朗韦勒(Granvela)写信:"我必须告诉您,我现在绝对承担不了这场战争的开销。我于两三个月前通过银行家从西班牙取出的 120 万杜卡特②,现在已经花光了。而从现在到明年三月,我还需要 100 万。"[49] 早在 1543 年,王室常规收入中便有 63% 要用来偿还借款的利息。1556 年至 1559 年,美洲开矿的年均所得为 1.3 亿马拉维迪,折合 35 万杜卡特,占总收入的 17%。1558 年,布尔戈斯会计路易斯·德·奥尔蒂斯(Luis de Ortiz)上疏给费利佩二世,建议"禁止未制成品出口,同时禁止制成品进入国内"。[50] 西班牙王室在 1557 年、1576 年、1596 年、1607 年和 1627 年先后经历多次破产。

1554 年,查理五世曾就"能否出售赐封制度下的印第安人,以及是否永久出售"征询其子的意见。经过激烈的辩论,费利佩二世下令永久出售这些印第安人。他的理由是:"各种需求庞大而急迫,而朕治下的王国州郡却早已精疲力竭、无以为继。朕身负抚育子民的重大义务。朕求助无门,任何一方都无法提供足够的帮助,能用来偿还高额债务,赎回治下各王国卖掉的部分东西,还能抚育子民。"国家立场占了上风。

巴利亚多利德辩论所讨论的,就是上述举措是否合法,以及征服美洲这件事本身是否合法。1537 年,比托里亚(Vitoria)写作《论自制》(De

---

① 伊比利亚半岛曾经使用的一种货币单位。
② 一种金属货币,曾于 13 世纪至 19 世纪在欧洲流通。

temperantia）。他认为，可以为避免食人等罪行而开战，但一旦这些罪恶被消除，人们"无权更进一步，借机侵占印第安人及其国家的财产"。因为"无论对印第安人开战的原因为何，所作所为一旦超出了两位基督教王侯之间正义战争的范畴，就是不合法的，而基督教王侯之间的正义战争，不允许剥夺战败者的王国"。比托里亚坚称应归还印第安人的财产。他以一句非常深刻的话来结束他的论述："印第安人的国家由他们自己管理，而非西班牙的一部分。"[51] 也许是因为萨卡特卡斯和波托西的富饶银矿当时尚未被发现，这种观念没能付诸实践。但无论如何，查理五世似乎曾在 1542 年有意放弃秘鲁。[52]

然而，查理五世令萨拉曼卡圣斯德望修道院（San Esteban）院长封禁"该修道院几位宗教教授谈论朕对西印度群岛享有何种权利"的课程。在《西印度群岛相关反思》（*Relectio de Indis*）中，比托里亚认为，无论是教皇赋权，还是印第安人皈依，或是印第安人自身的偶像崇拜，都不能让西班牙的统治变得正当合理。但最有意思的是他认为"正当"的占有权。对本章讲述的这段历史而言，最重要的是对"社会与自然交流"的承认，这使全人类团结到一起，也让整个世界对人类敞开。人们接受了海洋自由原则，该原则在 17 世纪被胡果·格劳秀斯（Hugo Grocio）确立为国际法原则之一。人们还接受了一种如今备受争议的权利，即为避免极端恶劣的罪行而出手干预的权利。如果这是印第安人的自主选择，那么这项权利能为西班牙对美洲的侵占提供正当性。但这种选择不应是"恐惧或无知"的结果。

各位神学家在巴利亚多利德论战中久久耽搁却没有结论，最终不了了之。

第十四章

为宗教宽容而战

一、宗教统一的打破

当世界日益凝聚在一起，一系列神学、意识形态、政治和物质因素的结合却即将永远打破欧洲延续自拉丁传统的宗教统一。新教改革立志恢复真正的基督教。这场改革并非旨在建立新宗教，而是要成为教会以往经历过的"净化"活动的一环。亚西西的方济各呼吁人们回归最初的贫困状态。路德则坚持基督徒的个人责任，反对在基督徒和上帝之间插入"中间人"。他认为，基督徒不需要圣徒或教会代为同上帝沟通，更不需要教会推出的神学-营利性机制，例如兜售可使罪孽被宽恕的赎罪券。教条主义是伦理进步的阻碍之一，而"自主释经"（libre examen）在原则上代表对教条主义的进一步解放。基督教和伊斯兰教在这方面的立场形成了有趣的对比。基督教很早就确立了教条主义，而自主释经（即个人对《圣经》进行分析解释的义务）则很晚才出现。伊斯兰教恰恰相反。穆斯林专家们必须进行"伊智提哈德"（ijtihad），即对《古兰经》的研究与解读。直到11世纪，"伊智提哈德之门才关闭"，一些法学学派的自主释经被禁止。在任何情况下，都只有教条和律法方面的专家才能阐释经文。[1]

我们将再一次见证权力之争。拥有权力，就意味着能够施加惩罚或给予奖励，还能够影响大众的信仰与情感。那时的天主教会便拥有所有这些能力。它是一个拥有巨大的宗教、政治与经济权力的机构。1540年，德国纽伦堡会议估算，天主教会坐拥德国财富的50%。教会通过兜售赎罪券，成为一部赚钱机器。有了赎罪券，罪孽就能得到宽恕。1476年，教皇西克斯图斯四世（Sixto IV）宣布，人们也可以为身陷炼狱的灵魂购买赎罪券。"炼狱"的概念出现于1274年的里昂公会议。会上称，在上帝的关爱下去世的"真心悔过之人,若尚未有实际成果可用来赎罪",将会在死后受"炼狱之刑",以得到净化。1536 年,特伦托大公会议确立了关于炼狱的教条,批驳了以路德为代表的改革派——路德否定任何"个人净化"的可能性,理由是它否认了耶稣以死为世人赎罪的效力。

路德与多明我会修士约翰·台彻尔(Juan Tetzel)展开了对抗。台彻尔是当时一位很受追捧的布道者,大量贩卖赎罪券,还提出了一句效果显著的口号:"钱币落入钱柜的那一刻,灵魂就立刻飞出炼狱,直达天堂。"路德批评的不只是台彻尔或罗马天主教会,更是支撑赎罪券存在的神学理论。他认为,重要的是悔过,而悔过不需要中间人。他批判"人类的救赎建立在善行与祈祷之上"的传统教条,坚称救赎是上帝无偿的恩赐,且只依赖于信仰,而上帝的训导只显露于《圣经》中,不在宗教传统之中——"唯独信仰,唯独圣经,唯独恩典"。宗教改革第二阶段的领袖是加尔文(Calvino)。他于日内瓦发展出了一套更为抽象的、更具系统性的神学体系,以及一种能够更加有效地控制和引导信徒道德行为的教会结构。[2]

二、宗教和语言

印刷技术对马丁·路德的成功起到了尤为重要的作用。尽管 1521 年的《沃尔姆斯敕令》(edicto de Worms)下令烧毁路德的著作,他的作品还是在不到几年的时间里传遍了德国。路德在 1517 年 3 月至 1520 年夏发表的 30 篇布道文以及其他著作,印刷了约 370 种版本。如果平均每版印刷 1 000 册,那么最后就有约 37 万册在各地流传。[3] 路德成功的另一个原因在于他的一项伟大创新——对德语的使用。他把《圣经》翻译成了德国人人都懂的德语,用词浅显,句法结构也最大限度地保障了语句意思的清晰明确。随着路德思想的传播,其德语写作风格也流传开来,以致在 16 世纪的宗教冲突中,连他的天主教对手也不得不在辩论中使用他的语言风格。就这样,路德使用的德语风格成为整个德国上至王公贵族、下至贩夫走卒共同使用的语言,并持续了几个世纪。[4]

总体而言，许多宗教都一直反对对经文进行翻译，主要原因有二：一是为了保持神秘性，且出于对民众的不信任，而有意阻止其接触宗教的核心奥秘，从而使后者成为教士的禁脔（例如，很长时间内，婆罗门僧侣世代背诵《吠陀经》）；二是因为语言本身被认为是神圣的，伊斯兰教（阿拉伯语被视为传达真主启示的语言）、琐罗亚斯德教、犹太教和印度教中都有这种观念，这有时也会阻碍经文的翻译。然而，基督教本不该如此，因为中世纪以来《圣经》的通行版本，即"武加大译本"（la Vulgata，又称"通俗拉丁文本圣经"），本身就是圣哲罗姆于公元400年左右在巴勒斯坦根据希伯来文和古希腊文原稿翻译而成的。

经文的翻译，以及宗教仪式中对通用语的使用，对吸引信徒起着根本性作用。例如，斯拉夫语最初并无书写形式，而中世纪基督教为了在斯拉夫语国家传播基督教教义，甚至为其创造出了西里尔字母。基督教在美洲传播的过程中也使用了译文，这有时甚至推动了对某些美洲印第安语言的保存，并促进了这些语言在其传统使用地区之外的传播。1551年，为了更好地宣传教义，教士胡安·德·曼西利亚（Juan de Mansilla）自危地马拉写信给下令在美洲普及西班牙语的皇帝，信中写道："要向印第安人传授西班牙语，我们实在人手不足。印第安人也不愿使用西班牙语。反倒不如普及当地广泛使用的墨西哥语，即纳瓦特尔语。当地人喜欢这种语言，而且这种语言已被用于书写教条、布道文，还有语言艺术和词汇。"因此，天主教会最终决定在传教时使用"通用语"，即各地区主要语言，如纳瓦特尔语、盖丘亚语、瓜拉尼语等。这一举措也大大促进了这些语言的传播。[5]

宗教对通俗语言的兴趣，在印度同样存在。16世纪初，那纳克（Nanak，1469—1539年）创立了将印度教和伊斯兰教元素相结合的锡克教。那纳克的宗教思想形成于印度教大环境中，同时也受到伊斯兰教思想的影响。锡克教从"所有信徒在主面前平等"的原则出发，提出应超越种姓制度，并超越印度教和伊斯兰教传统。锡克教的信仰基于真神的绝对统一性和至高无上性。虽然真神不可见、无穷无尽、无法言喻、没有常形且永恒存在，当人们认识到要完全仰赖真神时，就可获得救赎。那纳克认为，对真神的侍奉可以在家庭生活中、在红尘中进行，帮助他人其实是宗教生活中重要的一部分。这种思想超越了其他宗教对弃绝、脱离尘世的要求。锡克教徒团体就这样成形了。那纳克的追随者开始向印度教徒和穆斯林传教，不过新皈依者主要为原印度教徒。那纳克以他所在地区通用的旁遮普语写作，而非使用《吠陀经》所用的神圣的梵语，因为他认为，他的作品必须传达给每一个人，而不仅仅是那些能够读懂梵语的社会精英。在15世纪，迦比尔（Kabir）等人就曾宣扬使用鲜活语言的重要性，这对锡克教产生了重大影响。[6]

另一个重要问题是如何解读被视为神圣的经文。人们相信这些经文为神授，因此许多人认为应按照字面意思进行理解。既然《圣经》中说，上帝用七天创造了世界，那么就应该相信如此。只有少数宗教通过勤勉的批判研究，脱离了这种阐释方法。

三、新教与权力

宗教很难与政治割裂开来。君主们曾认为，要维护王国的统一，就必须统一宗教。路德本希望改革天主教会，最终却向德国的神职人员提议同罗马决裂，成立以美因茨大主教为首的德国国家教会。[7]自叙任权斗争后，德国与教皇长期不和。在路德前往罗马又愤然归来之前，德国国会就于1508年投票决定，禁止贩卖赎罪券所得的钱款离境。"政治污染"意味着精神世界的污染，基督教成为罗马帝国国教时便是如此。路德主义最初宣称，要成为自由的人，就必不可被迫做有违自己良心的事。这种完全诚实的观念与人文主义相契合。但后来，路德却发生了改变。他开始赞同用剑支持信仰，甚至为此寻找理由。许多地区的政治力量都支持宗教改革，因为王公诸侯在其中看到了与罗马决裂并没收各自领土内教会财产的机会。当时还出现了许多意图扰乱传统社会秩序的民众抗议活动和叛乱，这也促使路德强调对政治权威的遵从。1525年，德国各地爆发了农民反对地主的起义，其中一些地区的起义受到了激进派教士托马斯·闵采尔（Thomas Müntzer）的启发。路德对此极度仇视，其程度令今人毛骨悚然。路德撰写了《反对杀人越货的农民暴徒书》(Contra las hordas de campesinos que roban y asesinan)，唆使每一个有能力者像"猎杀疯狗"一样追击起义者，"无论是暗地里，还是公开，都应该把他们打死、扼死、刺死，且要记住，没有什么能比一个叛逆者更恶毒危险"。农民起义遭到残酷镇压，死者或超过10万人。路德主义与政治权力形成了坚定的同盟，共同维持、巩固原有的社会秩序。[8] 卡尔·曼海姆（Karl Manheim）认为，这是现代至关重要的一个时期，因为社会革命由此开始。他写道，我们今天认为，政治意味着所有社会阶层或多或少有意识地参与到对一种人道目标的追求中，而非宿命论般逆来顺受，或接受"自上而下"的控制——这种现代意义上的政治便是从这时开始的。

新教不仅为宗教生活带来了重大变化，同时也影响了人们的日常生活。进入修道院隐修不再受人推崇，女性有了新的宗教范式。已婚的顺从的新教"家庭主妇"代替禁欲的修女，成为圣洁的理想代表。一位路德派亲王于1527年写道："那些育有子嗣的人，比唱圣歌祈祷的修士修女，更让上帝宽慰。"市政府也举双手赞同关闭修道院的提议，因为这样一来，政府就能接手修道院的财产。

四、欧洲与宗教暴力的基因

16世纪的欧洲，宗教烈火肆虐。美国历史学家夏伯嘉（R. Po-Chia Hsia）认为，自路德派宗教改革开始到1648年的130年，是基督教历史上最为暴力的时期。这种暴力有许多表现形式：针对宗教异己者的国家暴力、社会各阶层之间的暴力、宗教战争，以及针对被当作替罪羊的边缘宗教团体的社会暴力，例如狩猎女巫。猎巫行动主要出现在宗教冲突最为尖锐的时期和地区，而在西班牙等宗教认同十分明确的地区则较为罕见。[9] 宗教战争接踵而至，我们可以制作一个粗略的战争年表：德国宗教战争从1540年持续至1555年；法国宗教战争从1562年持续至1598年；1566年至1669年，荷兰与西班牙交战；德国的三十年战争则发生在1618年至1648年。[10]

一个悲剧式的进化脚本不断重演：某些所谓"真正的"信仰被用武力强加于人。当人们处于劣势，往往会要求信仰自由。阿克顿勋爵（lord Acton）曾说："任何宗教派别，只要与人们普遍接受的或受法律保护的体系相违背，自诞生的那一刻起就必须捍卫良知的自由。"但当其手握重权，便忘记了自己当初的诉求。基督教将这一点体现得淋漓尽致。基督教诞生之初的几个世纪，教父们都呼吁宗教宽容。公元3世纪初，德尔图良（Tertuliano）写道："无论根据人的法则，还是根据自然法则，每个人都可以自由地崇拜任何一个他想要崇拜的对象。一个人的宗教信仰只惠及或祸及他自己，而不涉及他人。以武力强加于人，这违背了宗教的本质。"然而，公元313年，君士坦丁大帝在法律上承认了基督教。一个世纪后，基督教会便同意惩戒、迫害异端。历代罗马皇帝禁止异教。风水轮流转，到公元4世纪末，捍卫信仰自由的成了异教名士。公元384年，叙马库斯（Símaco）曾在元老院说："通往这样巨大的秘密，不可能只有唯一的途径。"

新教更使这一进化脚本清晰到可悲的地步。雅内（Janet）曾写道："路德真正的原则是，意志在本质上是一个奴隶。自主释经对路德来说并非原则，而是手段。他用这种方式树立他真正的原则，即信仰和上帝的恩典是全能的。"[11]路德反叛罗马天主教会时，把信仰自由和自主释经作为毁灭性的武器。当他身处险境，面临教宗的绝罚和帝国的驱逐时，路德坚决地捍卫宗教自由："如果君主要求人们屈从于错误的迷信，人们就不该听从他，也不该再由他来捍卫上帝之言。"可没过几年，路德自觉羽翼丰满，就忘记了自己说过的话，忘记了人民，反而求助于君主。他不得不捍卫他自己的教会，抵御来自他与罗马教会决裂时所用的那些原则的攻击。他劝贵族毫不留情地向起义者复仇。他宣称政权有义务规避所有谬误，而受损的本性不再拥有自由。他最终捍卫逆来顺受的服从，诅咒任何叛逆行为。他说："忍受不公正是基督徒职责所在。"1525年，黑森伯爵菲利普一世（Felipe de Hesse）镇压弗兰肯豪森农民时，路德评论道："上帝曾以洪水淹没世界，镇压个把农民不过小事而已。"

得益于梅兰希通（Melanchton）至为冷漠的天资，不容异己成了决定性理论。梅兰希通教导人们，要用剑消灭林立的派别，要惩罚任何胆敢怀有新思想的人。1530 年，他写道，应保留死刑，用以惩罚所有扰乱社会秩序和宗教秩序的罪行。路德为其背书，在空白处写道："深得我心。——马丁·路德"。也正是在这一时期，热衷于确定性的重洗派力求让天国降临人间。路德派对其进行了严酷的迫害。而重洗派在明斯特成功夺权后，则上街高喊："不信神的都去死！"——那是 1534 年 2 月 27 日的早晨 7 点钟。加尔文同样认为，捍卫宗教真理是国家的目的与职责。

同为基督徒，这种仇恨究竟从何而来？不幸的是，我们还将一次又一次地看到这种极端的仇恨。这种仇恨先是在思想上不把对方视为人，扼杀对其抱有的同情心，最后还自以为杀人是在向上帝献祭，是听从了耶稣在福音书中的劝导。前文已经明确，对异己者的仇恨是追寻客观幸福的巨大阻碍。本章所研究的这些社会运动表明了这一点。巴林顿·摩尔（Barrington Moore）曾研究"人们在什么时候，又因为什么，去杀害、折磨那些因展现出不同的宗教、政治或经济思想，而被视作危险的'污染源'的其他人"。[12] 的确，宗教冲突常常与其他憎恶情绪混杂在一起。发生于 1572 年 8 月 24 日圣巴托洛缪节夜间的对胡格诺派新教徒的大屠杀，是巴黎穷人所为，但却是由法王和王太后凯瑟琳·德·美第奇（Catalina de Medici）准许。大屠杀以卢浮宫边圣日耳曼奥塞尔教堂（Saint-Germain-l'Auxerrois）晨祷钟的钟声为号，拉开序幕。死难者有 7 000 人至 1.2 万人。目标受害者本是富裕的胡格诺派新教徒，但在这场血腥的"狂宴"之中，暴民也杀死了一些天主教徒。有儿童被害，也有儿童行凶。没有悔恨，只有宽慰。凯瑟琳被巴黎人民封作"国母，基督徒名誉的守卫者"。教皇为这"伟大的一天"铸造了一枚勋章。法国使节到马德里王宫通报消息，费利佩二世听罢大笑，显得欣喜又满足，还说那是他"一生中最高兴的一天"。而英国的伊丽莎白一世却给凯瑟琳写了一封措辞尖锐的信，表示"法王要更改基督教十诫，连杀人都不再算是罪过，我对此深感震惊"。

暴力无处不在。1553 年，天主教徒玛丽一世（María Tudor）登上英国王位，重启拉丁弥撒，要求已婚的神职人员离弃妻子，并重新宣布忠于教皇。上百名新教领袖出逃国外，其中许多到了日内瓦。而包括大主教托马斯·克兰麦（Thomas Cranmer）在内的其他人，都因不愿背离新教而被处以火刑。玛丽无子而亡，其妹伊丽莎白继位，而伊丽莎白则是新教徒。摩尔写道："如果从造成人类苦难的角度看，这一事件最重大的意义在于，它体现了为残酷行为创造道德许可的整体过程。首先，要把被'污染'的敌人塑造成'非人'或'反人类者'，也就是要将其置于人类这一群体之外，不将其视为与自己同等的生灵，因而对其也没有任何同种间的义务。然后，要把被'污染'的敌人塑造成对现存社会秩序的魔鬼般的威胁。非人化与妖魔化能够减轻甚至完全消除人们面对最为野蛮、病态的暴行时，出于同情而产生的悔恨与自责……如果将上述元素全部放上天平，那么也许这种'寻常'的、'常规'的暴力正是其对人类苦难史做出的最重大的'贡献'。"[13] 这一模式，往前看不乏古人，向后看亦不缺来者。一旦没有了同情心，人类就成了技艺最高超的杀手："1572年的那些法国暴徒，在炸裂的狂怒中把别的生灵抛出窗外。1942年，冷血的德国士兵对着儿童开枪。"[14] 英国人把猎杀塔斯马尼亚人当作消遣运动。种族清洗是最为罪恶的政治工具之一。罗伯斯庇尔（Robespierre）的恐怖统治的初衷是保持革命的纯洁性。圣茹斯特（Saint-Just）曾反问：当有人试图以利益和贪婪为秘密武器，去腐化一切时，社会难道不该尽最大努力自我净化吗？他语带威胁地说："那些试图逃避自我净化的人，不就是想腐蚀社会吗？想腐蚀社会的人，不就是想毁灭社会吗？"

僵化的"正统"思想抑制了所有同情心。若只以成败论英雄，那么不论使用的手段有多么不人道，只要成功，都是"英雄"。1560年，加尔文派判处米格尔·塞尔维特（Miguel Servet）死刑，要把塞尔维特同其著作一起烧成灰烬。他绝望地大喊："砍头吧！砍头吧！别烧我！"但当加尔文派要求他公开宣布放弃自己的信仰时，他却回答道："我从未做过要以死惩戒之事。"在尚佩尔（Champel）的小山上，塞尔维特被执行死刑。梅嫩德斯·佩拉约（Menéndez Pelayo）用戏剧性的语言讲述道："被朝露沾湿的柴火艰难地燃烧，而且还忽然起了风，把火苗吹得转了向。这可怕的折磨持续了两个小时，围观者能听到塞尔维特催人心肝的尖叫久久回响：'不幸已极！何不速死！'"[15] 黑尔在《文艺复兴时代的欧洲》一书中认为，长期的暴力催生了麻木不仁。罪犯常常在兴奋的观众面前被公开断手断脚，甚至车裂。1488 年，布鲁日居民曾高喊着让这一"节目"持续尽可能长的时间。赫伊津哈曾说，蒙斯居民"花高价买来一名劫匪，就为了观看他被车裂，人们看得津津有味，比看见死人复活还要兴奋"。[16]

宗教战争也许仍会是人类历史上的一个常项。我们应该记得历史上发生过的这些事件，因为自 20 世纪 60 年代起，宗教激进主义又沉渣泛起。马丁·E. 马蒂（Martin E. Marty）和 R. 斯科特·阿普尔比（R. Scott Appleby）指出，所有宗教激进主义者都遵循着特定规律。这是一种宗教防御形式，是对威胁和危机的反应。他们将某些人的世俗政策与信仰视作与其宗教对立，并深陷于同这些敌人的冲突之中。[17] 阿姆斯特朗写道："宗教激进主义者并不把这种战争看作传统的政治斗争，而是将其视作善恶两股势力之间的'宇宙之战'。"[18]

五、为宗教宽容而战

狭隘偏颇的倾向不仅影响狂热分子，也影响着本意善良的人；它不仅令笃信宗教者盲目，也蒙蔽了有识之士。狄德罗（Diderot）曾希望叶卡捷琳娜二世（Catalina la Grande）以法令的形式树立百科全书派的理念原则。伏尔泰认为，叶卡捷琳娜派遣 5 万人到波兰强力推行宗教宽容与思想自由是"极好的"："这在世界史上绝无仅有，我敢说它一定会影响深远。我在您面前对此表示支持。我愿做其骑士，一往无前，不惧艰险。"[19]

本书的立论之一便是，当人类摆脱了无知、恐惧、教条主义和对异己者的仇恨，也就是说，当人类获取必要的财物，寻找合乎需要的信息，培养批判性思维与同情心，文明就会向着在伦理道德上较优的情况合流。经过了多次暴力的宗教冲突，对一定程度上的宗教宽容的需求在 16 世纪占了上风。得益于人文主义者和新斯多葛派的贡献，对不同的宗教信仰更为宽容的政策逐步发展。但与其说这是宽容这一道德原则本身的胜利，倒不如说是政治上的审慎优先于宗教原则的结果。[20] 第一位提倡在宗教冲突中采取一定宽容措施的人是鹿特丹的伊拉斯谟,之后又有不少学者追随了他的脚步。伊拉斯谟追求普世性:"我愿做世界公民,做所有人的同胞,再或者,能对所有人来说都是个外乡人,那再好不过。""我从未倾向于某个国家,我的祖国永远是整个世界。"而在现实的政治世界里,1555 年签订的《奥格斯堡宗教和约》(Paz de Augsburgo)产生了关键性影响。合约提出"教随国定",王公诸侯有权决定子民的信仰,但后者也有权迁居。这一合约首次缓解了宗教迫害,也承认了在帝国内部两种宗教派别不可避免的共存。

首个承认贵族与自由人的宗教信仰自由的宣言于 1573 年由"华沙联盟"在波兰颁布。其后,特兰西瓦尼亚、匈牙利、波希米亚、奥地利等地也在各自当局的压力下,先后在此方面做出了临时性的或有一定限制的让步。然而,到了 17 世纪,上述进步举措在宗教同质化的压力下再次受限,甚至遭到撤销。其原因一方面在于政治利益,另一方面则在于天主教反宗教改革的举措。法国出于政治需求,于 1598 年颁布《南特宗教宽容敕令》(Edicto de tolerancia de Nantes),承认胡格诺教徒信仰自由,但仍有一定限制。而到 17 世纪,限制日益增多,最终,敕令于 1685 年被废除。英国 1689 年颁布的《宽容法案》(Acta de Tolerancia)承认了部分新教教派的宗教自由,但并不适用于天主教徒、非三位一体派,也不适用于无神论者和信仰非基督教者。思想界似乎同样走上了日益宽容的道路,其顶峰为约翰·洛克发表于 1689 年的《论宗教宽容》(Carta sobre la tolerancia)。文中说,宗教宽容是政府的职责,因公民的宗教信仰与政府无关,公民亦不能被迫信教。[21]

六、君主制与权力

国家权力不断增长。16 世纪和 17 世纪,西方政治向着中央集权演变,发展出更为精细的财政体系,成立了各种秘书处、委员会,以及军队和警察体系,官僚机构总体增多。这些机构中既有学识较高的资产阶级,也有贵族，尽管君王组建的行政机构总在试图将议会一系的行政管理机制边缘化或直接取消。以国家使馆和国际法为代表的现代外交也得到了发展。虽然王朝氏族关系以及宗教派系联系依旧发挥着重要作用，国家之间的关系从中世纪晚期基督教世界各国之间基于封建王朝原则的关系，逐步演变为以霸权、权力制衡和联盟博弈为主的现代大国体系。[22]

此时还出现了一项将在接下来几个世纪中得到确立和发展的进化脚本：国家权力大幅扩充军备，导致战争愈发严酷致命。孟德斯鸠在其著作《论法的精神》（*El espíritu de las leyes*）第13章第17节中指出："一种新型疾病已经在欧洲蔓延开来，我们的君主诸侯都染了此病，认为必须拥有过度庞大的军队。有时，他们的病情加重，必然开始传染，因为一个国家扩军，其他国家便也要立即扩军，结果只能共同毁灭，别无所得。各国君主都尽其所能地招募部队，枕戈达旦，仿佛其民族正面临灭顶之灾。"

本书正在讲述的第二个轴心时代，是一次对自省的新尝试，是一种意识，一种对"元认知"的渴求。人们对各项人类活动持有日益加深的批判性态度，而权力的议题亦不能逃离这种审视。前文已经证实，"现实"的历史（政治、经济和社会），总是与思想的、信仰的历史相互交织。这在意料之中，因为文化就是现实与非现实、事实与对事实的虚构的杂交。现实问题通过使用理念工具、概念、脚本、模式、机制而得以解决。例如，人们为解决维系团体凝聚力的问题，而创造出了"想象的共同体"。图腾神话的意义就在于此。在古代中国，上千万人都把自己看作同一个家族的成员，皇帝是他们共同的父亲。使权力合法化的需求，催生了各种宣扬君主至高无上的神话。埃德蒙德·S. 摩根（Edmund S. Morgan）在《创造人民》（*La invención del pueblo*）一书中认为，虚构的故事对政治生活而言不可或缺："政府的成功需要人民自愿放弃怀疑，相信虚构；需要我们相信皇帝是穿着衣服的，即使我们都能看见他其实一丝不挂。这种魔法笼罩着最自由民主的政府，也笼罩着最为专制或军国主义的政府。"[23] 任何政府都需要人民相信某些东西。"让人民相信国王顺天承运，是公正的，人民的声音就是神的声音。让人民相信人民'能够'发声，人民的代表'就是'人民。让人民相信统治者为人民服务。让人民相信人人生而平等，或是让人民相信三六九等早有天定。"事实一向如此，但在本章所讲述的时期尤甚。伊夫-夏尔·扎尔卡（Yves-Charles Zarka）在《现代哲学与政治》（*Filosofía y política en la época moderna*）一书中问道："人们是否充分认识到，从霍布斯到卢梭，整个现代时期的政治哲学都是在不着边际的虚构故事的基础上发展而来的？人们是否充分认识到，这种不着边际的虚构对现代政治本身的成形，发挥了极为重要的作用？"[24] 霍布斯与卢梭的理论都从"自然状态"出发，而这是完全虚构的，因为"自然状态"从未存在过。国家起源于"社会契约"的思想也是如此，因为"社会契约"也不曾存在。在《论人类》（*De Homine*）中，霍布斯将国家称为"虚构人"。

这些反思性的、批判性的新型政治工具的创造始于 16 世纪。前文已经论述过，即将成为革命性政治辩论核心的"主观权利"概念是如何发展而成的。而此时又出现了两个紧密相连的概念——国家与主权。

七、作为政治工具的国家

人们普遍认为，马基雅维利是首个用"国家"（stato）指代其现代政治意义的人。当时，政治与宗教、国家与教会，正在逐渐分离。"国家是保障集体利益的工具"这一观点正在发生变化，而这一变化将在接下来的几个世纪里产生决定性影响。国家本身成为一种目的。埃本斯坦（Ebenstein）写道："从柏拉图到亚里士多德，从中世纪到文艺复兴，马基雅维利之前的所有政治著作都有一个核心问题，即国家之目的。政治权力仅被视作实现正义、美好生活、自由或神旨等更高目标的工具。而马基雅维利则忽略了国家在伦理、宗教和文化等'非政治领域'的目标。他认为权力本身就是目标，并将他的研究限制在更好地获取、维持、扩大权力的手段方面。马基雅维利把权力与道德、伦理、宗教以及形而上学分割开来，其笔下的国家是一个独立于任何其他因素的自主价值体系。"[25]

马基雅维利从未动摇。"如果事关祖国存亡，那么就必须把是非曲直、仁善残暴、他人毁誉等等其他考量全部抛到脑后。人们必须带着荣耀或想象,拯救祖国。"[26] 人类如果能用法律解决冲突,当然再好不过,但这并不总能实现。"有两种作战方式:用法律,或用武力。前者是人类独有的,后者则属于动物。但在很多情况下,法律的作用远远不够,因此便要采用武力。"[27] 这种"现实中的政治"和"理想的公平正义的政治"之间的落差,一直持续至今。

索福克勒斯在《安提戈涅》中就曾提出此问题,最终的结论是"有些问题无解"。他认为,对此唯一诚实的态度就是承认这一悲剧的存在,而最大的自欺欺人则是轻视这个问题。普鲁士的腓特烈(Federico)王子在伏尔泰的协助下著成《反马基雅维利》(Antimaquiavelo)一书,并于1740年发表。其中批评马基雅维利是"最坏的、最恶毒的人",竟然认为可以为达目的不择手段。与之相反,腓特烈认为,正义、美德、理性与共同利益能够和谐共存。然而,王子登基即位,亲身体会过政治权力之后,不得不收回他所说过的话:"一个人在深陷于欧洲政治漩涡中时,确实很难保持诚实与高洁。十分遗憾,但我仍不得不承认,马基雅维利所言不虚。"[28] 这个结构性问题至今仍无结论。接下来,我们会看到法国大革命是如何在无情的内部逻辑的作用下,演变成恐怖统治的。20世纪,让-保罗·萨特(Jean Paul Sartre)曾提出一个问题:是否可能在不"脏手"的情况下治理国家?伊拉克战争期间,时任美国总统布什(Bush)的顾问罗伯特·卡根(Robert Kagan)坚持认为,美国与欧洲在此事上存在分歧:美国活在"现实世界",而欧洲活在"非现实世界"。他解释道,欧洲人道主义之所以能够存在,仅仅是因为其在决策过程中无足轻重。欧洲的反战呼声,不过是一群自知意见根本不会被听取的人,不负责任的清谈闲扯而已。[29]

八、一个令人不安的概念:主权

我们正在"预见"某些事件的发生。这显示出,当我们采用某一概念时,我们便接受了某些我们本不知晓的隐藏内容。这也是为什么解密那些统领着我们的信仰与行为的隐藏机制是至关重要的。在"国家"概念被提出的同时，出现了"主权"概念。让·博丹（Jean Bodin）在发表于1576年的《国家六论》（Seis libros sobre la República）中首次提出这一概念。他把拉丁语中的"majestas"一词翻译成法语，并将其定义为"共和国至高无上的绝对权力"，认为其特征包括"永续""无限"与"完全"，而其最重要的表现形式是立法能力。这一思想的提出，本意是使君主的权力合法化，并继续宣扬"君权神授"，从而使君主的权力大到足以终结宗教战争。而只要是工具，人们就能以丰富多样的方式使用它们。锤子可以用来钉钉子，也可以用来杀人。耶利内克（Jellinek）认为，"主权"这一概念并不清晰，因为它诞生于政治斗争，又被用作一种政治规范。[30]

当我们面对一个政治概念时，可以试问：它要解决什么问题呢？"主权"试图解决的，是权力基础的问题。这一概念表明，在政治领域存在一个最高的绝对权威。[31]当"主权"（soberanía）被提出时，它指的是君"主"（soberano）的"权"力。既然君主是合法性的源头，那么君主本人就不受法律的约束。"君主所喜好的，便有法律效力"，乌尔比安（Ulpiano）的这句名言成了文艺复兴时期整个西方的君主们的"座右铭"。而另一条与之相辅相成的原则——"君主不受法律之束缚"——认为王公诸侯凌驾于法律之上，摆脱了此前的所有法律义务。这为取消中世纪特权、无视传统权利、剥夺个人自由提供了法律基础。现有权力合法化后，主权转而要求无条件的服从。服从成为公民道德的基础。"服从是一项义务，因为在社会中存在被称作'主权'的最高统治权。这是能通过胁迫来引导社会成员的行为的权利。所有人必须服从，不可反抗。"

出人意料的是，主权这一建立在神学基础之上的专制主义虚构产物，这一旧制度的核心，竟然为现代政治哲学所采纳。这也显示了政治是多么需要虚构。主权通过"君权神授"，强化了君主的权力。任何对国王的违抗都是渎神。但这一正当化理论对君主来说也并非百利无一害。其"害"在于，它为君主的权力设置了两大限制。首先，教会成了上帝与君主的中间人，因此，教皇负责树立王权的正统地位。教皇能立君，也能废君，能将王国交给其他君王，或是号召其子民反抗君主的统治。第二个限制在于，君主有义务完成天赋使命。国王的绝对权力源自上天，这一观点使王权正当化、神圣化，同时也反过来限制了国王的权力。因此，沙特尔的伊沃（Ivo de Chartres，1040—1116年）在英格兰国王亨利一世（Enrique I）掌权后，写信提醒他："殿下，别忘了，您是上帝仆从们的仆人，而非其主人；您是子民的守护者，而非所有者。"[32]

让我们简要地预测一下未来吧。想要让君主们把绝对权力交给上帝，这是不可能的。君主们为获得主权而欣喜，并决定宣称君主的主权直接来自上帝，因而凌驾于教会之上。此外，宗教改革之后，信奉新教的王公诸侯否认了教皇确立世俗权威之合法性的权力。英王詹姆斯一世（Jacobo I）自认为直接受命于上帝，并自我陶醉于这一"崇高的荣誉"。他认为，人民若是接到了不公正的王命，"那他们只能毫不反抗地逃避王的怒火，他们只能回以眼泪和叹息，上帝是他们唯一能够求助的对象"。

在英格兰，议院意识到，他们必须改变这一"合法化虚构"。要保留主权，并继续以神权予其支撑，但主权的拥有者必须改变——上帝把主权赋予人民。摩根说："需要新的意识形态、新的基本原理，以及一整套新的'虚构'，来证明一种新的政府是正当的，而在这种政府中，国王的权威低于人民及其代表的权威。人民主权并不否认上帝主权。上帝仍是所有政府权威的最终来源，但现在的重点是其直接来源，即人民。"[33] 法国大革命则以另一种方式运用了主权，其结果将在后文讲述。

第十五章

灾难与成就（17世纪）

一、不幸的世纪

16世纪的最后十年激荡不止。气候是发生灾难的因素之一。整个北半球发生了广泛的饥荒与动乱。1594年，中国河南省官员杨东明对饥荒进行了极为详细的描述。他后来著成《饥民图说疏》，内有图画13幅，展现被饥荒毁掉的家庭：被抛弃的孩子、被卖掉以换取食物的儿童、一同自杀的家庭……在德国，一些路德派教士创作了赞美诗，埋怨上帝"蔽日之光，降下暴雨"。莎士比亚则在1595年上演的《仲夏夜之梦》（*El sueño de una noche de verano*）中哀叹：

> 青青的嫩禾还没有长上芒须，便朽烂了。空了的羊栏露出在一片汪洋的田中……天时不正，季候也反了常。①1

奥斯曼帝国和意大利同样没了收成。1596年和1597年，斯堪的纳维亚半岛"饥荒严重，大多数人只能以树皮制成的面包充饥"。上述情况成了杰弗里·帕克（Geoffrey Parker）所说的"被诅咒的世纪"的开端。该世纪首次出现了亚洲、美洲、欧洲无一幸免的"全球性危机"，历史对此记载颇多。

以下源自世界各地的记述展现了17世纪普遍的悲惨境况。1627年，德国乌尔姆："那是个前所未见的寒冬。"1631年，印度苏拉特："这是最可怕的时代。此前从未有过这样严重的饥荒和这如此高的死亡率。"1634

---

① 该译文出自朱生豪所译《仲夏夜之梦》，译林出版社2018年2月版。

年,德国:"人类历史上从未死过这么多人。"1641 年,中国南方:"江南地区从未经历过这样的灾难。"1648 年,乌克兰:"整个基督教世界都处在严重的饥荒之中。"[2]1652 年,巴黎:"若相信真有末日审判,我会说它正在发生。"1679 年,日本:"自我 15 岁那年(1638 年)起,直到我满 18 岁,世界都处在水深火热之中。"1670 年,中国山东:"域内一片荒芜,以致许多人不再以生为贵。每天都有人在房梁上上吊、割颈或投河自尽。"约翰·洛克一言以蔽之:"在这样的世界里,我已经意识不到自我的存在,只觉得置身于一场肆虐至今的风暴之中。"[3]

在此期间,欧洲只在 1610 年、1670 年和 1682 年这三年中没有战乱。因此,1641 年,意大利战士兼诗人富尔维奥·泰斯蒂(Fulvio Testi)才说:"这是士兵们的世纪。"在中国,明清两朝争夺天下,交战 60 年。战争十分普遍。汉学家司徒琳(Lyn Struve)写道,当时中国各地都遭受了士兵的暴行。1631 年的马格德堡(Magdeburgo)大屠杀催生了一个新的德语单词——"magdeburgisieren",意为"把某地如马格德堡般大肆破坏后离开"。300 多年后,又诞生了"conventrizar"(意为"考文垂式轰炸")一词。[①] 暴力史总是不断重复。

二、欧洲的秘密

在这样灾难性的时代,刚刚腾飞的欧洲文化仍在继续发展。我们再次看到这一事实的惊人之处。

被派遣至奥斯曼宫廷的外交官奥吉尔·盖斯林·德·比斯贝克(Ogier Ghiselin de Busbecq)发现,奥地利帝国与奥斯曼帝国之间的差异惊人:"这样两个截然不同的体系一旦相争,一个将会胜出,另一个则遭灭顶之灾,无论如何,双方不可能平安共存。一想到此,我就不寒而栗。奥斯曼帝国拥有巨大财富和不曾损耗的各项资源,还拥有武装军事方面的经验和

---

① 第二次世界大战期间,纳粹德国空军多次对英国考文垂市发起炸弹袭击,其中死伤最惨重的一次发生于 1940 年 11 月 14 日。

身经百战的军队。他们从未有过败绩,敢于直面困难。他们团结、有序、自律、朴素、警觉。而我们呢,家室空荡、惯于豪奢、资源枯竭、精神萎靡。士兵粗鄙且不服管教,常因贪婪而争斗不休。法纪遭到无视,放荡之举随处可见。人们酗酒,堕落腐化。最糟糕的是,敌人惯于胜利,而我们却惯于失败。二者相争,结果毫无悬念。"[4]

然而,欧洲却因其科学的发展和政府的合理化而走在了前面。[5]科学理性、政治理性都不断发展。我们有理由断言,这二者的同步发展并非偶然。二者都是批判性思维的表现形式。笛卡尔因拒绝接受权威所树立的真理,并要求一切都必须经过主观经验以适当的方法进行检验,而被视作西方"近代哲学之父"。他认为,解决数学、自然科学和人类行为的相关问题,都应该依靠理性。1687年,牛顿发表了《自然哲学的数学原理》(*Principia*)。两年后,其友约翰·洛克发表《政府论》(*Dos tratados sobre el gobierno civil*)。欧洲各地的执政者都鼓励成立各种科学协会。1662年,伦敦皇家自然知识促进学会成立,牛顿担任主席。其创始人们"自由地接纳不同宗教、国籍和职业的人"。"他们必须如此,否则就不能达到其宣言的高度,因为他们已经公开表示,他们所支持的并非英格兰哲学、苏格兰哲学或爱尔兰哲学,亦非天主教或新教哲学,而是人类的哲学。通过接纳所有国家的公民,他们为学会未来的许多巨大优势奠定了基础。因为这样一来,他们建立了覆盖所有国家的持续性学术网络,并使英国皇家学会成为世界知识的总储备库和自由港。"[6]四年后,法国皇家科学院在巴黎成立。

人们认为,道德和法律的知识和自然知识一样具有客观性。比埃尔·培尔(Pierre Bayle)教授在鹿特丹大学的继任者,胡格诺派教徒艾蒂安·肖万(Étienne Chauvin),在其编纂的《词典》(*Lexicon*,1692年)中,将"自然"(ius naturale)定义为"仅源自理性的,即不背离理性的,正如结论不会背离其推导原理,就算上帝突然决定其不再存在,自然法也依旧遵循理性"[7]。格劳秀斯一向持此观点:"即使有人罪恶地宣称上帝不存在,或是上帝虽存在但对人类诸事毫无兴趣,自然法也依旧有效。"[8]真理独立存在,善亦如此。如今我们很难理解这意味着当时人们的思想发生了多大变化。只有当上帝与自然分离,自然由其自身的法则支配,科学才能存在。

法律和道德的知识则只有在其不以立法者——无论是人还是神——的意志为转移的时候才能存在。最为新奇的不是这一论点，而是其方法论。在对人类行为进行反思的历史上，理性方法首次使法律、道德（和政治）成为实证科学。卡西尔（Cassirer）补充道："格劳秀斯对经院哲学的超越，主要在于方法，而非内容。凭借他的方法，他在法律领域取得了等同于伽利略在自然知识领域所取得的成就。正如伽利略确立了数学物理知识的自主权，格劳秀斯为法律知识的自主权而战。"[9]帕塞林·德昂特雷沃（Passerin d'Entrèves）对抽象的自然法演变为切实的自然权利的过程感到惊讶。一项革命性学说改变了整个世界的面貌。[10]

历史的发展不仅取决于某个人或某个国家做了什么，还取决于他们不做什么。人类大家族的其他分支在几个世纪后选择了同样的道路，但为何当时没有这么做？托比·胡弗（Toby Huff）指出，在13世纪，欧洲的学者人数并不比伊斯兰世界或中国更多。然而，伊斯兰文明和古代中国文明中，知识必须经过国家或学术大师等中央权威的认证，而阻碍了有组织的怀疑论的发展。[11]弗格森认为，宗教在伊斯兰世界中至高无上的权威是这一现象的最佳解释。11世纪末，一些有影响力的穆斯林开始宣称希腊哲学和《古兰经》的教义不兼容。他们认为，宣称人能妄自揣度神意，以及神可以随意改变其意志，实际上是对神的亵渎。著有《哲学家的矛盾》（*La incoherencia de los filósofos*）的艾布·哈米德·阿尔-安萨里（Abu Hamid al-Ghazali）称，"很少有人在献身于这种（奇怪的）科学之后，还能不弃绝宗教，不放弃虔诚"。[12]正如前文所说，"伊智提哈德之门"、批判性思想之门关闭了。此外，印刷术也未能在伊斯兰世界得到发展。奥斯曼人认为，书写是神圣的。他们对笔怀有一种宗教式的尊崇。他们说："学者的墨水比殉道者的鲜血还要神圣。"奥斯曼帝国苏丹塞利姆一世（Selim I）于1515年颁布敕令，称使用印刷制品者，一经发现，可能面临死刑。[13]而与之相反，基督教神学不再以字面意思解读《圣经》。约翰·卡西安（Juan Casiano，365—435年）曾提出《圣经》的四种解读方式：字面解读、讽喻解读、道德解读（类比解读）和神秘解读。

而中国的传统科学中，几乎没有"自然法则"这一概念。不同于西方

"上帝为其创造的宇宙制定法则"的神学观点,中国的思想受到一种以各方意志之和谐为基础的机体论观念的统领,其中没有"最高立法者",而这也许阻碍了"自然法则"概念的发展。此外,中国人更注重具体事实,注重细节,注重实用,而对理论缺乏兴趣。李约瑟认为,中国的科学从根本上讲是经验主义的,其基础是观察。中国无疑曾是许许多多开创性发现的先驱,但也许正是这种对理论的漠不关心,导致其并未对这些发现进行更深入的研究。[14]

三、科学理性

西奥多·拉布(Theodore Rabb)指出:"1640年后的几十年间,人们对科学的态度发生了变化。追寻知识之旅起初是茫然无绪且充满争议的,人们本对此感到忧虑。但在这之后,人们开始把科学方法视作脑力劳动的最佳呈现。伽利略曾被判有罪,牛顿却被封为爵士,这代表着欧洲思想领域的一道分水岭。"[15] 1650年后,试图赢回一些自信心的精英阶层,在日趋一致的对物质世界新真理的追求中获得了安慰,也从中得到了实实在在的确定感。1727年3月,牛顿去世,两位公爵、三位伯爵以及时任大法官为他抬棺送灵。伏尔泰前去观礼,并在返回法国后写道:"我看到了一位数学教授,仅因为在其研究领域取得了伟大成就,就能像受人爱戴的国王一般被安葬。"[16]

哥白尼于1543年出版了关于太阳系的著作,牛顿于1687年出版了《自然哲学的数学原理》。在这两起事件之间的时间里,人们对自然的理解已经完全改变。人们承认了太阳系日心说,发现了万有引力,对光、真空和气体都有了进一步理解。严谨的理性取代了胡乱的猜测。在各个方面,人们都不再迷信权威,逐渐更加信任个人理性。

我们不该把这一过程过分简化。这些思想的转变经历了漫长且时常矛盾的过程,包含了许许多多的悖论,以及矛盾踌躇的态度。无论是第谷·布拉赫(Tycho Brahe)和约翰尼斯·开普勒(Johannes Kepler)的占星术研究,还是艾萨克·牛顿的炼金术,都符合科学的严谨性。[17]而人们在讲台上所说的话,也与在广场上发表的言论有所不同。历史和科学都表明,智人的特征之一便是理性与非理性的统一。这两者之间的切换,有时就如按动开关一样简单随意。1580年至1660年,欧洲热衷于猎杀女巫。据估算,因此而死者有1.2万至4.5万人,其中大部分是女性。[18]我们也许再也无法知晓确切的死亡人数,但在17世纪20年代,德国的维尔茨堡和班贝格平均每年就有百人被处以火刑,而沃尔芬比特尔的中心广场"遍布火刑架,看上去像一座小树林"。1660年起,对巫术的指控逐渐减少,但在个别地区,如马萨诸塞州的塞勒姆,仍时有发生。[19]

自古希腊起,人们就已经树立了理性作为一种智慧能力的威望。但有时纯粹出于理念的不合,有时出于对宗教的屈服,人们一直未能完全系统地使用科学方法获取自然知识。托马斯·阿奎那捍卫了理性的独立性,自那以后,许多神学家都把神学和科学相区分。神学的基础是天赐的信仰,而科学的基础则是经验。托马斯·阿奎那认为,理性是上帝赋予人类的最重要的能力,它的可贵之处便源于此。但这并没有限制理性的能力,反而从源头上强化了它。

知识的源头是经验,而非权威。站在伽利略的对立面的,其实不是教会,更不是亚里士多德,而是那些不愿观察的人。这种心态的转变意味着,科学家只要发现自然行为背后的规律,而不需要再为此寻找什么形而上学的"理由"。弗朗西斯·培根强调,要通过观察来积累知识:"我们需要思考的是物质,是物质的形态及其变化,是物质的基本行为,以及其行为和运动的法则。"[20]

宗教改革虽本无意于科学,但很可能推动了科学的胜利。一个善于反思的人一定会想到,如果人们的思维方式千差万别,却都自认为受到了上帝的启示,那么就不可能人人都正确。这种不信任滋生了怀疑。笛卡尔与蒙田提出了同一个问题:我究竟知道些什么?在其著名的随笔《论食人族》(De los caníbales)中,蒙田指出,对一国而言正确合理的做法,对另一国来说可能完全错误,这是因为"人人都把与自己的习俗不同的人称为'蛮族'"。因此,他批评对新大陆原住民的"教化"。他认为,食人部落分食囚徒的仪式，和葡萄牙人焚烧印第安人，甚至将其喂狗等层出不穷的无名折磨，其实并无区别。他说："按照理性的准则，我们确实可以称他们为'蛮族'，但若与我们自己相比，又不能如此称呼，因为我们在各方面都比他们更为野蛮。"

四、政治理性

对政治的深入反思，是该世纪欧洲文化的特征之一。前文已经提到此前出现过的一些问题：权力的正当化、对权力的限制、政治与宗教的关系、人类生命的价值、宗教自由、等等。本书已经多次论述，当人类社会摆脱了赤贫、无知、教条、对权力的恐惧和对他人的仇恨，各文明就会向着共同的客观幸福演化。前文的历史经验也已经表明，有一种概念工具能够有效解决这些问题，那就是"主观权利"的概念。这个概念是一种看待法律的新方式，由16世纪的西班牙法学家提出，并在18世纪的政治革命中达到顶峰。[21]

国家继续扩张。卡西尔写道："马基雅维利把人们带到了现代社会的门口。预期的目标已经达成，国家取得了完全的自治权，但这一结果代价高昂。国家已然完全独立。"[22] 这样不受约束的国家，容易走向极权主义。我们不能仅仅聚焦于这一历史时刻，而要由其联系到20世纪的国家极权主义。君主专制自古有之，区别在于，在这个世纪出现了证明极权专制正当合理的理论。"专制主义是君主制自我研究的理论成果。"[23] 它试图从理性角度树立极权专制的正当性。例如，法国专制主义化用了罗马法的一些原则，其中最为重要的两条，一是"君主不受法律之束缚"，二是"君主所喜好的，便有法律效力"。[24] 最全面的原则也许是"君主是唯一的立法者"。当年法国公认的秘密逮捕制度（lettre de cachet），允许国王在未经指控和审判的情况下直接下令监禁某人，这表明国王凌驾于法律之上。

专制主义对权力有一种永恒的诱感。古代中国的皇帝们声称自己的所有行为都是"奉天承运"，臣民尊皇帝为"天子"。"皇帝可以决定犯人的刑罚或豁免。没有皇帝的裁决，世界就不能运转。而其他任何人都没有裁判权。"朝鲜国王同样宣称其行为受神灵庇佑。1660年，一位朝鲜大臣兼学者写道："君主代天规范万物，使之各得其所。"[25]自人类历史之初，君王一直以神之名掌管司法。因此，司法独立是人类史上一个积极的转折点。一旦掌权者能够决定何为正义、何为非正义，那么政治权力就再无限制。信奉佛教的君主自称"转轮王"，即寰宇之主。俄国沙皇同样自称拥有神性，并鼓励艺术家们在作品中将其描绘成耶稣的化身。[26]

前文提出的论点得到了强化。这种世俗的或宗教的客观法（我们如今称之为"实在法"），其效力完全来源于立法者。而与之相对，出现了一种先天的个人权利，保护并赋权给所有人。这种权利限制了法律条文所确立的实在法。这是一种哥白尼式的革命：并非人围着法律转，而是法律围着人转。索拉里（Solari）写道："主观权利是客观法的前提与约束。因此，人和人性是所有法律的来源。法学由此迎来了一场类似于培根在自然科学领域、笛卡尔在理性主义哲学领域掀起的大革命。"[27]

但主观权利是否真的存在？这个问题就好比问是否存在微积分，或是否存在麦克斯韦（Maxwell）电磁场方程组一样。它们并非高山或大树那样切实的存在，而是人类智慧为解决问题而创造出来的解决方案。我们不该忘记，人类是多么孤立无援。圣巴西流（San Basilio el Grande，330—379年）在论及宗教时诉苦道："我们被迫谈论自己不知道的东西。"这一戏剧性的论断适用于整个人类文化：我们根本不能确定，但却言之凿凿，结果也许就犯下了大错。我们不知道如何去达成那些不知是否可行的期待。时至今日，似乎还是承认主观权利存在为好。博丹与霍布斯曾希望依靠君主的绝对权力，依靠"利维坦"，来解决无序和暴力的问题。但这种绝对权力的行使，终将不可避免地演变为独断专行。法国大革命之前，国王的命令在署名前总有一句话——"盖因此适朕意"。事情公正与否，全凭掌权者的心意，无论这个"掌权者"是上帝还是世俗君主。这件看似十分抽象的事，却决定了历史的走向。如果善恶随意志而定——无论这个意志是上帝的、君主的还是人民的——那么我们就打开了通往非理性的大门，最终走向武力。

与生俱来的个人权利成了民众提出的问题的最佳解决方案。而民众提出的第一个问题,就是对权力的约束。约翰·洛克在《政府论》中为这一立场辩护,并系统地阐述了沙夫茨伯里(Shaftesbury)领导下以限制君权为目标的辉格党所持的自由主义思想。对与生俱来的个人权利的认同,成为一个基本论断。加西亚·德·恩特里亚写道:"正是洛克这位重要的思想家,以与生俱来的权利为出发点,构建了一个完整而具体的政治体系,且其本意就在于影响历史现实。"[28] 洛克的思想对美国诸国父,以及18世纪和19世纪的革命者们,都产生了深刻的影响。

经历了一个多世纪(1540—1660年)的宗教战争之后,欧洲人不得不缓慢而又勉强地接受了一个在1540年根本无法想象的观点:也许宗教宽容——即便是有限的宗教宽容——才是维系欧洲政治、社会与经济秩序的唯一方法。呼吁宽容的社会运动持续发生。比埃尔·培尔原本是新教徒,短暂改信天主教后又重新皈依新教。他坚称,只有理性与良知才能进行最终的裁决。他写道:"意图违背上帝是一种罪过,而意图违背自己的良知所做出的坚定判断,就和企图违反神圣法规一样。因此,一切违背良知判断的行为都是罪过。"[29] 他的一些言论在当时听起来令人不齿,例如,他曾论及无神论者:"只要能惩处犯罪,谴责不义之举,那么一个由无神论者组成的社会,也能像其他社会一样,正常开展民事与道德行为。"他认为,无神论"不会完全扼杀理性之光,无神论者中也有诚信商家、忠诚益友,也有人憎恶不公,有人蔑视肉欲,有人不愿伤害任何人"[30]。1670年,斯宾诺莎出版了《神学政治论》(*Tratado teológico-político*),其中同样捍卫了宗教信仰自由:"即便是在宗教问题上,每个人也都有完全的思想自由的权利,而放弃这种权利是不可想象的。"

五、客观幸福的三大政治条件

我们如今看到,文化演变正走向高效的政治模式,原因在于其能够解决许多问题。政治模式与科学理论一样:那些当前被广泛接受的理论并非绝对，但确实是目前为止被证实为最优的。政治、司法与道德领域的解决方案也是如此。被证实为最佳的政治模式包含高效的政府、法治，以及民主。[31] 所谓高效的政府，要能有效组织民众共同生活，并保护民众的权利。法治要求政府同样受法律约束，要求尊重个人权利，并提供维护个人权利所必要的司法保障。民主意味着权力掌握在民众手中。上述元素可以以不同方式、不同模式出现，但本书认为，由上述三元素构成的模式能够解决较多问题。而承认"主观权利"则是一项基本要素。

六、宣扬理性的中坚力量：教育

教育的普及在全世界都产生了深远的影响。中国传统文化中，官员必须受过良好的教育，而治学被视作提升社会地位的途径。然而这却招致了非议。17 世纪 20 年代，中国学生总数可能高达 500 万。其中许多人无法获得官职，因而开始不断批评政府。1609 年，张涛曾写道："富者百人而一，贫者十人而九，贫者既不能敌富，少者反可以制多。金令司天，钱神卓地，贪婪罔极，骨肉相残。受享于身，不堪暴殄。"[32]

"17 世纪 30 年代，英国有 1/40 的年轻人受过大学教育，西班牙则有 1/20。这一比例直到 20 世纪末才有了明显的提高。"那段时间，牛津大学和剑桥大学每年有 300 名毕业生进入教会，200 人从事医疗和法律行业，另外还有 700 人没有稳定的工作。正如一位英国法官所说："有学识而无工作，只会产生叛徒。"毕业于马德里康普顿斯大学的克维多（Quevedo）曾说："君主制形成了自己的习俗，并得以维持。军官们遵循这些传统，高校毕业生们却腐蚀它们。""战争产生国王和王座，文化知识却只带来文凭和学位帽。"托马斯·霍布斯在《贝希摩斯》（Behemoth）中说，"牛津大学和剑桥大学之于我国，好比特洛伊木马之于特洛伊"，因为煽动反抗的人都来自大学，而我们的乱党们都是从讲坛上正大光明地学会了叛乱。

这一时期产生的文字著作汗牛充栋。改革委员会曾向西班牙国王费利佩四世（Felipe IV）进言，希望"查封最近在小镇村庄等地新开设的文法学校，因为这些学校距离近、入学易，许多农民送孩子进学校，而丢下了他们本该继承的祖传职业"。黎塞留（Richelieu）也想这样做。法国学者加布里埃尔·诺代（Gabriel Naudé）也持相同观点，并曾于1639年预言："学校、神学院和各类研究院的数目庞大，恐将提高国内政治革命的频率。"主张保皇的弗吉尼亚总督威廉·伯克利（William Berkeley）亦对此表示赞同。1676年，他哀叹道："教育给世界带来了不驯、异端和派系，印刷则进一步扩大了其影响，还诽谤中伤哪怕是最好的政府。上帝啊，把我们从这二者手中解救出来吧！"[33]

正是在这些年里，发展出了我们如今所说的"公共空间"，即形成舆论的场所。中国同样出现了"公共领域"。参政议政者前所未有之多。可看的书和读者的数量之大，亦史无前例。明末学校林立。17世纪，一项对中国500个区的调查显示，各地共有学校4 000所，其中1/4在城市，其他则位于乡村。17世纪20年代，一位在福建乡村传教的耶稣会教士写道："学校极多，哪怕是只有20户或40户人家的小村子里都有学校。"中国的教育革命是两种因素共同作用的结果。一方面，一些儒学大家认为，必须自省，必须能以直觉判断善恶，而愚夫愚妇的生活中则找不到道德原则。因此，必须普及教育。另一方面，人们认为，只有受教育才能升官。明朝末年，约有20%的人受过高等教育。[34]

中国的书价十分低廉。一位藏书家可能有上万本藏书。司徒琳指出，与17世纪中叶的政治动荡相关的文献数量为史上之最，这一纪录一直保持到20世纪末。

而伊斯兰地区在17世纪却很少出现公共领域，只有神职人员才会读写。相反，在印度，识字率较高。莫卧儿帝国有大批书记人员，他们"抄写、编纂了数十万手稿"。这些手稿有的是波斯文，有的则用南亚次大陆的各种语言写就。其中有一些写到了治国之术。

奥斯曼帝国官员兼历史学家卡蒂普·切莱比（Kâtib Çelebi，1609—1657年）曾记录其造访过的图书馆内的成千上万册藏书。他所列的书目有近1.5万种。然而，阿拉伯文印刷被禁止。只有基督徒和犹太人才能使用他的书单。

七、英国革命

正如前文所说,专制主义不得不面对这些新的权利理论。17 世纪,英国一直处于斯图亚特王朝的统治之下。詹姆斯一世和查理一世(Carlos I)都曾掌握专制权力。君权神授,国王不受制于任何法律。他是神圣法则的阐释者。斯图亚特王朝和波旁王朝都曾下令焚烧马里亚纳(Mariana)、苏亚雷斯(Suárez)等耶稣会神学家关于限制王权的著作。高傲的詹姆斯一世曾怒而撰文强调王权。苏亚雷斯奉教皇保罗五世(Pablo V)之命予以驳斥,但詹姆斯一世下令将苏亚雷斯的作品烧毁于伦敦圣保罗大教堂前。詹姆斯一世还曾对其继任者说:"上帝让你成为一位小神,身居王座,管理众人。"1610 年,胡安·德·马里亚纳所著的《论王与王室制度》(De rege et regis institutione),以及罗伯托·贝拉米诺(Roberto Belarmino)所著的《论世俗事务中教皇的权力》(Tractatus de potestate Summi Pontificis in rebus temporalibus),被焚毁于巴黎。弗朗西斯科·苏亚雷斯所著的《驳英王卫教篇》(Defensio Fidei)则于 1614 年被焚。同样的事情也曾发生于伦敦。[35] 而在 1649 年,查理一世被以"暴君、叛徒、杀人犯,以及这个国家善良人民的公敌"的罪名处决。英国人认为,构成英国权利模式的根本性文件是 1215 年的《大宪章》、1628 年的《权利请愿书》(Petición de derechos),以及 1689 年的《权利法案》(Declaración de derechos)。《大宪章》实际上是对自由与特权的承认,体现的是中世纪的思想。17 世纪对英国而言是革命的世纪,正如 18 世纪是美国和法国革命的世纪。英国革命的一面是清教徒革命,另一面是"光荣革命"。革命也是一项频频重复的进化脚本。其基本模式是,两股或多股在国家治理方面理念不合的势力,取得了有力支持,最终实现权力更替。

1647 年,查理一世已被收监,英国议会军事总委员会在普特尼(Putney)教堂讨论由谁执政、由谁决定执政者的问题。持各种政见者都发表了看法。艾尔顿(Ireton)坚称,只有拥有一定财产者才有投票权。雷恩巴勒(Rainsborough)则反驳说:"所有生活在某一政府治下的公民,都必须同意接受该政府的管理。"在关于这些议题的幻觉游戏中,雷恩巴勒立足于习惯权利，展现了进步立场；而艾尔顿则从理性角度出发，采取了保守主义立场。结果后者胜出。直到 1918 年，英国男性才享有雷恩巴勒所主张的普遍选举权。[36] 英国资产阶级革命虽有其局限性，但仍被视作民众掌权的序章。

八、统一于莫卧儿帝国治下的印度

16 世纪初，蒙古人帖木儿的后裔建立了一个名为"莫卧儿"的伊斯兰王朝。他们于阿富汗西北部起步，重燃了统一南亚次大陆的雄心。阿克巴（Akbar，1556—1605 年在位）时期，莫卧儿帝国确立了对印度北部的统治。而到奥朗则布（Aurangzeb，1658—1707 年在位）时期，帝国几乎统治了整片次大陆——这是印度历史上为数不多的近乎统一的时期之一。莫卧儿帝国的皇帝们虽信仰伊斯兰教，但也出席印度教的庆典与仪式。他们还支持印度教的宗教与文学研究，并留下了许多卓有特色的建筑。波斯文化和伊斯兰文化的影响与当地传统风格相结合，产生了一种独特的建筑，其最佳代表也许就是泰姬陵：其形象虽已屡见不鲜，但却展示了伊斯兰教象征主义和印度教艺术理念的超凡结合。

16 世纪，阿克巴采取了国际化政策，废除针对非穆斯林的税赋（吉兹亚税），以减轻对臣民——大多是印度教徒——的区别对待。同时，他允许非穆斯林进入官场，还组织过几场各教派学者的研讨会，其中有伊斯兰教、印度教、耆那教、琐罗亚斯德教学者，甚至还有来自沿海葡萄牙属城市的基督教传教士。[37] 伊斯兰教特有的社区凝聚力早已将阿拉伯、伊朗和土耳其的民众紧密地联结在一起，形成了伊斯兰教群体"乌玛"。但在印度，多数民众并非穆斯林，他们与伊斯兰世界的联系主要来自同伊朗的特殊关系。自吠陀时代开始，伊朗文化与印度文化就如同一对表兄弟，而伊朗上千年的文化传统又为伊斯兰世界贡献了许多独具特色的元素，例如"王权神圣"的思想。这一思想在伊斯兰教条中表述不详，但却使君王能够以一种更为宽广的格局，凌驾于臣民的宗教分歧之上。特劳特曼认为，印度与伊斯兰世界的关系并非对立互斥。恰恰相反，伊斯兰教所特有的波斯-

伊斯兰文明于中世纪发展成形，期间受到了印度文化的重要影响。而伊斯兰教在南亚次大陆盛行的原因之一，在于许多伊斯兰文化元素与印度文化一样源自印度-伊朗文明，例如上文所述的"王权神圣"思想，以及苏菲派的密契主义、巴克提主义等，因而能让印度人产生熟悉感。[38]

九、伊朗萨法维王朝

不同于奥斯曼帝国和莫卧儿帝国，伊朗的萨法维王朝并没有对国内的不同宗教采取宽容政策，反而对所有不信奉伊斯兰教什叶派者进行迫害。伊斯玛仪一世（Ismail I，1501—1524 年在位）将伊斯兰教什叶派立为国教，并强迫当时大多信奉逊尼派的伊朗民众改宗——这场改宗行动持续至今。而为了迫使民众改宗，伊斯玛仪一世采取了与当时的欧洲相似的政策，包括没收宗教少数群体的财产、强迫皈依、审判异端等等。总而言之，萨法维王朝为实现全国宗教统一而用尽办法。[39]

十、欧洲扩张的至暗面：奴隶贸易

16 世纪，出现了史上最大规模的人口被迫迁徙，自 17 世纪中叶开始愈演愈烈，并一直持续到 19 世纪 70 年代。据估算，在此期间约有 1 200 万名奴隶从撒哈拉以南非洲被贩卖至美洲，还有 300 万至 400 万人穿过撒哈拉沙漠或红海和印度洋，被运至地中海地区和亚洲。在 1650 年至 1860 年的这两个世纪中，被作为奴隶贩卖的人口总数高达 1 500 万，而这一数字还不包括在抓捕和运输至非洲海岸的过程中产生的诸多死者。因此，这段历史被称作"非洲大屠杀"。虽然抓捕和贩卖奴隶显然严重限制了当地人口的增长，但我们仍难以测算这些地区所受的损害之深。对撒哈拉以南非洲的人民来说，这段动荡而漫长的历史，是他们与现代西方世界的首次重大接触，后者在日后给非洲文化带来了众多变革。而这在人们对西方和现代性的认知中也产生了不利影响。[40]

西非的奴隶中，被他们自己所属的社会出售给欧洲中转商的人不足半数。他们或是社会边缘人物，或是被亲缘体系排除在外，或是卖身还债，或是被判为奴的罪犯。而大多数奴隶则是被其他部族靠武力抓获。他们中有的是战俘，也有的是在以抓捕奴隶为目的的袭击中被擒。自18世纪起，欧洲曾为此展开辩论，讨论大西洋地区的奴隶贸易是否挑起了为捕获奴隶而进行的战争，又是否加重了非洲的奴隶制与暴力。19世纪70年代后，大规模奴隶贸易基本停止，但非洲社会的战争、奴隶劫掠和奴隶制却并未消失，欧洲列强便以此为借口，进行殖民统治。

事实上，西非的奴隶制在这之前就已经存在。但随着欧洲人的介入，其意义与规模发生了根本性变化。大西洋地区的奴隶贸易催化了非洲奴隶制的扩张与强化。非洲人口密度相对较低，因此劳动力极为重要。各地的掌权者都试图通过增加自己的劳动力资源，削减其他地区的劳动力，来获取更多财富。因此，在原则上，各地掌权者对奴隶的"出口"本无兴趣。只有当欧洲奴隶贩子提供的用以交换的商品（火器、马匹、工具、纺织品等）看起来比劳动力更有价值时，非洲的君主们才决定出售奴隶。在这一过程中，人们的心态发生了深层变化，对这些被商品化的男女的看法也有了重大改变：在此之前，他们虽是奴隶，但由于统治阶层的社会地位要通过其拥有的奴隶人数来体现，他们便也成为统治者家族广义上的一分子，构成社会阶层的一部分，并受益于该家族的社会地位；但当其被用来换取舶来品时，他们身上只剩下一种纯粹的经济价值，并成为衡量其他商品价值的尺度——这在之前是不可想象的。因此，欧洲奴隶贩子的介入成为改变非洲传统社会的第一个因素。而最终起决定性作用的因素则在19世纪下半叶随着欧洲殖民统治而来。[41]

十一、探望人类大家族的日本分支

20世纪，日本开启了一段有趣的冒险——成为"学习型社会"。在本章谈论这段历史为时尚早，但我们可以先了解一下 17 世纪的日本，这有助于理解此后德川幕府（17—19 世纪）领导下的日本所走的道路。17 世纪，日本高级知识分子对学习中国和中国儒学经典的重视达到了历史新高，而在城市大众中则出现了新的流行文化。当时产生的歌舞伎，因感情强烈、夸张，且偶有暴力色彩，最初被视作旁门左道，古怪甚至令人不齿。在诗歌领域，俳句广泛流传，反映出城市文化在"禅意"的影响下走向精致与凝练。著名诗人松尾芭蕉（1644—1694 年）对此做出了很大贡献。[42]

日本与西方的接触始于 16 世纪中叶。葡萄牙人最先抵达日本，为其带去了火器，并显著增加了贸易活动。耶稣会传教士于 16 世纪下半叶成功地使许多日本人皈依基督教。紧随其后的是西班牙人、荷兰人和英国人。但德川幕府认为基督教以及所有同外界的接触总体上都是一种不稳定因素，因此，17 世纪上半叶，日本同西方的接触受到了明显的压制。不同于天主教徒，荷兰人无意向当地人传教。德川幕府只允许与荷兰人开展贸易，且仅限于在长崎港的一座岛上。德川幕府还严禁基督教，并迫害基督徒。[43]

虽然德川时代的日本闭关锁国，但自 18 世纪起，日本对西方医学和军事展现出了毋庸置疑的兴趣。所谓"兰学"（"兰"指荷兰）成为日本人了解欧洲先进科学的途径，因为其与西方的接触主要基于在长崎海湾和荷兰人的贸易。许多外来思想由此传入日本。贝拉认为，在 18 世纪，其他任何非西方社会对西方的了解都不如日本全面，包括离欧洲更近且接触更密切的奥斯曼帝国。不过，日本对外国事物兴趣高涨的同时，日本文化的排他主义也不断增强。这是因为，通过对其他文化的研究，日本越来越清楚地认识到自己和世界上其他国家的不同之处。[44]

第十六章

革命的世纪

一、震中

18世纪是第二个轴心时代的转折点。思维模式、政治组织形式以及科学等领域均发生了重大变革。这一时期发明的许多思想工具至今仍为我们所用,因此我们可以说,18世纪是"现代"的起点。欧洲志得意满,将其称为"启蒙时代"。康德认为,启蒙运动是理性"长大成人"的时刻。"启蒙运动就是人类脱离自己所加之于自己的不成熟状态。不成熟状态就是不经别人的引导,就对运用自己的理智无能为力。当其原因不在于缺乏理智,而在于不经别人的引导就缺乏勇气与决心去加以运用时,那么这种不成熟状态就是自己加之于自己的了。Sapere aude!要有勇气运用你自己的理智!这就是启蒙运动的口号。"[1]① 而早在许多年前,基督教神学家费霍(Feijóo)就曾提出要"大胆地思考"。

理性不仅能避免我们陷入无知,还能避免我们陷入狂热。狂热让人变得排他、残忍。伏尔泰憎恶狂热,认为这是一种令大脑坏死的恶疾,且会导致精神失常和各种罪行。1792年,图卢兹法院判决让·卡拉斯(Jean Calas)杀子罪名成立。卡拉斯是一名新教徒,数名证人指证其谋杀亲生儿子,以防其皈依天主教。法院判处了两场酷刑,第一场是为逼供,第二场则是死刑执行过程的一部分。他四肢关节脱臼,数公升水从喉咙灌入,四肢又被铁棍击碎,却仍坚称清白。处决两年后,这桩冤案才被平反。伏尔泰坚决反对这一不公正的审判。他在给其友达朗贝尔(d'Alembert)的信中写道:"我恳请您为此呼号,既为卡拉斯,也为反对狂热主义,因为这是

---

① 该译文出自何兆武所译《历史理性批判文集》中《答复这个问题:"什么是启蒙运动?"》一篇,商务印书馆1990年11月版。

他痛苦遭遇的根源。"康德的口号是"摆脱奴役束缚",而伏尔泰的口号则是"砸烂一切无耻",即击碎狂热主义,消灭残酷暴行。启蒙运动的人文主义精神体现在切萨雷·贝卡里亚(Cesare Beccaria)于1764年出版的反对司法暴行的名著《论犯罪与刑罚》(Sobre los delitos y las penas)中,也体现在卢梭对同情心的大力宣扬中。卢梭认为,同情心不应只是一种情感,而应成为一种精心培养的公民美德——这恰好是佛教提倡的基本德行。

也许上文看起来放弃了全球视野,但实际上,欧洲文化在这一时期提出的解决方案,通过各种途径,主动或被动地渗透了世界文化。以中国、印度、日本等亚洲强国,后殖民国家,以及苏联解体后诞生的各国为例:它们当然都有各自的文化身份认同,但也都包含了一些启蒙运动的基因。基于工业、科学、技术与军事力量,欧洲政治力量在19世纪和20世纪前期统治着世界。当时,人们自以为找到了客观幸福的完美模式:科学理性、市场体系、民主。进步正在发生。启蒙运动乐观积极,但反启蒙运动也随之而来。一些人希望恢复传统的确定性,并提倡复辟旧制度君主。还有一些人对理性持怀疑态度。于是,启蒙运动让位于浪漫主义;普遍理性让位于历史特性;理性主义让位于非理性主义;法国大革命滑向了民族主义运动;人们从拥抱科技成果,转而开始为科技的可持续性担忧。现代性相信人类智慧能解决一切问题。后现代主义又对此存疑。后人类主义重新展现出启蒙运动时期的乐观精神,但却只相信技术科学。在这种情况下,本书的价值得以显现——我们究竟能从人类文化的演变中学到什么?

一些此前已经开始的社会运动于18世纪达到了巅峰:反思知识、反思政治、维护主观权利、对权力加以限制、追寻客观幸福。原本隐藏的事物一一显现。对幸福的追求一向是人类行为的驱动力,而此时则进入了政治范畴。简要地说,我们可以认为第一次轴心时代关注的是个人幸福和自我完善,而第二次轴心时代关注的则是社会幸福,以及社会整体的提升。1776年颁布的《弗吉尼亚权利法案》(Declaración de los derechos del buen pueblo de Virginia)坚称人类生来就有追求和获得幸福的权利;同年,美国《独立宣言》宣称,政府的目标在于实现安全与幸福。约翰·亚当斯(John Adams)曾把政治定义为关于幸福的科学,并认为它取决于是否有一部好的宪法。

1812年颁布的西班牙宪法中同样写道:"政府的目标是国家福祉。"

北美洲英国殖民地的独立是法国大革命的先例,因此具有特殊意义。这也体现了概念工具的传播。美国的政体受到了洛克和卢梭的启发,同时与古典世界一脉相承。这场运动中的革命家们把美国之于英国比作雅典之于腓立比。他们时常援引提图斯·李维和西塞罗的著作,同时也熟知荷马与维吉尔的作品。他们再次意识到,一条贯穿历史的线索,把古往今来的民主制度联系在一起。托马斯·潘恩(Thomas Paine)曾说:"雅典曾小规模实行过的制度,美国则将大规模推行。"[2]

二、"公众福祉"

法国大革命是一次手段激烈的追求"政治福祉"的尝试。1793年版的《人权宣言》在雅各宾派的影响下,起草于恐怖统治的前夕,其中第一条宣称:"社会的目标是全体幸福。"好走极端的圣茹斯特曾断然说道:"幸福对欧洲人来说是个新概念。"但这一概念在1789年《人权宣言》颁布之前,就已经出现在国民会议的所有争论之中。塔尔热(Target)动议的第一条称:"政府完全是为了人民的幸福而设。"穆尼耶(Mounier)提案说:"每个人都抱有一种不可战胜的渴望,即对幸福的追求。因此,任何政府都应该以普遍幸福为目标。"图雷(Thouret)提案说:"自然把对幸福的渴望和需求注入了人的心灵,政府则要带领人民走向幸福,要把个人的力量团结起来,以争取共同幸福。"而制定1795年法国宪法的议员们已然更为多疑。在讨论过程中,朗瑞奈(Lanjuinais)提出:"2 000年前,曾经存在着288种幸福,我们如今也不奢望能给'幸福'一个更好的定义。"拿破仑同样持怀疑态度。1800年,拿破仑曾说:"大革命这部'小说'已经完结,现在必须开启真正的历史。我们要应用各项真实而可行的原则,而非猜测与假设。在今天,后一条道路已不再关乎执政,而是哲学研讨。"[3]笔者相信,本书所说的"客观幸福"概念大概不会落入他所批判的范畴。[4]

西班牙的启蒙作家也曾探讨"公众福祉"议题,并认为公众福祉体现在经济、科学和人文领域的深刻进步上，而非以征服和英雄主义为标志的国家。霍维亚诺斯（Jovellanos）在1788年的《卡洛斯三世赞》（*Elogio de Carlos III*）中就提出了这一点。从费霍到胡安·森佩雷·伊·瓜里诺斯（Juan Sempere y Guarinos）、弗朗切斯科·罗马·伊·罗塞利（Francesco Romà i Rosell）[5]、胡安·巴勃罗·福尔内（Juan Pablo Forner）、梅伦德斯·巴尔德斯（Meléndez Valdés）、西恩富戈斯（Cienfuegos）等等，再到霍维亚诺斯，西班牙思想家们把公众福祉作为目标。[6] 18世纪初，意大利的穆拉托里（Muratori）在他的书中对这一问题进行了阐释。书中提出了现代君主对其臣民负有的目标，而我们也再次从中看到了启蒙运动时代理性中人文和感性的维度。这一维度将目光转向人们身边，在社会内部寻找公众福祉，而非着眼于神所应许的死后世界。[7]

从文艺复兴时代开始，人们构想了许多幸福的"乌托邦"模型，包括托马斯·莫尔式的、康帕内拉（Campanella）式的，等等。现代社会摇摆于两种模式之间：一种基于经济、工业进步、和平贸易，而正如前文所说，自文艺复兴起，商人与企业家得到了重视；另一种则基于普遍的道德价值与权利——1789年的法国大革命正是选择了这一模式。这两种伟大的模式是客观幸福的两种形式，且一直持续至今。

三、商业共和国

1713年，圣皮埃尔（Saint-Pierre）发表《争取欧洲永远和平方案》（*Proyecto para instaurar la paz perpetua en Europa*），提出建立一种基于我们如今所谓"正和博弈"（调解、仲裁与团结）的"和平体系"，以替代"战争体系"。这要求建立一个相互保障的社会，各国合作，共同维护和平。贸易是其核心工具。勒内·路易·达尔让松侯爵（marqués René Louis d'Argenson）是圣皮埃尔的门生之一，于1744年至1747年任法国外交部部长。他曾说："放手让民众去做吧。他们会明白，商品的跨国流通应该像空气和水的流动一样自由。整个欧洲应该是一个巨大的公共集市。"

市场能够跨越国界的限制，也应当能够终结几个世纪以来占据主导地位的军事化社会。亚当·斯密曾提出单一工厂、单一市场。创业冲动源于致富的欲望，而消费者决定是否购买，并掌控市场。二者均出自理性的利己主义，以及对"私恶将孕育公善"的信念。"工业制度将是人类的终极组织形式"，圣西蒙（Saint-Simon）对此毫不怀疑。新社会必然是积极向上的工业社会，且在本质上具有国际性。"工业是统一的。所有成员都因生产带来的共同利益，以及对安全、自由的贸易的需求，而团结统一。各国、各阶层的生产者归根结底都是朋友，没有什么能阻碍他们的团结。而要最大限度地实现工业的影响力，就必须联合所有生产者的力量。"[8]

阿尔伯特·O. 赫希曼曾在一本有趣的书中，细致地阐释了启蒙运动核心人物孟德斯鸠的著作："人类是幸运的，因为在其所处的环境中，虽然各种激情都煽动其作恶，但利益驱使他们不那样做。"[9] "激情"和"利益"之间的这种对立至关重要。马克斯·韦伯曾经发问：长达几个世纪，商业都与"贪婪""奢侈""虚荣"挂钩，饱受谴责和蔑视，又怎么会在现代社会的某个时间点，突然变成了正直体面的职业呢？[10] 前文写到，在文艺复兴时期和 17 世纪，对个人荣耀或国家荣耀的追求曾是占据主导地位的政治热情。高乃依（Corneille）创作的悲剧把这一模式发挥到了极致。[11] "英雄"开始被拆解，人类的激情发生了转变。18 世纪初，詹巴蒂斯塔·维柯写道："凶残、虚荣和野心是影响全人类的三大恶习，社会从中发展出了军事、贸易与政治，并随之形成了共和国的力量、财富与智慧。从这本来注定毁掉人类的三大恶习之中，滋生了国民幸福。"[12] "国民幸福"是"客观幸福"的近义词。问题的解决方案是以激情制约激情。胡格诺派政治家德·罗昂公爵（duque de Rohan）在 1639 年发表的论文《论君主的利益与基督教国家》（De l'interest des princes et estats de la chrestienté）中说："在涉及国家的事务中，我们不能受过度的欲望支配——它往往导致我们行暴力之事……我们要听从理性指导下的自身利益，因为理性应当是我们的行为准则。"[13] 理性成为一种单纯的牟利工具。

经济利益成了一种有益的甜蜜激情。正如约翰逊（Johnson）博士所说："人类所能从事的所有事业中，没有哪个能比赚钱更单纯无害。"[14] 法国则流行起了谈论贸易的"甜蜜"(douceur)。"生活用品的不断流通构成了贸易,而贸易对生活中所有的美事(甜蜜之事)都有所贡献。"[15] 孟德斯鸠认为,"贸易精神带来节俭、节约、适度、勤勉、谨慎、平和、秩序与规则"。显然,以上种种正是资产阶级所珍视的美德。因此,只要贸易精神尚存,创造出来的财富就不会产生有害影响。他在《论法的精神》中用了整整一章的篇幅歌颂贸易,又用一整章解释"贸易是如何在欧洲从野蛮的状态中脱胎"。我们可以援引他的一段话作为总结:"贸易的自然效果便是和平。存在贸易往来的两个国家便要相互依存:一方愿买,一方愿卖。而我们知道,所有联盟都建立在相互需求的基础之上。"正如本书一直强调的,贸易是一种正和博弈。

但我们也应注意到,在 18 世纪就已出现了对贸易的批评。法国制宪议会的重要成员,后死于断头台的约瑟夫·巴纳夫(Joseph Barnave),在 1790 年发表的《法国大革命导论》(*Introducción a la Revolución francesa*)中说,在私人领域有效的举措,拿到公共领域则不一定奏效。商人是节俭的,国家却铺张浪费。1767 年,亚当·弗格森认为,对个人财富的关注也许会导致专制统治,因为人们对宁静生活的渴望可能会使他们趋于顺从。[16] "当我们仅以一个公正的政府所赋予的安宁来衡量国民幸福感,自由就陷入了最大的危机。"[17] 托克维尔(Tocqueville)也持这一观点。如果人们只专注于追逐财富,就有可能使"一个精明而又雄心勃勃的人掌权"。早在拿破仑称帝前,托克维尔就曾挖苦那些只求法律与秩序的人:"如果一个国家除了维持秩序,对其政府别无他求,那么这个国家在内心深处就已经是其安康的奴隶,而束缚它的人也许很快就会出现。"霍布斯则在很久以前就说:"所有人都自然而然地为荣誉和卓越而奋斗,不愁吃穿者尤甚。"

"商业共和国"将在工业革命中实现。

四、权利共和国

第二种社会模式基于普遍价值,基于人的权利,基于自由、平等与博爱。启蒙作家们认为，这必须经过普遍的思想启蒙才能实现。康德是这一观点的主要支持者。他极其钦佩法国大革命。他死后，谢林甚至将他视为一位把政治家在"现实"层面的成果带到"理念"层面的革命家，并担心法国大革命的退潮会导致人们对康德这位革命家的作品也失去兴趣。[18]

英国资产阶级革命、美国独立战争和法国大革命都可以被看作"权利革命"。1776 年，北美洲殖民地反抗英国政府，并宣布独立。当时的革命者们援引了"自然法则和自然界的造物主的旨意"作为"脱英"的理由，同时还宣称："我们认为这些真理是不言而喻的：人人生而平等，造物者赋予他们一些不可剥夺的权利，其中包括生命权、自由权和追求幸福的权利。"主观权利理论始于 16 世纪和 17 世纪的西班牙法学家，后经洛克重组修正，此时终于不再停留在理论层面，而真正开始指导实践。人们将其视为限制权力、保障个人自由的伟大解决方案。

1789 年，"法兰西人民的代表们"发出了同样的声音。他们指出了四种"自然的、不可让渡的"权利：自由、财产、安全、反抗压迫。一切政治组织均旨在维护上述权利。但美、英、法之间存在一处显著的差异：美国《独立宣言》宣称权利源自上帝，这是自然法学说的传统观点；英国资产阶级革命凭借"惯有权利"和古法来反抗国王；法国革命者既不愿将权利归于上帝，也不愿将其归于古法，而是要另起炉灶。我们将在后文看到，人们是如何找到了一种智慧的折中方案。而现在，笔者要强调的是，本书的主要论点之一在《人权和公民权宣言》的开篇就得到了总结："对于人权的无知、忽视与轻蔑乃是公共灾祸与政府腐化的唯一原因。""唯一"一词斩钉截铁。消弭公共灾祸、获得"国民幸福"与"公众福祉"的伟大工具就是权利。

法国大革命如火如荼。国民大会上的争论是人们共同进行哲学创造的典范。大会成员巴雷尔（Barère）曾在日记中写道："对一位哲学家而言，观察真理与理性在国民大会上的飞速进展，是一项非常有趣的活动。在辩论的第一天，就连是否要在宪法之外再推出一部'权利宣言'都还存疑；第二天，反对的声音消失了；而到了第三天，人们讨论的话题已经变成了是否要将'义务宣言'与'权利宣言'结合。"这个主意最终被否决了，因为义务必须源于权利。《权利宣言》受到热烈欢迎。1834 年，卡尔·冯·罗特克（Karl von Rotteck）写道："世界史上没有比法国大革命更加重大的事件——重要性能与之比肩的都少之又少。每当人们提到民权和人权时，各国的善意者都会兴奋地为法国大革命的原则及其初期的成就鼓掌。"荷尔德林把法国大革命比作"新的创世时刻"。

但最终，"普遍权利"的共和国并未建成。理性的梦想诞下了可怖的怪物。

五、理性与效率

上文论述了启蒙运动所想象的两种幸福社会模式：商业共和国和权利共和国。康德以其卓越的才华将二者结合起来。他认为，理性能证明普世模式的正当性，却不能确保它以何种方式被应用于现实。康德承认，人类同时具有社会性和非社会性，因此有了矛盾冲突。不过，自然却以巧计来实现"人之至善"这一康德眼中的目标。"这就是商业精神。它与战争不能共存，并迟早席卷每个民族。国家的附属权力中，最忠诚的就是金钱，因此各国都有义务促进和平。"[19] 尤尔根·哈贝马斯（Jürgen Habermas）认为，康德过于乐观，没有预见资本主义工业化会导致阶级对立和好战的殖民主义。但他也承认，至少在经济合作与发展组织内部，发生了"国际政治的经济化"。经济模式不断取得进展，权利模式却似乎止步不前。如何协调个人幸福与公众幸福、个人意志与集体意志、个人利益与普遍利益——这些问题层出不穷。我们至今仍在寻找解决之法。

"理性"的概念具有深远的政治影响，因此，人们需要对其做出精准的定义。理性不仅仅指推理论证的能力，因为一个疯子或狂热分子也可以进行"论证"，何况如今我们知道，就连机器也能做到这一点。启蒙时代的思想家们所谈论的"理性"，并非某种孤立的能力，而是对智慧的一种特殊使用方式。它能按照逻辑顺序梳理思想，从而得出理论上或实践上的结论，并对理论的真理性，以及方法和技术的有效性进行验证。知识、技和人际关系都因这种富于生命力的活动而改变。负责对结论进行验证的批判性思维成为理性的顶峰。科学与哲学的发展、宗教改革、"新大陆"的发现,以及对其他文化的认识,打破了许多传统信仰。玛格丽特·雅各布(Margaret Jacob)指出,16世纪和17世纪的游记在日积月累中催生了"对宗教传统绝对正确性的质疑,而长久以来,这些传统曾被视作至高无上的,在神职人员中尤为如此"。[20] 最初几次新大陆之旅带回来的经验,支撑了一些早期怀疑主义思潮。[21] 图尔敏(Toulmin)记录了一则趣闻:库克船长于1769年航行到塔希提岛,记录金星凌日。这次观测于一处海岬进行,该海岬因此被命名为"金星角"。1771年,发现号回到英国时,引起人们浓厚兴趣的不是天文观测数据,而是南方海域人们的生活,以及当地人对一些在欧洲被视为必不可少的社会禁忌的无知。塔希提岛女性的友好好客尤其令人艳羡不已,"金星角"这个名字也很快染上了别的意思。[22] 人们自以为取得了重大进步,证实了人类的征服永恒不变,最终却清晰地意识到了此前难以想象的多样性。不同文化之间的碰撞总是刺激着批判性思维。几百年前,克塞诺芬尼(Jenófanes)就曾依靠自己在希腊、埃塞俄比亚和色雷斯的文化碰撞中得出的经验,批评荷马与赫西俄德(Hesíodo)的人格化神学:"埃塞俄比亚人相信,他们的神有着狮子鼻、黑皮肤;色雷斯人则相信,他们的神金发碧眼。倘若牛、马和狮子都有手,而且像人一样能用手画画和雕刻的话,马一定会塑造出马形的神,牛会塑造出像牛一样的神——它们的神的外貌一定都是它们这个种群自己的样子。"由此,克塞诺芬尼得出了重要的批判性结论,即人类的认知可能出错:"事实上,诸神并没有从一开始就向凡人揭示真理,但人们通过长时间的观察研究,发现了事物的菁华。"批判性思维的开端生机勃勃,后来却被埋没于几个世纪以来的教条主义和思想束缚之下。全球信息交流体系萌芽,各种认知体系都在其中受到了考验。而对认知基础的怀疑、对更具普遍性的结论的追求,以及对更为严格的实证方法的使用,都可以被视作这一框架扩张的产物。[23]

毫无疑问,启蒙运动时期的人们热爱知识,但却是从非柏拉图式的角度出发的:他们心系"公众福祉",因此注重的是"实用真理",是知识的实际应用。《百科全书》(*Encyclopédie*)是启蒙运动的丰碑,其全称是《百科全书，科学、艺术和工艺详解词典》(Enciclopedia o Diccionario razonado de las ciencias, las artes y los oficios)。西班牙的霍维亚诺斯主张，必须学习数学、物理和化学，因为它们"教会了人们许多实用真理，而这些真理消除了世上许多有害思想，并带来了18世纪欧洲在农业、艺术和贸易等领域的迅速发展"。如果没有这些"实用真理"，那么就不可能"获取知识，制作出大量工具与机器，并保障商品的牢固、美观与低价"。[24] 各地的"国家之友"协会都尽力褒扬勤劳生产，推动经济研究与实践。"贝尔加拉之友"(amigos de Bergara)批评了在当时引起很大争论的"贵族不该经商"的观念："还有什么职业能比那些能够给国家带来巨大优势的职业更令人尊敬呢？对一位公民来说，还有什么能比为祖国谋福祉更令人满足呢？"[25]

许多欧洲君主尽管反感启蒙运动的政治观点，但对这一经济实用的方面很有兴趣。他们认为应该使自己的国家更符合理性，于是进行了自上而下的改革。这一过程始于1740年普鲁士的腓特烈二世即位，终于神圣罗马帝国皇帝约瑟夫二世(José II)执政末期。西班牙的卡洛斯三世(Carlos III)、葡萄牙的若泽一世(José I)和玛丽亚一世(María I)，以及俄罗斯的叶卡捷琳娜二世均参与其中。这些君王将国内财政安排有序，并保护工业，发展教育。他们相信，政府将给国家带来经济繁荣。贸易走向自由化，例如：卡洛斯三世开放了通商口岸，与美洲开展贸易往来。叶卡捷琳娜二世颁布敕令，将教育与公众福祉纳为君主执政的目标。也许当时他们心中所想，正是多年后拿破仑三世(Napoleón III)所说："英国的一段历史振聋发聩，告诫诸位君王：你若能走在时代思想的前沿，那么这些思想就会追随你、辅佐你。你若追在这些思想后面，那么它们就会拽着你前进。你若是逆这些思想而行，那么它们就会击败你！"[26]

六、常伴左右的进化脚本：生产力

当时，英国在理性的一项实际应用上遥遥领先，这就是生产力。直到19世纪初，农业部门一直独占鳌头。农业生产力提高，从单纯的谋生手段，转化为贸易行业。霍布斯鲍姆说:"我们缺乏可信数据,但到1750年,这一情况在英国财产结构中已经有所体现。当时,英国有几千名地主,他们将土地出租给几万名农民。这些农民又雇用几十万名短工、仆人和小农户,这些人为了每日的工钱而辛苦劳作。"[27]那时并没有出现重大创新,但人们把已知的经验发挥到了极致。直到19世纪,创新才以机器与化肥的形式出现。工业生产力同样有所提高。传统的印度斯坦纺纱工要用5万小时才能手工纺出50卷棉线。而到18世纪末,英国发明的机器把这一时长缩短至300小时;到了1830年,就只需要135小时。这就是莫基尔(Mokyr)所说的"启蒙经济"。[28]这一时期,英国的进步速度远超过其他国家。工业革命之于英国,正如同政治革命之于法国、哲学革命之于德国。[29]英国的铁产量在18世纪增长了九倍。1742年,蒸汽机被应用于矿井中。纺织业同样出现了重要的发明创造。1770年至1780年,出现了三种纺织机,改变了棉纺生产。18世纪最后20年间,这些发明与其他创新一起,使棉纺织品的价格降低了85%,这一昂贵的产品由此成为大众消费品。[30]发生变革的不仅是技术,还有组织形式。工厂出现了。人们并非把机器搬进车间,而是把工人带到机器前。1771年,理查德·阿克赖特(Richard Arkwright)与杰迪代亚·斯特拉特(Jedediah Strutt)在克罗姆福德(Cromford)建立了水力纺织厂。工厂体系应运而生。自1800年起,在詹姆斯·瓦特(James Watt)和马修·博尔顿(Matthew Boulton)的共同努力下,蒸汽代替了水,成为主要能源。"工厂是生产聚集地,其存在只有在萌芽于英国的新经济体系的框架内才有意义。为求长期收益而对厂房与机器进行的大规模投资,只有在资本充足且投资者愿意签订新型合同的情况下才会出现。几个世纪以来,人们投资各种旅行和远征探险,而现在,工业投资需要对未来抱有普遍的信心,而非出于迅速获取收益的愿望。"[31]工厂群是那个时代的象征。城市在矿场周围拔地而起。英国人口从1800年的1 000万,增长至1851年的2 000万,再到1901年的3 700万。蒸汽动力、机器的日益完善,以及工厂组织形式是英国成功的关键。1802年,首辆蒸汽机车建成;1825年,首列火车面世。要在充满竞争的世界中存活下去,就要不断创新;而要不断创新,就要不断学习。此类事件的加速涌现,揭示了一条从时间之初就开始隐秘运作的规律。我们将它命名为"学习普遍定律"："任何人、任何组织、任何社会，如果想要存活下来，那么其学习的速度至少要跟得上周边环境变化的速度；而如果想要进步，那么其学习的速度就要更快。"人们坚信，知识这一学习成果是进步的引擎。因此，教育，以及当今我们统称为"非正式教育"的各种信息渠道，便处在了公众利益的中心。这一时期，各种讨论、协会、沙龙、"国家之友"组织、新闻和出版物等都迅速扩张、增长，孕育"舆论"的"公共空间"繁荣发展。

七、那后来呢？

贸易与权利思想一样，有助于正和博弈的开展。当理性仅仅专注于效率时，就会产生人们不希望看到的结果：权力强压个体，特殊被强加于普遍。新的政治工具出现了，并跻身于"主观权利""国家""主权""宪法"等概念的行列。其中最重要的是"普遍意志"（voluntad general）、"人民"（pueblo）和"国民"（nación）。《人权宣言》在宣称人人拥有权利之后，紧接着在第三条中说："整个主权的本原根本上乃存在于国民。任何团体或任何个人皆不得行使国民所未明白授予的权力。"这几句简单的话语，却暗含危险的后果。制定宣言时，大会代表迪凯努瓦（Duquesnoy）曾提出，"人权"宣言中不应提及国家及其权利，而应该仅限于讨论个人权利。但《人权宣言》终究是一部"双头"宣言，拥有两项最高原则——人的权利和国家的权利。二者谁会胜出？我们必须记住，所谓"主权"，指的是至高无上的权力。

如果把美国独立战争和法国大革命进行对比，我们就会发现，二者背后的意识形态是不同的：美国更强调自由，而法国更强调民主。美国人希望限制权力，并制定了一系列条条框框，进行制约与平衡。法国人则认为权力应该是绝对的，重点在于权力掌握在谁手中——他们将其归于人民。但法国三级会议的成员们确实充满哲学热情，并根据"主权"思想得出了符合逻辑的结论：如果人民是主权这一至高而神圣的财产的所有者，那么人民就必须具备一种形而上的形式与意义。"人民"不应指大街上的行人大众。早期民主派人士对"乌合之众"抱有长期的不信任态度,因此普遍选举权在很久之后才实现。绝对权力的所有者必须只有一种"人格",而不能是众多意志的集合体。"大众"成了"人民",成了一个具有人格的虚构实体。为了巩固其统一性,并避免其受偶发事件、历史演变以及观念翻覆的影响,"人民"又变成"国民"——一个形而上的实体。伟大的革命思想家埃马纽埃尔-约瑟夫·西哀士(Emmanuel-Joseph Sieyès)笔下的"国民"概念,带有一种世俗化的神圣色彩。他认为,"国民"概念并不源于真正的人,而是早已写在人类的"自然状态"中,早在社会关系建立前就已经存在。他甚至说,国民的根源是天然的、神性的。他还提出了"国民的自然权利",而这是一个与"人权"完全对立的概念。"国民"概念诞生于君主制国家,这时却在形而上的意义上位列"国家"之前。西哀士还说:"国民不能停止存在。"历史学家基思·迈克尔·贝克(Keith Michael Baker)评论道:"'国民'成为'虚构实体'之后,就成了一种基本理念。"[32] 1789年6月15日,米拉波(Mirabeau)向与会代表提议,将三级会议改称为"法国人民代表"(representantes del pueblo francés)。西哀士则希望改为"法国国民代表"(representantes de la nación francesa)。两天后,西哀士的提议通过,三级会议改名为"国民议会"。"国民"概念得到支持,而正如乔治·古斯多夫(Georges Gusdorf)所指出,共和国期间,议会的全部工作都受这一术语的选择所左右。法国参战时,并非打着某个声名扫地的国王的旗号,而是以国民的名义。瓦尔密战役前,动员士兵同样不提国王,只提国民。1 000多年来,爱国主义一直具有拟人特性,因此,人们在感情上也自然倾向赋予"国民"人的特征与形象。政治虚构由此更进了一步。

接下来需要解决是"普遍意志"的问题。如果"国民"是一个单一实体,那么其意志必然也是统一的,因此不能是个人意志的总和。个人意志的总和可以简单粗暴地决出大多数,但总会破坏团结。只有大多数还不够,必须要有"一致意见",要有一种近乎神秘的团结统一。黑格尔扭转了这一论点的方向。如果"普遍意志"代表的是公正的、正直的声音,那么只有公正的、正直的人才能属于这一意志。异见者被排除在了"国民"的范畴之外。而由于"国民"凌驾于人权之上，异见者就不再受到这些权利的保护。恐怖统治是为保卫国民而设。专制主义被踢出了门，却从窗户溜了回来。少数派是一种障碍，是阻碍完美民主的异常现象。罗伯斯庇尔掌权后，认为应该追求"一致意见"，消灭异见者——这群人是堕落者、叛国者，而在这种无情的逻辑下，他们不再被视作人。"普遍意志"等同于绝对主权的逻辑，最终在纳粹主义中完全成形。必须拯救国民。笔者将在下一章讲述这一思想的最终衍生品。国民"普遍意志"的解释权最终属于德意志帝国元首或拉丁美洲的考迪罗。他们就是国民的意志，因此也是主权的来源。西班牙的佛朗哥时期同样延续了这一思想。1958 年《国民运动原则法》(Ley de Principios del Movimiento Nacional) 的序言中写道，国家元首代表国家主权，只对上帝和历史负责。如何使这种主权正当化呢？通过援引上帝。佛朗哥时期的钱币上依旧镌刻着："佛朗哥，蒙上帝恩典的西班牙领袖。"

事实上，他们恢复了曾用于所有宗教审判的古老进化脚本，又在其中进一步注入了冷漠与高效。"1790 年 7 月，马拉（Marat）曾哀叹未能处死 500 名叛国者。仅仅一个月后，就已有 600 人被杀。到年末，死亡人数已达 2 万。国王倒台后，人数达到 4 万。1792 年 11 月，他确认了最终死亡人数——27 万。"[33]

每当抽象的实体取代具体的存在时，这一悲剧性的进化脚本就会重演。奥斯本写道："恐怖统治时期，对人性的抽象关怀凌驾于所有对人本身的关怀之上。"[34] 正如拉丹·博鲁曼德（Ladan Boroumand）所说："国民走向了人民的对立面。"[35] 令人震惊的是，1729 年，费霍提出，"对祖国的热爱"是一种对"想象出的神祇"献上的"罪恶的感情"，它受"想象出的便利"驱动，最终形成一种爆炸性的混合物，即所谓"国民激情"。[36]

国民取代了人。阿纳卡西斯·克洛茨（Anacharsis Cloots）的观点和经历便是典型。这位奇特的人物曾任国民公会议员，后担任雅各宾俱乐部主席。他梦想建立一个以权利为基础的环球共和国，并认为唯一的君主应该是全人类。[37] 他认为，这项事业必须用武力来实现。1792 年 1 月 1 日，他呼吁尽快宣战，出兵布鲁塞尔、列日和科布伦茨。"既然法国拥有全世界最美的宪法，那么现在唯一要做的，就是让受压迫的无知的诸国人民断然挣脱枷锁，在法国立法者的领导下，获得持久的幸福。"罗伯斯庇尔明智地表示反对："理性的进展是缓慢的，自然规律如此……政治家脑子里所能产生的最不切实际的想法，莫过于认为一个民族可以通过武力进入另一个国家，让他们采用自己的宪法和其他法律。没有人会喜欢全副武装的传道者。自然与谨慎给出的第一条建议就是把这样的人作为敌人去对抗。"[38] 他对克洛茨进行了猛烈的攻击："他那些离奇的观点、对所谓环球共和国的顽固鼓吹，以及对扩张狂热的煽动，很有可能取得与布里索（Brissot）、朗瑞奈的那些煽动性演讲、文章同样的效果。克洛茨先生怎么会对共和国的团结和法国的利益感兴趣呢！他鄙视法国公民的头衔，只想做世界公民。"罗伯斯庇尔希望"将革命国民化"。克洛茨被送上了断头台。

西哀士与孔多塞（Condorcet）希望把"人民主权"限制在制宪时期。人民的积极主权在这一阶段耗尽，其后再无掌握主权者，只有民主立宪国家。雅各宾派反对该观点，并推行"法国主权理论"，把宪法和普通法置于同等地位。"普遍意志"不会消退。但遵循前文所说的进化脚本，雅各宾派自认为是人民唯一的代表，也就是人民主权的唯一代表。只有品德高尚的少数人才能体现人民的真正意志，并以人民的名义行使主权。而由于此后发生的一系列事件，西哀士最终把"主权"概念本身批判为"政治怪物"，并于1795年指出，恐怖统治源于对"主权"的错误定义。菲雷（Furet）与奥祖夫（Ozouf）认为，恐怖统治的余烬荼毒了19世纪的法国政治。马克思认为，多年动荡之后，拿破仑将恐怖统治推向高峰，并用不断的战争代替了不断的革命。[39] 所谓"民族原则"统领了19世纪。

八、反启蒙运动

法国大革命取得了巨大的成就，也有巨大的失败，充满矛盾。弗洛朗丝·戈捷（Florence Gauthier）在其著作《法国大革命中自然法的胜利与死亡》（*Triunfo y muerte del derecho natural en la Revolución*）的标题中，就已将这一点体现得淋漓尽致。[40] 对理性与普遍性的信念不断遭受攻击，并经常败下阵来。原因很简单：我们智人既是理性的，又是非理性的，因为我们与现实的关系依靠的是认知和情感。以理性和普遍性为核心的启蒙运动将让位于歌颂感性与个性的浪漫主义。捍卫普遍价值与真理的现代主义将让位于只承认特殊叙事的后现代主义。康德与胡塞尔（Husserl）推崇的理性主义之要义——真理意志，则被尼采与海德格尔（Heidegger）的非理性主义之核心——权力意志——所取代。[41]

"权利革命的世纪"之后，是"帝国的世纪"。

九、权力商业化与英国对印度的统治

18 世纪的欧洲围绕着政治形式与权利不断争论，与此同时，欧洲的商人与士兵抓住一切机会征服殖民地。奥朗则布去世后，莫卧儿帝国政权于 18 世纪初衰落，印度出现了许多依赖雇佣兵的地方势力。而所谓"权力商业化"，指的是放贷人和税务代理人，与君主诸侯和将军们一起，获得较大的权力。在此背景下，英国东印度公司发挥了显著的作用，而其自身正是英国类似"权力商业化"的实践的一部分。

18 世纪的英法之争同样发生在印度，只不过争斗双方变成了英国和法国的贸易公司及其在印度当地的盟友。这些贸易公司都有自己的武装力量，由欧洲人率领的当地士兵组成。当时，莫卧儿帝国的皇帝虽元气大伤，但仍对部分领土拥有一定的控制权。在经历多次战争以及当地复杂的政治联盟之后，英国东印度公司的"军队"最终击败了莫卧儿帝国在孟加拉地区的政权，并很快于 1765 年开始和莫卧儿帝国共同统治孟加拉地区。这种情况并非没有先例：荷兰公司便统治着锡兰岛部分地区。但其幅员和人口不能与孟加拉地区相比。之后的几十年间，英国东印度公司陆续把其他印度公国纳入势力范围，从而成为凌驾于一个辽阔国家之上的"主权"势力。它在印度收税，并维持法律与秩序。这种"公司统治"持续了近一个世纪，直到 1858 年，印度兵叛乱，英国政府决定接管，"公司统治"转为"王室统治"。

到 19 世纪初，英属印度的版图已然成形：沿海地区和土地肥沃的内陆平原都属于东印度公司。而那些与英国人签署了和平条约的当地君主大公们则保有一定程度的自治。这些公国的领土约占印度总面积的 1/3，不属于英属印度的正式组成部分，拥有自己的税收制度、行政管理体系和武装力量，但是要接受英国派遣的"常驻官员"对其政策的监督，且外交事务掌握在英国政府手中。这一局面一直维持到 1947 年印度独立。

历史学家们感到疑惑：英国人是如何在短短几十年间征服了这样一个幅员辽阔、形势复杂的国家？他们是如何将自身的势力范围从几个沿海城市、堡垒，扩张到了南亚次大陆的大部分地区？传统解释是，战役的规模均较小，作战者又都是印度雇佣兵，英国纳税人无须任何投入，因为这些都属于东印度公司的"生意"，英国就这样在不知不觉中，不费气力地掌控了印度。但事实上，英国利用了印度各公国之间的矛盾纠纷，而东印度公司效仿当地大公，以劫掠和税收来为军事行动提供资金。最重要的是，英国人非常注意按时足额向雇佣军支付报酬——这在当时无论在印度还是在欧洲都不常见——因而避免了士兵哗变和叛逃。

东印度公司要对其股东负责。而作为商业公司，它要追求利益。18 世纪末，公司的商业收入减少，而"政治势力范围"内得来的收入——直属行政管辖地区的税收和印度诸公国的贡赋——则增加了。因此，约翰·凯伊（John Keay）曾诙谐地写道，所谓"英国治世"，对大多数印度人而言，倒不如说是"英国税世"。[42]

十、中国的辉煌世纪

在康熙、雍正、乾隆三帝治下，中国的政治与文化在 1661 年至 1796 年达到高峰。18 世纪，中国无论在人口、财富还是国际影响力上，都是世界领先的强国。领土的扩张一定程度上是为了重新安置那些在洪水、地震等自然灾害中损失了良田和财产的广大农民。在那几个世纪里，中国无疑拥有世界上最为人性化的景象。[43]

美国历史学家彭慕兰在一部中国欧洲比较史学巨著中写道，18世纪中国清朝，人们的平均生活水平可能高于西欧。[44]但随着19世纪初的"大分流"，情况发生了改变。中国在其后的两个世纪落后于西方，直至今日才凭借其国土面积、人口和经济潜能，逐渐重获其应得的国际地位。彭慕兰认为，"大分流"的主要原因不在于中国的举措，而在于西方的工业化和革命进程。西方的优势并非源于古代，亦非源于长期的积淀，也非源于更具创新性的思维，而是源于一系列历史偶然事件，其中最突出的当数对美洲大陆的征服和开发。汉学家罗威廉（W. Rowe）虽然同意彭慕兰的观点，但同时指出：不应否认，19世纪的清朝出现了一些系统性失误，导致在"大分流"中，中国不仅相对落后于欧洲，而且出现了内在能力的流失，这种能力流失无疑受到了欧洲扩张的冲击，同时也出于中国王朝体系内部的部分失灵，以及国内的经济危机。[45]

第十七章

狂暴的对外扩张

一、对权力的痴迷

如果不理解权力的运行机制和深度，以及人们对权力的痴迷，我们就无法理解历史。权力有其自身的扩张动力，其发挥作用的途径也多种多样：个人的、经济的、宗教的、政治的，等等。个人幸福的要素之一是感受自身可能性的扩展。我们已经看到，"可能性"一词在历史中至关重要。其重点在于"能"，而"能"即权力。智者斯宾诺莎曾说："人类感到权力增长则喜。"这种权力未必是掌控他人的力量，它可以仅仅是自由感、创造性，或自我掌控感。尼采在《权力意志》(*Fragmentos de la voluntad de poder*)中说："艺术是权力意志最透明的赋形。"[1] 文化演变学的教训之一便是，智人对拓展自身可能性、扩大自身行动的欲望是永恒的。

个人对权力的渴望可以通过强化、利用"权力机制"来实现。这些"权力机制"包括组织、企业、财政、教会，而最高层次的则是垄断武装与立法且有权收税的国家。对权力的争夺就是试图把这些机制据为己有的斗争。而这种斗争往往导致非理性的行为。举例十分容易：18世纪初，西班牙深陷于王位继承战争之中——奥地利王朝和波旁王朝像争夺一场大赛的胜利一般争夺西班牙王位。这个案例可供我们研究权力运作的机制。卡洛斯二世（Carlos II）无嗣而终，传位给法王路易十四之孙安茹公爵菲利普（Felipe de Anjou）。他提出的条件是："要以天定国王或领主的身份占有我的王国和领土，必须首先宣誓遵守法律。"笔者在此强调，这是对王国这一财产的所有权的转让。旧制度的核心仍然是权力世袭。一些欧洲强国不肯接受卡洛斯二世的遗嘱，奥地利和法国的两位"准继承人"因此开战。没有人询问过西班牙人的意见，但西班牙人不得不选边站队。公民所面对的一向是既定事实，身处其中就只能遵从"权力机制"所强加的意志，叛逆的余地则小之又小。别国之间的战争成了西班牙的内战。这种非理性的政治行为本应被理性成功地根除，事实却非如此。拿破仑出身于曾废除专制的政治制度，自己却取得了专制权力。他将战争带到欧洲各地，直到于1815 年被推翻。他曾导致 400 万人死亡，却无论在历史上，还是在当下，都受到法国民众的尊崇——这正是非理性之所在。一系列冲突对抗贯穿 19 世纪。各国相互猜忌又相互结盟，通过战术战争来寻求平衡，同时进行扩张战争。古往今来，国与国之间的猜忌推动着军备升级。"要和平，必备战"（Si vis pacem, para bellum）是一句古老的拉丁谚语。因此，找到能够重建相互信任的体系尤为重要。

　　拿破仑的形象提出了一个尖锐而宏大的大众心理学问题——人们也许会对统治他们的权力心生崇敬。1806 年 10 月 13 日，黑格尔居于被拿破仑攻占的耶拿城，他在给弗里德里希·尼特哈默尔（Friedrich Niethammer）的信中写道："我看见了皇帝——这位世界之魂——出城巡视。我看着这个男人骑着骏马，专注于这一具体的时刻，向全世界扩张，并主宰世界——这是多么美妙的感觉！"叔本华把拿破仑看作"人类意志最美的表现"。歌德曾写道："拿破仑！这才是男人！永远光辉，永远坚毅，任何时候都有力量去立即执行那些在他看来有益的或必要的事。他的一生是半神的一生。可以说，他的精神之光一瞬也不曾熄灭。"对意志的崇拜取代了对理性的崇拜。这是对黑格尔理性主义的一种回应。谢林将笛卡尔以来的整个现代重新阐释为人类意志的铺陈展开：人类试图自我肯定，并以理性为工具，但其实也可以选择其他工具。"到最终且至高之时，没有异于意愿的存在。意愿就是原始存在（Wollen ist Urseyn）。只有意愿才符合'存在'的一切特征：无根据、永恒、独立于时间、自我肯定。"[2] 叔本华认为，意志是终极的形而上者。而尼采很快便揭示出，这个意志是"权力意志"。在其著名的《关于费尔巴哈的提纲》（Tesis sobre Feuerbach）中，马克思则呼吁行动，"哲学家们只是用不同的方式解释世界，而问题的关键在于改变世界"[3]。这种变化也许看似只是哲学家关注的细枝末节，实际上却在世界史上留下了清晰的痕迹。人类智慧操劳了几个世纪，才摆脱了凭意愿决定何为公正且不受任何理性约束的"唯意志论的上帝",此时却又回头崇拜起了人的意志。莱妮·里芬施塔尔(Leni Riefenstahl)关于 1934 年纽伦堡纳粹帝国代表大会的影片,被恰当地命名为《意志的胜利》(*El triunfo de la voluntad*)。

拿破仑曾对科兰古(Caulaincourt)说:"人们误会了,我并非野心勃勃……我为人民的不幸而难过,我希望所有人幸福。如果我再活上 10 年,所有的法兰西人民都会幸福。"[4] 他说这话时应该是真心实意的,但似乎又只是自欺欺人,没有认清自己最根本的欲望。有时,掌权者会相信自己只是在为他人谋福祉。人们很难承认,自己就是喜欢发号施令。那些手染鲜血的政客一直自以为是唯一能带领本国人民走向幸福的人。只有他们(或他们的政党)才知道人民需要什么。赫尔曼·劳施宁(Hermann Rauschning)曾选录希特勒于 1939 年的一次讲话:"天降大任,要我做人类伟大的解放者。我解放了人类,使之摆脱了企图自成目标的理性的压迫,摆脱了被称作良心或道德的可鄙的怪物,摆脱了对只有少数人才能承受的个人自由的需求。"[5] 而让人震惊的是,他竟能使全体人民相信这些话。

对伟人之作用的描述自历史之初就已开始,而拿破仑的形象使之更为完整。黑格尔对"伟人"下了深刻的定义,即"改变历史的人"。"伟人"让本国民众认清自己此前未意识到的愿望。这是必要的,因为民众的意志往往分散而混乱。"伟人"将争斗不休的多元个体变为一个团结的、活跃于历史上的民族。但他这样做是为了实现个人目标,即统治他人。他从对权力的行使中获得满足,这就是心理学家所谓"内在动机"。

黑格尔还提出了一个惊人的特质:这些"伟人"的创新能力往往大到需要通过暴力才能实现。但黑格尔又说,他们的行为就算违背道德,也永远合乎伦理,因为它推动了精神的前进。笔者在此处再次强调,我们讨论的并非象牙塔里的学问,而是切实影响了千百万人生活的思想。本书并非思想史,而是思想与激情推动下的人类行为的历史。举一个极端的例子:1934 年 6 月 30 日,即所谓"长刀之夜",希特勒未经任何审判,非法下令枪毙因其暴行而引起众怒的冲锋队高层。15 天后,希特勒在国会大厦发表长篇演说，承认枪决令正是自己作为"德国人民最高法官"而下的。奇怪的是，这一犯罪行为竟让希特勒更受民众拥戴。除了共产党人，以及基督教会一些态度温和的批评者以外，大多数德国民众认为元首行使了"自然正义"，保护民众不受强权的压迫。从此，希特勒认为自己做任何事都有其合法性。他是国民和团结的化身，并从中获得了尊严、智慧与特权。

这种对权力的美化在19世纪愈演愈烈。西班牙就曾有十分鲜明的案例。许多西班牙"九八年一代"知识分子都在等待一位领袖的出现。1898年，马埃斯图（Maeztu）写道："没错，我们需要一个'思想之人'的出现，此人同时也是'意志之人'。这是一个全能的人，是一个会催眠的魔术师，把我们这些向往更美好的生活的人聚集在身边。"[6] 奥尔特加回忆青年时期："读了些书后，我们偶尔会想，我们两人（指马埃斯图）是否有可能成为创造历史的、杰出的、刚强的、超越善恶的伟人。"[7] 在《政治家米拉波》(Mirabeau o el político)中，奥尔特加表示，像米拉波这样伟大的政治家，不能用普通大众的道德标准来衡量。皮奥·巴罗哈（Pío Baroja）笔下的许多人物都盼望着能有一位能够动员民众的领袖："要给人们以共同的规则、纪律和组织，就必须有一个信仰，有一个幻象。它是我们自己编造的谎言，即便如此，看起来也像是来自外部世界的真理。"他还曾在一次研讨会上细细讲道："那些有能力领导精力充沛、积极活跃的民族的人，应该尽早创造文化武器……如果闪电能够净化，那么就要引来闪电；必须引来战争、危险与行动，并将它们引入文化。"萨拉韦里亚（Salaverría）认为："大众之河上的所有波涛漩涡，目的都只有一个，即孕育出一个登峰造极之人，例如恺撒、基督、博尔吉亚。他也许是个好人，也许是个坏人，但一定是一位伟人。但所有关于进步、尊贵、统治、完善的思想，都需要斗争来推动。人是战争动物。"[8] 拿破仑对此心知肚明，所以才说："政治家的任务就是给人民以某种希望。"

此时，权利革命早已远去。

二、权力的合理化：组织架构

始于 18 世纪的工业革命建立在将理性视为效率和生产力的思想之上。其具体表现则是集中了资本与劳动力的工厂。而若没有高效的组织形式，工厂等组织就无法发挥效用。加尔布雷思（Galbraith）曾说，组织与身份、财产一样，是权力的来源之一。有学者把政治、商业、宗教、科学等领域的组织，视作权力的庞大资源。[9] 该问题的专家阿道夫·伯利（Adolf Berle）曾说："任何集体或任何种类的团体，都无法直接动用权力。它们必须具备另一个条件——组织。"[10] 查尔斯·林德布卢姆（Charles Lindblom）更进一步，声称组织是一切权力的来源。[11] 在前文对人类历史的长篇记述中，我们已经看到，帝国的维系需要建立行政和官僚机构，并拥有高效的税收体系。一言以蔽之，要建立组织。当这种组织掌握立法权并垄断武力，就达到了其巅峰，成为所谓"国家"。国家、组织和政治权力相辅相成。

拿破仑是组织国家的天才。他通过对行政部门进行集中管理，建立了更为高效的税收体系，并依靠该体系控制住了曾拖垮革命政府的通货膨胀螺旋。拿破仑自认为，《拿破仑法典》是他最伟大的成就。在此后的 200 年间，这部法典被许多国家作为范式。他还以一套重视军功的高效政策，对军队进行了深入的重整。1789 年，90% 的法国官员来自贵族阶层，而到了 1809 年，这一比例下降至 3%。拿破仑军中 26 位元帅，其中 8 人曾任低级军官：奥热罗（Augereau）、勒菲弗（Lefebvre）、奈伊（Ney）和苏尔特（Soult）曾任中士；茹尔当（Jourdan）、乌迪诺（Oudinot）和贝纳多特（Bernadotte）当过列兵；维克多（Victor）曾是军乐团的乐师。

德国历史学家于尔根·奥斯特哈默（Jürgen Osterhammel）认为，19 世纪各种政治形式百花齐放，是政治实验的鼎盛时期。"各种截然不同的政治权力表现形式齐聚于同一时期，这前所未有……20 世纪则更为同质化。到 20 世纪下半叶，以普遍选举为合法性来源，并受宪法约束的政府，成为唯一世界通行的范式。民族国家的形成、官僚化、民主化，以及福利国家的壮大，这四大过程发端于 19 世纪，却于 20 世纪才在世界范围内发展。"[12] 新的政治技巧也开始得到应用，例如：从安德鲁·杰克逊（Andrew

Jackson）任总统期间（1829—1837 年）开始，美国便定期开展有组织的竞选拉票活动。这些竞选活动促进了政客与公民间的直接沟通。曾于 1868 年至 1894 年四次担任英国首相的 W. E. 格拉德斯通（W. E. Gladstone）是竞选活动的先驱之一。他认为，选民人数日益增多，而这些活动是对选民进行的政治教育的一部分。因此，奥斯特哈默总结道，虽然自古就有面向平民百姓的煽动性演说，这种行为在革命时期更是司空见惯，但"19 世纪出现的新特征在于，将这种鼓吹煽动作为竞选活动的一种形式，纳入政治体系中常规行为的范畴"[13]。

当代民主的另一个基本元素——内阁制——也是 19 世纪成功的政治发明之一。其创造是为了解决欧洲政治演化中出现的一个共同问题，即君主和议会之间的矛盾。议会选出首相，首相凭借议会赋予的合法性，与君主抗衡。首相组阁，对议会负责，并根据集体责任原则进行决策。没有议会的批准，君主不得罢免政府首脑或大臣。奥斯特哈默认为："这种解决方案使人们摆脱了议会和君主的二元制。内阁制政府是 19 世纪最重要的政治创新之一，而它直到 20 世纪才传出英国。"[14]

法国大革命激发了公民参政的欲望。民主为公民提供了参政的途径，但同时也提出了如何参政的问题，即"代表"和如何"代表"的问题。执政者必须经过选举产生，但是由谁来选呢？这个问题直到一个世纪后才得到解决，但解决得并不彻底——代议制民主至今仍饱受批评。当时的宪法制定者们，无论对公民权利的认识有多深刻，仍然害怕人民，并认为如果开展普选，那么那些在他们看来粗鄙、善妒又暴力的大多数就会将自身意志强加于国家。因此，他们开始限制投票权。美国的本杰明·富兰克林（Benjamin Franklin）坚称，给予无产者投票权是错误的。约翰·亚当斯在其发表于 1787 年的名作《为美国宪法辩护》（A Defence of the Constitutions of Government of the United States of America）中，阐明了他的忧虑："如果大多数掌控了整个政府，那么首先就会废除所有债务，富人将被征以重税，而其他人则可豁免。最终，人们会要求并投票决定，所有东西都应该平均分配。"大革命时期的法国是普选最坚定的支持者，但在路易·菲利普（Luis Felipe）执政期间，3 000 万法国人中只有 20 万参与投票。争取公民权利的斗争，尤其是争取投票权的斗争，仍然艰苦而漫长。

三、政治意识形态

代议制和政党诞生于同一时期。政党是在王位继承等诸多问题上持对立态度的不同派系。托利党与辉格党是英国传统政党，二者在 1679 年关于信奉天主教的约克公爵——后来的詹姆斯二世（Jacobo II）——的王位继承权之争中诞生。而吉伦特派和雅各宾派则在法国议会中长期对立。旧制度下的三级会议、等级议会等机构，都根据社会阶层进行组织，但当公民成为政治主体，就必须创立新的公民参政组织形式。政党成了较为成功的方式之一。每个政党的建立都基于一种意识形态，即一种对政治、社会以及权力行使模式的认识。意识形态融合了理性与情感，为公民提供了解决社会结构性问题与暂时性问题的"方案库"。

现存的主要政治意识形态发端于 19 世纪。当时的形势提出了许多重大问题：工业发展带来的到底是进步，还是困苦？什么是人权，谁又该享有人权？平等与自由一定相关吗？如何应对日益加深的社会不平等和人民的困苦？权利只属于个人，还是也属于集体意义上的国民？

保守主义者希望确立君主的权威和等级化社会秩序的合法性。贵族与王室有共同利益。保守主义者认为，变革应该是缓慢的、渐进的，其目的应该是强化权威结构。只有贵族能够限制主权，而人民不能。法国大革命消灭了贵族阶级，也就打开了暴政的大门。他们引用了埃德蒙·伯克（Edmund Burke）的著作。伯克于 1790 年出版《评法国革命》（*Reflexiones sobre la revolución francesa*），书中反对自然法思想，认为对宪政的热忱是错误的，而他所谓"理性获胜的力量"则是危险的。宗教的复苏同样促使人们反对革命，并被用于强调秩序、纪律与传统。

自由主义的核心是对个人自由与权利的承诺。政府最重要的作用是保护个人自由与权利。自由主义者捍卫"法律面前人人平等"，并宣扬经济自由的益处。其根本性文本是出版于 1776 年的《国富论》（*La riqueza de las* naciones)。另一部重要著作是杰里米·边沁（Jeremy Bentham，1748—1832年）于1780年出版的《道德与立法原理导论》（Principios de la moral y la legislación）。边沁不如斯密乐观。他认为，评判法律的标准在于其社会效用，而最好的法律能够给最多的人带去最大的幸福。他还认为，所谓"自然法"不过是无稽之谈。

弗里登（Freeden）认为，自由主义的意识形态有时并不精准，且长期以来积累了各种不同的理论层面。自由主义理论主张对权力进行限制，并保护个人权利，以使个人生活不受政府压迫。其经济理论基于自由市场，让个人能够在商品流通中获益。在人文发展方面，自由主义理论允许个人在不损害他人的前提下自由发展。它主张相互依存，并主张政府在保障个人自由和充分发展所必需的限度之内，对社会福利进行规范。它承认多样的生活方式与信仰，并捍卫多元的、包容的社会。自由主义包含七大基本概念：自由、理性、个人主义、进步、社会性、普遍利益，以及有限且可控的权力。[15]

自由主义还认为，应把一个国家的最高法律在一份文件中确立下来。宪法自古就有。古希腊、古罗马，以及美索不达米亚和古印度等文化传统中都曾有过宪法。现代社会最早的宪法则诞生于北美洲的英国殖民地。1639年订立的《康涅狄格基本法》（Fundamental Orders de la colonia de Connecticut），以及其他殖民地宪章中，均有一些捍卫个人自由、限制权力的基本原则。自18世纪末起，各自由主义国家普遍设立了宪法，其中许多都受到了1787年美国宪法或法国大革命时期宪法的启发。

社会主义则关注"社会问题"，包括工业化带来的各种问题，例如：劳动强度增加问题、工业城市中工人街区的贫困问题，以及仍以阶级为基础的社会等级制度问题等。社会主义者认为，这些问题的来源是竞争、个人主义和财产私有制。马克思和恩格斯于1848年发表了《共产党宣言》。马克思的思想部分继承自黑格尔。他认为，历史是一个有自我逻辑的动态过程，并向着人类的解放前进。历史不是线性的，而是辩证的、矛盾的。马克思认为，最伟大的动力并非思想的发展，只有物质、社会和经济的力量才能指引历史前进。马克思思想的核心在于平等。社会主义批评自由主义和资产阶级体系，并要求普遍选举，要求工人阶级享有结社和建立工会的权利，而后者催生了工人运动。自那时起，马克思主义理论的发展，以及工人阶级争取经济社会平等的斗争，成为政治的基本元素。

四、重整欧洲

拿破仑战败后，各战胜国在维也纳举行议和会议。其中最为显赫的人物包括俄罗斯帝国沙皇亚历山大一世（Alejandro I）和奥地利帝国首相梅特涅（Metternich）。法国战败后，俄国成了最强大的大陆国家，而梅特涅则一心限制俄国的扩张，阻止政治和社会的变革。出席者中还有历经改朝换代仍屹立不倒的塔列朗（Talleyrand）。专制主义卷土重来。会议恢复了"合法"的权威，并利用拿破仑的战果对欧洲进行了重组。德意志邦国从300多个合并为39个，并组成了松散的德意志邦联。曾于18世纪90年代被俄国、奥地利和普鲁士瓜分的波兰，成了令人垂涎的"肥肉"。最终，参会各方达成一致，创立了由沙皇控制的波兰王国。英国要求补偿其在反拿破仑战争中的付出，由此在非洲和加勒比地区获得了部分领土。一种新的合法性概念出现了：合法性已不再源于"天赋权利"，而源于国际支持与保障。人们开始力求融合、吞并，并确立稳定的国界。在19世纪和20世纪，我们将会看到各国领导人围坐在桌前，划定或抹掉边界。国家与国民日益分离。政府像打牌一样，以国家为玩物。

复辟遭到了猛烈的反对。许多君主都试图抹杀革命时期和拿破仑执政时期的遗产。而为了捍卫甚至强化这份遗产，新的革命相继发生。1830年和1848年，欧洲各地都发生了革命运动。当时占据上风的自由主义模式，其根基在于自由放任（laissez-faire），在于受国家保护的自由和财产。社会经济形势显示，只承认权利是不够的，政府不能只是宣称权利存在，还必须保障人民能够享受这些权利。例如，对生命权的承认不仅意味着禁止杀人，还意味着政府有义务帮助人们生活下去；受教育权不仅意味着允许人民学习，还意味着要建立使人民能够接受教育的教育体系。

1848 年 2 月，法国宣布共和国成立。国内出现了对一项新权利的诉求，即赚取薪酬以维生的"劳动权"。临时政府同意了这个要求，并开启了"国家工场"这一公共工程项目。该举措的象征意义大于实际意义。它预示了"权利"概念的变化。国家工场失败后，6 月，起义再度爆发，并遭到严酷镇压。法国举行了大选，拿破仑的侄子路易-拿破仑·波拿巴赢得了选举。对此，马克思讥讽道："世上的历史事件和人物都要出现两次。第一次是悲剧，第二次是闹剧。"这次胜选无疑得益于"拿破仑"标签。新总统手腕灵活，善于利用全民公投，成功修宪。他于 1852 年以 96% 的支持率成立法兰西第二帝国，并获得了"拿破仑三世"的尊号。

形势瞬息万变，而势不可挡的工业革命只是原因之一。1848 年的革命取得了一种象征意义。同年，美国塞尼卡瀑布城大会上（Convención de Seneca Falls）出现了争取妇女选举权的运动。纽约市的《先驱报》（Herald）描绘了一幅令人不安的景象："无论我们把目光投向世界何处，都会看到社会与政治结构正在坍塌。革命的影响不再局限于旧大陆，也不再局限在男性身上。"同年，人们在加利福尼亚发现了黄金。马克思失望地评道："淘金梦取代了巴黎工人们的社会主义梦想。"[16] 在澳大利亚同样发现了黄金。1852 年，恩格斯烦恼地对马克思说："加利福尼亚州和澳大利亚两地的情况，是《共产党宣言》所没有预见的。巨大的新市场被凭空创造出来。我们必须将此纳入考虑范围。"[17] 黄金的发现带来许多影响，显示出经济上的相互依存。加利福尼亚州创立了贸易网络，以供智利的粮食、墨西哥的咖啡和可可、中国的糖和大米进入美国。1854 年后，日本也通过这一贸易网向美国出口商品。

五、英国和工业革命

18 世纪末，人们探索政治思想与文化创新时，总是把目光投向美国和法国。但自 1815 年起，世界的目光聚焦于英国。英国是第一个工业化国家，并拥有受强大海军支持的国际贸易体系。1750 年至 1850 年，英国经济增长速度超越了此前的 200 年。英国社会的多样性和流动性有利于创新。发端于前一个世纪的工厂体系得到巩固。人们开始不计代价地追逐利益，这导致大量人口离开农村，成为工人，过着悲惨的生活。1815 年，女童 8 岁就要进入亚麻布厂做工。她们通常从早上 6 点工作到晚上 7 点，当工作量增加时，工时就要延长为早上 5 点至晚上 9 点。

城市的发展迅速而又混乱。1801 年，曼彻斯特有 7 万人口，到 1841 年，已经增长至 25.2 万。19 世纪末，伯明翰、利物浦、格拉斯哥的人口数都达到了 80 万。1813 年至 1836 年，工业城市的婴儿死亡率不断上升，达到了 172‰。人们的平均身高不断下降，这一趋势直到 1860 年才止住。穷人增多了。政府要求各教区管好自己区内的穷人。1834 年，政府出台了"新济贫法"，才建立了全国性的穷人救济和管理体系。[18]

启蒙思想家们曾提出两种模式，而英国可以说是其中"工业共和国"的成功代表。正是这场革命推动了社会的变革，并在长期上推动了政治的变革。身处这样的历史环境，卡尔·马克思认为生产方式的变化指引着历史前进的方向。

英国意义最为重大的一次扩张发生于 19 世纪上半叶。当时新开通的铁道线路长达 6 000 千米。1815 年至 1848 年，煤产量从 1 600 万吨增长至 5 000 万吨，铁产量则从 25 万吨增长至 200 万吨。英国最大的优势是起步较早。当德国、美国等竞争对手开启工业化进程，英国便开始保护其国内生产。

英国社会的不平等加剧。迪斯雷利（Disraeli）曾提出"两个国家"的说法。城市资产阶级逐渐壮大，已占总人口的 25% 至 30%，且产生了集体认同。他们自认为是社会公德的守护者，并开始注重家庭美德。马克思与恩格斯认识到了其重要性："资产阶级，由于一切生产工具的迅速改进，由于交通的极其便利，把一切民族甚至最野蛮的民族都卷到文明中来了……一句话，它按照自己的面貌为自己创造出一个世界。"[19][①] 1831 年，亨利·布鲁厄姆勋爵（lord Henry Brougham）写道："中产阶级是国家财富与

---

① 该译文出自中共中央马克思恩格斯列宁斯大林著作编译局所译《共产党宣言》，人民出版社 1997 年 8 月版。

智慧之所在，是英国的荣光。"[20]

工人们开始互助。1834 年，农业工人为抗议工资减少而成立协会，其中六名成员被判处流放，发配澳大利亚英属殖民地服刑。随之而来的示威迫使当局赦免这六人。由于命令手下的骑兵驱散 10 万余名要求议会改革的群众，威灵顿（Wellington）在滑铁卢战役中积攒的名誉也受了损。1838年，第一个工人组织出现了。他们发表了《人民宪章》（Carta del pueblo），因此其运动被称为"宪章运动"。该运动中的报刊《北极星报》（*Northern Star*）发行量达 6 万份，这在其他国家是难以想象的。[21] 小型工会出现了。最初，工会要求在议会中拥有代表权。1874 年，两名矿工被选入自由党。1888 年，苏格兰工党成立；次年，又诞生了其他一些独立政党。1893 年，独立工党正式成立。饱受其他政治力量怀疑的工人运动，在 19 世纪组织开展起来。1864 年，成立了国际工人联合组织，即第一国际。马克思、恩格斯，以及无政府主义者巴枯宁（Bakunin）等人均参与其中。1871 年，巴黎公社运动使第一国际出现裂痕。当时，拿破仑三世政府因对普鲁士作战失败而垮台，一个临时政府于凡尔赛成立。巴黎城内的国民自卫军以及各种公民运动拒绝听命于该临时政府，并另设政府。该政府自 1871 年 3 月 18 日至 5 月 28 日当政，期间颁布了一些革命性的法令，包括宣布无主工厂自治，为工人子女建立托儿所，确立国家的非宗教性，宣布教会有义务组织邻里集会、参与社会工作，以及削减未付的房租，免除债务利息，等等。临时政府对巴黎公社进行了残酷的镇压，导致 1 万人死亡。马克思和巴枯宁从巴黎公社的失败中吸取了不同的教训，并在如何继续开展革命运动的问题上产生了分歧。这导致第一国际内部的马克思主义者与无政府主义者分裂。第一国际于 1876 年解散。具有社会主义倾向的第二国际于 1889 年成立，将无政府主义者排除在外。工人阶级在社会中拥有极少的攀升机会，他们的政治影响力却在增大，而这成为 19 世纪最深刻的政治变革之一。

因此，整个 19 世纪，人们对选举权的诉求越来越响亮。1867 年，英国议会改革法案显著扩大了选民基数。法案通过前，首相索尔兹伯里侯爵（lord Salisbury）曾在辩论中说道："从长远上来看，没有任何限制的民主所能带来的危害大过不满、起义甚至内战的危害。改革的好坏之分在于，好的改革无论在当下还是在不久的将来，都不会允许工人阶级在议会中成为多数。"

美国的情况则不同。托马斯·杰斐逊（Thomas Jefferson）明白，代议制政府要求选民理解力强且见多识广。反对赋予人民投票权的老旧观点在雅典时期就已存在。这种观点认为，人民受教育程度不够，因而没有能力做出重大决策。而杰斐逊也深知雅典人的解决之道，即教育并鼓励公民。杰斐逊建议在美国采取同样的措施，他说："据我所知，社会至高权力的守护者，除了公民自己，再无他者。如果我们认为公民不够开化，无法以健全的判断力行使这种控制权，那么解决办法不是剥夺他们的控制权，而是增强他们的判断能力。"[22]

六、建设民族国家

拿破仑战争激发了一股民族主义运动的浪潮。民族主义思想的核心在于，每个民族都有权决定自身的命运，而这意味着政治主权属于人民或民族这一社会团体。民族是一个有其特质的有机体，而非自由平等的个体的简单集合。最初，民族主义似乎与自由主义相连，民族主义者的诉求与革命性的政治诉求（权利、自由、代议制政府等）一致。但当自由主义的个人权利和民族的权利产生冲突时，情况就发生了改变。尤其是在19世纪下半叶，强有力的政府开始使用民族主义的语言包装其帝国主义意图。民族主义、帝国主义与殖民主义相结合，成了民族意志和历史命运的表达。这样一来，欧洲列强的殖民主义行径获得了正当性。其效用几乎等同于坚定的文化优越感，以及向"低等民族"传播文明的信念。[23]

民族主义分成两种。一种诞生于已经稳固的国家，如法国、英国和西班牙。另一种则试图通过独立或统一的进程，来推动新的民族国家的创立。英属北美殖民地独立并建立美国，开启了这一进程。美洲的西班牙与葡萄牙殖民地也随之独立。这些地区随即采用了新名称，以示与被殖民的历史一刀两断。这些新国家的民族身份结合了欧洲元素与本土元素。同时，为了彰显其独特性，西班牙殖民前各个古代帝国的遗产得到强化。然而，当地原住民以及黑人、麦士蒂索人（欧印混血）、穆拉托人（黑白混血）实际受到的待遇，却没有反映出这种对殖民前历史的仰慕。事实上，由欧洲移民后裔组成的新贵们所追随的仍是法国、英国和美国的模式。

共和制是主要的政府组织形式。虽然巴西和墨西哥选择了君主制，但墨西哥的君主制只持续了短短 3 年（1821—1823 年）。巴西的"立宪制"帝国维持到 1889 年，且较为稳定。白人男性的权利得到保障，奴隶制也被保留。巴西是最后一个废除奴隶制的西方国家，其"进口"的非洲奴隶约占四个世纪间大西洋奴隶贸易总量的 40%。当时仍是西班牙领土的古巴，仅比巴西早两年废除奴隶制。16 世纪，巴西和古巴这两个殖民社会，在接收非洲奴隶的方面"名列前茅"。[24]

自各国独立之始，英国和美国都不断试图染指拉丁美洲的财富。美国早在 1823 年就提出了门罗主义（所谓"美洲人的美洲"），意图警告欧洲，西半球已不再对殖民开放，而是对美洲人自身扩张的利益敞开。英国则寻求经济上的新殖民主义模式，这种模式能够避免对殖民地进行政治管控所带来的各种问题。[25]

美国一体化进程的实现方式多种多样，但都受到该世纪的首要目标——扩张——的指引。19 世纪上半叶，纽约某记者曾说："美国的天命就是在这片大陆上进行扩张。这片大陆由上天分配给我们，以供每年新增的上百万人自由发展。"美国于 1803 年购买了路易斯安那；于 1819 年购买了佛罗里达；通过与英国的协议，把俄勒冈和华盛顿纳入版图；又于 1848 年通过对墨西哥的战争获得了亚利桑那、得克萨斯、新墨西哥、犹他、内华达和加利福尼亚等地。1867 年，美国向俄罗斯帝国购买了阿拉斯加；又于 1898 年吞并夏威夷；并通过对西班牙的战争，于 1899 年获得了波多黎各、关岛和菲律宾。统一的过程并不容易，期间还发生了南方与北方之间的内战（1861—1865 年）。美国向西继续扩张，占领了印第安人的土地。内战结束后，卡尔顿（Carleton）将军决定为白人定居者肃清西北地区，并下令："以后不准再与印第安人会面或协商。至于那些印第安人，见一个杀一个。"历史重演。西方文明根本不考虑和其他类型的社会在平等的条件下共同生活。[26]

在欧洲，民族主义成为一种充满激情又十分复杂的意识形态，并延续了法国大革命中的一些争论。"人民""民族"与"国家"的概念定义不清，三者争夺主权。它们都是概念工具，是为解决权力组织问题而提出的虚构概念。在已经形成国家的民族中，民族主义成了一种热火朝天的、时而好战且有分裂倾向的国民运动。而在这种情感尚未形成的地方，一些社会动员者首先提出民族观念，并致力于营造民族情感，然后以此谋求建国。但当人们不得不对"民族"进行实际的定义时，问题就出现了。通过种族来定义民族确实是一种方法，但其标准是有问题的。于是，"文化民族主义"这一概念工具便出现了。约翰·戈特弗里德·赫德（Johann Gottfried Herder，1744—1803年）提出这一概念，并说："自然不仅通过森林、高山、海洋和沙漠把各个民族分隔开来，还通过语言、性情与性格进行区分，因此，以暴政使各民族屈服就变得更为困难。"诺瓦利斯（Novalis）认为，民族国家的思想必须深入每个人的生活，因为只有当其成员生机勃勃、精神崇高，国家才能生机勃勃、精神崇高。弗里德里希·施莱格尔（Friedrich Schlegel）认为，对民族精神的热爱，转变为对重建历史上该民族精神曾得以实现的条件的需要。费希特（Fichte）则认为，人民和国家是完全一致的——"国家就是人民自身的精神"。在他看来，个人只有成为某一集体的成员，才能产生真正的意识。把民族看作同时代表个性与神性的"超个体"的思想，也由此而生。民族主义观点的流变愈来愈危险。政治浪漫主义的代表亚当·米勒（Adam Müller），在出版于1809年的《国政艺术要术》（*Elementos del arte del estado*）中，把国家视为消除一切自然主义和契约主义残余的有机体。霍布斯在《利维坦》中写道，国家是"囊括了所有微小个体的庞大个体"，人类社会则是"一个民族一切内在和外在生活集合而成的一个伟大的、永恒流动的、生机勃勃的整体"。传统主义者持相同观点。约瑟夫·德·迈斯特尔（Joseph de Maistre）说："各民族都有其整体的灵魂，有真正意义上的道德统一。正是这些决定了民族现今的样貌。"[27] 莫里斯·巴雷斯（Maurice Barrès）于19世纪末发表了"民族精力的小说"（*Le roman de l'énergie nationale*）三部曲，把法国民族主义表现到了极致。巴雷斯认为,自我崇拜是文明腐化的主因。"民族位于自我之上,因此必须被视作人类生活的重中之重。个人别无选择,只能顺从地扮演民族所分配的角色,遵守世代传承的神圣法则,倾听土地和亡者的声音。"[28]

马塞利诺·梅嫩德斯·伊·佩拉约提倡"纯正的科学"(ciencia castiza),并把西班牙思想视作一个"活的机体,我们所说的天才、性情与民族性格等抽象之物,凝结成极为现实的、不能无视的浆液,在这个机体内循环"[29]。他还以加泰罗尼亚人和埃斯特雷马杜拉人的"人种"之别,来解释巴尔梅斯(Balmes)和多诺索·科尔特斯(Donoso Cortés)之间的分歧。民族观念建立在语言之上,因此,我们应该把语言视作理解世界的特殊方式。赫德在海德格尔之前就提出以语言区分民族身份:"我们说着外国人的语言,而这些词句带领着我们逐渐偏离我们自身的思维方式。"必须捍卫语言的纯洁性。这种褒扬语言、将语言视作立身于世的特殊方式的思想,让一些人对"翻译智慧"嗤之以鼻。乔瓦尼·帕皮尼(Giovanni Papini)曾说,若非在佛罗伦萨土生土长,就读不懂但丁的作品。梅嫩德斯·佩拉约则把阿拉伯裔和犹太裔的西班牙作家排除在"西班牙才子"之外。查尔斯·莫拉斯(Charles Maurras)坚称,犹太裔法国人读不懂拉辛(Racine)的诗。海德格尔曾抱怨道,他和一位日本知识分子交流多年,仍没能弄懂"粋"这个字的意思。他对语言推崇备至,甚至认为"存在"以德国语言说话。鉴于海德格尔是20世纪最重要的哲学家之一,他的这一观点事关重大。就此,笔者也要指出,在德国浪漫主义的巅峰时期,歌德曾建议把外文诗的德语译本编入诗集,供民众阅读。"作为人,作为公民,诗人必然热爱其祖国。但诗人在其中发挥诗才和效用的祖国则是善、高尚和美,而非局限于任何特定地区或国家。无论在哪里遇到这些品质,诗人都要接纳、培育它们。"[30]这段美丽的文字足以被用作本书的开篇。歌德曾在读一本中国小说时对埃克曼(Eckerman)说,那本书并不像他所想的那样"充满异域风情"。他认为,中国人在行为和感受方面就和欧洲人一样。正如马克思和恩格斯在《共产党宣言》中所说:"民族的片面性和局限性日益成为不可能,于是由许多种民族的和地方的文学形成了一种世界的文学。"

而当民族主义以身份认同的形式成为个体的一部分，事情就变得更为复杂。本书一直在讨论"主体化"问题，即个体对自我的认知方式。用一种基础而生动的语言来说，就是回答"我是什么"这一问题的方式。人类总是将自己视作某一氏族或部落的成员、某一宗教的信徒，或是某一王国的子民，例如罗马公民，又如上帝的造物。很久之后，人类才开始将自己视作"人"的一员，视作被赋予了各项权利的存在，视作"人"。民族主义改变了这一进程，重申身份认同是通过隶属于某一团体——从根本上讲即隶属于某一民族——而获得的。正如盖尔纳（Gellner）所指出的，从政治角度看，一切身份认知所提出的都是认同感的问题。[31]变化的只是人们希望维护的东西：也许是自由与个人权利，是不受性别歧视，或是对某一民族的归属感。当个人身份的多样性得不到承认，或是出于特定原因，某一种身份完全掩盖了其他身份时，就会出现问题。我们需要承认，一个人可以同时是女性、非宗教信徒、个人权利的捍卫者、某一城市的居民，以及某一民族的成员。

七、民族主义的几个例子

朱塞佩·马志尼（Giuseppe Mazzini，1805—1872年）是"民族的欧洲"最雄辩的捍卫者。1830年的七月革命后，他创建了致力于青年运动的青年意大利党，启发了"青年德国""青年波兰""青年瑞士"等组织的成立。1857年，他提出一份他理想中的欧洲版图，由11个这样的联盟组成。这种情况下，首先必须培养民族情感，才能在此基础上开展统一或脱离运动。意大利的创建是一个典型案例。据估算，意大利刚刚开始统一时，只有2.5%的人口真正讲意大利语。其他人则讲方言或其他一些语言。这些语言和意大利语区别很大，以致意大利政府派遣至西西里学校的教师所讲的意大利语曾被错认为英语。[32]在这种情况下，难怪马西莫·达泽利奥（Massimo d'Azeglio）在1860年说："我们已经建立了意大利，现在则该培养意大利人。"民族不是自发出现的，而是一种精心制成的概念。[33]由此衍生出了维系民族统一的机制：以国家为首，包括公共教育、公职、兵役等。中等教育面向中产阶级。初等教育则对民族国家至关重要，因为只有通过初等教育，民族语言才能真正成为人们交谈、书写时使用的语言。

培育民族身份认同，再辅以爱国情怀，能够推动国家的建立。然而，这样的尝试在民族观念过于薄弱的情况下则十分艰难。弗雷德里克·卢押（Frederick Lugard）于1914年1月1日创建了"尼日利亚殖民地和保护国"，即今尼日利亚的前身。南北两个保护国的合并，主要是为了便于管辖，但二者的共性其实很少。而英国殖民者们没能在尼日利亚创造出任何原本不存在的东西。印度的情况则不同。18世纪开始，印度就有了军队和全国性行政机构，产生了受过教育的中产阶级，还有一种供不同种族的人们相互沟通的语言——英语。苏尼尔·基尔纳尼（Sunil Khilnani）认为，将印度视作单一政治体的思想，正是在殖民时期围绕着上述机制及缓慢传播的民主理想而形成的。[34]但在尼日利亚，人们并不愿意融入其中。尼日利亚独立前夕，北部人口的英语识字率只有2%，接受过大学教育的尼日利亚人也只有千人而已。尼日利亚于1960年独立，民族身份认同的缺失很快导致了国家的崩溃与内战。

印度尼西亚的情况又不同。起初，它和尼日利亚相似。印度尼西亚作为一个政治实体，直到20世纪方才存在。此前，它是一片拥有1.1万多座小岛的群岛，存在众多苏丹国、小城市、贸易点和聚居地，民众使用的语言有上百种。大多数居民对当地或本岛以外的事物一无所知。[35]但这一切在19世纪末发生了变化。荷兰人扩大了其贸易网的覆盖范围，而那些经常乘着蒸汽轮船旅行的人让当地民众的脑海里有了群岛的概念。20世纪20年代末，印度尼西亚民族主义协会和民族主义团体"青年印度尼西亚"成立，统一印度尼西亚的思想开始形成。贸易中使用的古典马来语被规范成印度尼西亚语，这一民族语言的确立，对这个新生国家的形成起到了关键作用。

不愿继续屈从于任何更高权力机构的政治精英阶层，日益受到建立自己的民族国家这一目标的吸引。19世纪，包括奥斯曼帝国治下的塞尔维亚、奥地利帝国治下的匈牙利、俄罗斯帝国治下的波兰在内的东欧地区，以及埃及等其他地区，都出现了这种情况。³⁶ 埃及虽然正式隶属于奥斯曼帝国，但在境内拥有广泛的政治自治权。1813 年至 1882 年，埃及实际上已是穆罕默德·阿里（Mehmet Ali）及其继任者治下的独立国家。19 世纪，埃及形成了一种地域认同。这在一定程度上是因为埃及人所使用的阿拉伯语极具特色，而且埃及拥有灿烂的历史（法老时期的遗迹可以为证），再加上其人口众多，集中于尼罗河沿岸，此外，埃及的经济实力也很强劲。19 世纪下半叶，埃及出现了民族主义运动，但他们反对的并非奥斯曼帝国，而是欧洲人打着"埃及人的埃及"旗号对埃及进行的日渐增多的干涉。当时，许多埃及民族主义者同时也是"奥斯曼帝国爱国者"，并且仍视伊斯坦布尔为世界中心。³⁷

而奥斯曼帝国内部的民族主义，则在土耳其和帝国这两种身份认同间摇摆不定。帝国不得不面对其他民族主义的压力所造成的领土损失。奥斯曼帝国在巴尔干半岛对俄国和奥地利作战期间，宗教身份和帝国身份日益重要。伊斯兰教在奥斯曼帝国这样多种族、多宗教的帝国里本无足轻重，此时却日益定义着帝国的身份。³⁸ 有人试图建立一种"泛帝国"的身份认同，并将其命名为"奥斯曼主义"（osmanlilik），希望以此对抗巴尔干民族主义的离心趋势。³⁹ 1908 年，在所谓"青年土耳其革命"中上台的青年土耳其党人面临着一个问题：是要按照欧洲的模式治国，还是继续巩固多民族帝国？最终，总体模式仍然遵照欧洲，但其提议也明显带有奥斯曼帝国几百年以来的传统色彩。民族主义倾向在帝国末年不断增强，在第一次世界大战结束、奥斯曼帝国崩溃之后，变得愈发强烈。凯末尔·阿塔图尔克（Kemal Atatürk，1923—1938 年在位）建立了新的土耳其，将土耳其民族主义和世俗主义结合，并采用了鲜明的西方模式。

1815 年，德国尚不存在。维也纳会议建立了由 39 个邦国组成的德意志邦联，以此协调经济与共同防御。邦联成员包括当时的地区强国普鲁士和奥地利。普鲁士中产阶级自由派认为，普鲁士和奥地利的联盟将为政治改革提供便利，因此为促成结盟而不断施压。为了协商成立统一的德国，普鲁士、奥地利和其他邦国的代表于 1848 年在法兰克福举行会议。这场会议上提出的一些问题至今仍被讨论。最基本的问题是，谁将属于这个新的国家。大多数参会者认为,所有在语言、文化或地理方面与统一大业相关的人都是德国人。他们认为,"德国人"涵盖的范围应该尽可能广泛。但另一派却提倡建立"小德意志",把包括奥地利在内的哈布斯堡帝国领土排除在外。最终,后者的提案通过。1849 年,议会奏请普鲁士的腓特烈·威廉四世(Federico Guillermo IV)出任德意志皇帝。但腓特烈·威廉四世拒绝了皇位,理由是议会想要强加给他的宪法带有过多自由主义色彩。议会代表深感失望,并认为自由主义和民族主义不可兼得。[40] 奥地利帝国也因民族主义运动而动荡不安,其中最严重的是谋求自治或独立的泛斯拉夫民族主义运动和匈牙利民族主义运动。历经多次冲突并取得多场胜利——最后一场是对法国——之后,俾斯麦(Bismarck)终于得偿所愿。1871 年 1 月 18 日,德意志帝国在凡尔赛宫宣告成立。除奥地利外的所有德意志邦联成员都奉威廉一世(Guillermo I)为德意志帝国皇帝。

八、平衡与失衡

无论是经济力量还是政治力量的扩张,都一次又一次地导致了战争。当时,对领土和新市场的欲望根本无法控制。英国对奥斯曼帝国、印度、亚洲其他地区以及澳大利亚的出口额,分别从 1848 年的 350 万英镑、500 万英镑、700 万英镑和 150 万英镑,增长至 1870 年的 1 600 万英镑,1875 年的 2 400 万英镑,1872 年的 4 100 万英镑,和近 2 000 万英镑。[41] 东方简直是理想中的世界。

欧洲国家一方面醉心于扩张,一方面担心落后于人。1853 年,俄罗斯帝国和奥斯曼帝国为争夺克里米亚半岛而开战。法国与英国警惕于俄方的胜利,便于 1854 年对俄宣战。1855 年,野心勃勃的意大利小国皮埃蒙特-撒丁尼亚王国参战。人们试用了新型武器,报社通过电报准时发布新闻。其中一条新闻堪称非理性的典型:英国轻骑兵在巴拉克拉瓦的冲锋。英军总指挥官拉格伦勋爵(lord Raglan)命令轻骑兵向俄方阵地发起冲锋,在俄军炮兵撤退前夺取他们的大炮。他没有考虑到,两侧有数量众多的俄军炮兵和枪手，能像在游乐场打靶一样射击英国骑兵。难怪《观察家报》（*Observer*）评论道："克里米亚战争真是愚蠢至极。"参与冲锋的骑兵有700人，生还者不足200。而人们应该铭记的更为糟糕的事是，这一血腥而无谓的行为，却被丁尼生（Tennyson）作为英雄事迹大加歌颂：

> 他们的职责不在于争辩原因，
> 他们只该奉命而死。

这与康德的"敢于思考！"口号相差何止十万八千里！

法国的拿破仑三世坚信，工业发展能够带来繁荣，也能带来政治上的支持和国家荣耀。他的一位顾问这样说道："我在工业、机器与信贷中，看到了人类道德进步和物质发展所必不可少的帮助。"

各国的扩张以及交通工具的发展，催生了全球移民浪潮。1850年至1914年，移居别国者超过6 000万人，其中大多数是移居美洲的欧洲人，但也包括前往美洲、东南亚和非洲的印度人、中国人和日本人。[42]

九、对扩张的狂热蔓延

从前文就能看出，帝国主义自历史之初就一直存在。但在19世纪，帝国主义变得更为系统、更有自我意识、更加多元多样。它开始同时使用军事和经济力量。

欧洲即将主动包揽"教化世界"的重任。始于17世纪的早期扩张是通过国家授权垄断的私人公司开展的。正如前文所说，英国的东印度公司最终统治了印度的大片区域。1857年，东印度公司的力量受到当时英国人所谓"印度兵哗变"（今称"1857年大起义"）的削弱。印度兵是东印度公司雇佣的印度士兵。起义的导火索是英国人用牛油或猪油润滑弹夹，这在印度教徒和穆斯林眼中是一种侮辱。英国军方介入，暴力镇压起义，还掀起了一股英雄主义文学风，点燃了大英帝国的爱国热情。最终，英国解散了东印度公司，直接接手印度的行政管理。

虽然 19 世纪的英国民主化程度越来越高，但对英属印度而言，这只表现为某些由上层推广的自由主义思想。这是一种"自由专制主义"，即通过教育引入自由主义思想，却不给民众真正获得权利的机会。人民主权的思想则被解释成了印度政府从属于英国人民，而非印度人民。但在其他方面，英国人决定一丝不苟地遵照当地习俗与法律。例如，在被视作属于宗教信仰范畴的家庭法领域，英国人就试图避免干涉，以免引发类似"印度兵哗变"的冲突。印度教徒和穆斯林分别遵守两种不同的法律框架：前者受梵语经文约束，后者受伊斯兰教法约束。虽然西方批评其中的一些做法，如幽闭女性、不承认女儿的继承权，以及童婚，等等，但这些情况一直持续到印度独立。[43]

很快，英国殖民者开始试图在印度培育一个秉持英式价值观、立场与喜好的阶层，作为殖民者和印度普通民众之间的"中介"。但文化的影响也是反向的，从印度向全世界辐射。大量印度籍公职人员、警察和服务人员遍布大英帝国领土，包括英国本土。在英国的印度人数量一直高于在印度的英国人数量。人员的流动带来了宗教和社会习俗的传播，印度文化的影响就这样播撒在大英帝国的领土上。同时，印度也接受了一些有益于国内政治发展的思想：英国本土的印度人密切关注爱尔兰独立斗争，身处殖民地的印度人了解帝国内的统治局势和政治自治。从这个角度来看，印度独立运动中的许多伟人都有在国外生活的经历，这十分合理。[44]

在中国，帝国主义以另一种方式存在：英国通过武力，迫使中国签订贸易协定。1793 年 9 月，正当法国开启恐怖统治之时，一队英国使团抵达中国乾隆皇帝的朝廷。法国大革命正处于最为暴力的狂热阶段，而英国使团则抓住一切机会打开市场，甚至用上了鸦片等臭名昭著的"商品"。

使团离开英国已将近一整年，他们的目的是和中国签署一项贸易协定。英国大臣曾指示大使马戛尔尼爵士（lord Macartney），谈判中若提及鸦片，必须极为谨慎地对待这一问题，因为中国禁止鸦片贸易。英属印度种植的大部分鸦片都销往中国，但如果中方要求在协定中禁止鸦片对华销售，那么为了避免谈判破裂，英方应该接受这个要求，这样才能"让我们在孟加拉地区生产的鸦片继续在开放市场上销售",并"依靠东方海上迂回而广阔的航路找到消费者"。[45]

然而,使团失败的实际原因却与鸦片贸易毫无关系。几十年后,鸦片才会成为主角。而1793年的冲突是出于看似更加微不足道的原因,即帝国礼宾程序,以及对外国来客的看法。中国朝廷普遍把外国来使看作"觐见朝贡",即外国使节向皇帝进贡,以示对皇帝权威的承认。因此,尽管英国人对此表示了抗议,中国人仍把英国使节带来的礼物当作贡品。此外,礼宾程序要求外国使者对皇帝磕头,行九次稽首礼。马戛尔尼却认为英国高人一等,蔑视这种他眼中东方专制主义的表现,并在觐见前的磋商中拒绝磕头,只肯下跪一次。然而真正觐见时,他其实只是依照当时的欧洲宫廷惯例,单膝点地而已。[46]皇帝似乎接受了这种礼节,却在答复使团的敕谕中说英王"远在重洋,倾心向化",对其"恭顺之诚"表示嘉许。而对于英国在贸易方面的意图,乾隆则表示中国"对你国产品没有一丁点需求"("天朝物产丰盈,无所不有,原不藉外夷货物以通有无")。[47]

我们也许可以说,东印度公司就是一个将鸦片生产工业化了的"毒品-军事帝国"。它将鸦片卖给中国,然后用所得钱款购买中国商品,贩卖到欧洲。当时,鸦片在中国广泛流行,政府因此决定禁烟。政府最终封锁了停靠在港的英国船只。欧洲人认为这侵犯了他们自由贸易的权利,并于1839年发动战争,用英舰击沉了中国战船。英国获得了一系列特权,美国也要求实行"门户开放"政策。

1850年,中国爆发了19世纪死亡人数最多的一场革命——太平天国运动。马克思认识到了这场叛乱的重要性:"欧洲各国人民的下一场起义,也许更取决于太平天国的事态,而非其他任何政治因素。"这是规模最大的一场起义,因为中国当时已经有4亿人口,而太平天国曾占领了中国的半壁江山,还引发了广泛而激烈的内战,死于内战者可能多达2 000万人。当时,道教、佛教、摩尼教等非官方宗教被视为旁门左道。而和中国历史上其他受这些宗教启发的运动一样,太平天国也遵循一种让民间起义感到救赎有望的"千禧年主义"。其领袖洪秀全曾接触过来自北美洲的新教传教士,于是自称耶稣基督的弟弟,并创建了太平天国,意为"伟大祥和的天堂王国"。他以神权治国，废除了财产私有制，土地按需分配，仅供使用而非作为财产。他还推行男女平等，创建了新历法，并削减税赋。起义失败后，统治阶层在认识到必须推进军队现代化的同时，反而更加固守传统和正统观念。[48]

欧洲帝国主义最引人注目的案例是对非洲的瓜分。为避免各国因贪婪而发生冲突，俾斯麦特意在柏林举行会议，对非洲进行瓜分。最终，只有埃塞俄比亚和利比里亚这两个非洲国家保住了独立的权利，后者还是在美国的"保护"之下。1875年至1902年，非洲90%的地区处于欧洲列强的掌控之下。而实际上，非洲除了被瓜"分"，还出现了政治单元的整"合"。在被殖民之前，非洲政权林立，截至1800年已达几千之多，但之后却被帝国主义列强人为"统一"起来，形成了约40个殖民区。这种融合把先前存在的种种政治现实混杂起来，完全无视了当地文化和语言的差异，结果往往有害于这些地区未来的发展。尼日利亚的情况便是如此。[49]

此外，殖民还导致了地区分化。这是因为被殖民前曾经存在的贸易线路被欧洲列强新设的边境斩断了。新修的铁路只是为了攫取资源，把矿区、农作物产区与出口港相连，而无意构建各地区间的交通网。另一方面，语言的分化是一种极为持久的分裂因素。此前，非洲大陆上虽然流通着800多种语言，但存在几种通用语，可供各大区的商人们使用，其中有斯瓦希里语、豪萨语、曼丁哥语、沃洛夫语，等等。然而，被殖民后，各殖民帝国的语言被强加于非洲人，从而形成了英语区、法语区和葡语区。

自由主义革命、民族国家的诞生，以及工业化，这些重大变革都煽动着欧洲对开疆拓土的渴望。然而，巴利亚多利德论战式的事件却再也没有发生过。尽管偶有几声批评，但欧洲大多数知识分子都相信"进步"，以及随之而来的欧洲优越感。法国从未怀疑自己"教化的使命"，但相比其他列强，法国人对其国家的目标进行过更多讨论。他们发问：法国的目标到底是法兰西的荣耀，还是对被征服民族的教化？[50] 法国总理茹费理（Jules Ferry）曾说："必须直白地说，实际上，优等种族对劣等种族就是拥有某些权利的，因为我们同时也对他们负有某种义务。优等种族有义务教化劣等种族。"[51] 对此持批评态度者虽占少数，却也一直存在，例如乔治·克莱孟梭（Georges Clemenceau）。他援引人权观，反对任何对其他民族的暴力压迫。

一些历史学家曾研究过大英帝国是否"物有所值"，即其利益能否弥补其代价。结论是，帝国的公共账户出现了财政亏损，但如果考虑到英国的主要经济部门和大公司，那么大英帝国明显利润颇丰。成本是社会化的，而利润却是私有的。[52] 印度就是一个很好的例子：英国的产品享受着当地的开放市场，这无疑对英国本土的经济大有裨益。

此时出现了一种社会达尔文主义：强者统治弱者天经地义，而且强者的地位还得益于其祖先与其自身的意志之结合。自1860年起，西方社会就坚信"强者生存"正当合理，并认为强大者自然占据道德高地。这导致他们以一种抽象的眼光看待"人类"这一概念，而非致力于实实在在地改善个人生存境况。无论是经济自由主义，还是奴隶制，甚至是种族屠杀，任何行径都能通过社会达尔文主义获得"正当性"。

十、学习型社会：日本

19世纪下半叶，欧洲人统治了世界，其广度和深度前所未有。所有非欧洲国家中，只有一国取得了对西方斗争的胜利，那就是曾于1905年战胜俄国的日本。日本的变革始于1868年的明治维新。自那以后，日本政治和社会经历了翻天覆地的改革。取消武士阶层与平民间的差异，是新制度最为现代化的一面。平民开始享有原属于武士阶层的特权，包括使用姓氏、自由骑马游历、在军中供职等，二者还可以通婚。奥斯特哈默认为，明治维新是"19世纪中叶影响最大的革命，而且是一场未经内战的、不带来恐惧的革命"[53]。

那么这场变革是如何发生的呢？日本和西方国家的社会结构惊人地相似。其封建秩序类似中世纪欧洲：有占有土地的世袭贵族，半奴仆性质的农民，还有在城市扩张的背景下产生的一批金融家、企业家，以及围绕在他们身边的手工艺人。这些人在城市中聚集，也因此更依赖农民。以至今仍是日本最强大的资本力量之一的三井家族为例：该家族于 17 世纪初开始务农，随后放贷，并在多个城市拥有仓库，后来还成为皇室御用银行家，同时还服务于多个重要的封建氏族。日本并非不可能自然过渡到资本主义经济，但可以确定的是，日本更愿意、也更有能力去模仿西方。中国自认为能自给自足，因此不愿遵循"学习的普遍法则"。日本则认识到自己是一个十分脆弱的国家，而非寰球大帝国。日本的精英有能力促成国家转型。要自我维持就意味着转变。与普鲁士类似，日本的变革也是由官僚和贵族推动的。明治维新废除了旧有的封建藩，建立了国家中央集权的行政机制，发行了新的十进制货币，并使税制更为合理。新的精英贵族阶层建立起来。他们愿意学习，但是该复制谁的模式呢？英国模式指导了铁路、电报、公共建设、纺织工业和经营方式的发展。法国模式激发了法治改革和军队组织形式的改进，而后者后又改用普鲁士模式。大学遵循的是德国和北美洲的范例。初等教育、农业创新和邮政方面则学习美国。1875 年，日本雇用了 500 名至 600 名外国专家；而到 1880 年，这一数字已达 3 000。1889 年，日本仿照普鲁士模式，颁布了新宪法。其主要撰写人伊藤博文曾在欧洲用了一年半时间研究欧洲各国的宪法。他认识到，宗教为西方民众的责任感提供了坚实的基础，但日本的宗教力量却很薄弱，只有天皇才能作为国家的根基。因此，日本开始推行神道教复兴。神道教并非西方意义上的宗教，这场改革以天皇为核心，以期将宗教情感转化为某种"爱国奉献情怀"，从而使之发挥和一神教相似的政治作用。这样一来，日本的传统与西方模式下的国家建设目标融合在了一起。[54]

十一、是什么引发了帝国主义扩张？

正如列宁在 1917 年出版的《帝国主义是资本主义的最高阶段》（*El imperialismo, fase superior del capitalismo*）中所说，上文所述的扩张主义有其经济原因。霍布森（Hobson）在一部颇有影响力的著作中表示，国际资本家应对此负责。[55] 确实，伦敦成了"世界银行家"，而欧洲和美洲的工厂需要原材料、新市场,以及投资目的地。但这种经济学解释未免过于简单,或者说,过于理性。殖民并不总是有利可图。国家战略意图同样发挥着作用。当时出现了一种"帝国的爱国主义"。帝国成了国家繁荣昌盛的表现。德意志殖民协会、法国的殖民地党、英国的皇家殖民地协会等团体,把扩张主义包装成了国家发展建设的一个阶段。

帝国主义是民族主义的巅峰。威斯敏斯特公爵(duque de Westminster)曾说:"帝国主义已经成为我们的民主民族主义最为崇高的终极化身。"约瑟夫·张伯伦(Joseph Chamberlain)说:"我们英国人是世界上有史以来最伟大的统治者种族。"查尔斯·达尔文在看到悉尼港后写道:"我最先感受到的,是生为英国人的快乐。"塞西尔·罗兹(Cecil Rhodes)说:"我认为,我们是领导世界的种族。我们占据世界,是人类的一大幸事。既然上帝明显选择了讲英语的种族为工具,用以建立基于公正、自由与和平的国家和社会,那么为了执行上帝的意志,我就必须不择手段,为这个种族赢得尽可能大的权力。我想,如果上帝真的存在,那么他希望我做一件事——将英国红尽可能地涂满整个非洲。"[56]

帝国的扩张主义依赖军事力量,而在这样的思想和情感体系中,军旅生涯庄严高贵。当时出现了大量将庸碌的城市生活和英雄的生活相对立的史诗故事,鲁德亚德·吉卜林(Rudyard Kipling)的作品就是其代表。这种对战争的歌颂自古就有,且在20世纪仍会出现。许多欧洲人厌倦了和平,渴望戏剧冲突,渴望挑战和荣耀,渴望战争的质朴坦诚。曾于1871年至1888年任德国总参谋长的赫尔穆特·冯·毛奇(Helmuth von Moltke)写道:"持久的和平只是个梦想,而且还不完全是个美梦。战争是世界的神圣秩序的一部分。在战争中,能培育出勇敢、无私、忠于职守、自我牺牲等人类最高贵的品德。士兵们献出他们的生命。没有了战争,世界就会停滞不前,迷失在物质主义之中。"[57]

在本书中,笔者则为帝国的扩张主义提供了一个更为基本的解释:"扩张狂热"是人类的特质之一,是我们所理解的幸福的组成要素之一。经济扩张、政治扩张、文化扩张,都有可能走向这种狂热。而正如任何行使权力的行为一样,这种对扩张的狂热也要编造神话,以自证合法。鲁德亚德·吉卜林是它的代言人之一。"白人的任务"就是教化野蛮人。帝国主义文化强调种族理论。

个人野心也是因素之一。例如，比利时国王利奥波德二世（Leopoldo II）曾经自掏腰包，资助对刚果的殖民。刚果自由邦由国王的私人公司管理，遭受了残酷的剥削，死难者有上百万人。当时的作家与记者唾弃这种虐待行为，其中最著名的莫过于约瑟夫·康拉德（Joseph Conrad）所著《黑暗的心》（El corazón de las tinieblas）。由于该公司的剥削行径广受诟病，刚果于1908年变为比利时国家的殖民地。

十二、人类团结统一的乌托邦

19世纪充斥着各种问题、可能性，以及这些可能性所带来的新问题。每当有利于交流的新发明出现，对和平与团结统一的希望就会再度涌现。电报也许能成功地让各国团结起来。[58]圣西门（Saint-Simon）十分重视通信线路、银行和信贷系统，并认为它们是"政治机体的血液"[59]。正是他的追随者之一，斐迪南·德·雷赛布（Ferdinand de Lesseps），建成了苏伊士运河这一促进沟通的伟大工程。铁路同样承载着救世的希望。[60]维克多·雨果曾因人们实现了环球旅行而高呼："全世界的人都会变为一国同胞！"

新发明推动了各式国际联盟的诞生。1865年5月17日，20个欧洲国家共同创立了国际电报联盟。超越国家界限的国际工人协会亦正式成立。1874年，万国邮政联盟在伯尔尼成立。1884年，25个国家共同决定，以格林尼治子午线为起始，在全球划分时区。到1913年，这一系统已经几乎为全球所通用，而我们如今仍然在使用它。[61]

19世纪40年代是社会理想主义的黄金时期。崇尚自由主义的天主教徒拉梅内（Lammenais）呼吁建立"全人类的大家庭"。拉马丁（Lamartine）在诗歌《和平马赛曲》（La marsellesa de la Paz）中写道："自私与仇恨同出一国。大爱则不分祖国。"被任命为外交部部长后，拉马丁对使团说："跨越民族界限的、光照四方的理性，在人们心中创造出了这种伟大的知识性国籍。它将成为法国大革命的成就,也将成为环球国际兄弟情谊的组成部分。"1893年,世界宗教议会在芝加哥举行会议,在反犹太主义愈演愈烈、宗教冲突层出不穷的背景下,试图开辟各宗教间对话的渠道。[62]多地成立了"和平联盟"。1864年,红十字会成立。1889年,奥林匹克运动会也加入了这场和平团结运动。1901年,首届诺贝尔奖将和平奖授予亨利·杜南特(Henri Dunant)和弗雷德里克·帕西(Frédéric Passy)。法学家、各国议会联盟,以及各类和平社团,共同为世界性法学组织的成立奠定了基础。各国议会联盟包含来自22个议会的3 000多名议员;在七个欧洲议会中,各国议会联盟议员占据多数。在此情况下,多国签订协议,成立了一个用于解决国际争端的常设法庭。1907年的大会上,"国际联盟"这一表述被推上神坛。大会主席表示:"现存所有国家的代表齐聚一堂,讨论关乎全人类福祉的共同利益问题,这史无前例。"在彼此失散几千年后,人类似乎马上就要获得一种"普遍意识"。1904年,国际法学大家西奥多·吕桑(Theodore Ruyssen)在《和平的哲学》(*La filosofía de la paz*)中写道:"当全球都被线路与电缆织就的细密网络所覆盖,思想就会像我们呼吸的空气一样,在各处自由流通。普遍意识将会诞生。如今,人类对自身的存在与团结已经有了全面的认识,对其力量的无限潜能亦开始有所知觉。如今尚且未知的是,人类要用他们的认知和力量去做些什么。"[63]

1914年,第一次世界大战爆发。

在漫长的历史中,智人一次又一次地被同一块石头绊倒。先祖们的一些极为强大的冲动,在我们身上依旧发挥着作用。这是否说明我们只能屈从于残酷的命运?完全否认决定论,未免过于天真;完全信服决定论,又会让一切希望破灭。早在几个世纪前,斯宾诺莎就提出了能让如今最敏锐的神经科学家接受的解决方案。我们所谓"自由",是一种"已知需求"。既然是"需求",那么我们就无法摆脱它;而既然是"已知"的,那么我们就能学着掌控它。文化演变学研究长伴人类的种种常项,目的就在于协助我们明智地管理它们。这样一来,我们就对"自由"这一浮夸空洞的名词做出了谦逊而现实的阐释。

第十八章

这就是人类

一、疯狂的进程

20世纪就像是对整部人类历史的大总结：人类能行最大的善，也能行最大的恶。本章标题来自奥斯威辛集中营幸存者普里莫·莱维（Primo Levi）的著作，《这是不是个人》（*Si esto es un hombre*）。[1] 慈继伟曾写道："在毛泽东时代的中国，我能看到的不仅是共产主义的历史，还有许多对人类整体做出的在很大程度上正确或是可能正确的论断。这并非偶然。"[2] 虽然有过度简化之嫌，笔者在此要将20世纪分成两个部分：第一部分结束于1945年，即第二次世界大战结束之时，笔者将其命名为"疯狂的时代"；第二部分持续至今，笔者称之为"不稳定的解决方案的时代"。1989年11月，柏林墙倒塌，这是一个决定性的转折点。再次提醒，本书不是一部世界通史，而是一部关于文化演变的历史，即关于人类试图以何种方式解决问题、满足期待的历史。我们对"为知而知"并无兴趣。我们认知的目的在于理解，并获取做出更优决策的能力。当我们说某个人的人生阅历是其智慧的源泉，我们立刻意识到"人生阅历"并不仅仅是年龄的增长。经验不仅仅是生活，而至少是一种有意识、有反思的生活。所谓"历史经验"也是如此。它指的不是熟知史实，而是将这些史实纳入理解的框架。和个人行为一样，所有社会事件都是多种因素叠加的结果。但我们不应该由于这一事实，就放弃了对某些重要背景的探寻。[3]

20世纪的开端积极乐观。1871年普法战争结束到第一次世界大战开始之前的这段时间，被称为"美好时代"（Belle Époque）。1889年和1900年在巴黎举办的两届世博会，以及为之修建的埃菲尔铁塔，是这一时代的典型宣传形象。欧洲幸福快乐，充满信心，度过了一段相对和平的时期。列强在对非洲的瓜分问题上达成了一致。美国把门罗主义强加于美洲其他各国。但这种局面是脆弱的。现在我们已经明白,"结束争端"和"解决争端"根本不是一码事。"解决争端"指的是以公平的方式结束冲突,也就是说,即使某一方在某种情况下因规则而受损,该方仍相信能在其他情况下获益。足球赛中的每个人,即便是刚被罚了点球的,也都希望裁判公平公正。如果以非正当程序终结一场冲突,那么同一个问题总会以某种方式卷土重来。对殖民地的瓜分是政治结构所带来的结果。这一政治结构建立在明目张胆地使用强权并以"民族狂热"维系强权的基础之上。很明显,对所有参与瓜分者而言,这是一场正和博弈,但对所有受此影响的人而言,却绝非如此。

对殖民地的瓜分成了现实版"大富翁"游戏。1904年,英国和法国达成所谓"挚诚协定"(Entente cordiale),确定了对北非的分配。法国同意不干涉英国在埃及的行动,以此换取摩洛哥。而摩洛哥临近直布罗陀海峡的领土则被分给西班牙,以便在一定程度上限制英国的势力。1907年,英国和俄国就波斯、阿富汗和中国西藏地区的分配问题达成协议。1908年,奥地利将波斯尼亚和黑塞哥维那纳入版图。1911年,德国试图阻止法国把摩洛哥变为其保护国。意大利希望把的黎波里塔尼亚和昔兰尼加纳入帝国版图,由此引发了和奥斯曼帝国的战争。为防止塞尔维亚实力壮大,阿尔巴尼亚建国。德国盯上了中东的石油,塞尔维亚却对此构成了阻碍,背后还有俄国的支持,且俄国和法国为同盟关系。这样的可变几何政策维系的不过是一种不稳定的平衡。

各国政府与社会及其诉求脱节。它们采取了什么措施来改善这种情况呢?答案是煽动"民族狂热"。它会降低人们的批判思维能力,并产生一种极具煽动性的集体感——所有为人们所共享的激情都是如此。那是"爱国群众"的时代。奥斯本写道:"欧洲被划分为不同的民族国家,国家间的敌对关系由此转化成了对他人的尖锐仇恨。一个法国人会看不起一个德国人,并非出于什么历史原因,而是因为'德国种'本性愚蠢、好斗、不开化。而德国人也完全可以用相同的词骂回去。"[4] 而像犹太人这样没有国家的社会群体,只能流离失所。

欧洲国家的政策似乎以战争为导向。在新成立的德国，军费占财政预算的 90%。法国和俄国的政策同样受军事战略左右。强制服兵役政策给上百万年轻人灌输了纪律意识。阿姆斯特朗（Armstrong）、维克斯（Vickers）、克虏伯（Krupp）、克勒索（Creusot）、诺贝尔等私营企业把工业技术应用于武器制造。这样一来，武器装备技术得到了发展。一支毛瑟步枪可击中位于 1.4 千米外的目标。火炮的射程达到 5 千米。世界上的第一支自动机枪——马克沁重机枪——也被制造出来。德国、法国、英国在这场竞赛中激烈角逐。

各国开始为制造冲突寻找借口。军队掌控了政府。1914 年，德国首相特奥巴尔德·冯·贝特曼·霍尔韦格（Theobald von Bethmann-Hollweg）写道："自我任职以来，从来没有成立过政客能插得上嘴的战争内阁。"[5] 法国想要收复阿尔萨斯-洛林地区，并且认为依靠外交手段无法实现这一目的。1914 年夏，法国与俄国组成的一方，以及德国和奥匈帝国组成的另一方，都准备先发制人。奥地利利用斐迪南大公（archiduque Fernando）在萨拉热窝遇刺事件，对塞尔维亚宣战。德国宣布入侵比利时。英国政府在多数民众的支持下，认为必须捍卫比利时的中立状态，于是也跟着参战。

社会达尔文主义让强者赢得"合情合理"。英裔德国人休斯顿·斯图尔特·张伯伦（Houston Stewart Chamberlain）在出版于 1898 年的《十九世纪的基础》（*Los fundamentos del siglo XIX*）中，捍卫日耳曼民族摆脱犹太人之后的自我肯定。该书大获成功。1901 年，德意志皇帝在给他的信中写道："感谢这位战友，在德国与罗马、耶路撒冷等势力的斗争中站在德国一边，指明了拯救日耳曼人——从而拯救全人类——的必经之路。"[6]

二、爱国群众

我们已经了解统治者的立场。他们希望扩大自身的权力，并捏造各种"神话"，来对扩张的正当性加以粉饰，结果使论战不断升级。而我们希望了解的，是民众面对战争时的兴奋感。左翼政客在原则上反对战争，却认为这场世界大战将终结所有战争，从而自我安慰。法国无政府主义者、工会和社会主义者本想举行反战大罢工，后来又退缩了。只有《人道报》(L'Humanité)创办人让·饶勒斯(Jean Jaurès)坚持反战。战争正式爆发三天后，让·饶勒斯遭到暗杀，他的形象反被用来煽动人们参战："不惜一切保卫国家！他们刺杀了饶勒斯，我们决不能再让法国被刺杀！"德国那些宣称反对资本主义战争的社会民主党人食言了。1916年8月，德国几乎成为兴登堡(Hindenburg)和鲁登道夫(Ludendorff)治下的独裁国家。皇帝担任荣誉参谋长，全国上至60岁、下至17岁的男性全被动员了起来。[7]英国任命职业军官基钦纳伯爵(lord Kitchener)为陆军大臣，而该职位在传统上由文职官员担任。基钦纳伯爵威名赫赫，曾在英国对布尔人的战争中担任陆军元帅。在布尔战争中，他采取了焦土政策，并组织建立了世界上最早的集中营体系。1900年至1902年，2.5万名布尔平民死于饥荒和恶劣环境，其中男女老少皆有。俄罗斯帝国沙皇亲自指挥军队。奥匈帝国的民众则支持皇帝。欧洲列强无一例外地把所有工业生产力和人力用于备战，因为这场战争已经关乎民族存亡。

战争逐渐看似无可避免，而更可耻的是，最后人们竟开始期盼它的到来。菲利普·拉金(Philip Larkin)在诗作《1914》(MCMXIV)中描写第一次世界大战初期排队参军的人们：

> 一顶顶帽子，阳光
> 洒在留着长髭、历过风霜的脸上
> 咧嘴笑着，仿佛一切不过
> 是盛夏假日里的一场笑闹。[8]

马里内蒂(Marinetti)在未来主义宣言中说："战争是对各民族的净化。"启发了许多思潮的尼采曾写道："你应当视和平为达到其他战争的手段，然后再去热爱和平。应喜爱短暂的和平，胜过长久的和平。你们说，好的目标能使战争变得神圣吗？我告诉你们吧：好的战争能使每个目标都变得很神圣。"[9]他认为，战士道德高尚，坚如钻石，与煤炭——钻石的表兄弟——的肮脏脆弱形成鲜明的对比。我们现在知道，这种"神话"已经很古老了。尼采认为，欧洲人皈依基督教几个世纪之后，已经成了"无关紧要的驯服的家畜"。[10]

笔者认为，有一件事尤为重要。1915年，马克斯·舍勒（Max Scheler）出版了《战争天才与德意志战争》（*Der Genius des Krieges und der deutsche Krieg*）。[11] 舍勒是价值论的开山鼻祖，是广受尊敬的伦理学思想家。他虔诚而敏感，著有《同情的本质与形式》（*Esencia y formas de la simpatía*）和《爱的秩序》（*Ordo amoris*）。然而，他声称战争并非肉体上的暴力，"而是被我们称作'国家'的那些集体精神人格之间的个体力量争斗"。必须强调的是，它活动于一个十分抽象的层面。在战争中互搏的不是人，而是国家。"其最终目的是对地球的终极精神统治。"舍勒还说，并非所有国家都拥有同样的权利。"高层次的公正"应该是让每个国家都得到其"应得之物"。而能够实现这种公正的"法庭"只有战争。一个清醒的人在费霍所说的"罪恶的感情"的推动下，竟能写出这样的话，令人不寒而栗。

三、第二次世界性疯狂

第一次世界大战的死亡人数令人震惊——超过1 500万。但人类却没有吸取任何教训。何塞普·丰塔纳（Josep Fontana）曾写道："士兵们很快意识到，这场战争中最恶劣的一面在于，有些领导人轻忽人命，只想获得胜利所带来的个人功勋，而不在意让下属去送死。1917年12月，英国首相劳合·乔治（Lloyd George）对《曼彻斯特卫报》（*Manchester Guardian*）记者C. P. 斯科特（C. P. Scott）说：'如果人们知道了（真相），那么战争明天就会结束。但当然了，他们不知道，也不该知道。'"[12]

德意志、俄罗斯、奥地利和奥斯曼四个帝国在这场战争后消亡。英国和法国遭受重创，再难复原。捷克斯洛伐克、匈牙利、斯洛文尼亚等新的国家诞生了，波兰、奥地利、德国和罗马尼亚等国经历了转型重组。人类再次展现了其复原能力，并轻易地忘记了那些受害者。经济加速发展，直到被1929年的大萧条骤然打断。

1917年，第一次世界大战仍在进行，此时发生了一件对整个世纪影响深远的大事——十月革命。崭新的苏维埃体系在一定程度上保留了俄罗斯帝国原有的制度，但又在其中注入了一种根植于启蒙运动的意志，意图从马克思主义出发，理性地建立社会、政治和经济体系。这一体系不同于民主自由的社会组织形式，但又没有完全摒弃其中的元素——至少没有正式弃绝。

两次世界大战之间，还出现了一些由某个独裁者掌权的专制体系。许多此类体系在本质上都是法西斯主义的，其诞生是对所谓"共产主义威胁"的应激反应。它们反映了反议会主义、反自由主义，以及理想化阶级制度的传统。这些观念继承自19世纪最为保守的思想流派，往往代表着对旧制度时期意识形态与风格的延续，但又和现代大众政治相结合。

法西斯主义反映了对现代性的不满、资本主义体系的不稳定性，以及对19世纪出现的民族主义、社会主义、种族主义等意识形态的极端态度。工业现代化和政治自由主义造成了社会疾苦，带来了阶级、性别、党派和民族间的冲突，并打着个人主义的旗号，对传统社群进行侵蚀，而法西斯主义是针对上述情况做出的一种反应。

在这个意义上，法西斯极权主义与19世纪的独裁或专制政权不同。它侵入了私人生活领域，试图塑造个人，并取消其自主权。恐怖和胁迫在政治活动中发挥了重要作用，尽管暴力程度因时因事而异。此外，军事力量占据了主导地位，这意味着社会生活的军事化。总体而言，法西斯制度倾向于保留精英统治阶级，因为赞颂法西斯制度的往往正是那些精英。同时，法西斯制度也保留了资本主义经济体系，虽然政府在其中发挥了巨大作用。这种体系获得了许多社会部门的参与和支持。[13]

较为发达的国家分别围绕着三种政治意识形态进行组织：自由主义、苏维埃主义和法西斯主义。这三种不同的模式都试图解决社会、经济和政治问题。在西班牙，三种模式之间的紧张局势引发了军人起义和内战。内战结束后仅五个月，就爆发了第二次世界大战。

西方的"好学生"日本于1931年入侵中国，对中国大部分地区进行了侵略。1937年，日军围困南京。军令十分简单：杀光、烧光、抢光。南京大屠杀中，被杀害的中国公民有30万人。对人命的蔑视仍将继续制造大屠杀。

德国则将民族提升到了近乎玄秘的高度，这意味着对"纯洁无瑕"种族的理想化。20世纪30年代初，纳粹党已拥有10万余名党员，形成了一股规模超越德国官方军队的准军事力量。1932年，希特勒赢得选举，但魏玛共和国总统兴登堡不愿任命他为总理。一群政客、公务人员、企业家和银行家联合施压，才换来了1933年1月30日的最终任命。现代国家机器提供了巨大的权力，尤其是当掌权者行使专制权力且毫无悔意的时候。次年，兴登堡去世后，希特勒同时担任总理和总统。德国的民主终结了。1935年，纳粹德国颁布了《纽伦堡法案》（leyes de Nuremberg），禁止日耳曼人和犹太人通婚，并限制了犹太人所能担任的职务。国际社会对此的反对声音微弱，因为美国自身也有种族隔离制度，其他各国的殖民主义政策也都带有种族歧视成分。于是各国都难以在这一问题上充当"出头鸟"。1939年8月，希特勒和斯大林达成协议，允许德国侵略波兰，条件是把波兰东部地区交给苏联。1939年9月1日，德国入侵波兰。两天后，整个欧洲都陷入了战争。希特勒视战争为种族净化的熔炉。德军势如破竹，于是自认为无所不能。到1941年，德军已经占领了波兰、荷兰、比利时、丹麦、挪威和法国，并决定入侵苏联。2 000万名苏联民众死于这场战争；100万名德国士兵葬身斯大林格勒；对犹太人的系统性灭绝导致600万人丧生。希特勒对推行社会达尔文主义的痴迷体现在其著作中："如果我们不按照弱肉强食的法则去推行我们的意志，那么总有一天我们会被野兽吞噬。"随着美国和日本开战，整个世界都处于一片火海之中。

战争催生了一种注重效率的理性思维，其目标是以最快的速度和最小的代价进行杀戮。1942年，丘吉尔的顾问彻韦尔勋爵（lord Cherwell）主张，对德国城市进行轰炸的主要目标应该是工人阶级聚居区，因为那里人口密度最大，而富人居住得比较分散，会造成炸弹火力的浪费。多年后的冷战期间，人们又开始谈论，一种只杀人而不损毁工业设施的炸弹该是多么便捷高效。德国用其高效的技术屠杀了600万犹太人。20年后，毒气室的发明者写信给报社，抱怨毒气室高超的技术没有得到世人的赏识。

四、我们应该学到什么？

学习的能力推动了人类这个物种的出现。而只要不断学习，我们就能继续存在。因此，尽力弄懂这段看似难以理解的历史是至关重要的。我们必须从中吸取一些教训。像德国这样文明开化的国家，为何犯下了如此暴行？曾亲历二战之恐怖的贝特朗·德·茹弗内尔写道："人被全员一致的暴力激情所转化，其自然行为发生扭曲。若非如此，这般广泛的参与和野蛮的毁灭绝不会发生。这种激情的激发与维系都是政治宣传的结果。政治宣传是一种起着中枢协调作用的战争机器，它用残暴的情感支撑了残暴的行为。"[14] 自本书开篇，笔者就认识到了编写一部人类"激情史"的必要性，即必须记叙那些推动了社会运动的重大"情感地震"。人类的行为取决于激情与理性的艰难调和。没有情感的理性就是麻木，而没有理性的情感则是不负责任的。当下正是重温这一点的好时机。没有任何正当理由的暴虐的恐怖，以及我们还会不断在社会冲突中看到的暴行，都源于同一个主因——非人性。"人性"概念是罗马法的伟大创造，当时的法学家认为"人性"对公正执法而言不可或缺。而"非人性"则指没有同情心。这种表述极为明智，因为最能定义人类这一物种的情感就是同情心，即被他人的痛苦所影响的感觉。丧失同情心，就是迷失本性。[15] 各大宗教都试图强化同情心。佛教等宗教宣扬普世共情。其他一些宗教也在一定程度上捍卫同情心，尽管没能一以贯之。例如，基督教在谈论耶稣基督时宣扬同情，但在涉及那些冷酷无情的、非人性的宗教审判者时则没有做到。我们在20世纪看到了有条不紊的恐怖大屠杀、门格勒（Mengele）那些暴虐的试验、对儿童的谋杀、刑囚虐待，以及大规模轰炸。以上种种都代表着同情心的崩塌。乔纳森·格洛弗（Jonathan Glover）在一本令人汗毛倒竖的著作中讲述了20世纪道德史。[16] 他的研究清晰地指出了一条我们不该忘记的规律：同情心消失之时，就是恐怖诞生之日，我们就会步入黑暗深处。这种情况发生在德国种族灭绝中,发生在卢旺达民族斗争中,发生在阿尔及利亚战争中,也发生在越南、柬埔寨、南美洲、伊拉克。数据会让这些经历变得理性而冰冷。因此,笔者在此至少要举一个例子。伊拉克人俘房了19岁的科威特人艾哈迈德·卡扎巴尔德(Ahmad Qazabard)。一名伊拉克官员告知卡扎巴尔德的父母,他很快就会被释放。蒂姆·凯尔西(Tim Kelsey)在《星期日独立报》(Independent on Sunday)中这样写道:"他的父母满心欢喜,备下佳肴,一听到有汽车开来就到门口迎接。艾哈迈德·卡扎巴尔德被从车中带下来,他的父母这才发现他的耳朵、鼻子和生殖器官都已被割掉。他下车时,双手捂眼。随后,伊拉克人向他的腹部和头部各开了一枪,并告诉他母亲,三天内不许搬动他的遗体。"[17]

文化演变的一个重要部分,就是人们为使自身的行为变得人性化而做出的努力。第一次和第二次轴心时代是这一过程中的重要时段。但我们必须明白,已经取得的成就也可能崩塌。这就是我们面临的巨大威胁。人类有可能丧失人性。"多年来,我们一直幸福地生活在一起,如今却要互相残杀,"英迪拉·哈吉奥梅罗维奇(Indira Hadziomerovic)问道,"我们究竟是怎么了?"[18]

一些激情很容易被激发,例如部族激情——这种共同情感以近乎神秘的方式把人们凝聚在一起,并使人们陷入纯粹的大众状态。历史学家克劳斯·费舍(Klaus Fischer)曾描述纳粹德国的教育灌输系统。巴尔杜尔·冯·席拉赫(Baldur von Schirach)把希特勒青年团变成了一个庞大的精神控制机器。许多宗教同样宣扬顺从,有的甚至鼓励人们放弃思考。1936年,纳粹德国颁布法律,强制10岁至18岁的少男少女加入希特勒青年团,接受体能、道德和智能的教育,以便更好地为国家服务。这样做的目的是培育"了解其种族、以祖国为傲、效忠于元首"的青年。其口号是"血与荣誉"。团歌唱道:"我们服从元首。"青年团鼓励种族歧视,培养攻击性。其教育方式抹杀一切批判性思维,培养对元首的认同,并使青少年团结于对敌人的仇恨之下,而那些羞辱德国的、逼迫德国签署《凡尔赛和约》(Pacto de Versalles)的人,以及犹太人、布尔什维克党员、同性恋者、吉卜赛人等,都在"敌人"之列。[19]先培育出仇恨,然后才有种族大屠杀。

世人皆知，1994 年的卢旺达大屠杀少不了媒体的参与，正是它们系统性地把图西人妖魔化，从而激起了人们的恐惧和仇恨。当年被一遍又一遍重复的口号是："我们不会等你们来杀，我们要先杀了你们。"种族灭绝是由那些希望保住手中权力的人策划的。阿敏·马卢夫（Amin Maalouf）提到了"杀伤性身份认同"（identidades asesinas）[20]，阿马蒂亚·森则研究过身份认同与暴力之间的关系。[21] 他们所说的，其实是指利用对"他人"的仇恨与敌意，来建立一种民族的、宗教的或团体的身份认同。1990 年，《康古拉报》（Kangura）刊登了"胡图人十诫"。其中一条声称，任何嫁娶、雇佣或仅仅是结交图西人的胡图人都是叛徒。还有一条要求胡图人对图西人"不再抱有任何仁慈"。[22]

我们必须认识到，某些古老的激情很可能被唤醒并且失控，而我们又极易被这些激情影响。斯坦福大学教授戴维·汉堡（David Hamburg）曾指出，"独裁者、煽动者，能巧妙地利用经济社会严重困难时期人们所经历的挫败感"。汉堡曾研究过被用作政治手段的仇恨教育。[23] 如果有一种疫苗，能让我们对这种感染免疫，那可真是再好不过了。人类情感的历史有着惊人的重复性。丹尼尔·希罗（Daniel Chirot）曾研究过憎恶在 20 世纪的战争中发挥的作用。[24] 法塔赫（Fattah）和菲尔克（Fierke）研究过穆斯林的憎恶情感。[25] 阿里亚斯·马尔多纳多（Arias Maldonado）曾论及憎恶与民主。[26] 利亚·格林菲尔德（Liah Greenfeld）曾说，现代社会中的民族主义受憎恶支配，并认为这是尼采所走的道路。"这种心理状态是嫉妒（存在论意义上的嫉妒）与仇恨被压抑且无法满足的结果。"[27]

这些情感并非孤立存在，而是具有认知的成分。同情心的缺乏也许是基于习得的偏见。1944 年，美国犹太人委员会赞助了一场大规模调研，试图理解这一问题。阿多尔诺（Adorno）、霍克海默尔（Horkheimer）、阿克曼（Ackerman）、亚霍达（Jahoda）等知名学者都参与了这项研究。他们的结论是，德国文化培育出了一种"权威人格"，即一种需要处于严格的权威之下的人格。[28] 埃里希·弗洛姆也提到了"权威意识"的概念。他认为，个人追求对权威的认同，因为这样才有安全感。[29] 1941 年末，处于权力巅峰的戈培尔（Goebbels）表示，对元首"伟大形象"的塑造是他的宣传工作中最大的成就。这是个很有趣的案例，因为希特勒的形象既由群众创造，又被强加于群众。富有领袖魅力的人宣称身负使命，然后以完成使命为名，要求其他人对其绝对服从。纳粹掌权之前，德国国内，尤其是右翼民族主义者当中，已经存在一种"领袖意识形态"。他们宣称领导力不在制度之中，而是"像命运一样"，从人民最私密的本质中发散出来。权力超越领袖本人，而领袖是这种权力的"执行器官"。同样的观点在西班牙被称作"考迪罗理论"（teoría del caudillaje）。[30] 早在这种"领袖气质"显现于希特勒身上的 15 年前，它就已被描绘出来："领袖不屈从于群众，而要依照其使命行事。他不去追捧群众。他强硬、诚恳、势不可挡，无论时代好坏，都能取得领导权。"领袖一旦被视作人民声音的代表，就能为所欲为。他的权力是绝对的，而我们知道，这意味着法律依赖于他，他处于法律的约束之外。

艾希曼（Eichmann）是犹太人大屠杀的发起者之一。汉娜·阿伦特（Hannah Arendt）曾记录对艾希曼的审判，并提出"平庸之恶"的概念。[31] 许多人对此感到愤怒，认为这是对受害者的痛苦缺乏尊重的表现。但阿伦特走进了黑暗的中心，而她在那里找到的，不过是一个庸俗弱小、头脑不清、没有能力做出正确决策的小人物而已。艾希曼只是大众的一员。如果情况不同，他也许还能成为一名模范公务员。但他利用了当时的环境，而这种环境对他而言却是致命的。

五、创造力和意志的扭曲

艺术有时能成为社会运动的先驱，或是为社会运动提供象征性工具。浪漫主义高潮过后，欧洲艺术便有些迷茫。1898 年，康斯坦丁诺斯·卡瓦菲斯（Constantino Kavafis）写道："如今没了野蛮人，我们会变成什么样子呢？也许他们终究是某种解答。"浪漫主义即便没有培养魔鬼研究，也推动了对诗才的妖魔化。兰波（Rimbaud）曾说，"打乱所有的感官"才能打开诗歌之门；波德莱尔（Baudelaire）挑逗着"恶之花"；许多诗人都痴迷于萨德侯爵（maqués de Sade）。《马尔多罗之歌》（Cantos de Maldoror）的作者，洛特雷阿蒙伯爵（conde de Lautréamont）伊齐多尔·迪卡斯（Isidore Ducasse）则总结道："残酷带来的快乐啊！可不是转瞬即逝的！"巴塔耶（Bataille）歌颂反叛。诗人们对恶满不在乎，就像孩子觉得一点恶作剧无伤大雅。但邪恶并非他们所想。奥斯威辛集中营才是邪恶。对绝对自由的渴望导致了对艺术家的神化。正如阿萨拉（Azara）在其著作《论现代艺术的丑陋》（De la fealdad del arte moderno）中所述，对现实的拒绝带有一种神学意味。在传统观念中，自然是上帝的造物，而尼采提出的"上帝已死"，则把自然也拉下神坛。[32] 至上主义的创始人之一马列维奇（Malévich）曾预测，人类将成为上帝。维多夫罗（Huidobro）表达过类似的意思，但语言更为夸张："整个艺术史，不过是由'镜中人'向'神人'的演化，或者说，是向着终将成为绝对创造者的艺术家的演化。"罗杰·格里芬（Roger Griffin）曾在一部极具说服力的著作中探讨现代主义和法西斯主义的关系。[33] 希特勒多次强调自己的艺术天赋，并认为若非德国在第一次世界大战中战败，他早已成为像米开朗琪罗一样伟大的艺术家。不过他也认为，执政让他得以从事一项最崇高的艺术创作——创建一个新的日耳曼民族。此前，墨索里尼就曾表达过这种思想，后来，波尔布特（Pol Pot）等暴君又对此进行了重申。[34] 他们都自认为无所不能，蔑视人民，把人民视作任搓任捏的一团东西而已。将掌权者和艺术家进行类比，其实暗示着人民的绝对服从。戈培尔在其 1929 年出版的小说《迈克尔》（Michael）中，把人民描绘得就像是雕塑家面前的一块石料。两年后，他还说："对我们而言，群众不过是一块不成形的材料。只有经过艺术家之手，群众才能蜕变为人民，再从人民蜕变为民族。"1936 年 4 月，纳粹喉舌《人民观察家报》（Völkischer Beobachter）头版刊登文章《艺术是政治创造力的根基》（El arte como fundamento del poder creador político），其中写道："元首的艺术创作和他伟大的政治作品之间，无可辩驳地存在一种内在联系。他的艺术活动正是他全部创造性思想的首要条件。"[35] 这解释了希特勒的一句话——"艺术是一项使人不得不狂热的崇高使命"。希特勒还曾对劳施宁说："谁要是只把民族社会主义当作一种宗教，就根本不了解民族社会主义。它比宗教更高——它是创造新人类的意志。"创造"新人类"的乌托邦幻想存在于 20 世纪的所有极权主义制度当中。它代表着对扩张的狂热和浮士德式渴望的巅峰，同时也是意志全能性的表现。[36] 芬基尔克罗在《丢失的人性》(*L'Humanité perdue*) 中指出，纳粹主义是"崇拜意志的教派"[37]。纳粹主义者认为首领的意志能拯救人民。在极权主义专制政体中，总有一种对某一种族或某一政党之"意志"的强硬召唤，它感染着群众，让他们沉醉于"全能"。希特勒让人们相信，世上无不可能之事，意志总能达成目标，决不能让情感和怀疑削弱了它。汉娜·阿伦特在《极权主义的起源》(*Los orígenes del totalitarismo*) 一书的末尾写道："极权主义意识形态的目标并非改变外部世界，亦非社会的革命性改造，而是改变人类的本性。"[38]

我们也不该忘记的是，前卫艺术因其对自由的追求，而被纳粹政府斥为"堕落的艺术"。

六、不稳定的解决方案的时代

两次世界大战让人们对文明阻止暴行的能力产生了严重的怀疑。人们生活在"第 25 小时"，哪怕神仙也拯救不了。[39] 宗教、科学、技术、艺术、经济、政治意识形态等，也都无能为力。存在主义得出的结论是："人是一种无用的热情""他人即是地狱"。但是智人重整旗鼓，继续前行，追寻客观幸福。阿尔贝·加缪（Albert Camus）可以被视作反直觉希望的宣传者。在其代表作《鼠疫》(*La peste*) 的结尾，他写道：

这时，越来越响亮越来越持久的欢呼声在城市回荡，一直传到平台脚下，空中的火树银花流光溢彩、千变万化。里厄大夫正是在这一刻下决心编写这个故事，故事到此为止，编写的初衷是不做遇事讳莫如深的人；是提供对鼠疫受害者有利的证词，使后世至少能记住那些人身受的暴行和不公正待遇；是实事求是地告诉大家，在灾难中能学到什么，人的内心里值得赞赏的东西总归比应该唾弃的东西多。[40][①]

加缪的朋友兼对手让-保罗·萨特对这种希望进行了更加精确的描述："我们爱人，不是由于他现在的样子，而是由于他能够成为的样子。"

本书的研究则发现了一种更为谦逊而飘忽的希望。救赎，或者说问题的解决方案，只能通过一种社会性智慧来实现。在这种社会性智慧中，已经摆脱了赤贫、无知、狂热、恐惧与仇恨的人们进行互动。我们无法为一个加速变化的世界提供解决方案，没人知道解决方案。但是我们可以创造条件，让一些有见识、会批判、有勇气、能同情、有智慧的人去寻找方案。发生于20世纪上半叶的种种可怕事件证明了这一点。当时，人们的认知和情感都发生了崩溃，导致了恐怖暴行。我们可以把历史比作一次航行。人类逆风前行。我们已经确定了目标，即幸福，但顶头风却总是让我们偏离方向。我们不能寄托于这些大风，不能任凭自己随风漂流，否则就会被带往我们不愿前去的地方。"敏锐的智慧"为我们提供了一个办法，也是唯一的办法——让不利于我的力量为我所用。好的舵手就该如此。帆船不能迎着大风而行，却可以迂回前进。而在抢风调向之前，在改变船帆方向之前，我们偏离航线已经很远。在前文所述的悲剧中，我们被粗暴地推离了目标，而且无法确定人类还能否转向，能否再次靠近想要的方向。野蛮并非不可能取胜。

幸运的是，野蛮并未胜出，人类找回了过去取得的成就。当然，有些旧日的行为也留了下来，例如，专制主义和殖民主义都偶有冒头。旧日对抗的痕迹仍然存在。

1943年德黑兰会议和1945年雅尔塔会议上，苏联声称合法掌控欧洲东部地区，其他国家的领导人也接受了这一点。1944年，丘吉尔访问莫斯科，和斯大林就各自的势力范围进行了协商，并以当时独立国家的国土作为筹码。他们遵循的是最为古老的胜者逻辑。热战变成了冷战，变成了两大集团之间的斗争。权力的较量愚蠢至极。1986年，世界上已有7.8万枚核弹头，总威力相当于180亿吨三硝基甲苯（TNT）。按照当时的世界人口

[①] 该译文出自刘方所译《鼠疫》，上海译文出版社2011年1月版。

计算，相当于人均 3.6 吨炸药。[41] 威慑战略最终见效，实属万幸。

经济的复苏远快于社会和政治形势的恢复。美国与欧洲国家开始实施被称作"马歇尔计划"的正和博弈。战后，美国极为强大的军事工业必须转型，但国内消费能力却不足以维持生产水平，国外又找不到潜在的买家。时任总统杜鲁门（Truman）及国务卿乔治·马歇尔（George Marshall）将军凭借极为有利的协议，开始推行名为"欧洲复兴计划"的对欧援助计划，援助总额达130亿美元。该计划始于1948年，并持续了四年。计划结束时，欧洲的生产力已恢复至战前水平。这样一来，我们就能把那些死难者都抛到脑后啦！

苏联阵营希望获得全世界共产党的支持。许多学者与艺术家对斯大林无比着迷。对斯大林的歌颂数不胜数，其中也有用西班牙语写成的。曾于1937年访问苏联的米格尔·埃尔南德斯（Miguel Hernández）就曾写道："啊，斯大林同志——从一个乞丐的民族／你造就了另一个民族，人们摇头／驱走牢狱，畅享粮食。"拉菲尔·阿尔贝蒂（Rafael Alberti）写道："父亲、导师和同志／我欲流泪，我欲歌唱／让清水启迪我／让你澄澈的灵魂启迪我／在你离去的夜晚。"巴勃罗·聂鲁达（Pablo Neruda）则写道："他的简朴与智慧／他亲切的面包与坚定的钢铁／每天都激励着我们做真正的人。"

七、中国特色

即将成为世界第一大经济体的中国，显示出了独具特色的发展历程。毛泽东的形象同样引起了许多欧洲人的兴趣。在成为国家主席之前，他从未走出中国。他接受了大量中式本土的教育，除了马克思主义思想，也深受中国传统乌托邦思想的影响。1949年，毛泽东宣布中华人民共和国成立，许多中国人都满怀积极乐观的精神。但在最初的20年间，中国先后经历了两场重大灾难——"大跃进"和"文化大革命"。"大跃进"鼓励人们大规模生产钢铁与粮食。随后却迎来了"三年困难时期"，许多人死于饥饿。1966年的"文化大革命"则使推动社会转型的尝试变得极端。霍布斯鲍姆写道：

> 列宁虽然极为信任行动和政治决策的作用，但也从未忘记现实条件总是严重限制着行动的有效性。斯大林也承认自己的力量是有限的。然而，只有深信"主观能动性"是无所不能的，深信人只要下定决心就能移山、能登天，才能理解"大跃进"的疯狂。专家们解释了什么可行、什么不可行，但人们深信革命热情能够克服一切物质困难，思想能改变物质。因此，"根正苗红"并非比专家更重要，而是能替代专家的作用。1958年，乐观主义浪潮席卷全国，人们要立刻实现工业化，跳过所有发展阶段，直达共产主义未来……在某种程度上，这种对意志能改变物质的信仰，其实建立在对"人民"的信仰之上。人民渴望变革，因此才带着中华民族所有的传统智慧与才能，创造性地投身于这一场向前进的伟大征程。[42]

"文化大革命"的10年间，高等教育基本处于停滞状态。知识分子大量接受改造，到田间从事体力劳动。霍布斯鲍姆写道："毛泽东认为，斗争、冲突和紧张感至关重要，不仅在生活中发挥着重要作用，还能避免旧社会的种种弱点死灰复燃——因循守旧、不知变通就是旧社会最大的弱点。只有通过不断革新的斗争，才能挽救革命，挽救共产主义，使之免于长期停滞所带来的堕落。革命永远不能结束。"[43] 毛泽东于1976年去世，其时仍在当政。1978年，"三落三起"的邓小平上台，打开国门，接纳市场经济。在本书中，我们始终能够感受到，中国是一个"遗世独立"的伟大强国，并预感到这位巨人能够醒来。而现在，巨人已经觉醒。最近30年间，中国国内生产总值（GDP）保持着10%的年均增速，5亿人实现脱贫。中国已经是世界第二大经济体，并很可能在2030年跃居世界首位。[44] 世界银行为中国提出的建议包括巩固市场体系、鼓励创新、推动可持续发展、保障平等机会和普遍社保、强化公共财政，以及和其他各国维持共赢关系。

八、全球化与文化变迁

中国的经历告诉我们,经济全球化取得了胜利,自由市场和国际贸易是发展的必要条件。2008 年的金融危机也显示,经济体之间的联系日益紧密。始于人类历史之初的国际贸易,得益于交通运输的发展,已经达到了巅峰,并为许多难题提供了解决方案。工业革命带来的繁荣,使英国人口数量在 1801 年至 1841 年间,从 850 万增长到了 1 500 万。但技术却没有提高农田的生产力。英国是如何养活了这么多人呢?丹尼尔·科恩(Daniel Cohen)在《缺陷的繁荣》(*La prosperité du vice*)一书中写道:"答案很简单,即出口工业品,进口农产品。英国的发展模式完全依赖于出口,且初期以纺织品出口为主,并用所得利润进口所需的农产品。这一模式后被 20 世纪 70 年代的新兴工业国家以及今天的中国所采纳。"[45] 中国拥有世界 1/5 的人口,却只有世界 1/10 的可耕地,因此,满足民众的粮食需求是一个关键问题。中国的粮食中有很大一部分进口自南美洲国家、美国和澳大利亚。美国农业地区的利润大多来自对华出口。

经济上的相互联系催生了各种国际组织。国际复兴开发银行(世界银行)和国际货币基金组织是两个主要机构,诞生于 1944 年的布雷顿森林会议。随后又出现了世界贸易组织。国际货币基金组织向遭遇货币危机的国家以及银行和公司提供贷款。它力求保障世界各国都以合理的方式管理本国经济。而世界银行的职能是给最贫困的国家提供资助。它曾因对贷款国家设置的条件过于严格而饱受诟病。世界贸易组织则鼓励各国减少贸易壁垒。这些机构设立之初都是出于经济学家约翰·M. 凯恩斯(John M. Keynes)所提倡的社会民主精神,但后来,其重心逐步向自由主义偏移。20 世纪 90 年代初,出现了以"稳定化、自由化、私有化"为口号的所谓"华盛顿共识"。部分学者将"华盛顿共识"斥为"激进主义"的新自由主义。

为了更好地组织世界经济,美国、日本、德国、英国、法国、意大利和加拿大这七个工业化大国组成了七国集团(G7)。1999 年,德国、沙特阿拉伯、阿根廷、澳大利亚、巴西、加拿大、中国、韩国、美国、法国、印度、印度尼西亚、意大利、日本、墨西哥、英国、俄罗斯、南非、土耳其和欧盟又组成了二十国集团（G20）。西班牙作为受邀国参与G20峰会。经济合作与发展组织本质上是发达国家国际合作机构，其基本职能是协调工业化国家的政策。

技术加速发展，兴起于20世纪的信息技术和基因工程技术更是发展迅猛。这二者是我们所说的"后人类主义"中最重要的两个创造性分支。科学及其相关技术所取得的巨大进展也在社会上引起了不安。人们担心某些科技的发展或技术的大规模应用将危及地球上的生物（如核武器威胁）、生态稳定性（如全球变暖）、对"人类"的基本定义（如基因工程），以及对隐私的限制（如互联网），等等。对科技文明及其"危害"的批判有时建立在对工具理性的批判之上，而工具理性则被视为西方文化以及资本主义工业对利益最大化的追求所特有的弊病。但是这些批评同时也夸大了科技的万能性，并认为科技不受任何社会管控的影响。此外，科技还为反对其自身带来的变革提供了更多手段——知识赋予人在权力面前自卫的可能性。[46]

全球化也是一个文化现象。彼得·伯杰（Peter Berger）认为，文化全球化加强了个人在集体及其传统之外的自主性。这种变化被很多文化视作破坏传统权威的方式之一，而从某种意义上讲，确实如此。实际上，现代化与全球化之间产生了复杂的交织：反对乡村、集体和等级制传统的现代化进程——包括城市化、工业化和日益增强的个人主义——在全球化的推动下显著加速。[47]

另一方面，女性解放运动，或者说女权运动，是20世纪最具革命性的转变之一。女性获得投票权之后，女权运动便致力于反对歧视、批评性别主义权力结构，以及推动人们意识到家庭和劳动中的性别不平等。20世纪，女权运动实现了非凡的社会变革，影响了生活的方方面面——包括政治、权利、语言、宗教、职业和教育。其影响并不局限于西方，而是和许多其他发端于西方的文化现象一样，跨越了文化的界限，辐射到整个世界。

性解放运动自20世纪60年代开始发展。这一方面是由于大众传媒的发展，一方面得益于医学的进步（例如避孕药的出现和对梅毒传播的控制）。此外，冷战的紧张局势让人们对"完全毁灭"心存恐惧，并导致西方出现各种反主流文化的"应激反应"，性解放运动也受其影响。性解放运动始于美国和西欧最富裕的地区，随后传遍西方各国，进而影响了世界上的其他文化。这些进程持续至今，并引发了社会行为与习俗的根本性转变。性解放运动带来的重要变革包括：对媒体中公开展示性相关内容的包容（减少相关审查），传统性别角色观念的转变，以及其后几十年间同性恋者日益增强的存在感和社会对其的接纳。

九、为得到承认而斗争

文化的演变显示，智人并不是只关心自身利益最大化的"经济人"（Homo oeconomicus），而是在生活中不断调和着现实与非现实、理性与非理性、过去与未来、自我主义与利他主义、暴力与温柔的"精神人"（Homo spiritualis）。为了在文化身份、公民权利、思想自由、性自由等方面获得承认而进行的斗争，是20世纪文化演变的重要部分。这些斗争为我们开辟了十分迷人的研究领域，因为它们展示了心理需求是如何转变为政治力量的。"承认"（Anerkennung）的概念最初见于约翰·戈特利布·费希特于1796年出版的《自然法权基础》（*Fundamentos de derecho natural*），后又出现在黑格尔于1807年出版的《精神现象学》（*Fenomenología del Espíritu*）中关于主奴辩证关系的著名段落里。两人的理论中，"承认"的概念指的都是自我被他人承认为自由能动主体的需求。人们希望被承认为人，为权利所有者，或是为文化中的一分子，这种需求指导了20世纪的许多社会斗争。阿克塞尔·霍耐特（Axel Honneth）针对这一现象发展出了最为完整的理论，他指出了"承认"的三个维度——情感、法律和团结。我们需要他人承认我们作为人的价值，承认我们的权利，承认我们对援助的需求。[48]

1947年，反对殖民统治、要求承认自决权的运动兴起。对自决权进行研究是文化演变学应有之义。[49] 1918年，时任美国总统伍德罗·威尔逊（Woodrow Wilson）在对国会的一次讲话中提出了指导一战后欧洲重建工作的"十四点计划"。其中第五点试图解决殖民地问题，并提到应兼顾自决权。自决原则作为国际联盟的"授权"之一，写入了《凡尔赛和约》第 22 条。对殖民地的"监护"被托付给了在第一次世界大战中获胜的列强。列强们还被要求区分对待他们认为"准备好"独立的和"没准备好"独立的殖民地。这一权利曾在诸多不同场合被援引。列宁曾在阶级斗争的大背景下为其辩护，并承认芬兰独立。纳粹党则以这一权利为支撑，要求所有德国人团结统一。1966 年，联合国在"国际人权公约"（Pactos Internacionales de Derechos Humanos）①中承认了这项权利。但是争议没有就此平息。因为联合国当时针对的是殖民地问题，却没有就"民族"做出定义，导致了一些要求从已经建立的国家中分裂出来的所谓对自决权的声索。魁北克省、苏格兰、巴斯克地区、加泰罗尼亚等地就是如此。

让我们回到反殖民主义运动的话题上。《非洲存在》（Présence Africaine）杂志在巴黎创刊，并刊登了马提尼克的艾梅·塞泽尔（Aimé Césaire）和塞内加尔的列奥波尔德·塞达·桑戈尔（Léopold Sédar Senghor）等人的作品。他们后来成为"黑人性"（negritud）的拥护者。桑戈尔认为："同化是个错误。我们可以用法语同化数学，但却永远不可能撕下我们黑色的皮肤，不可能根除我们黑人的灵魂。因此，我们热切地追寻我们的集体灵魂。'黑人性'是一系列文明价值的总和，包括文化、经济、社会与政治，并构成了黑人的特性。"塞泽尔的学生弗朗茨·法农（Frantz Fanon）认为，黑人需要一项带有根本性变革的理论。他于 1961 年出版的《全世界受苦的人》（Los condenados de la tierra）成为极富影响力的革命宣言。各国独立后，由于体制、公共服务和教育服务普遍较弱，文盲率高，城市化迅速但国内各民族相互割裂，其政治体系很难保持稳定。在冷战的背景下，一些国家采取了不同的社会主义模式，往往还伴随着对传统价值观念的树立。国家主导的教育与经济发展成为优先事项，但因为对外依存度高，且存在

---

① 联合国针对国际人权保护订立的三个公约的总称，三个公约为《经济、社会、文化权利国际公约》（International Covenant on Economic, Social and Cultural Rights）、《公民权利和政治权利国际公约》（International Covenant on Civil and Political Rights）和《公民权利及政治权利国际公约任择议定书》（Optional Protocols）。

包庇和腐败现象，所以成效甚微。于是，军人干政、一党执政的现象十分普遍。即便如此，非洲人对国际语言的使用、逐渐提升的识字率、媒体的传播、超凡的城市化进程，以及和外界日益增多的接触，都表明非洲在现代社会中的参与度之高是前所未有的。[50]

在全球大多数地方，文化杂交是近几个世纪以来各种文化互动的结果，也是不远的将来全球化世界的图景。拉各斯、金沙萨、罗安达等非洲新兴特大城市便呈现出这种现象。这些城市人口均超过 500 万，其中一半尚不满 18 岁。这些城市远离乡村文化，并形成了一种新的城市身份认同，其中混合了当地元素、"杂交"的宗教信仰，以及全球流行文化的碎片。[51]

印度是首个获得独立的殖民地，也是最大的一个。印度精神领袖莫罕达斯·K. 甘地（Mohandas K. Gandhi）和印度总理兼国民大会党主席贾瓦哈拉尔·尼赫鲁（Jawaharlal Nehru）获得了极大支持，以致英国人无法继续掌权。谈判过程中，穆罕默德·阿里·真纳（Muhammad Ali Jinnah）领导的穆斯林联盟要求主要人口为穆斯林的地区独立于印度。印度与巴基斯坦成为两个不同的实体。自 19 世纪末，穆斯林与印度教徒之间的宗教分歧开始被政治化，二者之间的敌对态度也日益增强。最终，双方无法达成一致，分裂成了两个国家。这被视作一场悲剧，对那些被迫迁居、遭受财产损失甚至因此丧命的人来说尤为如此。人们眼睁睁看着自己的故土被分割，经济纽带被切断，混合的文化被撕裂。分裂导致的创伤对印巴关系的荼毒持续了几十年。当时的局势极为复杂敏感，面临爆发内战的风险。分裂虽然没能免除暴力，但仍被视作这种局面的解决办法。[52]

1948 年，英国结束了对巴勒斯坦的托管。联合国把这片区域划分为两个国家。然而这一划分既不能让犹太定居者信服，也不能让巴勒斯坦阿拉伯人满意。以色列甫一宣布建国，就遭四邻围攻。1948 年阿拉伯和以色列之间的战争开启了二者漫长的冲突，至今仍未化解。战后，100 万巴勒斯坦人被困于加沙地带和被割让给约旦的领土上。

到 1965 年，几乎所有非洲原殖民地都已经获得独立，但实际上几乎没有一个国家拥有足以保障和平发展的强大体制。比利时殖民者撤出刚果时，只留下了一个破败的铁路系统，和不满 25 名受过高等教育的当地人。1952

年，一群民族主义军官推翻了埃及的君主制。纳赛尔（Nasser）上台，并将苏伊士运河收归国有。越南和阿尔及利亚则是在经历了残酷的解放战争后才赢得了独立。

1962年，发生了冷战期间最危险的对抗之一。反对巴蒂斯塔（Batista）独裁统治的革命领导人菲德尔·卡斯特罗（Fidel Castro），和苏联达成一致，允许苏联在古巴部署导弹。美国时任总统肯尼迪要求苏联将导弹撤出古巴。在对峙的那几天时间里，整个世界都担心会爆发第三次世界大战。

十、消费主义

第二次世界大战结束后，西方世界维持了一段平稳发展时期，并建立了"消费社会"。[53] 弗洛伊德的外甥爱德华·伯尼斯（Edward Bernays）是最早研究消费主义的理论家之一。消费主义是对物质的持续渴望。前文曾提到，这种渴望是人类扩张动力的一部分。智人是追求奢华的生物。美国最先形成了"富裕社会"。时任美国总统柯立芝（Coolidge）说："对国家而言，一个美国人的重要性并非源自他的公民身份，而是源自他的消费者身份。"笔者在此必须重提前文提过的一个概念，那就是"主体化"，即将人看作主体。很明显，作为"消费主体"不同于作为"公民"。前者是某一极为强大的隐形意识形态体系的一部分。[54] 它正是基于对欲望的持续性刺激。传统上，文化对欲望的扩散持不信任态度，但此时却要鼓励欲望的产生，因为这对保障生产型社会的持续扩张而言至关重要。约翰·加尔布雷思曾解释道，几千年来，生产体系都被用于满足需求，但如今，生产大于需求，于是一部分生产力就不得不致力于"创造需求"，而这正是广告的作用。[55] 马库塞（Marcuse）小组开展的一项关于广告的研究显示，广告商很清楚他们的工作关乎"需求"和"欲望"，但他们认为消费主义运作于一个更为肤浅的层面——渴望。这些渴望具有社会性，同时又转瞬即逝，而且总是与那些社会地位令人羡慕嫉妒的个体联系在一起。广告宣传挑动着渴望。广告树立令人艳羡的典范，但带来的满足感却转瞬即逝，因为工业生产需要这一典范被其他典范代替。[56]重要的不是提供产品，而是提供体验。建立在任性而非需求上的所谓"原欲经济"（economía libidinal）由此诞生。当然，这只是特权阶层特有的情况，它仍与需求经济和贫困经济共存。但20世纪下半叶，社会的一大特征就是"大众消费"。广大群众都拥有了强大的购买力，以致人们往往忘记了那些身处发达社会却生活在贫困线以下的人，以及那些仍处于贫困状态的社会。消费主义有其社会后果和政治后果。它极大地完善了广告宣传体系，并使公众对政治失去了兴趣——18世纪的思想家们就曾经预见这种局面。

消费社会被标榜为"低强度的乌托邦"，但也受到了不同角度的批评。首先，由于消费社会建立在对资源和能源的大量消耗之上，其可持续性遭到质疑。其次，在消费社会的愿景中，人类仅屈从于经济力量，这展现出一种轻飘飘的物质主义和享乐主义，并催生了旨在"重塑世界"的宗教激进主义。宗教激进主义者行事的出发点在于，他们深信自己是在一个对宗教采取系统性敌视态度的世界里，为了捍卫信仰而斗争。他们对世俗的现代性宣战。凯伦·阿姆斯特朗写道："20世纪中叶，专家学者们认为在很近的将来，世俗主义就会成为主流意识形态，宗教则不再在国际事务中扮演重要角色。但宗教激进主义者扭转了这一趋势，宗教逐渐成为美国、以色列和伊斯兰世界各国政府不得不严肃对待的一股势力。"[57]文化演变学已向我们展示了宗教现象的重要性，也让我们看到，宗教能轻易地引发血腥事件。因此，必须不懈地进行阐释、理解和批评。

十一、新乐观主义

我们这个世纪的局势激荡不安，未来充满了不确定性，经济不平等总难消除，全球气候不断变暖，移民问题引发危机，我们感到自己的技术造物已经脱离掌控，并深信后代的生活水平将低于其祖辈。关于"进步"的思想激励了人类大家族上百年，但以上种种却使这一思想失去了威望。如果有人说我们正处在历史上最好的时代，那么这个人一定会被指为无知，被骂作骗子或是不公的帮凶。阿瑟·赫尔曼（Arthur Herman）指出，悲观主义者在学界享有很高的威望，并因此占领了各人文学科。[58] 罗伯特·尼斯比特（Robert Nisbet）在《进步思想史》(Historia de la idea de progreso)中写道："对西方进步的怀疑态度增强。在20世纪最后25年间，它不仅扩散到大多数知识分子，更扩散到了成百上千万西方民众的身上。"[59] 笔者使用本书中的概念，将这一问题重述为：客观幸福的水平是否有所提高？2016年，贝拉克·奥巴马（Barack Obama）说："如果你能选择在历史上的任意时刻出生，但事先并不知道你会是什么人——不知道家里是穷是富，不知道生在哪个国家，也不知道自己是男是女——如果你必须盲选自己出生的时间，那么你一定会选择当下。"这话有道理吗？他所指的显然是美国公民。但是对叙利亚的受迫害者而言呢？对缅甸的罗兴亚人而言呢？

然而，要完全否认人类取得的进步也是荒谬的。马特·里德利（Matt Ridley）[60]、汉斯·罗斯林（Hans Rosling）[61]、马克斯·罗泽（Max Roser）[62]、约翰·诺伯格（Johan Norberg）[63]、史蒂芬·平克[64]、弗朗西斯·福山[65]等作家都试图强调这一点。乐观主义者们的观点建立在一些数据上，例如，数据显示预期寿命有所延长。18世纪中叶，美洲人和欧洲人的预期寿命约为35岁，而如今，世界平均水平已达71岁。诚然，不同国家之间差距显著，但所有国家的预期寿命都上升了。出生于当今的一名非洲人，预期寿命可达到美洲1950年生人的水平。而如果没有艾滋病，这一数字还有可能更高。世界各国的婴儿死亡率和孕产妇死亡率都较1950年有所下降。以疫苗、抗生素、手术技术、心脏起搏器等为代表的医疗卫生进步也是惊人的。我们曾听说过饥荒。在回顾历史的过程中，我们可以看到，饥荒是一直伴随着人类的灾难之一。据费尔南·布罗代尔记录，前现代时期，欧洲每几十年就要闹一次饥荒。[66] 经济学家理查德·福格尔（Richard Fogel）指出，18世纪典型的法国饮食中包含的能量，和1965年的卢旺达处于同等水平，而卢旺达是1965年营养不良最为严重的国家。[67] 如今发生的改变在于，我们已经有办法避免饥荒，因为当前的粮食产量允许我们这样做。诺贝尔经济学奖得主阿马蒂亚·森的研究显示，饥饿并非食物短缺造成的，而是食物分配不平等的后果。因此，饥饿有其政治原因。[68]

笔者对史蒂芬·平克的著作很感兴趣，因为他的方法在很多方面与我们不谋而合。平克是一位认知心理学家，专长为智力研究。他对社会学和历史学的关注度也日益增加。他曾用很长的篇幅来论证，暴力随着历史进程而不断减少——尽管20世纪发生了可怕的战争。虽然从绝对数据上看，这些战争无疑是史上最血腥的，但从相对数据上看却并非如此。战争以外的犯罪数据也是这样。笔者最感兴趣的是他所做的世代系谱研究。他把暴力归咎于五种"心魔"：为达到某种目的的掠夺性暴力、统治欲、复仇欲、虐待狂，以及意识形态动机。他还发现了四种激励我们进行合作并采取利他主义的"天使"：共情、自制、道德感，以及理性思考的能力。[69] 笔者对他的批判只有两点。第一，用百分比数据进行评估是准确的，也让人看到了进步，但是绝对数据同样重要，因为绝对数据显示了暴力现象的另一个维度，即它所造成的痛苦之大。也就是说，绝对数据让我们看到，到底有多少人生活于恐惧之中，又有多少人拥有制造恐惧的能力。规模为此增添了一个极为可怕、可憎的维度，因为它会改变经历。造成100人死亡和造成6 000万人死亡，是不一样的，哪怕那100人是一座村庄的全部居民，而那6 000万人仅仅占人口的0.5%。第二，他所分析的是长期趋势，却没有重视那些崩溃时期，没有重视共情、自制、道德感、理性的保护机制失灵的那些时期，例如两次世界大战时期。对"新乐观主义"持批判态度的戴维·朗西曼（David Runciman）认为，乐观主义很难看到失败，也很难发现灾难的前兆。[70] 因此，正如贾雷德·戴蒙德所说，人类才遭受了可怕的崩溃，经历了生活模式的垮塌。[71] 纳粹主义就是一个例子。当前，人们面临着两大严重威胁：生态危机，以及不平等现象所能达到的令人难以忍受的程度。我们能否侦测到可能发生的崩溃的预警呢？

联合国开发计划署统计的数据同样显示，其考察的领域均有持续性的进步。例如，1990年至2016年，贫困率从35%降至10%以下，全球有超过10亿人脱离了贫困。不过，其为2030年设定的目标也显示，必须同性别不平等斗争，保护最弱势的群体，尝试解决饮用水问题，并保护地球环境。

十二、客观幸福

根据 1789 年法国《人权宣言》,"公共灾祸的唯一原因"就是"对于人权的无知、忽视与轻蔑"。全人类共同承受的种种恐怖迫切地要求我们重拾人权。纳粹分子占领法国期间,埃马纽埃尔·穆尼耶(Emmanuel Mounier)率领一群知识分子,编写了一部新的《人权宣言》,这也许是为了挨过那段恐怖时期。1941 年 1 月 6 日,富兰克林·D. 罗斯福(Franklin D. Roosevelt)在对国会的演讲中构想了一个在和平中诞生的新型国际社会。他在这篇演讲中提出了"四大自由",即言论自由、信仰自由、免于贫困的自由和免于恐惧的自由。它推动了一系列国际组织的建立。1945 年,50 个国家签署了《联合国宪章》(Carta de la ONU),其中谈及"不分种族、性别、语言或宗教,增进并激励对于全体人类之人权及基本自由之尊重"。虽然不够明确,但这仍代表着国际法领域的一项深刻创新。该领域的专家特鲁约尔(Truyol)曾说,《联合国宪章》"打破了国家能任意处置国民的原则,并以一条新原则代之——对人权和基本自由的保护本质上是国际问题"[72]。因此,联合国曾数次讨论其是否有权为保护某国公民的基本权利而对该国进行干涉。[73] 可以看出,这违背了前文提及的主权原则。

1946 年,联合国教育、科学及文化组织《组织法》中写道:"战争起源于人之思想,故务需于人之思想中筑起保卫和平之屏障。"次年,该组织向诸多伟大的思想家、法学家、政治家和宗教人物发出一项调查,询问其对于撰写新《权利法案》的看法。阿道司·赫胥黎(Aldous Huxley)、贝奈戴托·克罗齐(Benedetto Croce)、萨尔瓦多·德·马达里亚加(Salvador de Madariaga)、皮埃尔·泰亚尔·德·夏尔丹(Pierre Teilhard de Chardin)等人都做出了回应。甘地于旅途辗转之中在火车上回信。雅克·马里旦则表达了颓丧之情。他认为,所谓"新《权利法案》"连在理论上都无法达成一致,更别提付诸实践。

讨论就在这样一种充满怀疑与漠然的氛围中开始了。首先讨论的是文件的形式——宣言还是公约。二者的区别意义重大。根据国际法,宣言没有约束力,而公约则有。历经了近两年的辩论之后,1948 年 12 月 9

日,各国签订《世界人权宣言》。勒内·卡森(René Cassin)被许多人视作宣言的主要撰写人。他评价其为"人类对压迫最为有力的反抗",并说"《世界人权宣言》应该成为人类希望的灯塔"。埃莉诺·罗斯福(Eleanor Roosevelt)曾说:"这一宣言应该成为全人类的'大宪章'。"《世界人权宣言》最终凭借 48 票赞同、8 票弃权、0 票反对而通过。几个社会主义国家以及南非和沙特阿拉伯投了弃权票。沙特阿拉伯弃权的原因是不能接受该宣言中有关平等的婚姻权利以及允许改变宗教信仰的内容。这一宣言在当时影响甚微,后来才日益得到重视。虽然这是一份对国家没有约束力的文件,但各国以它为基础起草了两项国际公约——1966 年颁布的《公民权利和政治权利国际公约》和《经济、社会、文化权利国际公约》。这两项公约已经被许多国家接受。例如,西班牙宪法第 10 条第 2 款规定,权利和自由将根据西班牙所批准之《世界人权宣言》及内容类似的国际条约和协议进行解释。

十三、一个虚构的救赎

本书在对文化演变的阐释中,十分重视权利的来龙去脉,因为笔者认为这是人类最为基本的历险,是真正对人类这一物种加以定义的东西,是我们成为"灵性动物"的原因。在本书的最后几页,笔者希望对这一观点进行论证。智人在追求幸福的道路上不断试错,经历了胜利与失败,终于得出结论:保障并优化个人生活规划的最佳方式,就是置身于权利的保护之下。这本是一种防御性的务实的解决方案,却逐步变为一场形而上的历险。本书已经讲述了这个故事的一部分。权利不该依靠某一法律,而必须先于一切立法,且属于主体(主观权利)。但要将权利建立在什么基础上呢?要以什么方式来赋予其正当性?历史上出现了三种建议:上帝、古法、自然。援引上帝最终却引发了冲突,因为人们对"上帝"这一形象的看法无法达成一致。各种宗教战争推翻了这一假说。援引古法同样不能解决问题,因为它以来源不明的造物为基础,实则是对答案的一种回避。看上去最靠谱的提议是把权利建立在自然之上。但这一假说同样经不起推敲。每个人都是从自身的角度出发，来理解"自然"这一概念。基督教神学家从中看到上帝；尼采看到权力意志；纳粹自然法学家看到的是纳粹法。雅利安种族至上主义者阿尔弗雷德·罗森堡（Alfred Rosenberg）曾说："种族法思想是建立在自然合法性认知上的道德思想。北欧-西方人承认一种永恒的自然合法性。"约瑟夫·戈培尔则说："自然凌驾于科学之上，并塑造它自己的生命。"赫尔曼·戈林（Hermann Göring）则更进一步："民族是首要的。他们携带着不成文的法律，正如他们的血液中携带着神圣的火种。雅利安人认为是法律的就是法律，他们不赞同的就不是法律。"[74]

我们可以在距离现在较近的西班牙法律中找到把"自然"概念工具化的有力证明。1975 年方才失效的西班牙《民法典》第 57 条明确写道："丈夫必须保护妻子，妻子必须服从丈夫。"在法律意义上，已婚女性等同于儿童、精神病人或不会读写的聋哑人——他们都被认为没有签订契约的能力。更严重的是，颁布于 1958 年 4 月 24 日的法律的序言对第 57 条进行了正当化解释："自然、宗教和历史把领导支配权赋予丈夫。"权利的三重基础——上帝、古法和自然——在这里都被用来证明一项重罪的正当性。

权利的来源问题看似无解。要么一切权利依赖立法者，也就是采用客观法或实在法，个人则听凭立法者处置；要么就只能承认毫无根基的主观权利。人们心中没有法律庇护的恐怖经历和记忆尤为强烈，这促使人们找到了一个极好的解决方案——一个伟大的、带来救赎的虚构概念。人性被赋予了一项即将促使其转变的特质——尊严。这一特质让每个人的存在都有其价值。这与一个人的性格、处境无关，甚至不受其行为所左右——尽管最后一点令人难以认可。而人的权利正是来自人的尊严。

显然，"尊严"并不是一个实际的谓项。举例来说，它对科学而言没什么使用价值。人类或许是比黑猩猩更聪明的动物，但这会让人更有尊严吗？为什么我们决定承认，任何人无论做了什么都拥有尊严呢？令人惊异的是，人们理所当然地认为，理性或自由让我们比其他生物都要高等。《为尊严而斗争》（La lucha por la dignidad）全书都在试图理解，为什么人们把"只要是人就有尊严"奉为教条。该书从 1992 年 12 月 13 日的《纽约时报》(New York Times)中引用了这样一段话:"在塞拉利昂,游击队撤离一座村庄之前要切掉村里所有人的右手。有个因学会了写字而非常开心的小女孩祈求他们切掉她的左手,这样她还可以继续写字。结果,一名游击队员把她的双手都切掉了。在波斯尼亚,士兵们抓捕了一位带着孩子的年轻女性。他们把她带到大厅里,命令她脱光衣服。她把婴儿放在身边的地上。四个切特尼克士兵强暴了她。她沉默地看着不断哭泣的儿子。暴行结束后,她询问能否给婴儿喂奶。于是,一个切特尼克士兵用刀砍下了孩子的头,把沾满血污的头颅给了孩子的母亲。那可怜的女人尖叫起来。他们把她从楼里拖了出去。从此,再也没人见过她。"[75] 我们如何正当地声称,这些残忍的生物也被赋予了尊严,而他们的生命也自有内在的价值呢?他们是理性的、自由的,但这到底赋予了他们更大的尊严,还是让他们更加可鄙?然而,我们仍然承认他们的尊严,因为在我们为保障公平而尝试了众多解决方案之后,我们所能想出来的最好的办法,就是声称所有人平等地拥有尊严,而从尊严中衍生出了权利——即使这种观念可能是一厢情愿的、自我指涉的。我们坚守这一虚构的概念,是因为否认它将会导致无数悲剧。正如数学领域有"反证法"(demonstratio ad absurdum),道德领域也有"反恐怖推论法"(demonstratio ad horrorem)。在数学中,如果某一方案会导致荒谬的结论,那么就应该否定这个方案。而在道德中,我们要否定那些早晚会把我们引向恐怖处境的方案。其他一切解决方案经过人类历史的检验,都被证明是更为糟糕的。于是我们选择了尊严,正像爱因斯坦选择了非欧几里得几何。爱因斯坦如此抉择,是为了理解物理。而伦理如此,是为了实现在公正中共存。[76]

关于尊严的思想让我们得以借助自然法理念一向拥有的力量,建立一种"第二代自然法"。这是一个能够带来合法性的虚构概念,但我们把它视作像真实存在的一样。正如阿格尼斯·赫勒(Ágnes Heller)所说,为达到这一目的,我们假设人类拥有某种"自然本质",并在此基础上构建了"文化本质"。[77] 阿尔诺德·盖伦从人类学角度出发,持相同观点。[78] 扬·托马斯(Yan Thomas)在谈论"法律拟制"时说:"它打乱了事物本质的秩序,为的是以另一种方式将其重组。"[79] 此话恰恰反映了我们所捍卫的东西。

《世界人权宣言》在序言中把尊严作为政治和法律体系的根基："对人类家庭所有成员的固有尊严及其平等的和不移的权利的承认，乃是世界自由、正义与和平的基础。"自此，"尊严"这一概念出现在了许多国家的宪法中。1949年通过的德国基本法第1条写道："人之尊严是无形的……因此，德意志人民承认不可侵犯且不可剥夺之人权。"西班牙宪法第10条规定的首项基本权利就是"人的尊严"。1976年订立的葡萄牙宪法的第1条宣称，葡萄牙是"独立自主的共和国，以人的尊严和人民意志为基础"。古巴宪法援引了何塞·马蒂（José Martí）的文字："我希望我们共和国的基本法律能成为古巴人对人类的全部尊严的最深切的崇敬。"1975年，欧洲安全与合作会议在赫尔辛基举行，会中签署的《最后文件》第7节中再次写道，权利与自由"源自人类固有的尊严，并对人的自由和充分发展至关重要"。

有了这一发明，人类智慧的创造力便完成了"奇妙的螺旋"。人类最终对自己这一物种重新进行了定义，而在这种意义上，我们又回到了康德的论点：人之尊严的基础在于，人有能力自我定义为被赋予了尊严的物种，并依此行事。这一论断是述行的、建设性的，也是很容易被打破的。[80]和一切有实际效用的虚构概念一样，伦理上的虚构概念也试图解决某个问题。而要让它生效，我们就必须表现出它并非虚构的样子。而这就意味着，我们只能一直生活在一种摇摇欲坠的状态中，且无法知晓这个让我们得以继续前行的极好的、带来救赎的虚构概念能否永远维系下去。

本书本该以一段人类选择并获取权利的详尽历史作为结尾。文化演变学要为源自人类历史经验的普世伦理奠定基础。为此，必须了解其他文化的经历，了解其他文化是如何试图解决影响客观幸福的问题的。塞缪尔·亨廷顿（Samuel Huntington）预见了"文明的冲突"，便也找到了各文化以不同方式解决问题的原因。[81]许多对立都应该得到客观公正、不偏不倚的分析，才能得出谁更"占理"。例如，"个人权利"和"集体权利"之间就存在对立。东方文化、伊斯兰文化和非洲文化都认为，我们所谓"人权"是个人主义的、西方的。乌尔里希·贝克（Ulrich Beck）也认为，个体化会破坏社会情感。[82]但西方社会体验过集体权利凌驾于个人权利之上的后果。另一个对立围绕着"自由"的观念：西方将自由视为基本价值，但对一些东方文化而言，基本价值可能是公正或和谐。西方人能确定自己就是对的吗？20世纪下半叶，宗教有所复兴，吉勒·凯佩尔称之为"上帝的复仇"。他认为，西方所谓"使伊斯兰教现代化"的思想，被"使现代伊斯兰化"的思想取代了。这些裂痕被掩盖在技术和经济普遍化的外壳之下，但它们仍是未解决的问题，未来总会重新出现。

在本书的开篇，笔者曾说，文化演变学也许能催生一种有能力阐释人类大家庭所有历险与不幸的"新人文主义"。我们希望读者理解我们的理由，并认为这些理由确实有说服力。当然，这还只是个开始。正如许多经典著作所说，"本书至此结束，但追寻仍在继续"。

后　记

普鲁塔克记述，某天，皮洛士（Pirro）正在制订征服计划：

"首先，我们要征服希腊。"他说。
"然后呢？"齐纳斯（Cineas）问他。
"我们会赢得非洲。"
"非洲之后呢？"
"我们就向亚洲进军，征服小亚细亚、阿拉伯。"
"然后呢？"
"我们直捣印度。"
"印度之后呢？"
"啊！"皮洛士说，"我将会休息。"
"那为什么不立刻休息呢？"齐纳斯对他说。

西蒙娜·德·波伏娃（Simone de Beauvoir）的《皮洛士与齐纳斯》（¿Para qué la acción?）以这个故事为开篇。[1] 而早在17世纪，备受博尔赫斯推崇的神秘主义诗人安杰勒斯·西莱修斯（Angelus Silesius）就已给出了答案："玫瑰无因由，花开即花开。"人也是如此：创造、发明、探索、拓展自身的可能性，同时又摧毁它们，因为别无选择。人不知幸福是何物，却仍追求幸福。因此，人常常盲目地前行，只有事后才会知道是否找到了自己寻觅的东西。而即使找到了，人也永远不会满足。

我们有时笃信人性的进步，有时又因为目睹了其所承受的灾难而愤怒地否认它。历史就像一只"醉酒的小船"，任由内部和外部的风暴摆布。一直以来，人们要么是末世论者，要么向往乌托邦。如今，我们因科技发展而欢欣鼓舞，仿佛永生、幸福和神性都触手可及。[2] 在 20 世纪的种种暴行引发强烈怀疑之后，人们对未来的信心再次燃起。我们向着"强化人"（humanidad aumentada）、"增强人"（humanidad mejorada）前进。这将通过人类增强技术来实现。欧洲议会将人类增强技术定义为"通过以新技术干预人体而实现的以增强人类能力为目的的改造"[3]。据美国国家情报委员会的报告《全球趋势 2030》（*Global Trends 2030*），"人体强化将让军人和平民都能更高效地作业，并能在此前无法进入的环境下作业"，例如，它能够强化记忆力，或是让思维更迅捷。[4] 正如凯文·沃里克（Kevin Warwick）所说，一个人的大脑和身体可以分别处于两个不同的地方，这把我们从某些局限中解放出来。[5] 这里我们所指的并非修复受损功能的技术，例如心脏起搏器、人工耳蜗，而是那些能够强化我们的能力或创造出新能力的技术。这是一种在"扩展现实"中的生活，它要求我们同样拓展智慧。文化演变学表明，技术有其自身的动力，其动作方式类似于命运——不接受就只能迎来死亡。

然而，通过研究文化的演变，笔者发现了两种不同层面的创造力。在第一种层面上，我们看到为行使权力或限制权力而不断进行的斗争。这是一种对超越人类局限性的渴望，反映出了我们本性中浮士德式的、普罗米修斯式的特质，以及人们追求奢华的一面。皮洛士就是一个例子。正是这一层面的创造力，推动了帝国的形成，推动着人们不断创新，推动着欲壑难填的消费，也推动人们走向"经技术增强的人类"。但同时，我们也看到了另一条独立于前者而存在的进化线。它的雄心和创造性都远超前者，但受珍视的程度又远不如前者。它的目标并非增强我们的力量，而是提高我们的境界，并重新定义人类这一物种。它把人类的传记变成一场本体论的历险。比起掌控现实，它更在意的是赋予现实以意义。人类历经了一个进步与倒退交织的缓慢过程，最终形成了某种共识：我们需要明确，我们是非常特殊的动物，且被赋予了一种超凡的，甚至——从我们期盼其所能产生的效果上说——魔法般的特质，我们称之为"尊严"。仅此而已吗？事实上，尽管这看起来极为脆弱，仿佛任意一个激情行为就能将它断送，但确实仅此而已。正因如此，我们一直处于一种摇摇欲坠的境地。我们希望活在道德的层面，而道德层面是象征性的，是被捏造出来的，因此只有当我们去维系它时，它才能够存续。[6] 这个特别的造物和科学、技术、经济等处于不同的层面。它是一个构成性论断。"尊严"的概念并非一种科学概念，亦非能通过大数据归纳出来的模式。它出自历史的经验，且和个人的经验密切相关。而无论是感观的、激情的、情感的、美学的，还是宗教的经验，都是新技术难以涉足的领域，因为技术长于处理信息，但不善于理解价值。它是一项规划、一个虚构的救赎，也是针对追寻客观幸福的过程中出现的种种问题所提出的解决方案。我们可以接受它，也可以不接受，就好比病人可以接受或不接受能救命的抗生素。如果希望被治愈，病人就会接受抗生素，但必要前提是病人想要被治愈。对人之尊严的承认也是如此。如果我们希望避免恐怖的处境，那么在生活中，无论我们做什么，都该如被赋予了内在价值的人一样——这就是"尊严"一词的含义。

本书开篇写道，文化演变学也许可以发展出一种"新人文主义"。如今，我们可以进一步明确，那将是"第三代人文主义"。前文说过，第一代人文主义出现于文艺复兴时期。人的科学从神的旨意中独立出来。神学站在一边，而所有其他的人类造物站在另一边。第二代人文主义出现于19世纪，在关乎人的学科中，区分了实证科学和人文科学。我们如今仍处于这一阶段，科学、技术、工程和数学崛起，而人文学科则遭到某种程度的蔑视。玛莎·努斯鲍姆指出，当今世界面临的最大危机就是对人文学科的忽视，这是一场无声的危机。[7] 她所言有理。但只恢复前人的人文主义还不够。我们需要"第三代人文主义"，这种人文主义把历史理解为智人为了成为"灵性动物"、为了创造象征世界、为了解决需求或欲望所带来的种种严峻问题，而付出的巨大努力。

笔者在本书前言中指出，文化演变学能让我们更了解自己，并调和对地方的忠诚和对全人类的忠诚。这有助于人们做出引导进化的决策，也有助于创造一种普遍的伦理，即通往客观幸福的一整套规则。笔者希望本书对历史的速览能够为我们的希冀提供佐证。

我们无从知晓未来会面临什么样的问题，更无法知道解决方案，只能指出我们希望将未来托付给何种智慧。它必须博学广见，以便理解情况的复杂性；必须摆脱了教条主义，因为后者会抑制批判性思维；必须不受恐惧所扰，因为恐惧会妨碍自由的行使；它还必须对苦痛心怀同情。人类拥有远大的志向，而其行为又时常招致痛苦，我们的大家庭一直被两者来回拉扯。我们永远生活在不确定的边界上，正如阿波利奈尔（Apollinaire）的诗句所说：

> 我们要开发完全沉默而深厚巨大的善
> 还有那能随人之意驱逐或召回的时间
> 请可怜我们始终战斗在
> 无限和未来的前线 [8]①

---

① 该译文出自李玉民所译《美丽的棕发女郎》，选自《烧酒与爱情》，安徽文艺出版社1992年6月版。

注　释

前　言

1. Robert Pepperell, *The Posthuman Condition. Consciousness Beyond the Brain*, Chicago, University of Chicago Press, 2003.
2. *The Economist*, 6.1.2018.
3. Luc Ferry, *La révolution transhumaniste: Comment la technomédecine et l'uberisation du monde vont bouleverser nos vies*, París, Plon, 2016.
4. Nick Bostrom, *Superinteligencia*, Zaragoza, Teell, 2016.
5. Ray Kurzweil, *La singularidad está cerca. Cuando los humanos transcendamos la biología*, Berlín, Lola Books, 2012; Ray Kurzweil, *Cómo crear una mente. El secreto del pensamiento humano*, Berlín, Lola Books, 2013; Francis Fukuyama, *El fin del hombre. Consecuencias de la revolución biotecnológica*, Barcelona, Ediciones B, 2002; Yuval Noah Harari, *Homo Deus*, Barcelona, Debate, 2016.
6. Edward O. Wilson, *El sentido de la existencia humana*, Barcelona, Gedisa, 2016.
7. Daron Acemoglu y James A. Robinson, *Por qué fracasan los paises: los orígenes del poder, la prosperidad y la pobreza*, Barcelona, Deusto, 2012.
8. François-René de Chateaubriand, *Memorias de ultratumba*, Barcelona, Acantilado, 2006.
9. Giovanni Pico della Mirandola, *De la dignidad del hombre*, Madrid, Editora Nacional, 1984.
10. Arnold Gehlen, *Antropología filosófica*, Barcelona, Paidós, 1993, p. 75.
11. 自笛卡尔以来，尤其是自存在主义兴起以来，所有现代哲学流派都认为，人类的特性在于掌控自身和自己的生活，这把人类与其他动物区别开来。
12. 威廉·狄尔泰的一项重要贡献在于，他阐释了理解历史需要聚焦心理学，理解人类行为也必须聚焦历史的道理。于1900年创立《历史综合评论》(*Revista de Sintesis Historica*)杂志的亨利·贝尔（Henri Berr）曾说，历史就是心理学，是人类心理诞生和发展的历程。他的两位青年学生，吕西安·费弗尔和马克·布洛赫，致力于落实这一学说。心理历史学希望达成以下三个目的：一是将科学心理学系统地融入对历史的理解和重构之中；二是反击结构主义历史；三是通过历史解决目前面临的一些难题。

13. Jorge Luis Borges, *Otras inquisiciones*, Madrid, Alianza, 1976, p. 17.
14. 米尔恰·伊利亚德从宗教史中提炼出"新人文主义"的概念（*La búsqueda*, Barcelona, Kairós, 1998, cap. 1），玛莎·努斯鲍姆则是从文学和跨文化经验出发（*El cultivo de la humanidad*, Barcelona, Andrés Bello, 2001）。同上，*Not for Profit. Why Democracy Needs the Humanities*, Princeton, PUP, 2016。
15. Martha Nussbaum, *El cultivo de la humanidad, op. cit.*, p. 185.

第一章

1. Patrick Manning, *Big Data in History*, Londres, Palgrave, 2013.
2. Arnold Gehlen, *Antropología filosófica*, Barcelona, Paidós, 1993.
3. Georges Duby, *La historia continúa*, Madrid, Debate, 1992, p.62.
4. Clifford Geertz, *La interpretación de las culturas*, Barcelona, Gedisa, 1998, p. 301.
5. Robert Nisbet, *History of the Idea of Progress*, New Brunswick, Transaction, 1980, p. 349.
6. J. R. Hale, *La Europa del Renacimiento, 1480-1520*, Madrid, Siglo XXI, 1980, p. 169.
7. Karen Armstrong, *Mahoma. Biografía del profeta*, Barcelona, Tusquets, 2001.
8. Thomas Sowell, *Race and Culture*, Nueva York, Basic Books, 1995.
9. Darrin M. McMahon, *Una historia de la felicidad*, Madrid, Taurus, 2006.
10. Edward Gibbon, *The History of the Decline and Fall of the Roman Empire*, Ware, Wordsworth, 1998.
11. Ignacio Izuzquiza, *El proyecto filosófico de Juan David García Bacca*, Barcelona, Anthropos, 1984, pp. 341-426; José Antonio Marina, *Teoría de la inteligencia creadora*, Barcelona, Anagrama, 1993.
12. José Antonio Marina, *Las arquitecturas del deseo. Una investigación sobre los placeres del espíritu*, Barcelona, Anagrama, 2007, p. 33.
13. Lucien Febvre, «Pour l'histoire d'un sentiment: le besoin de sécurité», *Annales, E.S.C.*, 1956, p. 244.
14. Jean Bottéro, *La religión más antigua: Mesopotamia*, Madrid, Trotta, 2001, p. 68; Ninian Smart, *Las religiones del mundo*, Madrid, Akal, 2000, p. 48. 据穆罕默德所说，获得永生的方式有 360 种（Noel J. Coulson, *Historia del derecho islámico*, Barcelona, Bellaterra, 1998, p. 97）。这也许是因为在穆罕默德之前，克尔白天房中共有 360 尊偶像（Rochdy Alili, *Qu'est-ce que l'islam?*, París, La Découverte, 2000, p. 23）。
15. J. Poirier, «Ethnologie générale», en *Encyclopédie de la Pléiade*, París, Gallimard, 1968.

16. Pedro Laín Entralgo, ¿Qué es el hombre?, Oviedo, Nobel, 1999, p. 173.
17. Tomás de Aquino, *Summa Theologica*, I-II, 30,4.
18. Frank Trentmann, *Empire of Things*, Nueva York, Harper, 2016.
19. Karl Popper, *Conocimiento objetivo*, Madrid, Tecnos, 1982, pp. 236-259; *Conjeturas y refutaciones*, Barcelona, Paidós, pp. 57 y ss.
20. Felipe Fernández-Armesto, *Civilizaciones*, Madrid, Taurus, 2002.
21. Robert Wright, *Non Zero. The Logic of Human Destiny*, Londres, Little, Brown & Co., 2000.
22. Steven Pinker, *Los ángeles que llevamos dentro*, Barcelona, Paidós, 2012, p. 121.
23. Samuel Ricard, *Traité général du commerce*, Ámsterdam, 1704.
24. R. L. Trivers, «The evolution of reciprocal altruism», en *Quarterly Review of Biology*, 46, 1971.
25. Carlo Cipolla, *Allegro ma non troppo*, Barcelona, Crítica, 1991.
26. Henri Focillon, *La vida de las formas*, Madrid, Xarait, 1983.
27. E. H. Gombrich, *Historia del arte*, Madrid, Alianza, 1979.
28. Juan Martín Velasco, *El fenómeno místico. Estudio comparado*, Madrid, Trotta, 2003; Evelyn Underhill, *La mística*, Madrid, Trotta, 2006.
29. Francis Fukuyama, *La construcción del Estado: hacia un nuevo orden mundial en el siglo XXI*, Barcelona, Ediciones B, 2004.
30. Marshall D. Sahlins y Elman R. Service (eds.), *Evolution and Culture*. Ann Arbor, University of Michigan Press, 1960.
31. William F. Ogburn y Dorothy Thomas, «Are Inventions Inevitable? A Note on Social Evolution», en *Political Science Quarterly*, 37, 1, 1922, pp. 83-98.
32. Mircea Eliade, *Mitos, sueños y misterios*, Barcelona, Kairós, 1999, p. 126.
33. Chris Scarre (ed.), *The Human Past*, Londres, Thames & Hudson, 2013, p. 639.
34. Samuel Huntington, *La tercera ola. La democratización a finales del siglo XX*, Barcelona, Paidós, 1994.
35. Ian Morris, *The Measure of Civilization*, Princeton, PUP, 2013.
36. Martha Nussbaum y Amartya Sen (eds.), *La calidad de vida*, México, FCE, 2002; Martha Nussbaum, *Creating Capabilities. The Human Development Approach*, Cambridge MA, Harvard UP, 2011.
37. 幸福是积极心理学的核心议题。Cfr. Martin Seligman, *La auténtica felicidad*, Barcelona, Vergara, 2003. 对"幸福风尚"（moda de la felicidad）的批评，参见 Gustavo Bueno, *El mito de la felicidad*, Barcelona, Ediciones B, 2005。
38. José Antonio Marina, *Ética para náufragos*, Barcelona, Anagrama, 1995.

39. Hans Kelsen, *¿Qué es justicia?*, Barcelona, Ariel, 1991, p. 36.
40. Lant Pritchett y Michael Woolcock, «Solutions When the Solution is the Problem: Arraying the Disarray in Development», Center for Global Development, documento de trabajo 10, Washington DC, 2002, citado por Francis Fukuyama, *Los orígenes del orden político*, Barcelona, Deusto, 2016, I, p. 41.
41. Jacques Maritain, *El hombre y el Estado,* Buenos Aires, Guillermo Kraft, 1952, pp. 92 y ss.
42. Robin S. Rosenberg, «Abnormal Is the New Normal», *Slate,* abril 2013.
43. John Rawls, *Teoría de la justicia*, México, FCE, 1979, pp. 585 y ss.

第二章

1. David Christian, *Mapas del tiempo. Introducción a la «gran historia»,* Barcelona, Crítica, 2007.
2. "世界"这一观念源于生物学。冯·于克斯屈尔（Von Uexküll）认为，每个动物都有一个"感知世界"（*Umwelt*），即它自己的世界（Wilhelm Dilthey, *Introducción a las ciencias del espíritu*）。胡塞尔则提到"生活世界"（*Lebenswelt*）。海德格尔在《存在与时间》（*Ser y Tiempo*）一书中，将其用作基本概念。Cfr. Martin Heidegger, *Conceptos fundamentales de la metafísica*, Madrid, Alianza, 2007.
3. Jerome H. Barkow Leda Cosmides y John Tooby (eds.), *The Adapted Mind: Evolutionary Psychology and the Generation of Culture*, Nueva York, Oxford University Press, 1995.
4. José Antonio Marina, *El bucle prodigioso*, Barcelona, Anagrama, 2012; Eugenio Trias, *La edad del espíritu*, Barcelona, Destino, 1994.
5. Jean-François Dortier, *L'Homme, cet étrange animal. Aux origines du langage, de la culture et de la pensée*, Auxerre, Sciences Humaines, 2012.
6. Annette Karmiloff-Smith, *Beyond Modularity. A Developmental Perspective on Cognitive Science*, Cambridge, MA, MIT Press, 1992.
7. Merlin Donald, *A Mind So Rare*, Nueva York, Norton, 2001.
8. Ray S. Jackendoff, *Conciousness and the Computational Mind*, Cambridge MA, The MIT Press, 1987.
9. Terrence W. Deacon, *The Symbolic Species*, Nueva York, Norton, 1998.
10. Arnold Gehlen, *Antropología filosófica*, Barcelona, Paidós, 1993, pp. 52 y ss.
11. Richard Wrangham y Dale Peterson, *Demonic Males: Apes and the Origins of Human Violence*, Boston, Houghton Mifflin, 1997.
12. Steven A. LeBlanc y Katherine E. Register, *Constant Battles: The Myth of the Peaceful, Noble Savage*, Nueva York, St. Martin's Press, 2003, p. 83.

13. Frans De Waal, *El bonobo y los diez mandamientos En busca de la ética entre los primates*, Barcelona, Tusquets, 2013.
14. Fukuyama, *op. cit.*, I, p. 66.
15. Sue Savage-Rumbaugh y Roger Lewin, *Kanzi. The Ape at the Brink of the Human Mind*, Nueva York, Doubleday, 1994.
16. Amy S. Pollick y Frans de Waal, «Ape Gesture and Language Evolution», *PNAS*, 194, 19, 2007, pp. 8184-8189.
17. M. Tomasello, J. Call y B. Hare, «Chimpanzees Understand Psychological States», *Trends in Cognitive Science*, 7, n.º 4, 2003, p. 153.
18. Andrew Whiten, «Causes and consequences in the evolution of hominid brain size», en *Behavioral and Brain Sciences*, 13, 367, 1990.
19. Rudolf von Ihering, *El fin en el Derecho*, Granada, Comares, 2000, p. 180.
20. Franz Boas, *The Mind of Primitive Man*, Londres, Macmillan, 1938; Joseph Henrich, *The Secret of Our Success. How Culture Is Driving Human Evolution, Domesticating Our Species, and Making Us Smarter*, Princeton, Princeton UP, 2016; Terrence W. Deacon, «Multilevel selection in a complex adaptive system: the problem of language origins», en B. H. Weber y D. J. Depew (eds.), *Evolution and Learning: The Baldwin Effect Reconsidered*, Cambridge MA, The MIT Press, 2003, pp. 81-106.
21. Richard Wrangham, *Catching Fire. How Cooking Made Us Human*, Nueva York, Profile, 2009.
22. Michael Tomasello, «Do Apes Ape?», en Cecilia M. Heyes y Bennett G. Galef (eds.), *Social Learning in Animals: The Roots of Culture*, San Diego, Academic Press, 1996, pp. 319-436. 近年来，出现了关于人类自我"驯化"的重要参考书目：Henrich, *The Secret...*, *op. cit.*; Helen M. Leach, «Human Domestication Reconsidered», en *Current Anthropology*, 44 (3), 2003, pp. 349-368; Helen M. Leach, «Selection and the unforeseen consequences of domestication», en R. Cassidy y M. Mullin (eds.), *Where The Wild Things Are Now: Domestication Reconsidered*, Londres, Bloomsbury, 2007, pp. 71-100。一份精彩的参考书目，参见 James G. Thomas, *Self-domestication and Language Evolution*, tesis doctoral publicada en internet, University of Edinburgh, 2013。
23. Michael Gazzaniga, *¿Qué nos hace humanos?* Barcelona, Paidós, 2010, pp. 125-169.
24. Norbert Elias, *El proceso de civilización*, México, FCE, 2011.
25. E. R. Dodds, *Los griegos y lo irracional*, Madrid, Revista de Occidente, 1960; Julian Jaynes, *The Origin of Consciousness in the Breakdown of the Bicameral Mind*, Londres, Penguin, 1993.
26. Barbara Tuchman, *A Distant Mirror. The Calamitous 14th Century*, Nueva York, Knopf,

1978, p. 5.
27. Ian Hodder, *The domestication of Europe: Structure and Contingency in Neolithic Societies*, Oxford, Blackwell, 1990. Alasdair Whittle, *Europe in the Neolithic: The Creation of New Worlds*, Cambridge, Cambridge UP, 1996.
28. Ran R. Hassin, James S. Uleman y John A. Bargh, *The New Unconscious*, Oxford, Oxford University Press, 2005; Timothy D. Wilson, *Stranger to Ourselves: Discovering the Adaptative Unconscious*, Cambridge MA, Belknap Press, 2004; José Antonio Marina, *Objetivo generar talento*, Barcelona, Conecta, 2015.
29. Daniel Dennett, *De las bacterias a Bach. La evolución de la mente*. Barcelona, Pasado & Presente, 2018; Antonio Damasio, *El extraño orden de las cosas*, Barcelona, Destino, 2018, Terrence W. Deacon, *The Symbolic Species: The co-Evolution of Language and the Brain*, Londres, Penguin, 1997.
30. Peter Watson, *Ideas. Historia intelectual de la humanidad*, Barcelona, Crítica, 2006, p. 42.
31. Alberto Ferrús, «El homínido que aprendió a cocinar», *Revista de Libros*, 191, jul.-ago. 2017, pp. 133-144.
32. Stephen Oppenheimer, *Eden in the East: The Drowned Continent of Southeast Asia*, Londres, Weidenfeld & Nicolson, 1998, p.17.
33. Claude Lévi-Strauss, *Mythologiques I-IV*, París, Plon, 1964-1971.
34. Julien D'Huy, «La evolución de los mitos», *Investigación y Ciencia* 485, febrero, 2017, pp. 68-75.
35. E. J. Michael Witzel, *The Origins of the World's Mythologies*, Oxford, Oxford University Press, 2012.
36. Samuel Noah Kramer, *La historia empieza en Sumer*, Barcelona, Aymá, 1961.
37. Dietrich Stout, «¿Cómo nos cambió la fabricación de herramientas?», en *Investigación y Ciencia*, junio 2016, pp. 29-35; T. J. H. Morgan *et al.*, «Experimental evidence for the co-evolution of hominin tool-making teaching and language», *Nature Communication*, vol. 6, 6029, 13.1.2015.
38. David Lewis-William, *The Mind in the Cave*, Londres, Thames & Hudson, 2002, p. 127.
39. James V. Wertsch, *Vigotski y la formación social de la mente*, Barcelona, Paidós, 1988.
40. Steven Mithen, *Arqueología de la mente*, Barcelona, Crítica, 1998.
41. W. Tecumseh Fitch, *The Evolution of Language*, Cambridge, Cambridge University Press, 2010. p. 363.

第三章

1. Scarre, *Human Past*, p. 152.
2. Mateja Hajdinkaj, Svante Pääbo et al., «Reconstructing the genetic history of late Neanderthals», en *Nature*, 555, pp. 652-656, March 2018.
3. Peter Watson, *La gran divergencia*, Barcelona, Crítica, 2011, p. 33.
4. Sijia Wang et. al., «Genetic Variation and Population Structure in Native Americans», en *PLoS Genetic*, Vol. 3, 11, Nov. 2007.
5. Alain Finkielkraut, *La humanidad perdida*, Barcelona, Anagrama, 1988, p. 13.
6. Karin Bojs, *Mi gran familia europea*, Barcelona, Ariel, 2017.
7. Mircea Eliade, *Tratado de historia de las religiones*, Madrid, Cristiandad, 2000, p. 77.
8. B. F. Skinner, «La superstición en la paloma», en *Registro acumulativo*, Barcelona, Fontanella, 1975, pp. 585 y ss.
9. 哈维尔·苏维里（Xavier Zubiri）的宗教哲学聚焦于"现实的力量"。*El problema filosósifo de la historia de las religiones*, Madrid, Alianza, 1993; *El problema teologal del hombre*, Madrid, Alianza, 1997, y *El hombre y Dios*, Madrid, Alianza, 1984.
10. G. Van der Leeuw, *Fenomenología de la religión*, México, FCE, 1964, pp. 15 y ss.
11. 人类学家们指出，宗教是一种普遍的文化现象（Nicholas Wade, *The Faith Instinct: How Religion Evolved and Why It Endures*, Nueva York, Penguin, 2009, pp. 18-37）。宗教和文化的出现时间相近（Eliade, *La búsqueda*, p. 23），对文化的创造起到了根本性作用（Roy A. Rappaport, *Ritual y religión en la formación de la humanidad*, Madrid, Cambridge University Press, 2001），并定义了人类（Karen Armstrong, *En defensa de Dios*, Barcelona, Paidós, 2009, p. 34）。心理学家们也尝试过解释这一普遍现象（Steven Pinker, *Cómo funciona la mente*, Barcelona, Destino, 2001; Pascal Boyer, «Functional Origins of Religious Concepts: Ontological and Strategic Selection in Evolved Minds», en *Journal of the Royal Antropological Institute*, 6, 2000, pp. 195-214）。
12. Brian Hayden, *Archaeology: The Science of Once and Future Things*, Nueva York, Freeman, 1993, p. 148.
13. Marcel Otte, *Préhistoire des Religions*, París, Masson, 1993.
14. Tucídides, *Historia de la guerra del Peloponeso*, Barcelona, Orbis, 1986, cap. VII, p. 55 (trad. de Diego Gracián).
15. René Girard, *Los orígenes de la cultura*, Madrid, Trotta, 2006.
16. Mircea Eliade, *Historia de las creencias y las ideas religiosas*, I, Barcelona, Paidós, 1999.
17. James Burke y Robert Ornstein, *Del hacha al chip. Cómo la tecnología cambia nuestras mentes*, Barcelona, Planeta, 2001.

18. Claude Lévi-Strauss, *El pensamiento salvaje*, México, FCE, 1964.
19. Colin Renfrew, *Prehistory Making of the Human Mind*, Londres, Weidenfeld & Nicholson, 2007.
20. J. R. McNeill y W. H. McNeill, *Las redes humanas. Una historia global del mundo*, Barcelona, Crítica, 2010, p. 12.
21. Kevin Laland, *Darwin's Unfinished Symphony: How Culture Made the Human Mind*, Princeton, PUP, 2017, pp. 295-307.
22. André Leroi-Gourhan, *Les religions de la Préhistoire*, París, PUF, 1966.
23. Karen Armstrong, *La gran tranformación*, Barcelona, Paidós, 2007, cap. 1.
24. Gombrich, *op.cit.*
25. Hans Urs von Balthasar, *Gloria. Una estética teológica*, 8 vols., Madrid, Encuentro, 1992.
26. Chris Stringer, *The Origin of Our Species*, Londres, Penguin, 2012, pp. 122-137.
27. Kim Hill y A. Magdalena Hurtado, *Ache Life History. The Ecology and Demography of a Foraging People*, Nueva York, Routledge, 1996, p. 164.
28. Gary Haynes, *The Early Settlement of North America: the Clovis Era*, Cambridge, CUP, 2002.
29. Georgi Hudjashov et al., «Revealing the prehistoric settlement of Australia by Y chromosome and mtDNA analysis», *PNAS*, 2007, 104.
30. N. G. Butlin, *Economics and the Dreamtime. A Hypothetical History*, Cambridge, CUP, 1993, pp. 98-101.
31. Michael Cook, *Una breve historia de la humanidad*, Barcelona, Antoni Bosch, 2012, p. 88.
32. Fred Alan Wolf, *The Dreaming Universe: A Mind-Expanding Journey Into the Realm Where Psyche and Physics Meet*, Nueva York, Simon & Schuster, 1994.

第四章

1. Marshall Sahlins, *Stone Age Economics*, Nueva York, Aldine de Gruyter, 1972, pp. 1-37. Brian M. Fagan, *People on the Earth: An Introduction to World Prehistory*, Nueva York, Harper Collins, 1995.
2. Erich Fromm, «El hombre, ¿es perezoso por naturaleza?», en Erich Fromm, *La patología de la normalidad*, Barcelona, Paidós, 1994, pp. 131-187.
3. The bitter wind is high tonight / It lifts the white locks of the sea / In such wild winter storm no fright / Of savage Viking troubles me. 参见 Thomas Bartlett, *Ireland. A History*, Cambridge, CUP, 2010, p. 31。
4. Ian Hodder (ed.), *Religion in the Emergence of Civilization*, Cambridge, CUP, 2010.

5. *The Cambridge World History*, vol. II, *A World with Agriculture, 12,000 BCE-500 CE*. Cambridge (CUP), 2017.
6. Felipe Fernández-Armesto, *The World. A Brief History*, Upper Saddle River, NJ, Pearson/Prentice Hall, 2008, p. 27.
7. Michael E. Moseley, *The Maritime Foundations of Andean Civilization*, Menlo Park, Cummings, 1975; B.T. Arriaza, *Beyond Death: The Chinchorro Mummies of Ancient Chile*, Washington, Smithsonian Institute Press, 1995, pp. 12 y ss.
8. Juan P. Ogalde *et al.*, «Prehistoric psychotropic comsumption in Andean Chilean mummies», en *Journal of Archaeological Science*, vol. 36, 2, 2009, pp. 467-472; Watson, *La gran divergencia, op. cit.*, pp. 299 y ss.
9. Richard Pipes, *Propiedad y libertad*, Madrid, Turner y FCE, 2002.
10. Allen W. Johnson y Timothy Earle, *La evolución de las sociedades humanas*, Barcelona, Ariel, 2003, pp. 88-89.
11. Julian H. Steward, *Basin-Plateau Aboriginal Sociopolitical Groups*, Washington, Smithsonian Institution, 1938.
12. Colin Renfrew, *Prehistory. Making of the Human Mind*. Londres (W&N), 2007, pp.142 y ss.
13. Johnson y Earle: *La evolución, op.cit.*, pp.186-188.
14. Charles K. Meek, *Land Law and Custom in the Colonies*, Londres, Frank Cass, 1968, p. 6.
15. Citado en Victor Turner (ed.), *Colonialism in Africa 1870-1960*, vol. 3, Nueva York, Cambridge University Press, 1971, p. 203.
16. Fukuyama, *Orígenes, op. cit.*, vol. I, p. 117.
17. 关于权利的"象征性力量",参见 José Antonio Marina, *Ética para náufragos*, Barcelona, Anagrama, 1995, pp. 99-127。
18. Johnson y Earle: *La evolución, op.cit.*, pp.190, 196-8.
19. Roger Osborne, *Civilización*, Barcelona, Crítica, 2007.
20. Karen Armstrong, *Campos de sangre*, Barcelona, Paidós, 2015, p. 23.
21. Walter Cannon, «Voodoo Death», *American Anthropologist*, 1942, 44, pp. 169-181.
22. Ian Hodder (ed.), *Religion in the Emergence of Civilization*, Nueva York, Cambridge UP, 2010, p. 11.
23. Alan H. Simmons, *The Neolithic Revolution in the Near East: Transforming the Human Landscape*, Tucson, University of Arizona Press, 2011.
24. Ian Morris, *¿Por qué manda Occidente... por ahora?*, Barcelona, Ático de los libros, 2014, p. 160.
25. Jacques Cauvin, *The Birth of the Gods and the Origins of Agriculture*, Cambridge, CUP, 2007, p. 245.

26. Mircea Eliade, *Historia de las creencias y las ideas religiosas*, I, Barcelona, Paidós, 1999, pp. 65-81; Robert N. Bellah, *Religion in Human Evolution*, Cambridge, MA, Harvard University Press, 2011, pp. 132, 158; Steven Mithen, *After the Ice, A Global Human History 20.000-5000 BC*, Cambridge, MA, Harvard University Press, 2003, pp. 85-86.
27. Jared Diamond, *Armas, gérmenes y acero*, Barcelona, Random House, 2006, pp. 122-123.
28. Watson, *La gran divergencia, op. cit.*, p. 353.
29. Renfrew, *Prehistory, op. cit.*
30. Tamim Ansary, *Un destino desbaratado. La historia universal vista por el islam*, Barcelona, RBA, 2011.
31. Watson, *La gran divergencia, op. cit.*, p. 330.
32. E. E. Kuzmina, *The Prehistory of the Silk Road*, Filadelfia, University of Pennsylvania Press, 2008, p. 4.
33. Watson, *La gran divergencia, op. cit.*, p. 349.
34. Timothy May, «Pastoral nomads», en C. Benjamin (ed.), *A World with States, Empires and Networks, 1200 BCE-900 CE, The Cambridge World History*, vol. 4. Cambridge, CUP, 2015, pp. 235-236.
35. Peter N. Stearns, *World History in Brief*, Londres, Penguin, 2013, p. 38.
36. Mark Edward Lewis, *The Early Chinese Empires: Qin and Han*, Harvard, Harvard University Press, 2009, p. 131; Stearns, op. cit., p. 41.
37. Heródoto, *Historia*, 1.135.1.
38. Lawrence H. Keeley, *War Before Civilization*, Oxford, Oxford University Press, 1996, p. 183.
39. Ian Morris, *Guerra, ¿para qué sirve?*, Barcelona, Ático de los Libros, 2017.
40. I Samuel 8,19-20.
41. Immanuel Kant, *Ideas para una historia universal en clave cosmopolita y otros escritos sobre filosofía de la historia*, Madrid, Tecnos, 1987, con un interesante estudio preliminar de Roberto Rodríguez Aramayo.
42. Elman R. Service, *Origins of the State and Civilization. The Process of Cultural Evolution*, Nueva York, W. W. Norton, 1975, p. 61.
43. Wright, *op. cit.*
44. Keeley, *op. cit.*, p. 145.

第五章

1. Edward Glaeser, *El triunfo de las ciudades*, Madrid, Taurus, 2011.
2. Bernal Díaz del Castillo, *Historia verdadera de la conquista de la Nueva España*, Madrid,

Alianza, 2016.

3. Gwendolyn Leick, *Mesopotamia. La invención de la ciudad*, Barcelona, Paidós, 2002.
4. Paul M. Romer, «Endogenous Technological Change», en *Journal of Political Economy*, 98, 1990, pp. 71-108.
5. Robert L. Carneiro, «A Theory of the Origin of State», en *Science*, 169, 1970, pp. 733-738.
6. Marvin Harris, *Caníbales y reyes*, Madrid, Alianza, 1977.
7. Paul Kriwaczek, *Babilonia*, Barcelona, Ariel, 2010, p. 25.
8. Kramer, *op. cit.*
9. Jean-Claude Margueron, *Los mesopotámicos*, Madrid, Cátedra, 2013, p. 263.
10. Françoise Brüschweiler, «La ville dans les textes littéraires sumériens», en *La ville dans le Proche-Orient Ancient*, Lovaina, Peeters, 1979, p. 194.
11. Edmond Sollberger y Jean-Robert Kupper, *Inscriptions royales sumériennes et akkadiennes*, París, Éd. du Cerf, 1971, p. 245.
12. Marc Van de Mieroop, *Society and Enterprise in Old Babylonian Ur*, Berlín, Reimer, 1992.
13. Mario Liverani, «Power and Citizenship», en Clark, Peter (ed.), *The Oxford Handbook of Cities in World History*, Oxford, OUP, 2013, p. 177.
14. Karl A. Wittfogel, *Despotismo oriental: estudio comparativo del poder totalitario*, Madrid, Guadarrama, 1966.
15. J. R. Kupper, *Correspondance de Kibri-Dagan*, París, Impr. Nat., 1950; Margueron, *op. cit.*, p. 155.
16. Andrew Marr, *Una historia del mundo*, Madrid, Biblioteca Nueva, 2018, p. 65.
17. G. Dossin, «La route de l'étain en Mésopotamie au temps de Zimri-Lim», *Revue d'Asiriologie*, 64, 1970, p. 100.
18. *The New York Times*, 11.11.1997; Wright, *op. cit.*, p. 107.
19. Leonard Shlain, *El alfabeto contra la diosa*, Barcelona, Debate, 2000.
20. Robert K. Logan, *The Extended Mind: The Emergence of Language, the Human Mind and Culture*, Toronto, UTP, 2007.
21. Peter Watson, *Ideas*, Barcelona, Crítica, 2006, p. 137.
22. Kramer, *op. cit.*, p. 50.
23. C.C. Lamberg-Karlovsky y Jeremy A. Sabloff, *Ancient Civilizations: The Near East and Mesoamerica*, Long Grove, Waveland Press, 1995, p. 168.
24. Waarwick Bray, *Every Life of Aztecs*, Nueva York, Peter Bedrick Books, 1991, p. 88.
25. Richard E. W. Adams, *Ancient Civilizations of the New World*, Boulder, Westview Press, 1997, p. 123.

26. James Gleick, *The Information*, Nueva York, Pantheon, 2011, pp. 13-27.
27. Gil Stein, «The organizational dynamics of complexity in Greater Mesopotamia», en G. Stein y M. S. Rothman (eds.), *Chiefdoms and Early States in the Near East*, Madison, Prehistory Press, 1994, p. 12.
28. Gerhard Lenski y Patrick Nolan, *Human Societies. An Introduction to Macrosociology*, Nueva York, OUP, 2014, p. 185.
29. Robin Dunbar, *Grooming, Gossip, and the Evolution of Language*, Cambridge MA, Harvard UP, 1996.
30. 引用自 Diane Wolkstein, *The first love stories*, Nueva York, Harper, 1991。
31. Armstrong, *Campos, op. cit.*, p. 35.
32. Joaquín Sanmartín (ed.), *Códigos legales de tradición babilónica*, Madrid, Trotta, 1999.
33. José Antonio Marina y María de la Válgoma, *La lucha por la dignidad*, Barcelona, Anagrama, 2000, pp. 33-50.
34. Jan Assmann, *Egipto. Historia de un sentido*, Madrid, Abada, 2005, pp. 191-195.
35. Wilfred G. Lambert, *Babylonian Wisdom Literature*, Londres, Clarendon, 1960, p. 134.
36. H. Rawlinson, «The Persian Cuneiform Inscription at Behistun. Deciphered and Translated», *Journal of the Royal Asiatic Society*, 11, 1849, pp. 1-192.
37. Henry James Sumner Maine, *Village Communities in the East and the West*, Londres, J. Murray, 1871, p. 110.
38. Consejo de Derechos Humanos de las Naciones Unidas, 33/1. *Relatora Especial sobre las formas contemporáneas de la esclavitud, incluidas sus causas y consecuencias*, A/HRC/RES/33/1, 29 de septiembre de 2016 (consultado 19 de marzo de 2018 en: http://bit.ly/2GfjJsO). Asamblea General de las Naciones Unidas, *Informe de la Relatora Especial sobre las formas contemporáneas de la esclavitud, incluidas sus causas y consecuencias*, A/72/139, 17 de julio de 2017 (consultado el 19 de marzo de 2018 en: https://bit.ly/2FNBdJc). Council on Foreign Relations (CFR), *Modern Slavery: an exploration of its root causes and the human toll*, CFR Info Guide, 17 de enero de 2018 (consultado el 21 de marzo de 2018 en: http://on.cfr.org/2DkZxkm). Anti-Slavery International, *Slavery in supply chains*, Reino Unido, 2018 (consultado el 22 de marzo de 2018 en: https://bit.ly/2o9h8oj).
39. Peter Frankopan, *El corazón del mundo. Una nueva historia universal*, Barcelona, Crítica, 2016, p. 145.
40. Walter Scheidel, «The Roman slave supply», en Keith Bradley, *et al.* (eds.), *The Cambridge World History of Slavery*, 3 vols., Cambridge, CUP, 2011, vol. 1, pp. 287-310.
41. Hugh Thomas, *La trata de esclavos*, Barcelona, Planeta, 1998, p. 13.

42. Aristóteles, *Política*, 1254b.
43. William N. Goetzmann, *Money Changes Everything*, Princeton, Princeton University Press, 2017, p. 15.
44. Goetzmann, *op. cit.*, p. 41.
45. Pinker, *Los ángeles…*, *op. cit.*, p. 349.
46. Mark W. Zacher, «The Territorial Integrity Norm: International Boundaries and the Use of Force», en *International Organization*, 55, 2, 2001, pp. 215-250.
47. Francis Oakley, *Kingship*, Oxford, Blackwell, 2006, pp. 39-41.
48. Jan Assmann, *Moses the Egyptian. The Memory of Egypt in Western Monotheism*, Cambridge MA, Harvard UP, 1997, p. 25.
49. Van der Leeuw, *op. cit.*, cap. 1.
50. Kent Flannery y Joyce Marcus, *The Creation of Inequality*, Cambridge, MA, Harvard University Press, 2012, p. x.
51. Gombrich, *op. cit.*, p. 58.
52. 引用自 Diane Ackerman, *Una historia natural del amor*, Barcelona, Anagrama, 1994。
53. Barry J. Kemp, *El Antiguo Egipto*, Barcelona, Crítica, 2004, p. 191; Bruce G. Trigger, *Understanding Early Civilizations*, Cambridge, CUP, 2003, p. 154.
54. Trigger, *op. cit.*, pp. 157-160.
55. Diodoro Sículo, *Biblioteca Histórica*, libro 9, cap. 13, p. 260.

第六章

1. Lev S. Vygotsky, *Pensamiento y lenguaje*, Barcelona, Paidós, 1962; James V. Wertsch, *Voices of the Mind. A Sociocultural Approach to Mediated Action*, Cambridge MA, Harvard University Press, 1993; José Antonio Marina, *Tratado de filosofía zoom*, Barcelona, Ariel, 2016.
2. Michel Foucault, *Tecnologías del yo*, Barcelona, Paidós, 1990.
3. «Entrevista de Gilles Deleuze a Michel Foucault», en Michel Foucault, *Microfísica del poder*, Madrid, La Piqueta, 1980, p. 78.
4. Richard L. Gregory, *Mind in Science: A History of Explanation in Psychology and Physics*, Cambridge, Cambridge University Press, 1987.
5. 简·伯班克和弗雷德里克·库珀用"合集"（repertorios）一词指代针对某一政治问题（在其著作中特指帝国）提出的不同解决方案（*Imperios. Una nueva visión de la historia universal*, Barcelona, Crítica, 2011, p. 16）。克里尚·库马尔也研究过针对帝国中的多样性问题而提出的不同解决方案，参见 *Imperios. Cinco regímenes imperiales*

que moldearon el mundo, Barcelona, Pasado y Presente, 2018。

6. 以赛亚·伯林（Isaiah Berlin）在论证了解历史的必要性时曾写道："丘吉尔最主要的特征便是他的'历史想象力'，是他'对过去的感知'，尤其是对古代史，因此他才'熟知阴暗'。"（«Winston Churchill in 1940», en *The Proper Study of Mankind: An Anthology of Essays*, Nueva York, Farrar, Strauss and Giroux, 1998）

7. "模因"的概念由理查德·道金斯（Richard Dawkins）提出。许多心理学家、文化历史学家以及信息学专家都对这一概念着迷不已，因为它似乎清晰地解释了文化扩散现象。Susan Blackmore, *The Meme Machine*, Oxford, OUP, 2000; Richard Brodie, *Virus of the Mind: The New Science of the Meme*, Seattle, Integral Press, 1996; L. Bull, O. Holland y S. Blackmore, «On memegene coevolution», en *Artificial Life*, 6 (3), 2000, pp. 227-235. 费利佩·费尔南德斯-阿尔梅斯特曾批评这一概念过于严格、僵化（*Un pie en el río. Sobre el cambio y los límites de la evolución*, Madrid, Turner, 2016）。笔者认为，本书所用的理论模型——因必不可少而融入了社会基因谱系的工具——既取其精华，又剔除了模因理论中夸大其词的内容。

8. E. M. Rogers, *Diffusion of innovations*, Nueva York, Free Press, 1962. Arnulf Grubler, «Time for a Change: Rates of Diffusion of Ideas, Technologies and Social Behaviors», IIASA, 1995; H. E. Pemberton, «The Curve of Culture Diffusion Rate», *American Sociological Review*, 1 (4), 1936, pp. 547-556.

9. Deborah S. Rogers y Paul R. Ehrlich, «Natural selection and cultural rates of change», en *Proceedings of the National Academy of Sciences of the United States of America*, 105, 9, 2008, pp. 3416-3420.

10. Benedict Anderson, *Comunidades imaginadas*, Madrid, FCE, 2006.

11. Eric Hobsbawm, *Naciones y nacionalismo desde 1780*, Barcelona, Planeta, 2013.

12. 丹尼尔·C. 丹尼特在其著作中专门用了一章来研究逆向工程在进化中的应用，参见 *La peligrosa idea de Darwin*, Barcelona, Galaxia Gutenberg, 1999, pp. 343 y ss。

13. Francis Fukuyama, *Los orígenes del orden político*, I, Barcelona, Deusto, 2016, p. 46.

14. Hugh Baker, *Chinese Family and Kinship*, Nueva York, Columbia University Press, 1979, p. 26.

15. Margaret Mead, *Sexo y temperamento en las sociedades primitivas*, Barcelona, Laia, 1973.

16. Claude Lévi-Strauss, *Las estructuras elementales del parentesco*, Buenos Aires, Paidós, 1969, pp. 58-59.

17. Kwang-chih Chang *et al.*, *The Formation of Chinese Civilization: An Archeological Perspective*, New Haven, Yale University Press, 2005, p. 110.

18. Helwig Schmidt-Glintzer, *Antigua China*, Madrid, Acento, 2001, p. 20.

19. Derk Bodde, *Chinese Thought, Society, and Science*, Honolulu, University of Hawaii Press, 1991, p. 28.
20. Charles Holcombe, *A History of East Asia*, Nueva York, Cambridge University Press, 2011, p. 19.
21. Victoria Tin-bor Hui, *War and State Formation in Ancient China and Early Modern Europe*, Nueva York, Cambridge University Press, 2005.
22. Alain Peyrefitte, *Cuando China despierte*, Barcelona, Plaza y Janés, 1974.
23. Edwin Bryant, *The Quest for the Origins of Vedic Culture. The Indo-Aryan Migration Debate*, Oxford, OUP, 2001; Colin Renfrew, *Arqueología y lenguaje: la cuestión de los orígenes indoeuropeos*, Barcelona, Crítica, 1990.
24. Giuseppe Ricciotti, *Historia de Israel*, 2 vols., Barcelona, Ed. Luis Miracle (traducido por Xavier Zubiri), 1966; P. van Imschoot, *Teología del Antiguo Testamento*, Madrid, Fax, 1969.
25. Francisco Rodríguez Adrados, *Lingüística indoeuropea*, Madrid, Gredos, 1975, p. 19.
26. Karen Armstrong, *La gran transformación*, Barcelona, Paidós, 2007, pp. 23-24.
27. 对马的驯化在农业、生活方式（游牧）以及战争等方面带来了深刻的文化变革。在《人之上升》(*El ascenso del hombre*, Bogotá, FEI, 1979) 一书中，雅可布·布洛诺夫斯基（Jacob Bronowski）指出，从某种程度上讲，战争是由马创造的。诚然，只要马被引入某一文化（例如美洲大陆），就会导致极大的变革。对古代中华帝国来说，和游牧部落之间的马匹贸易一直非常重要。
28. Mary Boyce, *Zoroastrians: Their Religious Beliefs and Practices*, Londres, Routledge, 2001; Peter Clark, *Zoroastrianism. An Introduction to an Ancient Faith*, Brighton, Sussex Academic Press, 1998.
29. McNeill y McNeill, *op. cit.*, p. 67.
30. *Rig Veda*, 9.10.6.
31. Fernando Tola y Carmen Dragonetti, «El vedismo. Los "vedas". Lo uno como origen de todo. El orden cósmico», *Boletín de la Asociación Española de Orientalistas*, 39, 2003, pp. 217-241.
32. 《圣经》创作于公元前 1 千纪，耗时几个世纪，直到犹太人被放逐到巴比伦（公元前 6 世纪末）后方才定稿。它反映了定稿时人们所关心的神学问题。文本中使用了更早的作品和传统元素，涉及很久以前的人物、史实和传说，因此，故事离圣经定稿的时间越长，其对重构历史的帮助越小。参见 Israel Finkelstein y Neil Asher Silberman, *La Biblia desenterrada*, Madrid, Siglo XXI, 2005, pp. 70-77; Marc Van De Mieroop, *A History of the Ancient Near East*, Oxford, Blackwell, 2007, p. 223; Mario Liverani, *El Antiguo Oriente*, Barcelona, Crítica, 1995, p. 518。

33. Armstrong, *La gran transformación*, *op. cit.*, pp. 67-78.

第七章

1. Jared Diamond, *Armas, gérmenes y acero*, Barcelona, Random House, 2006.
2. Karl Jaspers, *Origen y meta de la Historia*, Madrid, Alianza, 1980.
3. Merlin Donald, «An Evolutionary Approach to Culture. Implications for the Study of the Axial Age», en Robert Bellah y Hans Joas (eds.), *The Axial Age and Its Consequences*, Cambridge MA, Harvard University Press, 2012, p. 73.
4. Robert Bellah, *Religion in Human Evolution: From the Paleolithic to the Axial Age*, Cambridge, MA, Harvard University Press, 2011.
5. Benjamin I. Schwartz, «The Age of Transcendence», en *Daedalus*, 104, 2, 1975.
6. Björn Wittrock, «The Axial Age in Global History», en Bellah y Joas, *op. cit.*, p. 110.
7. 关于人类智慧如何通过非现实，通过虚构，来理解现实，参见 *Tratado de filosofía zoom*, de José Antonio Marina, Barcelona, Ariel, 2016。
8. Robert R. Marett, *The Threshold of Religion*, Londres, Methuen, 1909.
9. Rappaport, *op. cit.*, p. 21.
10. Mircea Eliade, *Tratado de historia de las religiones*, Madrid, Cristiandad, 2000; cap. 1: Estructura y morfología de lo sagrado.
11. Rudolf Otto, *Lo santo*, Madrid, Alianza, 1980.
12. José Antonio Marina, *Dictamen sobre Dios*, Barcelona, Anagrama, 2001.
13. David Sloan Wilson, *Darwin's Cathedral: Evolution, Religion, and the Nature of Society*, Chicago, University of Chicago Press, 2002.
14. "各种宗教和平共处，各国才能和平共处。要使各种宗教和平共处，就必须进行宗教间的对话。要进行宗教间的对话，就必须对各宗教的基础进行研究。" Hans Kung, *El Islam: historia, presente, futuro*, Madrid, Trotta, 2007, p. 9.
15. Armstrong, *op. cit.*, p. 110.
16. Mircea Eliade, *Historia de las creencias y de las ideas religiosas*, Madrid, Cristiandad, 1978, III, p. 26, nota 34.
17. Benjamin I. Schwartz, *The World of Thought in Ancient China*, Cambridge MA, Harvard UP, 1985.
18. Jacques Gernet, *El mundo chino*, Barcelona, Crítica, 2005, pp. 90-99.
19. Weiming Tu (ed.), *The Triadic Chord: Confucian Ethics, Industrial East Asia, and Max Weber*, Singapur, Institute of East Asian Philosophies, 1991; Weiming Tu (ed.), *Confucian Traditions in East Asian Modernity*, Cambridge, MA, Harvard University Press, 1996;

Weiming Tu, Milan Hejtmanek y Alan Wachman (eds.), *The Confucian World Observed: A Contemporary Discussion of Confucian Humanism in East Asia*, Honolulu, University of Hawaii Press, 1992; William Theodore De Barry y Weiming Tu (eds.), *Confucianism and Human Rights*, Nueva York, Columbia University Press, 1998; Everett Zhang, Arthur Kleinman y Weiming Tu (eds.), *Governance of Life in Chinese Moral Experience: The quest for an adequate life*, Londres, Routledge, 2011.

20. Anne Cheng, *Historia del pensamiento chino*, Barcelona, Bellaterra, 2002.
21. Gernet, *op. cit.*, pp. 93-97.
22. Armstrong, *op. cit.*, p. 190.
23. *Anguttara Nikaya* 8.7.3.
24. Francisco Rodríguez Adrados, *Historia de la democracia*, Madrid, Temas de Hoy, 1997.
25. Orlando Patterson, *Freedom in the Making of Western Culture*, Nueva York, Basic Books, 1991.
26. Tucídides, *Historia de la Guerra del Peloponeso*, libro II, 35-46.
27. Osborne, p. 67.
28. Platón, Séptima Carta, 326.
29. Armstrong, *op. cit.*, p. 435.
30. Hipócrates, *De prisca medicina*.
31. Aristóteles, *Política*, libro II, cap. V.
32. Aristóteles, *Ética a Nicómaco* 1099a 24.
33. Séneca, *De la vida bienaventurada*, en *Obras Completas* (traducción de Lorenzo Riber), Madrid, Aguilar, 1966, pp. 286 y ss.
34. Aristóteles, *Ética a Nicómaco* 1102a 15.
35. Platón, *Apología de Sócrates*, 38a5-6.
36. *Brihadaranyaka Upanishad* 2,4.4-5.
37. Randall Collins, *Sociología de las filosofías*, Barcelona, Hacer, 2005, pp. 852 y ss.
38. *Ibid.*, p. 870.
39. Bruce A. Bracken (ed.), *Handbook of self-concept*, Nueva York, Wiley, 1995.
40. Michel Foucault, *La hermenéutica del sujeto*, Buenos Aires, FCE, 2002.
41. *Rig Veda*, 9, 10, 6.
42. *Dadestan-i Denig*, 94, 5.
43. *Analectas*, XV, 24.
44. *Udanavarga*, 5, 18.
45. *Tao Te Ching*, 49.
46. *Mahabharata*, Libro de la paz, 167.

47. Levítico 19,18.
48. Mateo 7,12.
49. Hans Küng, *Una ética mundial para la economía y la política*, Madrid, Trotta, 1999, p. 111.
50. Óscar Pérez de la Fuente, «Un análisis sobre la Regla de Oro como un enfoque multicultural para la resolución de conflictos», *Universitas*, 26, 2017, pp. 68-98.
51. Alan Gewirth, «The Golden Rule rationalized», en Russ Sapher-Landau (ed.), *Ethical Theory: An Anthology*, Oxford, Wiley, 2013, pp. 524-535.
52. *Declaration towards a Global Ethic, Endorsed by the Parliament of the World Religions in Chicago, September, 1993*. Reproducida en W. Sullivan y W. Kymlicka (eds.); *The Globalization of Ethics*, Cambridge, Cambridge University Press, 2007, p. 238.
53. Fréderic Lenoir, *La rencontré du bouddhisme et de l'Occident*, París, Albin Michel, 1999.
54. Arnold Toynbee, citado por Lenoir, *op. cit.*, p. 1.
55. Armstrong, *op. cit.*

第八章

1. Robert Bellah y Hans Joas (eds.), *The Axial Age and Its Consequences*, Cambridge MA, Harvard University Press, 2012.
2. Christian Meier, *A Culture of Freedom*, Oxford, Oxford University Press, 2011.
3. Richard Seaford, *Money and the Early Greek Mind*, Cambridge, Cambridge University Press, 2004.
4. Peter Watson, *La gran divergencia, op. cit.*, p. 424.
5. Jack Weatherford, *The History of Money*, Nueva York, Three Rivers, 1997, p. 27.
6. Henri Bergson, *Les deux fontes de la morale et de la religion, Oeuvres*, París, PUF, 1963, p. 1003.
7. J. A. Marina, *La pasión del poder*, Barcelona, Anagrama, 2008.
8. Jacques Necker, *Du pouvoir exécutif dans les grands États*, París, 1792, p. 20.
9. Jean-Jacques Rousseau, *El contrato social*, libro III, cap. VI.
10. Bertrand de Jouvenel, *Sobre el poder*, Madrid, Unión Editorial, 1998.
11. *Mémoires de Charles Perrault, contenant beaucoup de particularités et d'anecdotes intéressantes du ministére de M. Colbert* (1759), Kessinger Publishing, 2009.
12. Baron Agathon-Jean-François Fain, *Mémoires*, París, Arléa, 2001.
13. Theodore C. Sorensen, *Kennedy*, Nueva York, Harper and Row, 1965.
14. Jane Burbank y Frederick Cooper, *Imperios*, Barcelona, Crítica, 2011.
15. Ian Morris, *Guerra, op. cit.*

16. Paul Kennedy, *Auge y caída de las grandes potencias*, Barcelona, Debolsillo, 2004.
17. D. D. Luckenbill, *Ancient Records of Assyria and Babylonia*, I, Chicago, University of Chicago Press, 1926, párrafos 433, 445, 455, 472.
18. Heródoto, *Historias*, 8. 98, 4.
19. Kumar, *Imperios*, *op. cit.*, p. 66.
20. Louis Robert, «De Delphes à l'Oxus; inscriptions grecques nouvelles de la Bactriane», *Comptes Rendus de l'Académie des Inscriptions*, 1968.
21. Wendy Doniger, *The Hindus. An Alternative History*, Oxford, Oxford University Press, 2009, pp. 254-257; John Keay, *India. A History*, Londres, Harper, pp. 87-100.
22. Max Weber, *Economía y sociedad*, México, FCE, 2014.
23. Philip T. Hoffman, *¿Por qué Europa conquistó el mundo?*, Barcelona, Crítica, 2016, p. 144.
24. John K. Fairbank, «Introduction: Varieties of the Chinese Military Experience», en Frank A. Kiernan y John K. Fairbank (eds.), *Chinese Ways in Warfare*, Cambridge MA, Harvard University Press, 1974, p. 2.
25. Mark Edward Lewis, *The Early Chinese Empires: Qin and Han*, Cambridge MA, Harvard University Press, 2007, pp. 52-55.
26. Max Weber, *Ensayos sobre sociología de la religión*, Madrid, Taurus, 1984, vol. I, pp. 269 y ss.
27. Diodoro Sículo, *Biblioteca histórica*, V, 26.
28. Osborne, *op. cit.*, p. 112.
29. Kumar, *Imperios*, p. 58.
30. Mary Beard *et al.*, *Religions of Rome*, I, Nueva York, Cambridge University Press, 1998, pp. 150-156, 219 y 228-233.
31. Merio Scattola, *Teologia politica*, Bolonia, Il Mulino, 2007, pp. 13-15; Walter Burkert, *Religión griega arcaica y clásica*, Madrid, Abada, 2007, pp. 424 y 438-439.
32. Henry Sumner Maine, *El derecho antiguo: su conexión con la historia temprana de la sociedad y su relación con las ideas modernas*, Valencia, Tirant, 2014.
33. Mireille Delmas-Marty, *Le flou du droit. Du code pénal aux droits de l'homme*, París, PUF, 2004; Mireille Delmas-Marty, *Pour un droit commun*, París, Seuil, 1994; Miguel José Arjona Sánchez, «El Derecho en red: una aproximación desde el Derecho Europeo», *Videtur Quod*, 2, 2010.
34. Maine, *op. cit.*
35. Rondo Cameron y Larry Neal, *Historia económica mundial*, Madrid, Alianza, 1990, p. 51.
36. Andrew Marr, *Una historia del mundo*, Madrid, Biblioteca Nueva, 2017, p. 139.
37. Séneca, *De beneficiis*, 7.9.

38. Thomas O. Höllmann, *La ruta de la seda*, Madrid, Alianza, 2008, p. 29.
39. Marcial, *Epigramas* 5, 37.
40. Frankopan, *op. cit.*, p. 50.
41. Étienne de la Vaissière, *Sogdian Traders*, Leiden, Brill, 2005.
42. McNeill y McNeill, *op. cit.*, p. 189.
43. David Graeber, *En Deuda*, Barcelona, Ariel, 2014, p. 281.
44. 关于货币与经济上的虚构概念，参见 José Antonio Marina, *Tratado de filosofía zoom*, *op. cit*。
45. Karl Marx, *El capital*, Madrid, Akal, 1976, I, Cap. II, 55.
46. Scarre, *The Human Past*, *op. cit.*, pp. 367-368.

第九章

1. José Antonio Marina, *Por qué soy cristiano*, Barcelona, Anagrama, 2005.
2. Watson, *Ideas*, *op. cit.*, p. 305.
3. *Ibid.*, p. 277.
4. John K. Fairbank, *China. A New History,* Cambridge MA, Harvard UP, 2006.
5. Gernet, *op. cit.*, p. 129.
6. *Ibid.* pp. 143-145.
7. Helio Jaguaribe, *Un estudio crítico de la Historia*, México, FCE, 2001.
8. Georges Ifrah, *Historia universal de las cifras*, Madrid, Espasa, 1997, pp. 790, 926 y 989.
9. Edward Gibbon, *Historia de la decadencia y caída del Imperio romano*, Barcelona, Alba, 2000.
10. Edward Schillebeeckx, *Jesús, la historia de un viviente*, Madrid, Cristiandad, 1981.
11. E. P. Sanders, *Paul*, Oxford, OUP, 2001, p. 41; Geza Vermes, *Christian Beginnings*, Londres, Penguin, 2012, p. 69.
12. Rudolf Schnackenburg, *Reino y reinado de Dios: estudio bíblico-teológico*, Madrid, Fax, 1967.
13. Ceslas Spicq, *Théologie morale du Nouveau Testament*, París, Lecoffre, 1965.
14. Daniel Goleman y Richard Boyatzis, *El líder resonante crea más*, Barcelona, Debolsillo, 2003.
15. Wilfred Cantwell Smith, *El sentido y el fin de la religión*, Barcelona, Kairós, 2005.
16. Hans Küng, *El judaísmo*, Madrid, Trotta, 1993.
17. Ronald L. Johnstone, *Religion in Society: A Sociology of Religion*, New Jersey, Prentice Hall, 1997.

18. Thomas Trautmann, *India. Brief History of a Civilization*, Nueva York, Oxford University Press, 2011, p. 113.
19. Bodde, *op. cit.*, pp. 148-158.
20. George B. Sansom, *Japan: A Short Cultural History*, Stanford, Stanford University Press, 1952, p. 47; Holcombe, *op. cit.*, pp. 87-88; Edwin O. Reischauer, *Japan. The Story of a Nation*, Nueva York, McGraw-Hill, 1990, pp. 12-15.
21. Robert N. Bellah, *Imagining Japan*, Los Ángeles, University of California Press, 2003, pp. 37-38; Holcombe, *op. cit.*, p. 256.
22. Mark Edward Lewis, *China Between Empires. The Northern and Southern Dynasties*, Cambridge, MA, Harvard University Press, 2009, p. 206.
23. *Ibid.*, p. 205; Holcombe, *op. cit.*, pp. 72-74.
24. P. T. Raju, *et al.* (eds.), *Radhakrishnan. Comparative Studies in Philosophy Presented in Honour of His Sixtieth Birthday*, Londres, Allen & Unwin, 1951.
25. Lewis, *op. cit.*, pp. 131-135.
26. *Ibid.*, p. 137.
27. Barry Cunliffe, *Europe Between the Oceans*, New Haven, Yale University Press, 2011, pp. 395-397.
28. Kumar, *Imperios*, p. 77.
29. Kenneth Pennington, *The Prince and the Law*, Los Ángeles, University of California Press, 1993, p. 18.
30. J. R. Hale, *La Europa del Renacimiento*, Madrid, Siglo XXI, 1978, p. 126.
31. Amiano Marcelino, *Historias*.
32. Virgilio, *Eneida*, VI, 851-853.
33. Brian Hayden, *Archaeology: The Science of Once and Future Things*, Nueva York, Freeman, 1993, p. 347.
34. Otto Friedrich, *The End of the World*, Nueva York, Fromm, 1986, p. 36.
35. A. N. Wilson, *Paul: The Mind of the Apostle*, Nueva York, W. W. Norton, 1997, p. 9.
36. Friedrich, *op. cit.*, p. 32. Citas tomadas de Wright, *op. cit.*, p. 141.
37. Bryan Ward-Perkins, *La caída de Roma y el fin de la civilización*, Madrid, Espasa, 2007.
38. William H. McNeill, *The Rise of the West: A History of Human Community*, Chicago, University of Chicago Press, 1963, p. 238.
39. Chester G. Starr, *A History of the Ancient World*, Oxford, Oxford University Press, 1991, p. 700.
40. Mark Elvin, *The Pattern of the Chinese Past*, Stanford, Stanford University Press, 1973, p. 41.
41. Otto Seeck, *Geschichte des Untergangs der Antiken Welt*, Berlín, 1925.

42. Wright, *op. cit.*
43. Joseph A. Schumpeter, *Capitalismo, socialismo y democracia*, Madrid, Aguilar, 1971.
44. McNeill, *op. cit.*, p. 391.
45. Peter Brown, *The Rise of Western Christendom*, Oxford, Blackwell, 2003, pp. 196-198; Peter Brown, *The World of Late Antiquity*, Londres, Thames & Hudson, 1971, p. 101.
46. *Ruta de la Seda*, p. 73.
47. David Scott, «Christian responses to Buddhism in Pre-Medieval Times», *Numen*, 32, 1, 1985, pp. 91-92.
48. John S. Mbiti, «African view of the Universe», en *Introduction to African Religion*, Londres, Heinemann, 1975, pp. 31-39.
49. Scarre, *op. cit.*, pp. 292-294.

第十章

1. Albert Hourani, *La historia de los árabes*, Barcelona, Ediciones B, 2010, pp. 37-42; Hugh Kennedy, *The Prophet and the Age of the Caliphates*, Harlow, Pearson, 2004, pp. 29-36.
2. Karen Armstrong, *Mahoma. Biografía del profeta*, Barcelona, Tusquets, 2005.
3. Tamim Ansary, *Un destino desbaratado. La historia universal vista por el islam*, Barcelona, RBA, 2011, p. 100.
4. Hans Küng, *El islam*, Madrid, Trotta, 2006, pp. 66 y 70-73.
5. Ira Lapidus, *Islamic Societies to the Nineteenth Century*, Nueva York, Cambridge University Press, 2012, pp. 46-48.
6. Samuel P. Huntington, *El choque de civilizaciones*, Barcelona, Paidós, 1997.
7. Fatima Mernissi, *El miedo a la modernidad. Islam y democracia*, Madrid, Ed. del Oriente y del Mediterráneo, 1992.
8. Gilles Kepel, *Jihad. Expansion et déclin de l'islamisme*, París, Gallimard, 2000; Gilles Kepel, *Al oeste de Alá*, Barcelona, Paidós, 1995.
9. Michael Cook, «The centrality of Islamic civilization», en Benjamin Z. Kedar y Merry E. Wiesner-Hanks (eds.), *Expanding Webs of Exchange and Conflict, 500 CE-1500 CE*, *The Cambridge World History*, vol. 5, Cambridge, Cambridge University Press, 2015, pp. 385-414.
10. Lapidus, *op. cit.*, p. 61.
11. *Ibid.*, p. 64.
12. Cook, *op. cit.*, pp. 411-412; Fernández-Armesto, *The World, op. cit.*, p. 196.
13. Judith Coffin y Robert Stacey, *Western Civilizations*, Nueva York, W. W. Norton, 2008, p. 349.

14. Federico Chabod, *Storia dell'idea d'Europa*, Bari, Laterza, 1995.
15. Robert Tignor et al., *Worlds Together, Worlds Apart*, Nueva York, W. W. Norton, 2014, p. 347.
16. José Ángel García de Cortázar y José Ángel Sesma, *Manual de Historia Medieval*, Madrid, Alianza, 2008, pp. 133-134; Chris Wickham, *Europa en la Edad Media*, Barcelona, Crítica, 2017, pp. 120-121; Peter Brown, *The Rise, op. cit.*, pp. 437-440.
17. Jaguaribe, *op. cit.*, vol. II, p. 380.
18. Elvin, *op. cit.*, p. 42.
19. Peter Duus, *Feudalism in Japan*, Nueva York, McGraw-Hill, 1993.
20. Wright, *op. cit.*, p. 159.
21. Maine, *El derecho antiguo, op. cit.*
22. Texto en Charles O. Hucker, *China's Imperial Past*, Stanford, SUP, 1975, p. 364.
23. Daoqian, «De camino al monasterio de Guizong», en Yoshinobu Shiba, *Commerce and Society in Sung China*, Ann Arbor, University of Michigan Press, 1970, p. 357.
24. Hermann Kulke y Dietmar Rothermund, *A History of India*, Londres, Routledge, 1998, p. 96.
25. Harold J. Beran, *Law and Revolution: The Formation of the Western Legal Tradition*, Cambridge, MA, Harvard University Press, 1983, p. 91.
26. Wickham, *op. cit.*, pp. 183-185.
27. Joseph R. Strayer, *On the Medieval Origins of the Modern State*, Princeton, Princeton University Press, 1970, p. 21.
28. Fukuyama, *Orígenes del orden político, op. cit.*, I, p. 377.
29. Ansary, *op. cit.*, p. 170.
30. Alphonse Dupront, *Le mythe de croisade*, París, Gallimard, 1997, p. 1019.
31. Christopher Tyerman, *Las guerras de Dios*, Barcelona, Crítica, 2010, p. ix.
32. Otto Brunner, *Estructura interna de Occidente*, Madrid, Alianza, 1991, pp. 32-34; Marc Bloch, *La sociedad feudal*, Madrid, Akal, 1987, p. 148.
33. Thomas N. Bisson, *La crisis del siglo XII*, Barcelona, Crítica, 2010, p. 74.
34. *Ibid.*, p. 97.
35. «La muerte del pagano es una gloria para el cristiano, pues por ella es glorificado Cristo», Bernardo de Claraval, «Las glorias de la nueva milicia», en *Obras completas*, Madrid, BAC, 1977, vol. 1, p. 503.

第十一章

1. M. Gosman, «La légende du Prêtre Jean et la propagande auprès des croisés devant Damiette (1218-1221) », en D. Buschinger (ed.), *La Croisade: réalité et fictions, Actes du*

colloque d'Amiens, 12 mars 1987, Göpping, 1989, pp. 133-142.
2. Peter Frankopan, *El corazón del mundo*, Barcelona, Crítica, 2016, p. 188; C. F. Beckingham, «The Achievements of Prester John», en C. F. Beckingham y B. Hamilton (eds.), *Prester John, the Mongols and the Ten Lost Tribes*, Aldershot, Variorum, 1996, pp. 1-22.
3. Het'um Patmich' [Haitón de Córico], *La fleur des histories de la ere d'Orient*, en *Recueil des historiens des croisades*, Documents Arméniens, 1906, vol. 1, p. x.
4. Tucídides, *Historia de la guerra del Peloponeso*.
5. Albert O. Hirschman, *Las pasiones y los intereses*, Barcelona, Península, 1999.
6. Anatoly M. Khazanov, «Pastoral nomadic migrations and conquests», en *The Cambridge World History*, vol. 5, pp. 376-381.
7. Michal Biran, «The Mongol Empire and inter-civilizational exchange», en *The Cambridge World History*, vol. 5, pp. 553-555.
8. Holcombe, *op. cit.*, pp. 152 y 183; Bellah, *Imagining Japan*, *op. cit.*, pp. 11-14.
9. Bellah, *op. cit.*, pp. 10-11; Holcombe, *op. cit.*, p. 153; Edwin O. Reischauer, *Japan: the Story of a Nation*, Nueva York, McGraw-Hill, 1990, pp. 58-59.
10. Holcombe, *op. cit.*, p. 157.
11. Daisetz Teitaro Suzuki, *Introducción al budismo zen*, Buenos Aires, Kier, 1996.
12. Trautmann, *op. cit.*, pp. 154-159; Doniger, *op. cit.*, pp. 449-452.
13. Kulke y Rothermund, *op. cit.*, p. 124; Keay, *op. cit.*, p. 269.
14. Kulke y Rothermund, *op. cit.*, pp. 107-112.
15. Bonnie G. Smith *et al.*, *Crossroads and Cultures*, Boston, Bedford, 2012, p. 493.
16. Hourani, *op. cit.*, pp. 155-156; Lapidus, *op. cit.*, p. 250; Kennedy, *op. cit.*, pp. 204-207; Fukuyama, *op. cit.*, pp. 189-228.
17. 此处原文中的"turco"一词指的是中亚地区一支拥有自己的语系的民族,即"突厥",而非"土耳其人"。该词直到现代才用来指如今的土耳其。
18. Smith *et al.*, *Crossroads*, *op. cit.*, pp. 464-466.
19. Fernand Braudel, *Civilisation matérielle, économie et capitalisme, XVe et XVIIe siècles*, París, Armand Colin, 1979; Carlo M. Cipolla, *Storia economica dell'Europa preindustriale*, Bolonia, Il Mulino, 2002; David Landes, «Why Europe and the West? Why Not China?», en *Journal of Economic Perspectives*, 20 (2), 2006, pp. 3-22; François Crouzet, *Histoire de l'économie européenne, 1000-2000*, París, Albin Michel, 2000; Kenneth Pomeranz, *The Great Divergence: China, Europe, and the Making of the Modern World Economy*, Princeton, PUP, 2000.
20. Citado en Alfred Crosby, *La medida de la realidad: la cuantificación y la sociedad*

occidental 1250-1600, Barcelona, Crítica, 1998.
21. Niall Ferguson, *Civilización: Occidente y el resto*, Barcelona, Debate, 2012.
22. Marc Bloch, *La extraña derrota*, Barcelona, Crítica, 2003.
23. Citado en François Dosse, *L'histoire en miettes*, París, L'Harmattan, 1989, p. 104.
24. Janet L. Abu-Lughod, *Before European Hegemony*, Nueva York, Oxford UP, 1991.
25. Immanuel Wallerstein, *El moderno sistema mundial*, Madrid, Siglo XXI, 1979.
26. Ferguson, *op. cit.*, p. 19.
27. Watson, *Ideas, op. cit.*, p. 504.
28. Schmidt-Glintzer, *op. cit.*, p. 126.
29. Colin Morris, *The Discovery of the Individual, 1050-1200*, Toronto, UTP, 1987.
30. Watson, *Ideas, op. cit.*, p. 158.
31. Jean Leclercq, *El amor a las letras y el deseo de Dios*, Salamanca, Sígueme, 2009.
32. Tomás de Aquino, *Summa Theologiae*, III, q. 18, a. 1, ad 3.
33. Marie-Dominique Chenu, *L'éveil de la conscience dans la civilisation médiévale*, París, 1969.
34. Tomás de Aquino, *De malo*, 8, 2.
35. R. A. Gauthier, *Magnanimité: l'idéal de la grandeur dans la philosophie païenne et dans la théologie chrétienne*, París, Vrin, 1951; J. A. Marina, *Pequeño tratado de los grandes vicios*, Barcelona, Anagrama, 2011.
36. Johan Huizinga, *El otoño de la Edad Media*, Madrid, Alianza, 1982, p. 86.
37. Aaron Gurevich, *Los orígenes del individualismo europeo*, Barcelona, Crítica, 1997, p. 39.
38. Francis Fukuyama, *Los orígenes del orden político*, Barcelona, Deusto, 2016, vol. I, p. 354.
39. Patricia Crone, *God's Rule. Government and Islam*, Nueva York, Columbia UP, 2004, p. 14.
40. Gregorio Piaia, «Democrazia o totalitarismo in Marsilio da Padova», en *Medioevo*, 2, 1976, pp. 363-376.
41. Marsilio de Padua, *Defensor Pacis* II: XVII, 9 y XXI, 5.
42. Felice Battaglia, «Marsilio e il «Defensor pacis», en *Rivista Internazionale di Filosofia del diritto*, n.º 4, IV, 1924, pp. 398-416.
43. Friedrich Hayek, *Law, Legislation and Liberty: A New Statement of the Liberal Principles of Justice and Political Economy*, Chicago, University of Chicago Press, 1976, vol. I, p. 72.
44. F. Pollock y F. W. Maitland, *The History of English Law before the Time of Edward I*, Cambridge, CUP, 1923, vol. I, p. 182.
45. García de Cortázar y Sesma, *op. cit.*, pp. 396-398 y 403; Ermelindo Portela *et al.*, *Historia de la Edad Media*, Barcelona, Ariel, 2014, p. 225.

46. Wickham, *op. cit.*, pp. 302-304; García de Cortázar y Sesma, *op. cit.*, pp. 219-220.
47. Wickham, *op. cit.*, pp. 361-363, 380 y 387; García de Cortázar y Sesma, *op. cit.*, pp. 397-398.
48. Catharina Lis y Hugo Soly, *Pobreza y capitalismo en la Europa preindustrial (1350-1850)*, Torrejón, Akal, 1985.
49. Holcombe, *op. cit.*, pp. 137-140.
50. J. P. Bardet y J. Dupâquier (eds.), *Histoire des populations de l'Europe*, París, Fayard, 1997.
51. Scarre, *op. cit.*, p. 384.
52. *Ibid.*, p. 383; John Iliffe, *África, historia de un continente*, Madrid, Akal, 2013, pp. 116-119.
53. Scarre, *op. cit.*, pp. 386-387; Renfrew, *op. cit.*, p. 36; J. D. Fage, *A History of Africa*, Londres, Routledge, 2001, pp. 130-132.
54. Fernández-Armesto, *The World, op. cit.*, pp. 271 y 384.
55. Étienne Gilson, *Héloïse et Abélard. Etudes sur le Moyen-Âge et l'Humanisme*, París, Vrin, 1938.
56. Pierre Duhem, *Le système du monde*, París, Harmann, 1959, t. X, pp. 25-26.
57. C. F. Black *et al.*, *Cultural Atlas of the Renaissance*, Nueva York, Prentice Hall, 1993.
58. Zhu Xi, *Reflexiones sobre las cosas inmediatas* (1176), citado en Charles O. Hucker, *China's Imperial Past*, Stanford, SUP, 1975, p. 371.
59. Xue Xuan o Hsüeh Hsüan (1392-1464), citado en Hucker, *op. cit.*, p. 373. 但这并未阻碍官方宋明理学传统之外的其他思潮的发展，参见 Gernet, *op. cit.*, p. 392。
60. Erasmo, carta 522, en F. M. Nichols, *The Epistles of Erasmus*, Londres, Longman, 1904, II, p. 506.
61. J. W. von Goethe, *Fausto*, vv. 1230-1237.
62. Eugenio Garin, *Moyen Âge ou Renaissance*, París, Gallimard, 1969.

第十二章

1. McNeill, *op. cit.*, p. 173.
2. J. Darwin, *After Tamerlane. The Global History of Empire*, Londres, Penguin, 2007.
3. Lapidus, *op. cit.*, pp. 429-431.
4. Jeremy Adelman *et al.*, *Worlds Together, Worlds Apart*, Nueva York, Norton, 2014, pp. 411-416.
5. Coffin y Stacey, *op. cit.*, p. 510.
6. Giancarlo Casale, «The Islamic empires of the early modern world», en *The Cambridge*

World History, vol. 6.1, Cambridge, CUP, 2015, pp. 333-341.
7. Ian Morris, *¿Por qué manda Occidente por ahora?*, Barcelona, Ático, 2014, p. 470.
8. *Ibid.*, p. 472.
9. Kevin Bishop, *China's Imperial Way*, Hong Kong, Odyssey, 1997, p. 47.
10. S. H. Tsai, *Perpetual Happiness: The Ming Emperor Yongle*, Seattle, 2002, p. 123.
11. Diamond, *Armas, op. cit.*, p. 470.
12. Ferguson, *op. cit.*, p. 95.
13. Robert B. Marks, *Los orígenes del mundo moderno*, Barcelona, Crítica, 2007.
14. Ch'oe Pu, *Diario*, citado en John Meskill, *Ch'oe Pu's Diary. A Record of Drifting Across the Sea*, Tucson, University of Arizona Press, 1965, p. 390.
15. Qiu Jun, «Suplemento a las Exposiciones sobre el gran saber» (1487), citado en T. Brook, *The Confusion of Pleasure: Commerce and Culture in Ming China*, Berkeley, University of California Press, 1998, p. 103.
16. Graeber, *op. cit.*
17. Charles Tilly, *Coercion, Capital and European States*, Cambridge, MA, Blackwell, 1992, p. 30.
18. Hoffman, *op. cit.*
19. J. R. Hale, *War and Society in Renaissance Europe, 1450-1620*, Baltimore, Johns Hopkins University Press, 1985, p. 29.
20. Carl von Clausewitz, *De la guerra*, Madrid, Ministerio de Defensa, 1999, p. 227.
21. J. R. Hale, *La Europa del Renacimiento, 1480-1520*, Madrid, Siglo XXI, 1973, p. 108.
22. Armstrong, *Gran transformación, op. cit.*, p. 159.
23. Chris Hedges, *La guerra es la fuerza que nos da sentido*, Madrid, Síntesis, 2003.
24. Theodore Nadelson, *Trained to Kill: Soldier at War*, Baltimore, Johns Hopkins University Press, 2005, p. 64.
25. Pasquale M. d'Elia, y Matteo Ricci, *Fonti ricciane; documenti originali concernenti Matteo Ricci e la storia delle prime relazione tra l'Europa e la Cina (1579-1615)*, Roma, Libreria dello Stato, 1942, vol. I, p. 66. 描写此段历史的当代著作，参见 Jonathan D. Spence, *El palacio de la memoria de Matteo Ricci*, Barcelona, Tusquets, 2002。
26. Citado en Ferguson, *op. cit.*, p. 61.
27. Hoffman, *op. cit.*, p. 24.
28. Ian Morris, *Guerra. ¿Para qué sirve?*, Barcelona, Ático de los libros, 2017.
29. Citado en Tilly, *op. cit.*, p. 128.
30. Max Weber, *The Religion of China: Confucianism and Taoism*, Nueva York, The Free Press, 1968.
31. Fernand Braudel, *Civilización material, economía y capitalismo: siglos XV-XVIII*, Madrid,

Alianza, 1984.
32. Chris Harman, *Historia mundial del pueblo*, Madrid, Akal, 2013, p. 155.
33. George Holmes, *Florence, Rome and the Origins of the Renaissance*, Oxford, OUP, 1986, p. 39.
34. Robert S. Lopez, «The trade of medieval Europe: the south», en M. Prostan *et al.*, *The Cambridge Economic History of Europe*, Cambridge, CUP, 1952, vol. II, pp. 257 y ss.
35. David García Hernán, *Historia Universal*, Madrid, Sílex, 2007, p. 241.
36. Martín González Fernández, «Medievo y Renacimiento. ¿Ruptura o continuidad? El marco historiográfico de una polémica», en *Revista Española de Filosofía Medieval*, vol. 1, 1994, pp. 1-18.
37. Giovanni Pico della Mirandola, *Discurso sobre la dignidad del hombre*, Barcelona, PPU, 1988.
38. Giordano Bruno, *Expulsión de la bestia triunfante*, Madrid, Alianza, 1989, p. 227.
39. *Ibidem*.
40. Dorothy Koenigsberger, *Renaissance Man and Creative Thinking*, Hassocks, Harvester Press, 1979, p. 19.
41. Harry Elmer Barnes, *An Intellectual and Cultural History of the Western World*, Nueva York, Dover, 1965, vol. 2, p. 549.
42. Gene A. Brucker, *Florentine Politics and Society, 1343-1378*, Princeton, PUP, 1962, p. 105; Peter Burke, *Culture and Society in Renaissance Italy, 1420-1540*, Londres, Batsford, 1972.
43. Israel M. Kirzner, *Competition and Entrepreneurship*, Chicago, University of Chicago Press, 1973.
44. Gombrich, *op. cit.*, p. 155.
45. Benedict Anderson, *Imagined Communities: Reflections on the Origin and Spread of Nationalism*, Londres, Verso, 1991, p. 39.
46. Citado en Elizabeth L. Eisenstein, *The Printing Revolution in Early Modern Europe*, Cambridge, CUP, 1993, p. 152.
47. J. Bradford DeLong y Andrei Shleifer, «Princes and Merchants: European City Growth before the Industrial Revolution», en *Journal of Law & Economics*, 36, 1993, pp. 671-702.
48. Gernet, *op. cit.*, p. 300.
49. John K. Fairbank, *China. A New History*, Cambridge MA, Harvard UP, 1992, p. 88.
50. Wright, *Nadie pierde, op. cit.*, pp. 190-204.
51. Paul F. Grendler, *The Universities of the Italian Renaissance*, Baltimore, Johns Hopkins University Press, 2002.

第十三章

1. Bernardino de Sahagún, *Historia general de las cosas de Nueva España*, Madrid, Dastin, 2001, vol. II. pp. 817-818; Antonio Aimi, *La verdadera visión de los vencidos. La conquista de México en las fuentes aztecas*, Alicante, 2009, pp. 81-104.
2. Watson, *Ideas, op. cit.*, p. 719; Ronald Wright, *Stolen Continents: The «New World» Through Indian Eyes Since 1492*, Boston, Houghton Mifflin, 1992, p. 23.
3. Alvin M. Josephy, *America in 1492*, Nueva York, Vintage, 1993, p. 251.
4. Cauvin, *op. cit.*
5. Watson, *La gran divergencia, op. cit.*, p. 27.
6. Watson, *Ideas, op. cit.*, p. 717.
7. Alfred W. Crosby, *The Columbian Exchange*, Nueva York, Greenwood, 1972; Id., *Ecological Imperialism*, Cambridge, CUP, 1986.
8. Nathan Wachtel, *La vision des vaincus*, París, Gallimard, 1971, p. 212; Claude Lévi-Strauss, *Tristes tropiques*, París, Plon, 1955, p. 31.
9. Watson, *La gran divergencia, op. cit.*, p. 462.
10. David Freidel *et al.*, *El cosmos maya*, México, FCE, 2000.
11. Jane Stevenson Day, *Aztec: the World of Moctezuma*, Denver, 1992.
12. Berthold Riese, *Los mayas*, Madrid, Acento, 2002, pp. 55-56; Trigger, *op. cit.*, pp. 481 y 531; Mircea Eliade, *Diccionario, op. cit.*, pp. 40-41.
13. Trigger, *op.cit.*, pp. 436, 447 y 612.
14. Geoffrey W. Conrad y Arthur Demarest, *Religión e imperio: dinámica del expansionismo azteca e inca*, Madrid, Alianza, 1998.
15. Smith *et al.*, *Crossroads, op. cit.*, pp. 519-523; Hanns J. Prem, *Los aztecas*, Madrid, Acento, 2002, pp. 60-61; Trigger, *op. cit.*, pp. 71-89; Marvin Harris, *Antropología cultural*, Madrid, Alianza, 2011, pp.402-406.
16. David Carrasco, *Quetzalcoatl and the Irony of Empire: Myths and Profecies in the Azec Tradition*, Boulder, University Press of Colorado, 2000, p. 18.
17. Flannery, *op. cit.*, pp. 380, 523-538; Trigger, *op. cit.*, pp. 76-86.
18. Michael E. Moseley, *The Incas and their Ancestors*, Londres, Thames & Hudson, 2001, pp. 72-73; Catherine Julien, *Los incas*, Madrid, Acento, 2002, pp. 98-99; Trigger, *op. cit.*, pp. 378-380.
19. Ifrah, *op. cit.*, pp. 181-186; Trigger, *op. cit.*, p. 595.
20. David Hume, *The Natural History of Religion*; Paul Radin, *Primitive Religion. Its Nature and Origin*, Nueva York, Dover, 1937; Robert H. Lowie, *Primitive Religion*, Londres,

Routledge, 1936.
21. Cit. en Watson, *La gran divergencia*, *op. cit.*, p. 200.
22. Jan N. Bremmer (ed.), *The Strange World of Human Sacrifice*, Lovaina, Peeters, 2007, p. 230.
23. Pinker, *op. cit.*, p. 196.
24. Francisco López de Gómara, *Primera parte de la Historia General de las Indias*, BAE, t. XXII, Madrid, 1852, p.156.
25. Juan Luis Vives, «Epístola nuncupatoria a Juan III rey de Portugal», fechada en Brujas en julio de 1531.
26. John H. Elliott, *El Viejo Mundo y el Nuevo*, Madrid, Alianza, 1990.
27. Karl Lanz, *Correspondencia del emperador Carlos V*, Leipzig, 1844-1846, t. III, p. 20.
28. McNeill, *op. cit.*
29. Jorge N. Rodrigues y Tessaleno C. Devezas, *Portugal: o pioneiro da globalização*, Lisboa, Centro Atlantico, 2009, p. 193.
30. Tomé Pirés, *The Suma Oriental*, Londres, Hakluyt Society, 1944, p. 123, cit. en Felipe Fernández-Armesto, *Los conquistadores del horizonte*, Barcelona, Destino, 2006.
31. Morris, *Por qué manda*, *op. cit.*, p. 500.
32. J. Song, «Studies on the Spreading and Growing and Influences of Crops Originated in America During Ming and Qin Dynasties. Focusing in Maize, Sweet Potato and Tobacco», tesis, Univ. de Henan, 2007, cit. en Charles C. Mann, *1493*, Buenos Aires, Katz, 2013, p. 53.
33. Xie Zhaoshe, Wuza zu, citado en Hucker, *op. cit.*, 1959, p. 262.
34. Heinrich Müller (1560), citado en Braudel, *op. cit.*, 1981-1984, vol. I, p. 194.
35. William Atwell, «Ming China and the emerging world economy, c. 1470-1650», en *The Cambridge History of China*, Cambridge, CUP, 1986, p. 384.
36. D. Oropeza, «Los "indios chinos" en la Nueva España: la inmigración de la Nao de China, 1565-1700». Tesis doctoral en El Colegio de México, México, 2007, p. 172; R. Carrillo, «Asia llega a América. Migración e influencia cultural asiática en Nueva España (1565-1815)», *Asiacádemica*, 3, enero 2014, pp. 81-98; Manel Ollé, «La proyección de Fujian en Manila: los sangleyes del parián y el comercio de la Nao de China», en S. Bernabéu (ed.), *Un océano de seda y plata: el universo económico del Galeón de Manila*, Sevilla, CSIC, 2013, pp. 155-178.
37. Smith *et al.*, *Crossroads*, *op. cit.*, pp. 690-696; Timothy Brook, *The Troubled Empire*, Cambridge MA, Harvard UP, 2010, pp. 230-232.
38. Brook, *op. cit.*, p. 264.
39. Richard von Glahn, *The Economic History of China*, Cambridge, CUP, 2016, pp. 4 y 10.

40. B. Fernández Herrero, *La utopía de la aventura americana*, Barcelona, Anthropos, 1994.
41. Eduardo García de Enterría, *La lengua de los derechos. La formación del Derecho público europeo tras la Revolución francesa*, Madrid, Alianza, 1995.
42. Avelino Folgado, *Evolución histórica del concepto de Derecho Subjetivo*, San Lorenzo del Escorial, Anuario Jurídico Escurialense, 1960.
43. G. W. F. Hegel, *Lecciones sobre la filosofía de la historia universal*, Madrid, Alianza, 1994.
44. Ángel Losada, «Introducción» a Bartolomé de las Casas, *Obras*, Madrid, Alianza, 1986, p. 12.
45. John H. Elliott, *Imperios del mundo atlántico*, Madrid, Taurus, 2006.
46. Hugh Thomas, *La trata de esclavos*, Barcelona, Planeta, 1997, p. 53.
47. Jean Dumont, *El amanecer de los derechos del hombre*, Madrid, Encuentro, 2009.
48. Ramón Carande, «Gobernantes y gobernados en la hacienda de Castilla», en *Estudios de Historia*, vol. I, Barcelona, Crítica, 1989, p. 86.
49. Citado en Fernández Buey, p. 254.
50. Puede verse como apéndice a Manuel Fernández Álvarez, *Economía, sociedad y corona*, Madrid, 1963.
51. Dumont, *op. cit.*, p. 89.
52. Juan Manzano Manzano, *La incorporación de las Indias a la Corona de Castilla*, Madrid, 1948, p. 127.

第十四章

1. John L. Esposito (ed.), *The Islamic World: Past and Present*, Nueva York, Oxford UP, 2004.
2. Merry E. Wiesner-Hanks, *A Concise History of the World*, Cambridge, Cambridge UP, 2015, pp. 256-257; R. Po-Chia Hsia, «Christianity in Europe and overseas», en *The Cambridge World History*, Cambridge, CUP, 2015, vol. 6.2, pp. 340 y 345.
3. Richard A. Crofts, «Printing, Reform and Catholic Reformation in Germany», en *The Sixteenth Century Journal*, 16, 3, 1985, p. 376.
4. Neil MacGregor, *Germany. Memories of a Nation*, Londres, Penguin, 2014, pp. 104-107.
5. Nicholas Ostler, *Empires of the Word*, Londres, Harper, 2005, p. 364.
6. Adelman *et al.*, *Worlds Together*, *op. cit.*, p. 419; Wiesner-Hanks, *op. cit.*, pp. 259-260.
7. Jacob Bronowski y Bruce Mazlish, *The Western Intellectual Tradition*, Londres, Penguin, 1970, p. 85.

8. Coffin y Stacey, *op. cit.*, p. 577.
9. Hsia, *op. cit.*, pp. 341 y 344.
10. Coffin y Stacey, *op. cit.*, p. 608.
11. Paul Janet, *Historie de la philosophie morale et politique*, París, 1858, II, p. 38.
12. Barrington Moore, *Pureza moral y persecución en la historia*, Barcelona, Paidós, 2001.
13. *Ibid.*, p. 88.
14. *Ibid.*, p. 89.
15. Marcelino Menéndez Pelayo, *Historia de los heterodoxos españoles*, t. IV, *OO.CC.*, Madrid, 1928, p. 376.
16. Huizinga, *op. cit.*
17. Martin E. Marty y R. Scott Appleby, *Fundamentalisms Observed*, Chicago, University of Chicago Press, 1991.
18. Karen Armstrong, *Los orígenes del fundamentalismo en el judaísmo, el cristianismo y el islam*, Barcelona, Tusquets, 2017, p. 23.
19. Voltaire, «Lettre à Mme du Deffand, 18 mai 1767».
20. Dietrich Gerhard, *La Vieja Europa*, Madrid, Alianza, 1991, pp. 122, 125 y 136.
21. Heinrich Lutz, *Reforma y Contrarreforma*, Madrid, Alianza, 1992, pp. 280-285; Iring Fetscher, *La tolerancia*, Barcelona, Gedisa, 1994, pp. 44-48 y 69.
22. Lutz, *op. cit.*, pp. 221-224.
23. Edmund S. Morgan, *La invención del pueblo*, Madrid, Siglo XXI, 2006.
24. Yves-Charles Zarka, *Filosofía y política en la época moderna*, Madrid, Escolar y Mayo, 2008.
25. William Ebenstein, *Los grandes pensadores políticos*, Madrid, Revista de Occidente, 1969, p. 341.
26. Nicolás Maquiavelo, *Discursos sobre la Primera Década de Tito Livio*, 1952, p. 105.
27. Nicolás Maquiavelo, *El Príncipe*, 1959, p. 128.
28. Rafael del Águila, *La senda del mal. Política y razón de Estado*, Madrid, Taurus, 2000.
29. Robert Kagan, *Poder y debilidad*, Madrid, Taurus, 2003.
30. Georg Jellinek, *Teoría general del estado*, Granada, Comares, 2000.
31. F. H. Hinsley, *El concepto de soberanía*, Barcelona, Labor, 1972.
32. Ivo de Chartres, *Epístola CVI*, P.L., t. CLXII, col. 121.
33. Morgan, *op. cit.*

第十五章

1. William Shakespeare, *El sueño de una noche de verano*, acto II, escena I.
2. Geoffrey Parker, *El siglo maldito*, Barcelona, Planeta, 2013, p. 83.
3. John Locke, *Dos tratados sobre el gobierno civil*, Londres, 1660, citado en Parker, *op. cit.*
4. Charles T. Foster y F. H. B. Daniels (eds.), *The Life and Letters of Ogier Ghiselin de Busbecq*, Londres, 1881, p. 221, citado en Ferguson, *Civilización, op. cit.*, p. 101.
5. Ferguson, *op. cit.*, p. 108.
6. Thomas Sprat, *History of the Royal Society of London for Improving of Natural Knowledge*, Londres 1702, p. 67.
7. Étienne Chauvin, *Lexicon Rationale, sive Thesaurus Philosophicus*, Rotterdam, 1692.
8. Hugo Grocio, Prolegómeno a *De iure belli ac pacis*, 11.
9. Ernst Cassirer, *Filosofía de la Ilustración*, Madrid, FCE, 1993, p. 269.
10. Alessandro Passerin d'Entrèves, *Derecho Natural*, Madrid, Aguilar, 1972, p. 75.
11. Toby E. Huff, *Intellectual Curiosity and the Scientific Revolution. A Global Perspective*, Cambridge, CUP, 2010.
12. Sayyed M. Deen, *Science under the Islam: Rise, Decline and Revival*, Keele, 2007, p. 122.
13. Philip Mansel, *Constantinople: City of the World's Desire, 1453-1924*, Londres, 2006, p. 45.
14. Bodde, *op. cit.*, pp. 344-346 y 362.
15. Theodore K. Rabb, *The Last Days of the Renaissance & the March to Modernity*, Nueva York, Basic Books, 2006 p. 111.
16. Ferguson, *Civilización*, p. 121.
17. Steven Shapin, *La revolución científica. Una interpretación alternativa*, Barcelona, Paidós, 2000, p. 65; Ofer Gal y Raz Chen-Morris, *Baroque Science*, Chicago, UCP, 2012, pp. 6-12.
18. Keith Thomas, *Religion and the Decline of Magic*, Londres, 1971.
19. Coffin y Stacey, *op. cit.*, p. 628; Anne L. Barstow, *La caza de brujas en Europa: 200 años de terror misógino*, Gerona, Tikal, 1999.
20. Francis Bacon, *Novum organum*, 1620.
21. Gregorio Peces Barba, «Sobre el puesto de la historia en el concepto de los derechos fundamentales», en *Escritos sobre derechos fundamentales*, Madrid, EUDEMA, 1988, p. 91.
22. Ernst Cassirer, *El Mito del Estado*, México, FCE, 1947.
23. Fanny Cosande y Robert Descimon, *L'absolutisme en France*, París, Seuil, 2002.
24. Dig. 1,3,31 y Dig. 1,4,1, respectivamente.
25. Parker, *op. cit.*, p. 97.

26. *Ibid.*, p. 99.
27. Gioele Solari, *La formazione storica e filosofica dello Stato moderno*, Turín, Giappichelli, 1962, p. 54.
28. García de Enterría, *op. cit.*, p. 57.
29. Pierre Bayle, «Commentaire philosophique sur ces paroles de Jésus-Christ, "Contrain-les d'entrer" », en *Oeuvres diverses*, II, La Haya, 1727, reproducida en G. Olms, Hildesheim, 1965, II, 8, p. 425.
30. Pierre Bayle, *Pensées sur les Comètes*, 1682, párrafo 182.
31. Francis Fukuyama, *Orden y decadencia de la política*, Barcelona, Deusto, 2016.
32. Zhang Tao, *Shexian zhi*, citado en Timothy Brook, *The Confusions of Pleasure: Commerce and Culture in Ming China*, Berkeley, UCP, 1998, pp. 1-4.
33. Richard Kagan, *Students and Society in Early Modern Spain*, Baltimore, JHUP, 1974, p. 45; Joseph Bergin y Laurence Brockliss (eds.), *Richelieu and His Age*, Oxford, Clarendon, 1992, p. 245; Gabriel Naudé, *Considérations politiques sur les coups d'état* (1639); Robert H. Bremner, *Children and Youth in America*, Cambridge MA, Harvard UP, 1970, p. 90; Parker, *op. cit.*, p. 91.
34. Willard J. Peterson (ed.), *The Cambrige History of China*, Cambridge, CUP, 1978-2009, VIII, p. 714.
35. Bertrand de Jouvenel, *Sobre el poder*, Madrid, Unión Editorial, 1998, p. 81.
36. Roger Osborne, *Civilización. Una historia crítica del mundo occidental*, Barcelona, Crítica, 2007, p. 331.
37. Trautmann, *op. cit.*, pp. 160-165.
38. *Ibid.*, pp. 167-168.
39. Adelman *et al.*, *Worlds Together*, *op. cit.*, p. 417; Casale, *op. cit.*, pp. 335-342.
40. Fage, *op. cit.*, pp. 254-262; John Parker y Richard Rathbone, *African History*, Oxford, OUP, 2007, p. 78.
41. Fage, *op. cit.*, pp. 254-270; Parker y Rathbone, *op. cit.*, p. 72.
42. Holcombe, *op. cit.*, pp. 122-123, 157 y 183-186; Reischauer, *op. cit.*, pp. 59-60 y 86.
43. Holcombe, *op. cit.*, pp. 179-183; Reischauer, *op. cit.*, pp. 64 y 74-77.
44. Bellah, *Imagining Japan*, *op. cit.*, pp. 22 y 28; Holcombe, *op. cit.*, pp. 213-214.

第十六章

1. Immanuel Kant, «¿Qué es Ilustración?» (1784), en *Id.*, *Filosofía de la historia*, México, FCE, 1981, p. 25.

2. Francisco Rodríguez Adrados, *Historia de la democracia*, Madrid, Temas de Hoy, 1997, p. 262.
3. François Furet y Mona Ozouf, *Dictionnaire critique de la Révolution française*, París, Flammarion, 1992, vol. 2, p. 63.
4. J. A. Marina, *Los sueños de la razón*, Barcelona, Anagrama, 2003.
5. Francesc Romà i Rossell, *Las señales de la felicidad en España* (1768), Barcelona, Alta Fulla, 1989.
6. José Antonio Maravall, *Estudios de la historia del pensamiento español. Siglo XVIII*, Madrid, Mondadori, 1991, pp. 162-189.
7. Luca Scuccimarra, «···Un popolo infelice non ha patria. Politiche della felicità nel Settecento», en B. Consarelli y N. di Penta (eds.), *Il mondo delle passioni nell'immaginario utopico*, Milán, Giuffrè, 1997, pp. 55-81; Anna Maria Rao (ed.), *Felicità pubblica e felicità privata nel Settecento*, Roma, Edizioni di Storia e Letteratura, 2012.
8. Henri de Saint-Simon, *L'industrie*, vol. II, p. 17, en *Oeuvres de Saint-Simon*, vol. XIX, p. 47.
9. Hirschman, *op. cit.*
10. Max Weber, *La ética protestante y el espíritu del capitalismo*, Barcelona, Península, 1995.
11. María Rosa Lida de Malkiel, *La idea de fama en la Edad Media castellana*, México, FCE, 1951.
12. Giambattista Vico, *Princìpi di scienza nuova*, Milán, Mondadori, 1992, p. 79 (libro I, sezione II, VII).
13. Henri de Rohan, *De l'interest des princes et estats de la chrestienté* (1639), Introducción a la parte II.
14. *Boswell's Life of Johnson*, Nueva York, Oxford UP, 1933, vol. I, p. 567, 27 de marzo de 1775.
15. Jacques Savary, *Le parfait négociant* (1675), libro de texto para hombres de negocios.
16. Adam Ferguson, *An Essay on the History of Civil Society*, Londres, 1767.
17. Hirschman, *op. cit.*, p. 139.
18. F. W. Schelling, «Kant», en J. L. Villacañas (ed.), *Schelling. Antología*, Barcelona, Península, 1988, pp. 165-166.
19. Immanuel Kant, *Sobre la paz perpetua* (1795), Madrid, Akal, 2011.
20. Margaret C. Jacob, *The Cultural Meaning of the Scientific Revolution*, Filadelfia, Temple UP, 1988, p. 109.
21. Shapin, *op. cit.*
22. Stephen Toulmin, *Human Understanding*, Princeton, PUP, 1972, p. 42.
23. Christian, *op. cit.*, p. 473.

24. Gaspar Melchor de Jovellanos, *Discurso sobre la necesidad de cultivar en el Principado el estudio de las ciencias naturales* (1782).
25. Jean Sarrailh, *La España ilustrada de la segunda mitad del siglo XVIII*, México, FCE, 1957, p. 243.
26. Napoléon-Louis Bonaparte, *Fragments historiques, 1688 et 1830*, París, 1841, p. 125.
27. Eric Hobsbawm, *Industria e imperio*, Barcelona, Ariel, 1977, p. 28.
28. Joel Mokyr, *The Enlightened Economy: An Economic History of Britain, 1700-1850*, New Haven, Yale UP, 2012; *Id.*, *The Lever of Riches. Technological Creativity and Economic Progress*, Nueva York, Oxford UP, 1990, p. 99.
29. Friedrich Engels, *La situación de la clase obrera en Inglaterra*, 1845.
30. Mokyr, *op. cit.*
31. Osborne, *op. cit.*
32. Keith Michael Baker, *Inventing the French Revolution*, Cambridge, CUP, 1990.
33. Patrice Gueniffey, *La politique de la Terreur*, París, Fayard, 2000.
34. Osborne, *op. cit.*, p. 371.
35. Ladan Boroumand, *La guerre des principes: Les assemblées révolutionnaires face aux droits de l'homme et à la souveraineté de la nation, mai 1789-juillet 1794*, París, Éditions de l'EHESS, 1999.
36. B. J. Feijoo, «Amor a la patria y pasión nacional», *Teatro crítico*, t. III, discurso 10.
37. Anacharsis Cloots, «Bases constitutionnelles de la république du genre humaine» (1793), en *Écrits révolutionnaires, 1790-1794*, París, Champ Libre, 1979, p. 476.
38. Robespierre, *OO.CC.*, t. VIII, p. 81.
39. Karl Marx y Friedrich Engels, *La sagrada familia* (1844), Madrid, Akal, 2013.
40. Florence Gauthier, *Triomphe et mort du droit naturel en Révolution 1789-1795-1802*, PUF, París, 1992.
41. Isaiah Berlin, «The Counter-Enlightement», en *Id.*, *Against the Current: Essays in the History of Ideas*, Princeton, PUP, 1979; Graeme Garrard, *Counter-Enlightenments: From the Eighteenth Century to the Present*, Nueva York, Routledge, 2006; Arthur Herman, *La idea de decadencia en la historia occidental*, Barcelona, Andrés Bello, 1997.
42. Kulke, *op. cit.*, pp. 165-176; Keay, *op. cit.*, p. 414; Trautmann, *op. cit.*, pp. 176-179.
43. Smith *et al.*, *Crossroads*, *op. cit.*, pp. 693-695.
44. Kenneth Pomeranz, *The Great Divergence. China, Europe, and the Making of the Modern World Economy*, Princeton, PUP, 2000.
45. Pomeranz, *op. cit.*, pp. 140-148; William T. Rowe, *China's Last Empire. The Great Qing*, Cambridge MA, Harvard UP, 2009, pp. 149-150.

第十七章

1. 海德格尔对权力很感兴趣，曾在《尼采》(Nietzsche, Barcelona, Destino, pp. 72 y ss) 中对此句进行评注。
2. Friedrich Wilhelm Joseph Schelling, *Sämtliche Werke*, Múnich, 1958, vol. VII, p. 350.
3. Karl Marx, *Tesis sobre Feuerbach* (1845), Barcelona, Grijalbo, 1974.
4. *Mémoires du général de Caulaincourt*, del extracto publicado en Ginebra, La Palatine, 1943, pp. 112-169.
5. Hermann Rauschning, *Gespräche mit Hitler*, Zúrich, 1940.
6. Ramiro de Maeztu, «Estudio sobre Sudermann», en *La España moderna*, 113, 1898.
7. José Ortega y Gasset, *Personas, obras, cosas*, en *OO.CC.*, Madrid, Taurus, 2004, vol. 2, p. 29.
8. José María Salaverría, *Vieja España*, Madrid, 1907, p. 147.
9. John Kenneth Galbraith, *La anatomía del poder*, Barcelona, Plaza y Janés, 1984, pp. 85 y ss.
10. Adolf A. Berle, *Power*, Nueva York, Harcourt, 1968, p. 63.
11. Charles E. Lindblom, *Politics and Markets: The World's Political Economic Systems*, Nueva York, Basic Books, 1977, p. 26.
12. Jürgen Osterhammel, *La transformación del mundo: Una historia global del siglo XIX*, Barcelona, Crítica, 2015, pos. 16698-711.
13. *Ibid.*, pos. 16860-83.
14. *Ibid.*, pos. 17050.
15. Michael Freeden, *Liberalism*, Oxford, OUP, 2015, pp. 12-16.
16. Coffin y Stacey, *op. cit.*, p. 897.
17. Eric Hobsbawm, *La era del capital (1848-1875)*, Barcelona, Crítica, 2012, p. 393.
18. Osborne, *op. cit.*, p. 392.
19. Karl Marx y Friedrich Engels, *El manifiesto comunista* (1848).
20. Osborne, *op. cit.*, p. 395.
21. Donald Read, *Press and People, 1790-1850*, Londres, Arnold, 1961, p. 216.
22. Jouvenel, *op. cit.*, p. 360.
23. J. M. Roberts, *The New Penguin History of the World*, Londres, Penguin, 2007, p. 746.
24. Ronaldo Vainfas, *Dicionário do Brasil Imperial (1822-1889)*, Río de Janeiro, Objetiva, 2002; Laird W. Bergad, *The Comparative Histories of Slavery in Brazil, Cuba, and the United States*, Nueva York, Cambridge UP, 2007.
25. Julie A. Charlip, «Latin America in world history», en *The Cambridge World History*, Cambridge, CUP, 2015, vol., 7.1, pp. 526-534.
26. Osborne, *op. cit.*, p. 433.

27. Joseph de Maistre, *Oeuvres complètes*, Lyon, Vittre, 1884, p. 325.
28. Watson, *Ideas, op. cit.*, p. 1059.
29. Marcelino Menéndez y Pelayo, *La ciencia española*, 1876.
30. Johann Wolfgang von Goethe, *Escritos de arte*, Madrid, Síntesis, 1999.
31. Ernest Gellner, *Naciones y nacionalismo*, Madrid, Alianza, 2001.
32. Tullio de Mauro, *Storia linguistica dell'Italia unita*, Bari, Laterza, 1963.
33. Hobsbawm, *La era de capital, op. cit.*, II, p. 425.
34. Sunil Khilnani, *The Idea of India*, Nueva York, Farrar, Straus & Giroux, 1998.
35. Robert E. Elson, *The Idea of Indonesia*, Nueva York, Cambridge UP, 2008, pp. 1-4.
36. Osterhammel, *op. cit.*, pos. 11936-42.
37. Christopher A. Bayly, *El nacimiento del mundo moderno, 1780-1914*, Madrid, Siglo XXI, 2010, pp. 228 y 239.
38. Bayly, *op. cit.*, pp. 237 y 247.
39. John Coatsworth *et al.*, *Global connections*, Cambridge, CUP, 2015, vol. 2, p. 296.
40. Coffin y Stacey, *op. cit.*, p. 902.
41. Hobsbawm, *La era de capital, op. cit.*, II, p. 382.
42. Jürgen Osterhammel y Niels P. Petersson: *Globalization. A Short History*, Princeton, PUP, 2005, p. 77.
43. Trautmann, *op. cit.*, pp. 183-187.
44. Keay, op.cit, pp. 431 y 452.
45. William T. Rowe, *China's Last Empire. The Great Qing*, Cambridge MA, Harvard UP, 2009, pp. 145-148.
46. Osterhammel, *op. cit.*, pos. 14538 y ss.
47. John Keay, *China. A History*, Londres, Harper, 2008, p. 448.
48. Gernet, *op. cit.*, pp. 469 y 486-497.
49. Osterhammel, *op. cit.*, pos. 12322-7; J. D. Fage, *A History of Africa*, Londres, Routledge, 2001, pp. 326-333.
50. Osterhammel, *op. cit.*, pp. 403, 409-420 (ed. en inglés: Princeton, PUP, 2014).
51. Jules Ferry, «Les fondements de la politique coloniale», *Journal Officiel* du 29 juillet 1885.
52. Osterhammel, *op. cit.*, p. 456 (ed. en inglés).
53. Osterhammel, *op. cit.*, pos. 12224-30.
54. Bellah, *Imagining Japan, op. cit.*, pp. 35-36; Holcombe, *op. cit.*, pp. 220-223.
55. John A. Hobson, *Imperialism: A Study*, Nueva York, Pott & Co., 1902.
56. William T. Stead (ed.), *The Last Will and Testament of C. J. Rhodes*, Londres, 1902, p. 97, cit. en Watson, *Ideas, op. cit.*, p. 1058.

57. Osborne, *op. cit.*, p. 464.
58. Alexandre-Théophile Vandermonde, «Quatrième leçon d'économie politique, 23 ventôse», en Daniel Nordman (ed.) *L'École normale de l'an III*, París, Dunod, 1994.
59. Armand Mattelart, *Histoire de l'utopie planétaire*, París, La Découverte, 1999, p. 133.
60. Michel Chevalier, *Le système de la Méditerranée*, artículos publicados en el diario *Le Globe*, 1832.
61. Osterhammel y Petersson, *op. cit.*, pp. 82-83.
62. Bayly, *op. cit.*, p. 271.
63. Theodore Ruyssen, *La philosophie de la paix*, París, Giad et Brière, 1904, p. 11.

第十八章

1. Primo Levi, *Si esto es un hombre*, Barcelona, El Aleph, 2006.
2. Jiwei Ci, *Dialectic of the Chinese Revolution. From Utopianism to Hedonism*, Stanford, SUP, 1994.
3. Rafael Palacios, *El sentido de la historia*, Madrid, Mandala, 2018.
4. Osborne, *op. cit.*, p. 471.
5. Citado por Gerhard Ritter, *The Sword and the Scepter*, Londres, Allen Lane, 1969-1973.
6. Fritz Fischer, *War of Illusions. German Policies from 1911 to 1914*, Londres, Norton, 1975, p. 30.
7. Bernard Wasserstein, *Barbarie y civilización*, Barcelona, Ariel, 2010, pp. 75 y 87.
8. Philip Larkin, *Poesía reunida*, Barcelona, Lumen, 2014 (traducción de Damián Alou).
9. Friedrich Nietzsche, *Así habló Zaratustra*, parte 1, «De la guerra y los guerreros».
10. Friedrich Nietzsche, *Más allá del bien y del mal*, sec. 62.
11. 见奥尔特加作品全集第 2 卷中的评论, pp. 192-223。托马斯·曼驳斥和平主义者罗曼·罗兰（Romain Rolland）的观点，声称人因和平而退化，法律是一种让大家"全部均等"的力量，只有利于弱者，而战争则磨炼强者，参见 Leon W. Fuller, «The War of 1914 as Interpreted by German Intellectuals», en *The Journal of Modern History*, 14 (2), junio 1942, pp. 145-160。
12. Josep Fontana, *El siglo de la revolución. Una historia del mundo desde 1914*, Barcelona, Crítica, 2017.
13. Mark Mazower, «The Dark Continent: Europe and Totalitarianism», en H. Joas y K. Wiegandt (eds.), *The Cultural Values of Europe*, *op. cit.*, pp. 268-275.
14. Jouvenel, *op. cit.*, p. 30.
15. Aurelio Arteta, *La compasión. Apología de una virtud bajo sospecha*, Barcelona, Paidós,

1996. 玛莎·努斯鲍姆曾提出应把对同情心的培养纳入学校教育课程，参见 *El cultivo de la humanidad*, Barcelona, Paidós, 2005, pp. 139 y ss。

16. Jonathan Glover, *Humanidad e inhumanidad. Una historia moral del siglo XX*, Madrid, Cátedra, 2007.
17. Tim Kelsey, «Report», en *Independent on Sunday*, 10.3.1991.
18. Indira Hadziomerovic, «Duelo en Sarajevo», en *Independent*, 8.8.1992.
19. Klaus P. Fischer, *Nazi Germany. A New History*, Londres, Bloomsbury, 1995.
20. Amin Maalouf, *Identidades asesinas*, Madrid, Alianza, 2012.
21. Amartya Sen, *Identidad y violencia*, Buenos Aires, Katz, 2007.
22. African Rights, *Uganda*, p. 42.
23. David Hamburg, *Learning to Live Together,* Nueva York, OUP, 2004.
24. Daniel Chirot, *Modern Tyrants*, Princeton, PUP, 1994.
25. Khaled Fattah y K. M. Fierke, «A Clash of Emotions: The Politics of Humiliation and Political Violence in the Middle East», en *European Journal of International Relations*, 15 (1), pp. 67-93, 2009.
26. Manuel Arias Maldonado, «El resentimiento en la democracia», en *Revista de Libros*, julio 2015.
27. Liah Greenfeld, *Nationalism: Five Roads to Modernity*, Cambridge MA, Harvard UP, 1992.
28. Theodor W. Adorno et al., *The Authoritarian Personality*, Nueva York, Harper, 1950.
29. Erich Fromm, *El miedo a la libertad*, Barcelona, Paidós, 1982, y *Ética y psicoanálisis*, México, FCE, 1985.
30. Francisco Javier Conde, *Contribución a la doctrina del caudillaje*, Madrid, 1952.
31. Hannah Arendt, *Eichmann en Jerusalén: un estudio sobre la banalidad del mal*, Barcelona, Lumen, 1999.
32. Pedro Azara, *De la fealdad del arte moderno*, Barcelona, Anagrama, 2006.
33. Roger Griffin, *Modernismo y fascismo. La sensación de comienzo bajo Mussolini y Hitler*, Madrid, Akal, 2010.
34. Steven Pinker, *La tabla rasa*, Barcelona, Paidós, 2003.
35. Tzvetan Todorov, *La experiencia totalitaria*, Barcelona, Galaxia Gutenberg, 2010, p. 233.
36. Dalmacio Negro, *El mito del hombre nuevo*, Madrid, Encuentro, 2009.
37. Alain Finkielkraut, *L'Humanité perdue*, París, Seuil, 2007.
38. Hannah Arendt, *Los orígenes del totalitarismo*, Madrid, Alianza, 1987, p. 680.
39. Virgil Gheorghiu, *La hora veinticinco*, Barcelona, Caralt, 1950.
40. Albert Camus, *La peste*, Barcelona, Edhasa, 1979.

41. Lester R. Brown et al., *State of the World 1999*, Nueva York, Norton, 1999, p. 154.
42. Hobsbawm, *op. cit.*, p. 465.
43. Hobsbawm, *op.cit.*, p. 466.
44. World Bank, *China 2030: Building a Modern, Harmonious, and Creative High-Income Society*, Washington DC, World Bank, 2013.
45. Daniel Cohen, *La prosperité du vice*, París, Le Livre de Poche, 2009, p. 88.
46. Daniel Innerarity, *La democracia del conocimiento*, Barcelona, Paidós, 2011, pp. 74-79.
47. Peter L. Berger y Samuel P. Huntington (eds.), *Globalizaciones múltiples*, Barcelona, Paidós, 2002, pp. 19-22.
48. Axel Honneth, *La lucha por el reconocimiento: por una gramática moral de los conflictos sociales*, Barcelona, Crítica, 1997. Charles Taylor, *El multiculturalismo y la «política del reconocimiento»*, Madrid, FCE, 1993.
49. José A. de Obieta Chalbaud, *El derecho humano de la autodeterminación de los pueblos*, Madrid, Tecnos, 1993.
50. Fage, *op. cit.*, pp. 501-533.
51. «Africa's cities take centre stage», en *The Economist*, 21.11.12.
52. Kulke y Rothermund, *op.cit*, p. 211; Keay, *op.cit*, p. 499; Trautmann, *op.cit.*, p. 209; Heinrich von Stietencron, «Hinduism», en H. Joas y K. Wiegandt (eds.), *Secularization and the World Religions*, Liverpool, LUP, 2009, p. 139.
53. Frank Trentmann, *Empire of Things*, Nueva York, Harper, 2016, Epílogo, pp. 676-690.
54. José Antonio Marina, *Las arquitecturas del deseo*, Barcelona, Anagrama, 2007.
55. John Kenneth Galbraith, *La sociedad opulenta*, Barcelona, Ariel, 1984. 笔者认为,要理解20世纪的经济基础建设,加尔布雷思是一位不可或缺的人物。他著有《新工业国》(*El nuevo estado industrial*)、《1929年大崩盘》(*El crash de 1929*)、《货币简史》(*El dinero*)、《权力的分析》(*La anatomía del poder*)等书。
56. Grupo Marcuse, *De la miseria humana en el medio publicitario*, Barcelona, Melusina, 2006.
57. Karen Armstrong, *Los orígenes del fundamentalismo en el judaísmo, el cristianismo y el islam*, Barcelona, Tusquets, 2004.
58. Arthur Herman, *La idea de decadencia en la historia occidental*, Barcelona, Andrés Bello, 1998.
59. Robert Nisbet, *History of the Idea of Progress*, New Brunswick NJ, Transaction, 2009, p. 317.
60. Matt Ridley, *El optimista racional*, Madrid, Taurus, 2011.
61. 汉斯·罗斯林是盖普曼德基金会(Gapminder Foundation)的创始人之一。
62. 马克斯·罗泽是牛津大学"用数据看世界"(Our World in Data)网站的主任。

63. Johan Norberg, *Progreso: 10 razones para mirar al futuro con optimismo*, Instituto Juan de Mariana-Cobas-Deusto, 2017.
64. Steven Pinker, *Los ángeles que llevamos dentro. El declive de la violencia y sus implicaciones*, Barcelona, Paidós, 2012; y *En defensa de la Ilustración*, Barcelona, Paidós, 2018.
65. Francis Fukuyama, *El fin de la historia y el último hombre*, Barcelona, Planeta, 1992.
66. Fernand Braudel, *Civilización material*, op. cit.
67. Robert William Fogel, *Escapar del hambre y la muerte prematura, 1700-2100: Europa, América y el Tercer mundo*, Madrid, Alianza, 2009.
68. Amartya Sen, *Poverty and Famines: An Essay on Entitlement and Deprivation*, Oxford, OUP, 1981.
69. Pinker, *Los ángeles...*, op. cit., pp. 664 y ss.
70. David Runciman, *The Confidence Trap*, Princeton, PUP, 2013.
71. Diamond, *Colapso*, op. cit.
72. Antonio Truyol, *Los derechos humanos*, Madrid, Tecnos, 1982.
73. Federico Aznar Fernández-Montesinos, «Derecho y política. Debates sobre el derecho de injerencia», en IEEE:ES, Documento 40/2015.
74. Ernesto Garzón Valdés, «Notas sobre la filosofía del derecho alemana actual», en *Derecho, Ética y Política*, Madrid, Centro de Estudios Constitucionales, 1993. pp. 235-264.
75. José Antonio Marina y María de la Válgoma, *La lucha por la dignidad*, Barcelona, Anagrama, 2000, Introducción.
76. José Antonio Marina, «La ética como ficción salvadora», en *Ética y filosofía política: Homenaje a Adela Cortina*, Madrid, Tecnos, 2018.
77. Ágnes Heller, *Instinto, agresividad y carácter*, Barcelona, Península, 1980, p. 202.
78. Arnold Gehlen, *Antropología filosófica*, Barcelona, Paidós, 1993.
79. Transgrede el propio orden de la naturaleza de las cosas para fundarlo de otro modo. Yan Thomas, «Les artifices de la vérité en droit commun médiéval», en *L'Homme*, 175-176, 2005, pp. 113-130.
80. Christophe Grzegorczyk, «Le rôle du performatif dans le langage du droit», en *Archives de philosophie du droit*, XIX, 1974, pp. 229 y ss.
81. Samuel Huntington, *El choque de civilizaciones y la reconfiguración del orden mundial*, Barcelona, Paidós, 1997.
82. Ulrich Beck, *La individualización. El individualismo institucionalizado y sus consecuencias sociales y políticas*, Barcelona, Paidós, 2003.

后 记

1. Simone de Beauvoir, *¿Para qué la acción?*, Buenos Aires, La Pléyade, 1972, p. 9. El título original es *Pyrrhus et Cinéas* (1944).
2. Yuval Noah Harari, *Homo Deus*, Barcelona, Debate, 2016, p. 32.
3. European Parliament, *Human Enhancement*, 2009. Steven John Thompson (ed.), *Global Issues and Ethical Considerations in Human Enhancement Technologies*, Hershey, IGI Global, 2014.
4. *Global Trends 2030: Alternative Worlds*, National Intelligence Council, 2012, p. 100.
5. Kevin Warwick, *I, Cyborg*, Champaign, University of Illinois Press, 2004.
6. José Antonio Marina, «La ética como ficción salvadora», en *Ética y filosofía política: Homenaje a Adela Cortina*, Madrid, Tecnos, 2018.
7. Martha C. Nussbaum, *Not for Profit. Why Democracy Needs the Humanities*, Princeton, Princeton University Press, 2012, p. 1.
8. Guillaume Apollinaire, «La jolie rousse», en *Le Guetteur mélancolique suivi de Poèmes retrouvés*, París, Gallimard, 1970. Versión española de Octavio Paz, *Versiones y diversiones*, México, Joaquín Mortiz, 1974, p. 28.

译后记

《人类传：追寻客观幸福的历程》原书在2018年出版于西班牙，被誉为作者"最具雄心"的作品。相较于整部"人类史"，本书无疑称得上短小精悍，其特色便在于着眼宏观、高度浓缩，以人类整体的文化演变为切入点，在纷繁复杂的世事中抓住了历史的脉络。

当然，任何人看待任何问题时，都必然带着自身的立场和情感，也难以跳出自己认知的局限。书总是一家之言，其中林林总总的论断是对是错，需要读者的思考和判断。

翻译过程中虽然查阅了大量原典和材料，但恐怕仍有错误和疏漏，恳请读者斧正。

出版后记

随着医疗、科学技术的进步，人类正迈向后人类时代，人工智能领域取得的进展也不断刺激着人们反思"何为人类"。与此同时，全球性的疾病和局部的冲突将一些在人类历史上曾反复出现的结构性问题带回了现实层面，我们看到不同的文明是如何从历史的"工具箱"里寻找可行的解决方案或创造新的解决方案的，以及这些解决方案是如何经受检验的。在这个越来越多的人感受到历史之重要性的时代，这样一本纵览人类大家族的历史的书也许正是我们所需要的。

为人类作传，听起来似乎是一项庞大到不可能完成的工程，但本书作者全球性、历史性的眼光恰恰适于提炼各文明共同的症结，同时也看到人之所以为人的品质，从而尝试推演人类文明的未来。在本书呈现的宏大画卷中，除了王朝的兴衰、权力的角逐，还有一张张受害者的面孔，勾勒出历史的暗面。在将全人类视作一个整体的同时，本书也铭记每一个具体的人。

本书涉及的专业领域宽广，材料时间跨度大。由于编辑水平有限，文中不免存在纰漏，恳请广大读者朋友批评指正。

服务热线：133-6631-2326　188-1142-1266
服务信箱：reader@hinabook.com

后浪出版公司
2023 年 2 月

© 民主与建设出版社，2023

图书在版编目（CIP）数据

人类传：追寻客观幸福的历程 /（西）何塞·安东尼奥·马里纳,（西）哈维尔·兰博德著；阿瑶译. -- 北京：民主与建设出版社，2023.7
ISBN 978-7-5139-4198-3

Ⅰ. ①人… Ⅱ. ①何… ②哈… ③阿… Ⅲ. ①文化人类学—研究 Ⅳ. ①C958

中国国家版本馆CIP数据核字（2023）第087153号

BIOGRAFÍA DE LA HUMANIDAD: Historia de la evolución de las culturas
© 2018, José Antonio Marina y Javier Rambaud
Simplified Chinese translation copyright © 2023 Ginkgo (Beijing) Book Co., Ltd.
All rights reserved.
本书中文简体版权归属于银杏树下（北京）图书有限责任公司。

版权登记号：01-2023-2640

人类传：追寻客观幸福的历程
RENLEI ZHUAN ZHUIXUN KEGUAN XINGFU DE LICHENG

著　者	[西]何塞·安东尼奥·马里纳　[西]哈维尔·兰博德		
译　者	阿　瑶		
出版统筹	吴兴元	责任编辑	王　颂
特约编辑	谢妤婕	营销推广	ONEBOOK
封面设计	墨白空间·陈威伸		
出版发行	民主与建设出版社有限责任公司		
电　话	（010）59417747　59419778		
社　址	北京市海淀区西三环中路10号望海楼E座7层		
邮　编	100142		
印　刷	嘉业印刷（天津）有限公司		
版　次	2023年7月第1版		
印　次	2023年8月第1次印刷		
开　本	690毫米×960毫米　1/16		
印　张	25.5		
字　数	379千字		
书　号	ISBN 978-7-5139-4198-3		
定　价	70.00元		

注：如有印、装质量问题，请与出版社联系。